無錫文庫

第二輯

無錫藝文志長編

勾吴金石志

鳳凰出版傳媒集團
鳳凰出版社

ISBN 978-7-5506-1012-5

9 787550 610125 >

圖書在版編目（ＣＩＰ）數據

無錫藝文志長編 / 辛幹纂. 勾　金石志 / 周有壬纂
. -- 南京 : 鳳凰出版社, 2011.12
（無錫文庫. 第2輯）
ISBN 978-7-5506-1012-5

Ⅰ. ①無… ②勾… Ⅱ. ①辛… ②周… Ⅲ. ①藝文志－無錫市－民國②金石－文獻－匯編－無錫市－民國
Ⅳ. ①Z812.253.3②K877.2

中國版本圖書館CIP數據核字(2011)第244376號

責任編輯　王　劍
裝幀設計　姜　嵩
出版發行　鳳凰出版傳媒集團
鳳凰出版社(原江蘇古籍出版社)
南京市中央路165號　郵編 210009
發行部電話 025－83223462
集團網址　鳳凰出版傳媒網　http://www.ppm.cn
印　　刷　無錫市證券印刷有限公司
無錫市揚名高新技術産業園B區75號　郵編 214024
開　　本　889×1194毫米　1/16
印　　張　31.75
版　　次　2011年12月第1版　2011年12月第1次印刷
標準書號　ISBN 978-7-5506-1012-5
定　　價　430.00圓
(本書凡印裝錯誤可向承印廠調换,電話:0510－85435666)

無錫文庫編輯委員會

無錫文庫學術顧問

（按姓氏筆畫排列）

朱玉麒　朱維錚　江慶柏　李文海

沈衛榮　武秀成　金良年　胡福明

莫礪鋒　徐中玉　陳熙中　許倬雲

張仲禮　張廷銀　彭　林　程章燦

馮　遠　馮其庸　楊天石　趙生群

劉玉才　錢　遜　錢中文　錢文忠

總序

七千年文明史，三千年建城史，江南名城無錫，襟長江依太湖，自古以來就是魚米之鄉，禮儀之邦。無錫文化自泰伯南奔以來，騰蛟起鳳，尚德崇文，在數千年的傳承發展中，教化常持，經世務實，人杰輩出，大家林立，文藻絢麗，錯彩鏤金。舍南舍北皆春水，欲與湖山作主人，數千年的人文傳統，賦予了風光秀美的無錫以獨特的文化魅力，鑄就了城市剛柔相濟、秀逸清麗的的文化品格。

無錫是中國吴文化的發源地。早在商代晚期，周太王古公亶父的長子泰伯三讓王位，携其弟仲雍奔吴，定居無錫梅里，建『勾吴國』，『端委以治周禮』，施以禮儀教化；興修水利，授以農桑，不數年而『民人殷富』。泰伯帶來的中原文化與無錫本地土著文明相結合，吴文化以及作爲其重要組成部分的無錫文化就此發端。晉室南渡，北方人群大量南遷，帶來了中原的文化技術，促進了無錫農業、水利、手工業和商業的發展，中原文明再度與吴文化進行融合互滲。在本土文化與异地文化的碰撞和交融中，不斷推動着無錫這座城市的文明進步。

無錫歷史文化『追歷七千餘載歲月滌蕩，遂經四大轉折而成其廣大深厚：泰伯西來，吴文化成焉；永嘉南渡，江左文脉振焉；宋室波遷，江南文風始焉；歐風東漸，錫邑占風氣之先，民族工商文化始焉。數百代鄉彦賢達智慧與創造累積，文獻足徵，無慮百千』（《錫山先哲叢刊》重版弁言）。無錫文化以兼容并蓄多樣化的形態不斷發展。

崇文尚教，以教促文。北宋嘉祐三年（一〇五八），無錫始設縣學；北宋政和元年（一一一一），理學傳人楊時在無錫創建東林書院，此後無錫出現了喻樗、尤袤、李祥、蔣重珍等一批知名的教育家。至明代，顧憲成、高攀龍等在東林書院講學，此後又有許多書院相繼而起。古代無錫對教育的重視，促進了『崇文』和『尚教』的風氣，也造就了大量的人才。自隋朝開創科舉取士到清末廢除科舉，無錫共出了五名狀元、三名榜眼、六名探花和三名傳臚，并有五百四十名進士，一千二百多名舉人；『一榜九進士』、『六科三解元』，自古傳爲佳話。近代以來，經濟的繁榮進一步帶動了教育的興盛。無錫籍國學大師錢穆曾說：『晚清以下，群呼教育救國，無錫一縣最先起。』此後無錫的實業家紛紛出資興辦文化教育事業。教育的繁興，在極大程度上促進了無錫的文化發展，出現了空前的文化人才崛起的高峰。

文脉綿延，後出轉强。歷來『文化』的概念有廣義和狹義之分，這裏的『文脉』之『文』，用的是狹義的概念，即指經史、文學、藝術等人類所創造的精神財富的總和。在無錫的歷史文化傳統中，自古及今，悠悠文脉，如瓜瓞之綿綿。必須指出的是，從文化發生學的角度來看，早期中華文化的中心是在黄河流域的中原地區，無錫在宋元以前，雖有像顧愷之、李紳、尤袤、蔣捷、倪瓚等一批人文英才，但在整體上，無錫的文氣是自明清以迄近現代達到巔峰。在整個江南地區文教昌明和無錫經濟繁盛、教育勃興的大背景下，無錫地區在經史、文學、繪畫、音樂等諸多領域中，建樹卓越，俊才雲蒸，真正呈現出『人文之盛，冠於南國；碩彦輩出，著述繁富』的局面。

求實務本、重工崇商。無錫自古爲江南富庶之地、魚米之鄉。明代東林講學者將士商并列爲『本行』，講求經世致用；近代早期維新的思想家、實踐家薛福成提出『黜浮靡，崇實學』，大力倡揚『工商爲先，耕戰植其基，工商擴其用』的觀念，這些都成了近代以來無錫人求實務本、重工崇商的重要的思想根源；兼以明清時期，封建自然經濟解體，資本主義開始萌芽，無錫經濟日趨繁盛。鴉片戰争以後，上海開埠，由於商品經濟的發展和商業資本積累的增加，逐步形成了一個以上海爲中心的，北接江陰、靖江，西連蘇州、無錫、常州的經濟區域。有布、米、絲、錢『四大碼頭』的無錫，被譽爲『小上海』。到了十九世紀末、二十世紀初，無錫許多有識之士積極引進西方生産技術，大力興辦工廠，形成了近代六大資本系統，無錫成了近代中國民族工商業的發祥地和蘇南經濟中心。經濟的繁盛，不僅爲無錫文化的不斷發展提供了堅實的物質基礎，而且也形成了無錫文化的主流形態之一的，具有鮮明特色和豐富内涵的『工商文化』。

文化源長，文獻宏大。在歷史上，無錫有過兩次較大規模的文化整理。一八九九年，《常州先哲遺書》是包涵無錫在内的第一次區域性文化整理集成。一九二三年，《錫山先哲叢刊》是無錫真正意義上從城市角度進行的一次文化整理。當時，國家積貧積弱，社會動蕩離亂，身處亂世的有識之士高擎文化的旗幟，以縱覽千古的魄力和毅力致力於城市文化傳統的繼承與弘揚，爲無錫地方人文教育提供了文化楷模，對增强無錫崇文興教氛圍發揮了重要的作用，爲無錫躋身江南名城提供了文化動力，其意義至今爲後人感念。

滄桑巨變，天上人間。經過近一個世紀的奮鬥探索，特别是改革開放三十多年來的迅猛發展，中華民族强勢崛起。國運昌隆，盛世修典。中共無錫市委、市政府高度重視地方傳統文化的整理弘揚工作。自二〇〇七年提出『建設文明無錫，打造文化名城』以來，無錫全面深入開展歷史文化遺産的挖掘、清理、保護和修復工作，傳承弘揚優秀傳統文化，彰顯城市人文歷史底藴，掀起歷史文化名城建設新高潮。此後，市委、市政府在《無錫市文化大發展大繁榮行動綱要》中明確要求全面整理出版地方歷史文獻，市委、市政府在《關於深化文化體制改革加快文化强市建設的决定》中再次明確要求編纂《無錫文庫》，正式啓動迄今爲止無錫地區規模最大、綜合性鄉邦文獻集成的修編工作。爲確保《無錫文庫》的編纂工作順利進行，市委、市政府專門成立了『無錫文庫工作委員會』，由市委宣傳部牽頭，設立了『無錫文庫編輯委員會』，計劃用三年時間完成編纂出版工作。《無錫文庫》的編纂，將以嶄新的學術角度和現代學科框架對城市歷史文化進行全面梳理和弘揚，站在時代的高度，充分展示城市深厚的歷史底藴，彰顯先賢哲人的智慧創造，解讀無錫文化的獨特個性，提煉升華無錫的人文精神，光前裕後，古爲今用，以文化人，由人化文，以史爲鑒，開啓未來。

《無錫文庫》的編纂出版必將發揮重要的文化功能：首先是搶救文獻。無錫自古即有豐富的地方文獻，無論經史子集，都有重要著作流傳於世。然而無錫近代歷經戰亂，一些重要典籍已毁佚，僅有書名存留；還有一些珍貴的明清地方史籍，也以孤本存世，處於若存若亡之間。由於各種原因，一些代表無錫文化的典籍保存於國内外各大圖書館中，在無錫不易見到。從清末到民國期間，在文化上有不少重要成果，而這部分書籍因長期被忽視而處於毁佚的邊緣。《無錫文庫》的編纂就是爲了搶救文獻，保存文脉。其次是古籍整理。無錫先賢留下的載籍很多，但現存書籍，版本雜亂，良莠不齊，整體而言没有經過系統編排梳理，使用不便。《無錫文庫》的編纂，就是從版本目録學的角度加以梳理，每書皆撰提要，鈎玄指要，便於閲讀使用。第三是服務大衆。《無錫文庫》所收皆爲地方古史遺文，是研究無錫歷史沿革和文化傳承的必讀書目。《無錫文庫》的編纂出版，使這些書籍的使用更加便捷和廣泛，對無錫的文化建設、城市規劃、古迹保護、名勝開發都具有很高的學術價值和實用價值。

歷史唯物主義觀是《無錫文庫》編纂出版工作的重要指導思想。《無錫文庫》是一部具有社會主義新時代特點的典籍集成，編纂理念和選編觀念更加科學，注重學術性、實用性和經典性相結合，并且儘量收入古籍版本研究的新成果，廣泛收集流散在國内外的珍貴典籍。編纂工作中，始終堅持『尊重歷史、尊重科學、尊重規律、尊重專家』的原則，堅持『雙百』方針，對傳統文化中重要的不同學派、不同觀點的資料兼收并蓄，力求客觀、完整和全面。當然，《無錫文庫》不可能包羅萬象，而以文史哲爲主要内容，兼顧其他類別著述，整體呈現出無錫歷史文化的發展脉絡。强化編纂工作的學術規範，提倡實事求是的良好學風，對文庫的整體規模、體例框架、所收書目、版式裝幀等進行反復論證，反復比較，多方聽取意見，慎之又慎，力争使《無錫文庫》成爲一部真正代表無錫文化的綜合性鄉邦文獻集成。

編纂出版《無錫文庫》的盛舉，得到了海内外衆多著名的文史專家、學者教授的熱烈響應。許倬雲、馮其庸、楊天石、李文海、徐中玉、馮遠、胡福明等無錫籍文化名人和劉玉才、程章燦、江慶柏、張廷銀、金良年等專家學者應邀擔任《無錫文庫》的學術顧問，他們扎實的學術功底、嚴謹的治學風範、卓越的學術見識，爲《無錫文庫》提供了有力的支撑。

千年吴地文明，百年工商繁華，賦予無錫人聰慧和靈秀，創造了具有獨特品質的城市文化和城市精神。當我們手捧先哲留下的珍貴文化遺産，不僅滿懷感恩、敬畏之心，更涌動着不負前賢、勵志圖新的激情，去努力創造城市文化嶄新的輝煌，讓無錫文化大發展大繁榮的春天更加姹紫嫣紅、繽紛燦爛！

無錫文庫編輯委員會

二〇一一年一月

凡例

一、《文庫》所收爲無錫籍作家的著述和與無錫相關的歷代文獻，分爲《官修舊志》、《地方史料專著》、《年譜家乘》、《無錫文存》和《近現代名家名著存目》五輯。

二、無錫地域範圍以現行行政轄區爲準。《文庫》立足無錫市區，兼顧江陰、宜興，適當選收江陰、宜興具有代表性的著作。

三、《文庫》所收著作，以史料價值高、使用價值大爲原則，適當兼顧其版本價值。

四、《文庫》主要采用影印方式出版，《近現代名家名著存目》收入作家小傳和主要著述目録。

五、《文庫》所收著作，其編纂年代下限爲一九四九年；《近現代名家名著存目》則不受此限。

六、《文庫》所收著作，原書如有蠹損、殘缺、漫漶不清處，原則上以相同版本予以換頁、補頁，使全書清晰、整齊。

七、《文庫》對所收每種圖書，均撰寫提要，置於每種書扉頁之背面；每册均新編頁碼，自爲起訖。

八、《文庫》編制書名索引和著者索引，以方便讀者使用。

第二輯編輯説明

本輯爲《無錫文庫》之第二輯《地方史料專著》。這些書籍皆爲個人著作，它們是官修方志之外最重要的地方史料，是對地方歷史更爲精細的記録和闡述。其中保存了官志中看不到的材料，所以也是官志極其重要的補充。無錫自古以來人文薈萃，所以歷史上存留下來的地方史料專著也非常豐富。明清以來這些著述得到了長足的發展。作爲方志體裁的史書，這些著作所述史事已細化到一個鄉村，一座寺廟，一幢宅第，一座園林，一所學府，一項工程，一個專題等，從而爲後人保存了大量第一手的史料。進入民國後，隨着社會的發展，在政治、經濟、文化、教育等方面，出現了許多專門的出版物，這些具有時代特色的文獻，爲我們保存了民國時期原生態的歷史材料。從這些文獻中可以看到當時無錫向現代都市邁進的步伐。第二輯所收書籍，不少都是孤本，彌足珍貴。特别是一些藏於外地圖書館的珍貴書籍，這次也盡了最大的努力加以搜集。由於歷史的原因，一些地方史籍已失傳，僅有書名存留，不無遺珠之憾。一些民國書籍也偶有缺葉。敬請讀者見諒。從另一個角度而言，也更説明了這次文庫編纂的必要。

目録

無錫藝文志長編

（民國）辛幹 撰

《無錫藝文志長編》不分卷，（民國）辛幹撰，稿本，原爲散頁，由其外孫黄寧一先生裝裱整理，厘爲十三册，略加題識後捐贈給無錫歷史文獻館。

辛幹（一八八六—一九五六），無錫北鄉辛巷人，字柏森，童年喪父，母目青失明，度日維艱。成年時，科舉已廢，就讀於錫金師範學堂。卒業後，爲無錫東林學校校長多年，又先後執教於私立無錫中學、省立常州中學、無錫師範學校等，一九四七年四月出任無錫縣圖書館館長。渡江之役，有保全藏書之功，受表彰，一九五〇年以衰病告歸。一生致力於地方教育事業，尤擅古文辭，以歐陽修、蘇軾爲宗，著有《貧廬文存》。是編始撰於一九四七年暮春。其時，無錫縣修志委員會初設，孫靖圻、錢基博、許同莘受聘爲總纂。錢氏以舊縣志《藝文》門所録邑獻，僅載書名，其原委存佚，不易稽考，囑辛幹仿《四庫全書總目》體例，盡發館中舊藏，撰寫提要，以備新修縣志之用。未幾，因經費不繼，志局解散，是編遂成單行，復益以本邑孫祖基『玉鑑堂』及諸士紳所藏鄉賢著述。入選之書，止於一九四八年十二月，凡得見者悉數囊括。提要都六百九十篇，分經、史、子、集四部，叢書四種附見集部。部各以類相從，再按時代先後編次，尚健在之著者，專設『生存著述』一目，置於類末。每題標注版本，叙著者生平或行實，酌采序跋原文，間以心得己見，申詳其書旨要，具述源流得失。退休後，旅居滬上，猶孜孜修訂，直至去世。是編爲一部地方文獻傳本之總目提要，不惟采摭網羅堪稱齊備，且闡揚潜幽，於史乘失載與民國間新起之著作諸家事迹，訪求不遺餘力，足資後人考徵。惟其《經部·經解類》六篇有目無文，未知爲原闕抑或散佚。

本書據稿本影印。

（趙承中）

外祖辛幹栢森遺稿

無錫藝文志長編

外孫黄寧一敬署

無錫藝文長編

共十三冊之一

經部一冊

序

經部目錄　易類、詩類

書類　禮類　春秋類

四書類　小學類

無錫藝文志長編序

嗚呼，中日軍事往矣。溯自蘆溝橋啟釁，寇勢益趋猖狂，北襲平津，南略黄海，京滬既相次告陷，其間諸縣城悉遭蹂躪，人民多被凌辱，而寇火焚之劫，灰漫天，致文物飄零無存，未有若我無錫之甚者。回顧曩日，不禁有餘痛焉。（民國二十六年十一月二十四日，敵寇既破無錫，遂大肆劫掠，凡城廂內外各街巷各居戶以及各工廠俱無一免者，繼乃縱火焚燬，自北門塘之三里橋至北大街、進老北門直抵大市橋、忠戒巷、土市場繁榮之區，竟無片瓦存焉，其被燬未十廠尚不在內也，至各街巷居戶之富藏書而不及搶護者，尤爲焚燬之目標，煙霧蔽天數日而盡，其被燬之工廠而不在內也）

序　一

乃天相中國，八年苦戰，終獲報捷，河山再造，國府奏凱，我邦人士之辟也長江大河之上游者，亦皆翩翩歸於鄉。修禊二泉，話舊惠麓，蓋有感唏淋漓而不能自已者。慨然曰：劫後重光，風景如昨，雖然文獻無徵，自古博數邑乘，重修其可緩也。於是相與興起，以告縣府，縣府循其請，遂聘定委員十有七人，諸委員復公推孫靖圻子遠、錢基博子泉、許同莘溯伊三人爲總纂，而設委會於邑之圖書館中，爰時主任館席，猥以菲才兼治其事。三人者雖各以所事，而羈旅他邦，而孫先生屹屹編摩，首草志目，與錢、許二先生暨諸委員數以翰牘相商，先後由委會集而論校之者五三四稿，凡數易而始定焉。（修志委員會於民國三十六年春成立，最後一次討論修正志目時，錢先生適自武昌歸，亦出席，推定委員朱烈夢華依據議定之原則逐門修潤，墨稿存縣圖書館）同擬延攬采訪，而分任編纂，方幸其事之有進矣，而遽以經費無源，所事遂輟。嗚呼，吾邑文獻殆終有以致其不足徵歟。（民國七年無錫縣知事楊夢齡擬設局重修縣志，延聘裘可桴爲總纂，可桴以身體不健辭，並推薦吳敬恒稚暉爲總纂、錢基博子泉爲副，敬恒辭不就，夢齡遂聘基博爲總纂，基博請楊知事加聘邑人匯嚴、縠孫、秦徐霑寬爲分纂，並謂不設局可節經費，所撰稿撥書局通例按字數給俸，所訂無錫縣新志目說明書一卷，上海商務書館東方雜誌社曾采收刊載，行世縣圖書館尚藏有單本，所成稿數門，有兵事志刊登邑報，風俗志刊登縣教育會年刊，後因故停止。迨民國十八年邑人孫祖基爲縣長，又擬重修縣志，設辦事處於縣圖書館，聘定編纂如干人，無何又停止，到於今三次矣）

序　二

先是錢先生以舊縣志（言是編所引縣志，志指光緒志而言，知爲他志則必稱某某志）藝文門所錄邑獻著述，僅載書名，不著解題，其源流得失，後之人無易稽考，茲擬略倣清四庫總目體例，每書撮著提要。是編所錄分經史子集四部，而集部別集類以詩集爲最多（用分詩集、詩集之注釋、文集、詩文集、全集五類，與著述集部類編入集部別類於後，分類容有不同），尚幸閱者諒之。每人初見，詳其仕履，以見梗概（子泉先生云著書人事蹟既備可省）

人物傳紀篇幅，縣圖書館所藏鄉獻之典籍甚富，遂以編錄藝文之事縣志屬於斯，而斯也雖譾陋無文，於鄉邦文獻未嘗不低徊慨慕。乃就館中所藏之本彙而錄之。民國二十六年十一月，邑城將告陷，縣圖書館館長邑人陳然獻可以所藏善本書暨鄉賢著述運往某鄉村窖藏之，且復廣搜故佚，期鮮疏漏。邑城孫氏玉鑑堂藏鄉賢著述甚富，是編初擬就縣圖書館藏本著錄外，再從孫氏所藏者著錄館藏所闕之。簿籍後以其書寄存海上，僅從其主人祖烈所著書目提要中采選之餘，後從親故所藏峻采圖書館及玉鑑堂所闕之本，而孫氏繼續搜羅所得尚不及焉。意在裒括一邑見存之編，勒成一考，以備史氏之采。凡鄉獻遺編之為清四庫及清續通攷所采收並近代叢叔書所著錄而據其所知者，於提要中記明之。有為藝文漏載者亦附記之。鄉獻者昔俞是堂先生纂輯盛明百家詩，所錄生存著述雖子弟之作，亦為采收。茲亦倣其體例，並錄生存所著者焉。是編修輯迄民國三十七年十二月止，其時著者尚在，即作生存著述論。頗以子文質無底，又乏知人論世之識，夙夜懷懼，愧無以報錢先生暨諸委員屬望之雅，而載筆未久，驟以衰病去職，倉卒成稿，未暇校讎。既從事編纂，而病右腕肩背酸痛甚劇，因辭職去。統計屬稿為時僅數閱月，潦草以畢其事，竟未校讎也。其舛謬蕪雜，豈可以僂指哉。且夫修志要會既輟，其所司事矣，而茲所錄則于數百年來邑鄉遺編往往

序　三

又為縣志所紀傳之人，雖易體例為單行，然有須與縣志相輔而行者。乾坤蒼茫之中，而我無錫新志終無所成，其為慨悵何如也。

是編因錢先生所定體例，以時代先後分經史子集四部，部各以類相從，而每書提要節采序跋原文，以見其書要旨。甄采諸書序跋，力求簡約，以省篇幅。後既改單行，體例則序跋原文必酌采其要，繁簡失當，自知不免。幸閱者諒之。若有稗文獻考徵者，或且錄其全文，而後生小子仰止鄉邦文獻，意在表彰潛美，雖間有論列，亦僅承其所采之辭，以申其旨，或貢管窺所得，以備學者之所考，初未敢僭加論定也。誦其詩，讀其書者，必欲知其人，顧著作諸家顯晦不同，而是編傳其行事，則亦有異。凡其人已備載史乘者，凡於已史或縣志何目立傳者，則本傳中記明之，則茲所錄以畧其所詳焉。若為史乘未及采收，或載而未詳者，則必搜訪其事，以求賅備，無遺。蓋所以詳其所畧，並補其闕佚焉。凡志乘所遺漏，或載而未具者，茲必搜采其事以補其畧。若所載有舛訛者，則改訂之。又所引者為同縣人，若已入縣志，必據以夾注；其未為采收，則必搜訪出處事蹟以

序　四

夾註之，其有不知者，蓋闕如焉。鄉獻王子嶷先生云：在新舊志之前凡所遺漏者，宜廣搜而增入之；在新舊志之後，當為續修者亦訪求而增補之。竊嘗誦之，以為名言，用據其說以從事於斯。縣志失修已六十餘年，人物之宜增輯者已不勝枚舉，是編所載，僅就耆錄其書及之。毀之私衷，寧匪所謂誦其詩、讀其書，敢知其人已乎。

茲約舉之，有縣志未與論列而須亟以補為之傳者，如明之高世觀、辛陞，清之李天根、孫洙、鄭繼善、嵇文駿是也。抑世觀抱道自重，以遺民終其身，其詩篇雖為顧氏《梁溪詩鈔》所

序　五

采錄，然其名不見於志乘，不錄於野史（孫氏明遺民錄亦漏載），則將何以繼其孤芳之志哉。陞則以諸生遭際鼎革，痛故國泯淪，卻徵召之檄者三，其名姓不見於世且三百年矣。天根世其家學，惜所著書流播未廣，縣志雜識門雖附見其名氏（按乾隆志雜識門載薛瓊事附見天根，然據浦二田尺牘所載與李雲嵋書所述云云，其時天根尚存），嘉慶志則未為補傳，似尚未足以激揚之耳。洙名作燦然，海內士林靡不奉為軌範，而其作宰冀魯，為政必以德，遠退歸林泉，曾舉鄉飲，而蔬水常不給，豈知數十年來，雖江湖耆老尚有據竈觚而諷誦其詩，則（然）將不解所署衡退士為何人也。繼善以諸

生主講昆陽書院，文駿以國子生主講濟南書院，二者學行兼粹，濟驅有聲，而文駿以俊秀主講，尤為成例所無有者，況值譽者壇坫，果復提登賢書。繼善家故貧，志止青一衿，無以晉階。兩人家境不同，而任主講俱及三十年，其地文風蔚起，學者皆翕然敬服。君子疾沒世而名不稱，則六君子者，烏可不采摭其事以闡揚之哉。所謂補其闕佚者，蓋亦王先生所云凡所遺漏宜廣搜而增入之耳。

又如明之李庶華、啟直、秦璠、黃家舒、堵允錫、顧杲，

序　六

清之顧祖禹、顧貞觀、嚴繩孫、王史鑑、華希閔、顧奎光、浦起龍、蔣衡、秦震鈞、周鎬、秦炳文、余治、孫希朱、榮世光、世侯最政者，縣志雖曾各為之傳矣，茲復記其行誼之焯然編世，或有聞名徽並有裨攷徵者，以增益各傳之未備，具所謂詳其所畧也。至如清之秦緗業、秦臻、徐康、鍔、施建烈、華翼綸、徐壽、建寅父子、華蘅芳、徐瀲、沈梧、薛福成、福保兄弟、丁紹儀、鄧乃溥、余一鼇、劉繼增、姚熙績、嚴金清、陶稀昇、秦寶璣、許珏、梁溪七子氏

國之秦郋蓀、康泉、吳芝瑛夫婦、蔣士棟士棨兄弟、胡雨人、徐彥寬、秦毓鎏、孫揆均、孫靜庵、侯學愈、胡汀鷺者，或以學行播芳，或以事業著稱，或以藝文名世，則茲所錄正不厭求詳，以求賅備無遺，蓋正王先生云當為續修、宜訪求而增補之也。

然如明之李翀、秦植、華復蠡，清之計六奇、周魯、吳鋑，其著述雖罕可傳，而志乘僅見其名氏，或併名氏而未著者，吾嘗訪求遺事，而故老皆悵然無以告焉。又清之秦賡彤、秦煥、秦祖永、朱福基、孫鼎烈，民國之楊志濂、嚴懋功，雖嘗略書其事蹟，而未獲備列其行誼，徵獻之士倘亦有以教益之乎。

他如生存之人有備書其事者，則必歸於信，亦有僅記梗概而未備列其行誼者，雖詳略各異，然皆無所阿私焉。

闡揚潛幽，後生之責，今茲不有所紀，異日則將何徵。覽攷名製，裒郁郁具在，彙錄成帙，名曰長編，所以備史氏要刪焉。疏列義例，以當發凡，邦人君子其辱教之。

序　七

無錫藝文志長編目錄

經部

易類

明

周易孔義三卷 明高攀龍撰

周易像象述十卷 明吳桂森撰

清

說天易說一卷 清費國瑄撰

周易大衍辨一卷 清吳鼐撰

易問附卜文考卦變考 清吳鼎撰

文辭玩占錄無卷數 清秦棠撰

詩類

清

毛詩日箋六卷 清秦松齡撰

毛詩訂詁八卷附錄二卷 清顧棟高撰

詩經比義述八卷 清王千仞撰

無錫藝文志長編目錄　一

讀詩管見無卷數 清龔燦撰

書類

明

禹貢注解一卷 明胡之玹撰

清

禹貢講二卷 清王澍撰

尚書質疑三卷 清顧棟高撰

禹貢古今注通釋六卷 清侯楨撰

無錫藝文志長編目錄 二

禮類 樂 孝經附

明

二禮集解十二卷 明李黼撰

禮樂合編二十卷 明黃廣撰

清

周禮集解六卷 清高愈撰 張良弼選擇 鄧愷參訂

五禮通考二百六十二卷 清秦蕙田撰

禮經學述一卷 清秦麗昌撰

附

考律緒言四卷 清吳鼎撰

硃批圈點孝經集註一卷 清侯楨考訂

春秋類

明

春秋孔義十二卷 明高攀龍撰

清

春秋大事表五十卷附輿圖一卷 清顧棟高撰

無錫藝文志長編目錄 三

春秋隨筆二卷 清顧奎光撰

三正考二卷 清吳鼎撰

四書類

明

四書講義一卷 明顧憲成撰

清

四書總字釋義類編二卷 清王士崧撰

讀論管見一卷 清龔燦撰

論語要畧一卷 清許珏撰

【生存】論語講義一卷 今人楊中一撰

小學類 此類應列經解類後

【晉】

啓蒙記一卷 晉顧愷之撰 是編誤列應入子部儒家類卷之二

【清】

韻府鈎編二十四卷 清鄧愷纂輯

古篆古義一卷 清蔣和撰

說文字原集註十六卷 清蔣和撰

無錫藝文志長編目錄 四

字類標韻六卷 清華綱撰

六書韻徵十六卷 清安吉撰

古韻溯源八卷 清安念祖撰 華浩恩參輯

【生存著述】

說文解字詁林無卷數 今人丁福保撰

經解類 此類應列小學類前

【明】

泉齋簡端錄十二卷 明邵寶撰

【清】

左鑑十卷 清楊潮觀撰

易堂問目四卷 清吳鼎撰

夏時考五卷 清安吉撰

周易通解二卷附圖說二卷 清楊以迥撰

揆方編十二篇 清楊以迥撰

無錫藝文志長編目錄 五

無錫藝文志長編

經部

易類

明

周易孔義三卷 民國十三年三原王氏壹村本

明高攀龍撰。攀龍字存之，號雲從，又號景逸。萬曆十七年己丑進士，出吏部員外郎趙南星之門。授行人。未幾，當國者妒持異同，部院大臣多以不合去國，南星等亦被謫。攀龍疏糾外臺言官，曰輔臣除不附己，近侍不肖正人，並謂鄭材、楊應宿輩讒諂宜黜，而應宿亦訐攀龍，謫揭陽典史。既歸，築水居於漆湖，顏其樓曰可樓，居敬存仁，以自潛修。會顧憲成亦以言事罷，因相與修復東林書院，讀書講學垂三十年。天啓初，起光祿丞，進少卿，轉太常寺。遷太僕寺卿，都御史鄒元標、馮從吾建首善書院於京師，攀龍時與講會。給事朱童蒙因疏訐為朋黨，於是元標等皆去位，攀龍乞休不許，進刑部右侍郎，尋推左都御史。時趙南星為吏部尚書，攀龍謂師弟子不當分掌部院，力辭不得。既蒞職，則劾罷魏忠賢私人御史崔呈秀。逆奄與南星俱罷。明年，盡毀天下書院，戍南星遠，楊漣、魏大中等殺之，而削攀龍職。既又逮周順昌等，并攀龍七人，以為者逮己，攀龍先一日拜遺表，自沉園池，投其（其地即今私立江南中學後西南隅有石碑圍地即其遺址）以死。崇禎初，贈太子少保、兵部尚書，謚忠憲。初，海內學者率宗王守仁，攀龍心非之，著無善無惡辨。其學本於靜，而以真知實踐為主，粹然一出於正。進修次第，詳所著困學記中。事蹟具載明史本傳及縣志儒林傳。是書明刻本久鮮流傳，迄乎民國之初，三原王典章權邑之稅務，留心地方文獻，而尤服膺顧高之學，嘗手錄斯帙。後從金陵圖書館假得錢塘丁氏八千卷樓所鈔善本校讎補闕。乃以華允誠所纂高忠憲公年譜載所著書總記有周易孔義三卷，而清四庫全書著錄有周易易簡說三卷，與孔義卷數相同，是一是二，疑莫能明。既而謀付棗刊。請太倉唐文治為之折衷。文治謂孔義與易蘭說為一為二。按朱竹垞經義考、則作二書、而以孔義為一卷、題係政誤。攷忠憲十一世從孫汝琳（字映川，清光緒二十年甲午副貢）所述易蘭叙云、五經注於後儒、易注於夫子。孔義叙云、周易孔義、辭何、孔子之義也。厥指若合符節。竊意當時有此二叙、而刻書者未較憾斷、指與並存哉。周述年譜者有周易孔義叙一首、故總記名以孔義。采以四庫者以易蘭說在前、故著錄名以易蘭說。名雖錯見、實則一書。由是決之、蓋無疑義云。

易類 三

周易像象述十卷（民國年上海商務書館景印四庫全書珍本）

明吳桂森撰。桂森字叔美、號覲華。萬曆四十四年丙辰歲貢。東林之興、安居講席。天啟元年、高攀龍赴召、乃以會講事拜囑桂森。其見重如此。自署曰東林志衣。無錫縣志儒林傳、崇禎初、有旨修復東林書院、桂森乃建麗澤堂、又察六齋、名來復、日講其中。嘗言有善無惡心之體、有善有惡意之動、知善知惡是格物、知善無惡是致知。事具縣志儒林傳。是書本其師所推闡而成。按桂森初從武進錢一本學易、一本嘗著像象管見諸書、桂森本其意而廣之、以成是書、故曰像象述。清四庫全書著錄之。提要稱、桂森是書、具有淵源。卷首列像象金鍼一篇、標舉大旨、卷中所注皆一字一句究尋義理、頗有新意、可參云云。是可徵儒林之推重矣。

易類 四

【清】

統天易說一卷（縣圖書館藏寫本）

清費國瑄撰。國瑄字子俊、號松崖。順治六年己丑進士。幼時資極鈍、後忽開悟、過目不忘。博極群書、尤精易數。據已往成敗之故、能推究未來治亂之道。既登第、知餘杭縣、值山寇亂、審實決勝、身先士卒、竟討平之。又捐俸免餉、解民懸、歌頌焉。擢兵部主事、竟以強項不能與時俯仰、自劾歸。民攀爲不得立祠，祀之。事具縣志宦迹傳 是書要旨自謂先天言易之體，後天言易之用。邵子就先天指其用，體中之用也。余度後天闡其用，而體在其中，用未嘗離乎體也。攷縣志藝文載是書四卷，同縣劉繼增從甯鈔本摘錄其要得十之四，謂全書大旨畧具於此，縣圖書館復據劉本繕錄之。

周易大衍辨一卷 昭代叢書本

清吳鼐撰。鼐字大年，號拙菴，乾隆元年丙辰進士，幼而嗜学，窮究宋元明儒之書，而沈酣六經，尤深於易、三禮。與同縣秦蕙田、蔡德晉 字宸錫，雍正四年丙午舉人，年十五即卓精三禮，著有禮經本義三十九卷、禮傳本義二十卷、通禮五十六卷、詩經集義十六卷，縣志藝文門著錄之，今供無傳，本縣志儒林有傳 龔燦 字絕中，早卒，縣志儒林附鼐傳 及仲弟鼎爲經會。考秦氏味經窩王子談經會，即指此 雍正十三年乙卯，尚書楊名時以經学薦，未授官，既成進士，授工部主事，聞父訃歸，尋卒，事具縣志儒林傳。是書謂易大衍之義，諸家之說無當，獨元儒石澗老人深明其義，乃取其說而爲推闡，因以成斯帙。吳江沈楙悳輯昭代叢書乃着錄之，而爲之敘，稱孔子之論大衍詳矣，元儒石澗老人深明之，而說有未暢，吳拙菴先生歷舉十三家之說一一駁正之，折衷於夫子之言，著周易大衍辨以暢石澗老人之旨，至爲精確，是非讀破萬卷，前岂能到此境地云。按斯编縣志藝文門未載。

易問附中文考卦變考 鄒氏延喜樓庵寫本

清吳鼎撰。鼎字尊彝，乾隆九年甲子舉人，自少至老，造次必於儒，其学醞釀深醇，治經博而約，尤邃於易，家塾名易堂，学者因稱易堂先生。乾隆十五年庚午，侍郎秦蕙田薦舉經学，授國子監司業，陞侍讀学士。縣志儒林附兄鼐傳。是書就上經下經繫辭傳說卦傳，爰提一語爲問，列鄭馬以及諸儒之說，推衍其義，折衷已意解釋之，以爲指歸。附中文考卦變考，於研究卦爻者，俾推吉凶悔吝之由，以知進退存亡之道，殊多裨益。按四庫全書總目易類存目，鼎有易例舉要二卷，（不附中爻卦變二考）提要謂上卷多輯先儒之說，下卷多出己意，惟不及互卦、卦變二義。其自序云己詳中爻考、卦變考中，今書中未載，殆別有成書云云。而是書先列諸儒之說，後出己意為解，不分卷數，並附中爻、卦變二考，則較四庫存目者為完善，庶幾可窺其全。鄒有無刻本無考。鄒氏此本據何本繕錄亦未詳注，但四庫（存目著者與縣志藝文門所載書名相同。）

文辭玩占錄 無卷數（縣圖書館繕寫本）

易類 七

清秦宗撰。出處事蹟無考。是書就上經下經以析其義，自謂以象數為宗，以繫辭為則，發述數語，務求聖人命意之所在。不敢附於註釋之流，取夫婦之愚可以與知之一義，名之曰文辭玩占錄云。不署（其書）著述年月，又無所居書齋等名，以（滋錄之）待後來者稽考。

【生存】

先後天卦象爻變圖說一卷附易學源流考（邑人俞家捐贈 江左俞氏萬卷樓藏本）

令人楊聖撰。聖號踐形，學者稱尊一先生。母侯氏夢感瑞雲環身，家斗隕懷，龍負圖象，墒首天中，麟吐玉書，光耀地上，洞空際語云，摩聖擁護，送一玉麒麟來，遂生聖。齠齡穎悟，強記，及長博學多能，經子而外兼通科哲技術之書。太倉唐文治稱楊君經學理學家，非文學家，即聖也。平生治易學最力，家人謂不合時宜，非緩急所需，而聖不之顧。民國肇建，聖講學海上，而易學因以大盛，所講輒登國際公報、紅卍字報，亦轉載之。就所搜歷代易學

易類 八

專書六百餘種，濡染既久，而能條貫今古，因以漢之象數、宋之義理以及清之體例之學融會一體，以為治易之準，遂成易學叢書三十六種。南海康有為築廬於茅山毋氏墓側，炎暑之日，輒往居之，聖持以相質，曾談孔易微言，有為亦頷之。是書即據漢之象數、宋之義理、清之體例三者既精密究討，而復旁搜博覽，得易之尚變之微旨，因撰明所謂先後天卦象之爻變，為圖十有八，為說三十有一，因名其書曰先後天卦象爻變圖說。何謂先天？指宅象

八卦方位，邵康節云，此即伏羲八卦方位，所謂先天之学也。何謂後天，指本象八卦方位，邵康節云，此文王所定卦位，所謂後天之学也。此卷中所載先後天之説也。何謂卦象，卦謂卦位，指以成三畫八卦言，所謂先天圓圖方圖也。象謂圖象，鄭康成所謂易含三義，先天定位不易之象，是謂定象之體；後天流行變易之象，是謂本象之用，而其造化之樞機，尤在簡易之象，所謂懸象也。何謂爻變，爻者交易也，變者變化也，交易指爻象言，變化指卦象言，圖者謂爻變之圖，分合相示，以明體用一源，顯微無間。此爻變圖耳。此卷中所載卦象爻變之説也。学者精其究心，尚變之道，精微深刻，而先後天説尤視前賢所傳者詳備，蓋非虛譽也。卷末附載易学源流，上溯伏羲，下迄三國，歷叙易之流傳，以明世之最古之哲学，尚能完存原作，歷經闡發，得以流播，俾天人感應之理，垂教後世，非偶然事也。自晋以後，具見所為中一揚氏易藏書目提要，甚不備，載卷首，載有沈愚孚、胡模、安召國、崇天人之序言，又聖自序，備述易学為揚氏家寶，宋揚氏得二程之真傳，吾道南矣，遂為洛閩中樞，乃祖未敢以時之易説，謂克衍家學，庶道南有繼人云。

易類　九

詩類

清

毛詩日箋六卷 邑人許修直捐贈 藏清康熙庚辰刊本

清秦松齡撰。松齡字留仙，號對巖，自少穎悟，未冠，嘗以諸生中順治十一年甲午科舉人，乙未聯捷進士，授檢討，以逋糧案削籍。康熙十八年己未，舉博学鴻儒，復原官，歷左諭德，再典鄉試，又以磨勘落職。至四十二年癸未，聖祖南巡，給還原品。嘗以薦從軍荊襄，稽協蔡毓榮請於軍中講学，松齡為陳説忠孝大義，介冑之士無不悚聽。侍從講幄，篡修明史，工詩古文辭，與同縣嚴繩孫齊名，晚益耽研經訓，尤深於詩，自毛、鄭以下，旁及歐、蘇、呂、嚴諸家，參以己意，補朱傳所未備，有毛詩日箋六卷（縣志作四卷，藝文門著録作八卷。本傳）行世，別有書經、春秋日箋，未成而卒。縣志儒林有傳。是書王士禛稱其折衷盡善，既正紫陽之誤，而毛、鄭之郵，兼去楚之穢向

詩類　一

歟有所論述，日箋出可無事校覈矣。商丘宋犖序
之謂吳漢槎太史西仙著毛詩日箋六卷，屬余論定。余
卒讀其書，大喜之。其間雖不盡取小序，然訓精擇毛
鄭箋說以會稡諸儒之言，而折衷於朱子，間發己意，
必協於義理之正，而於近時說詩，若郝敬、何楷、顧炎武
諸家，皆節取之云。清文獻通考著錄之，邑人許修直
捐贈此本，為康熙間原槧，今所難覓者耳。

毛詩訂詁八卷附錄二卷 清光緒丙申江蘇書局重刊本

清顧棟高撰。棟高字復初，號震滄，康熙六十年
辛丑進士，授內閣中書，以奏對越次罷官。乾隆十六
年辛未詔舉經學，侍郎鄒一桂以棟高薦，授國子監
司業銜。召見奏對，首舉三吳敝俗，請以節儉風示
海內，高宗嘉之，賜七律二章。二十二年丁丑南巡，晉
祭酒銜，又賜傳經耆碩額以示寵。棟高少嘗
受經於舅氏華學泉（字天沐，與兄學瀚學著並敦孝友，學泉尤以經學著，縣志儒林有傳），
暨高愈，於諸經往復旁通鉤貫，有會之之用史

詩類 二

遷諸表例，著春秋大事表一書，又著毛詩訂
詁五十餘卷，並經進呈，事具縣志儒林傳。是書
訂毛公之詁訓傳，供所載棟高原序，謂詩有
齊魯韓毛四家，厥後三家之學絕，而毛傳獨盛，
嗣是談詩者奉毛詩如金科玉律，莫敢異議。歷二
千餘年，而歐陽公首闢之，經蘇子由、王介甫、呂東萊
諸子互加駁正，而詩學漸明。晦庵朱子後出，乃盡去
小序，而獨為集傳，以序世傳為子夏、毛公合作，而
詁訓傳之所從出也。明祖列朱傳於學宮，而小序
又廢，碩學之士猶斷斷焉。祖序說以攻朱子，嗣
是朱傳與序說兩家恒角立而互持其勝，余病之
久矣，乃徧覽諸家之說，參其異同，酌以時勢，間
附鄙見，有斷宜從朱子者，而非從功令起見也；有斷
宜從序說者，而非存與朱子立異也。非隨人傳會，亦
不與人立異，輒不自揆，謹著論二十四首，附於各篇
之後而後之學者云。考是書經咸豐兵燹，世鮮

詩類 三

傳本，俾學之士，欲求其書而不可得。同縣康宗揆訪得之，時鄧濂方佐理蘇州官書局事，遂共謀剞劂，以廣流傳。

詩經比義述八卷 清乾隆壬子原刊本

清王千仞撰。千仞字啓丹，號涵齋，諸生。雍正十一年癸丑歲案。通毛鄭詩，與兄一峯教授鄉里，人稱老宿。及門孫永清於千仞經訓，奉之服膺之。乾隆五十八年癸丑，重游泮水。縣志有傳，附一峯傳。是書博采漢唐宋元明清諸家之說，凡有關於比義及興之近於比並賦中之有比者，彙而錄之，逐條折衷己意，次為八卷。休寧戴震為之序，稱教學者引伸觸類，知德行，達政體，孔子所許門弟子可與言詩，意實在此。然則此編裨益學者，殆非淺鮮。

詩類 四

讀詩管見無卷數 邑人龔其志遠捐贈家藏稿寫本

清龔灼撰。灼字存之，咸豐五年乙卯恩貢，桐之子。濡家學，性好讀書，端居不羣，特下氣，儕輩多景仰之。是書分總讀、讀風、讀雅、讀頌四類，類各列其章，以己所得列於後，堪為讀詩者之助。其並無新意詮發者，則注明某章從略解，蓋存其讀詩心得語，故曰管見。無刻本行世。

詩類 五

書類

明

禹貢注解一卷 通行本

明胡之玹撰。之玹字巽在，崇禎元年戊辰進士，仕至山東副使，嘗推税北江，以例得羨餘三千金，賑恤饑貧，民德之。既卒，長洲徐枋誌其墓，所著有禹貢注解一卷行於世，事具縣志宦望傳。是書就經文讀音字義既為之注，而復釋其精微，或函內或函節解之，讀者称

書類 一

清 使馬

禹貢譜二卷 清康熙間康刊本

清王澍撰。澍字若霖，亦或自書箬林，號良常，康熙五十一年壬辰進士，仕至吏部員外郎。原籍金壇，悦梁溪山水，買屋金匱山旁，自號二泉寓客。善以楷書兼工篆隸書成就，後學縣志流寓有傳。是書合書經文於前，而附圖於後，州為二圖，一言疆界，一言貢道，導山導水及山川田賦亦各有圖，凡四十圖。惟是本卷尾漢志不全，闕甸服、侯服、綏服、要服、荒服五服總圖，釋同。寺七圖，四庫全書為之存目。提要稱大抵皆本蔡傳，而參以諸家之說，條理簡明，頗易尋覽云。按縣圖書館藏本卷首亦闕，而不全撰人姓氏，闕而無存，但與四庫存目首內容卷數核俱相符，其書又屬清初刊式，故定為澍著無疑，後之考鑑者有以正之乎。

尚書質疑三卷 縣圖書館謄寫本

書類 二

清顧棟高撰。棟高有毛詩訂詁，已著錄。是書不載經文，亦不訓釋經義，惟標舉疑義，每條撰論一篇，為數凡四十有二，分上中下三卷，四庫全書為之存目。提要論列得失甚簡，不贅焉。按四庫存目作二卷，撰論凡四十有一，茲據縣圖書館寫本著錄之。惟擬何本繕寫，未加簡注。

禹貢古今注通釋六卷 清光緒庚辰刻本

清侯楨撰。楨字子勤，別號二梅，道光二十六年丙午恢大舉

人。性耽經史,以古人自期,不屑屑為章句儒。應試京兆,以通說文受知壽陽祁寯藻。時上元梅曾亮以古文倡京師,而桐與同縣張岳駿、秦湘業先後著錄籍弟子,為文章以桐城為推援,而桐既致力於古文後,有志於身心性命之學,所為書非實有是之施行,及無與於世道人心者,皆屏弗道。三試春闈不第,乃撫選南歸,時方咸豐兵燹,家室仳離,乃客死於常熟之滸浦。縣志文苑有傳。是書桐在京師時所著,而自書於端曰:桐幼時即喜讀胡渭、閻若璩、顧棟高三家之書,初未得其要領。後從吳江進青崖先生游,相與討索,因取史地志、山經、輿圖,辨其異同,參互考訂,纂成禹貢注六卷。時在撫兵部湘坡師寓所,師見而喜之,命授公子似亭,顏曰古今注通釋,不敢過信古注,惟其是而已。其自述如此。而湘業序之,亦稱其書於方州分合、山水原委、今昔同異之故,皆能為之討索,辨難析衷,以定一是。而於水利河防

書類 三

尤三致意焉。吾鄉先輩若王鑑、華玉淳於禹貢俱有撰述而不甚著,稱是書出,吾知前賢當畏後生云。

書類 四

禮類 樂 孝經附

[明]

二禮集解十二卷 明嘉靖戊子原刊本

明李黼撰。黼字德威，成化間人。出處事蹟，縣志無考。是書以陳友仁周禮集說、楊復儀禮圖爲藍本，纂集諸解，參以己意，因成集解十二卷。清四庫全書存目。其自序謂：慨自三代之後，遭秦滅學，禮樂先壞。其幸存者，周官五篇、儀禮十七篇而已。吳興陳君復周禮集說、秦溪楊信齋儀禮圖，頗得其詳，亦非成書。某自早歲竊有志於是，而未有所得。研精覃思，竭平生之力，粗知一二。敢於是書重加訂正。凡周禮五官之全文，考工記之補亡，儀禮十七篇與夫記者之先後次第，一復註疏之舊，合二經爲一，總名之曰二禮。而所集之解，更考註疏及宋先儒議論，間有文義之未原者，竊以己意通之。仍從周氏禮陳氏集說，以官名各

禮類 一

冠本章之首，儀禮楊氏圖以逐節各分逐章之後。庶是經無淆亂之病，學者無難讀之患云。按此本爲嘉靖原刊古邑古香，今人可愛。之編爲邑人丁福保所藏，邑縣圖書館既創建，遂爲捐贈與邑人士共寶之。

禮樂合編二十卷 明崇禎癸酉原刊本

明黃廣撰。廣字龍冠，號無蛙，又自號九龍主人。崇禎二年戊辰己巳歲貢，除安遠知縣，與同縣馬世

禮類 二

奇、華珙芳、天啓五年乙丑進士一甲第二詹事府少詹事婁東張溥、毘陵鄭鄤輩友善。世奇嘗與選集邑中名賢締社論文，前後可十寒暑。廣每一義出，社人士多以鳴躍遜之。嗣廣卑居於書麓，所不窺，尤精禮樂。世奇稱爲閉修千秋不顧徽一日之知者。高攀龍赴止水死，有旨詰問，淺漏之由，有司責保狀甚亟，無應者。而廣慨然署狀焉。具縣志儒林傳。是書蒐羅經傳子史之所以合乎道，彰乎德者，彙

為鉅觀，而君子曰禮樂合編。其凡例謂原稱禮樂，而網羅記載者，蓋天下萬世之事盡於吉凶軍賓嘉，而此編所纂，尚恐不足盡之。然精微已存，自附舉一反三之義。又謂本諸經，其道尊；參諸史，其事核；旁通諸子百家，其說詳；要皆推之以中和。蓋其汲汲於人心世道者滋切。鄒序之又稱繁而不厭，賾而有章，其情深，其文核，其體該，其用大，讀之者於禮樂之旨庶燦然大明。然清四庫

禮類　三

全書存目，提要謂所采諸文，不詳源流本末，所立門目亦皆漫無體例，春秋責備，殆自有說。而又謂鄒等九人所序，皆明末人標榜之辭云云。凡所論列，蓋亦未免過當與。

〔清〕

周禮集解六卷　清雍正間張良瑀選刪本

清高愈撰，鄧愷參訂。愈字紫超，康熙四十三年甲申歲貢。攀龍從孫，十歲讀攀龍遺書，即有志聖賢之學。既長，熟讀諸儒語錄，務躬行實踐，不尚議論。家貧，父性豪嗜酒，愈委曲承奉之。居親喪，不飲酒食肉，不內寢。時山西姜橚主文幕於江南之士，獨賓愈與桐城方苞。康熙四十四年，橚來典試，苞以第一領鄉薦，而愈已不與試，橚歎息而已。巡撫湯斌[illegible]愈雅重之，縣官致意者三，卒不往謁。生平草精經術，同縣秦棟、高崑（良瑀，字靜涪，康熙五十年辛卯舉人）受業，亦往往宗其說。縣志儒林有傳。愷字濟美，亦作濟嵋，號執園，又

禮類　四

號未園。乾隆三年戊午副貢，選旌德教諭。勤學好古，能詩，而尤湛深經術。縣志文苑附華純會傳。是書（良瑀）因愈所著周禮集解，摘其精華，輯錄成帙，愷乃復加參采釐訂之為六卷，蓋便於帖括家取裁之編也。同縣黃天球（字五暉，康熙五十一年壬辰進士，官禮部主事，縣志宦望有傳）為之序。按愈原著周禮集解，會萃諸家精義而條貫之，寔多以己意發明。四庫全書存目有高註周禮二十二卷，提要稱

江南通志載俞著周官集解十六卷，當即是書。其分卷各異，殆傳寫者不同云云。然則斷編殘又删繁就簡之本與。

五禮通考二百六十二卷 清光緒初年江蘇書局重刊本

清秦蕙田撰。蕙田字樹峰，乾隆元年丙辰進士。殿試一甲第三，累官刑部尚書，少承家學，以經術著行，著本生父道然以藩邸事久繫縣獄，蕙田既通籍，伏闕陳情，乞以身贖父罪，道然竟得釋，領兩曹最久，遇事沈毅果斷，退則閉戶著書。其學以窮經爲主，生平精力尤萃於五禮通考一書。又奏請刊正韻書，頗有建議。特雖已遘疾，猶往復辨論不輟，殺也。又所著味經窩集，亦多說經文字。今無傳本。卒謚文恭。學者稱味經先生。縣志儒林有傳。是書因崑山徐乾學讀禮通考，博吉軍賓嘉四禮，及補其喪禮之未備者，凡閱三十八年而後成書。四庫全書著錄之。其凡例謂近代崑山徐氏乾學著讀禮通考一百二十卷，吉禮則做經傳通解，兼采衆說，詳加折衷，歷代則一本正史，參以通典、通考，廣爲搜集，庶幾朱子遺意。所關經國善俗，厥功甚鉅，惜乎吉嘉賓軍四禮屬草未就，是編因其體例，依通典五禮次第，編輯吉禮如干卷、嘉禮如干卷、賓禮如干卷、軍禮及凶禮之未備者如干卷，合徐書而大宗伯之五禮古今沿革本末源流異同失得之故咸有考焉

禮類 五

四庫全書著錄之 其友人桐城方觀承參訂而題於卷首，稱吾友味經先生以博達之材，粹於禮經，官秩宗日侍內廷時，方修明禮樂，乃益好學深思，研綜墳典，上自六經，下迄元明，凡郊廟禮祀朝覲會同師田行役射鄉食饗冠昏學校，各以類附，於是五禮條分縷析，皆可依類以求其義，而德州盧見曾又稱今大司寇味經秦先生啓示五禮通考全書，所著蓋括百氏，載前衆說，卷二十

禮類 六

二史之記載，志以周禮儀禮提其綱，上自朝廷之制作，下逮諸儒之議論，靡不搜抉，令讀者一覽易曉。綜及其凡例所載諸家論列，並可見惠田生平精力之所萃矣。

禮經學述一卷 清道光癸巳聰代叢書本

清秦蕙昌撰。蕙昌初名勳，道光五年乙酉科采補學官弟子，後更其名。二十三年癸卯院試登賢書，後更名賡彤，字臨士，咸豐六年丙辰進士，選翰林院庶吉士，改刑部主事，晉員外郎，記名御史，以疾歸，主講東林書院十餘年，勤於訓迪，並有能名，學者俱仰服之。蕙昌博雅好古，早歲即致力於經學，蓋秦氏自松齡以經學知名，惠田以五禮通考傳播儒林，而秦學之士皆以味經窩為學禮之淵藪，蕙昌繼起，有志踵述，故於禮經早歲即有所得，所著說經文字，撰成兩卒，學者輯以為憾事，去是書為諸生時所著，

禮類 七

名曰禮經學述，吳江沈氏采入昭代叢書，而跋其尾，稱臨士係對巖先生之後，淵源家學，恂恂自好，年未踰三十，而經解詞賦書法無一不臻精妙。即其釋大學謂傳者解經志以格致之義，要之故於致知在格物獨無傳此一言也，可以解象山姚江之惑，他人安能見及此哉。末附味經窩類稿六條，是臨士手鈔，今仍其舊云。

附考律緒言四卷 鄒氏延喜樓舊鈔本

清吳鼎撰。鼎有易問已著錄。是書具述律呂原始及其為用之道，編次為四卷，有無刻本無考，首尾亦無序跋，并無例言，縣志藝文門未載。

硃批圈點孝經集註一卷 民國六年吳禮讓堂精刊本

清侯楨考訂。楨有禹貢古今注通釋已著錄。是書於乾隆間休寧程炎采集各注並為貫穿，以為讀者之助，楨乃加以硃色評注圈點，爛然若新，

禮類 八

俾讀者益易通曉。稿本藏邑中華氏，未經刊行。其外孫吳日永、日翔以字行，工海墅約翰大學，搜求之，乃鐫板以永其傳。文學士好表彰文獻，卒業後，樂從如新爲一長卷，刊槇之李闡。同邑裘可桴序之，闡其孝經義蘊盡矣。

禮類

九

春秋類

明

春秋孔義十二卷 縣圖書館鈔寫本

明高攀龍撰。攀龍有周易孔義，已著錄。是書明刻本世鮮流傳。孔義者何？蓋謂孔子之義，而非諸儒之臆說也。清四庫全書著錄之提要稱：雖持論稍拘，較之破碎繳繞、横生異議，猶說經之謹嚴者矣。秀水朱彝尊經義考此書外，又有李攀龍春秋孔義十二卷，注曰未見，然其書名卷數相同，攀龍名又同，其巧合如是，或疑高者爲李，誤分爲二者。四庫總目提要論云未如此。

一

清

春秋大事表五十卷附輿圖一卷 邑人丁福保捐贈清乾隆丁卯萬卷樓原刊本

清顧棟高撰。棟高有毛詩訂詁，已著錄。是書集春秋列國大事，用史遷諸表體例，比國而爲表。自謂覃精研思，廢寢與食，一家貧客游燕、齊、宋、魯、陳、衛、吳、楚、越之墟，所至訪求春秋地理之所不

至刈詢之遊人過客與夫厮隸，乃始創意為表。且
日余之於此泛濫者三十年，覃思者十年，執筆為之
者又十五年。是可見棣雨之致力於此者矣。四庫全
書著錄之，提要論得失，茲不復贅。按：是本卷
首冠以乾隆御製詩章，稱為文章風雅，東吳
誰似，殆極一時寵榮云。此本為邑人丁福保之
籍，厥為邑中難覓者耳。

春秋類 二

春秋隨筆二卷 縣圖書館據清四庫全書繕寫本

清顧奎光撰。奎光字星五，號滄溪，乾隆十年乙
丑進士，歷官瀘溪、桑植知縣，卒桑植任，兩俱著
循聲，平江李元度《湖南通志》所稱兩邑之人至今
稱道不衰者焉。其弟玉光嘗曰：吾兄為人有三不惑：
酒色財也；居官有三不愧：清慎勤也。曾以房考入闈，
衡文報罷名元，主司深服其有特識。奎光九
歲能屬文，年十八，撫軍高其倬舉應博學鴻詞科，
辭不赴。癸酉始就銓。博學多識，詩古文俱有名。
於諸經皆有論述，而尤長於春秋。所著《春秋疑義錄》、《春秋
隨筆》采入四庫書。又有《金元詩選》，足資學國者；詩
自宋及明，詩學之統。乾隆十五年庚午重修縣志，
奎光任分纂。《縣志·文苑》有傳。是書不載經文，偶
有所得，則錄之，故名《隨筆》。四庫全書著錄之，提要
稱其深中春秋家苛刻迂謬之弊，得筆削之旨，歷
舉書中所著者為證，斯盡其書精義之所在云。

春秋類 三

三正考二卷 縣圖書館精寫本

清吳鼐撰。鼐有《周易大衍辨》已著錄。是書考
建子、建丑、建寅三正，故名《三正考》。四庫全書著錄之。
卷一首列黃帝建子、唐虞建寅、夏殷正建寅、商正
建丑、周正建子、秦正建亥，以及三代改時改月之證，引
據諸儒之論，補所未備，駁所謬訛，以明左氏王周正月
之旨。又三正通於民俗一條，所引陳蔡諸說，於三代諸
書所紀年月差互之處，一一剖析其微，更足以破疑
似之見。卷二具列各家說經之誤，而下附己說，辯

證有據，亦殊乏精考證。故四庫提要稱其引證詳
明，判百年紛紜轇轕之論，於經學實深有功云。

春秋類　四

四書類

明

四書講義一卷　清同治甲戌小石山房叢書本

明顧憲成撰。憲成字叔時，世稱涇陽先生，萬曆八年庚
辰進士。自少穎異，家貧不能延師，父学命就鄰塾，
晚歸，篝燈讀，輒午夜不休。嘗自題其壁曰：讀
得孔書便是樂，縱居顏巷不為貧。蓋其志嘐
嘐然不可一世焉。季弟允成亦奇慧，頗好弄，学乃
誠之毋驕大，必就繩墨以勉学。於是憲成兄弟以
學以相砥礪，造学卒，而憲成先以第一人捷鄉闈，
有聲大江南北矣。既成進士，選處州府推官。萬
曆二十年，吏部尚書陸东舉天下廉吏二十餘人，用示
風勵，而憲成獲首旌，累擢至吏部員外郎，所
議與執政牴牾，坐削籍。既廢，居益高，歸脩復
東林書院，與高攀龍輩講学其中，獨排無善
無惡之說，以發明性善為宗，嘗論本體只性善

四書類　一

二字論功夫，只小心二字，講學久，應和遂廣，以操持國是，激揚清濁，乃卒目其人為東林，而群邪害攻者，遂益以東林為的，攻類東漢黨人之禍。既卒，至崇禎初，贈吏部右侍郎，謚端文。事蹟具明史本傳及縣志儒林傳。是書為講學時所著四書講義，都二十有二章，要其學要指，殆於斯編可概見焉。

清

四書類 二

四書總字釋義類編二卷 清乾隆丁亥粵東刊本

清王士崧撰。士崧字林仙，乾隆間人，出處事蹟無考。是書列四書總字為一卷，首尾殘破不全。後以總字各列於端，而集其同聲之字系於每總字下，每字俱列釋義。此又為一卷，首尾殘破不全。自注謂四書五經字彙、詩韻、玉篇、海篇、雜字諸書俱備在內，以為啓蒙識字提綱。其門人吳澍序謂是書裨益學者頗不大，而同縣周懋功識語稱王君昔日編輯此書，廿載苦心，書成而卒，三逆無刻本。余携至粵東，友人某見而稱善，遂為捐貲付刻，周炳為之校刊云云。而澍、懋功、炳三人出處又皆無考。按刊本之歲為丁亥，則為乾隆三十二年。懋功携至粵東，後付梓者，故士崧必為乾隆之際人。頗疑板既在遠地，已少流傳本，幸同縣許同蔺得此本於市上，送存縣圖書館，以斯長沮之編，俾邑之人得考見士崧用心之篤。其書亦非易有云。

四書類 三

讀論管見一卷 邑人龔真志遠稿 家藏舊寫本

清龔均撰。均有讀詩管見，已著錄。是書首述論語各篇編次大意，次就各篇述其要旨，二者為斯編之上截。屬後每就各章詮發要義，為斯編之下截。綜觀論述，殊見讀論心得，足資學者啓發焉。

論語要略一卷 民國十一年邑城東河許氏家刊本

清許珏撰珏字靜山號復庵光緒八年壬午舉人
自少卓犖有志搽同治六年平遠丁寶楨巡撫
山東求士方殷用同縣薛福保言辟置珏幕府
寶楨總督四川珏從至蜀而寶楨見采動天下
者珏往往左右之寶楨薦舉之辭不膺光緒之
初外患日亟珏研究中外得失之道朝邑閻敬銘
深器之嘗宴賓僚相與唱歎時事敗壞珏謂今
世正士誰善外交敬銘撫然曰焉有正士而爲此者珏

四

四書類

作而曰不出惟無正士故至此敬銘大慚改容謝之
嗣薦隨使海張蔭桓出使美日秘國差滿調充
同縣薛福成出使英法義比參贊閣中要星
夜行福成重其孝不以去歸減其俸甲午復
參贊襄平楊儒使美洲中日釁起珏慨然付未
合四國言事如寶楨因改疑恩焉開訂約成益感痛
遂引去既而詔以道員發廣東壬寅夏簡出使義
國大臣甲辰冬任滿使還義國初無駐使有之

既而奉禍作兩宮西狩珏馳詣行在鹿傳霖在
樞府屬草國書抵俄皇俄皇得書爲感動如
約退兵詔以道員分發廣東並授四品卿銜壬寅
夏簡放出使義國大臣加二品銜甲辰冬任滿使還義國
初無駐使有之自珏始也在義以尊國體固邦交爲
務義君臣敬禮有加焉自義還詞林路權要
官不遷久之今入對所言採鄉音慈禧不盡
解仍以道員分發廣東總辦全省禁煙局珏

五

四書類

平生疾煙甚故禁煙其素志也既三隨使節駐
英美久而又出使義國於歐美各邦情勢深悉美折謂
俄國疆土與我毗連若我友二萬里美國獨處一洲用
心公平且我與立約時美謂他國無觊觎不公願以和
解自任明載簡書故俄與美必誠信相結患難相
倚其所謂慎外交以弭隱患者如此又嘗推究中
國貧弱之弊在民間吸食鴉片因當背請山西禁
煙局即痛述山陝隴蜀以至滇黔各省種土苗之妄

年禁種煙苗，而後其害可盡拔，禁煙章條豈其時不能用也。厥後復痛述進口洋藥之巨，計耗民間之銀二萬萬兩以外，循此不禁，則貧者益貧，弱者益弱。所擬推煙章則，寓禁於捐之旨，皆精徹。其所謂飭內治以固國本者又如此。珏雖志切經世，而又究心理學，終身服膺明儒書，所著有高子遺書節鈔十二卷、復庵遺集二十四卷、論語要略一卷，有福讀書堂叢刻四種本行世。珏號復庵

四書類　六

識。持論輒有中。嘗論德皇威廉，年少好兵，終必致敗。論中國使臣郭嵩燾、曾紀澤，據以操守嚴，而私費傾所領，供酬酢禮無不備，故能不辱君命。其言驗而當多類此。說者謂中國自林則徐焚鴉片於粵，其後煙禁遂弛，士大夫嗜之不知恥。珏以一耿介士供職中外，懸懸以禁煙為職志，又敦睦邦交，以聯俄和美為主事，雖均未成，其言固有裨當世者。民國五年九月卒於邑城東河之里第（民廿六冬遭寇火，其宅殆盡），年七十有四。是書稿

凡四易，晚年始寫定為今本。編輯之旨，為學大綱、道德仁義、孝弟、忠信、詩書、禮樂、言行、出處、為政之道、聖學指歸，七類，都一百二十章，章各以類相從，其未輯入者又三百六十二章，名之曰論語要略。南海譚祖任跋之，謂論語在漢初有魯論二十篇、齊論二十二篇，自張禹刪而合之，古本遂亡。故崔東壁洙泗考信錄謂今之論語非孔孟原本，亦非漢初舊本。先生既終身服膺，又尋繹脈絡所在，輯為此書，其序次雖有變易，要其明本末

四書類　七

賅體用，實有通乎孔孟傳習之指。今學校病羣經繁重，并論孟而棄之，誠以是編及紫陽孟子要略列為教科，記誦不繁而收效至遠云。

生存

論語講誼一卷　家庭工業社印贈巾箱本

今人楊中一撰。中一名聖俊，自號中一，有先後天卦象爻象變圖說，已著錄。是編列里仁篇各章，共二十有五首，列每章全文，下列逐字逐句之訓釋，廣搜經史子集四部

史書字及說文爲根據，引證各書所載，以詳釋各章要旨（采用其字句），各句要旨，各字之
不崇漢儒，不弃宋儒，而使每章深意明白曉暢，而
後之學者得之，觀每章下條列之訓釋，則自易貫
穿通曉矣。每章中所列訓列，多則數十條，少或三數條，蓋各
章意義繁簡不同，故所列亦有多寡不同耳。要之不悖
古人治經之旨，而具近世科學之趣，而能折衷己意，獨闢
蹊徑，尤見聖力學之深。其裨益學者正非淺鮮也。首
尾無序跋，所印行如千種亦無考。

四書類　八

小學類

〔晉〕

啓蒙記一卷　玉函山房輯佚書本

晉顧愷之撰。愷之字長康，博學有才氣，尤善丹青，圖寫特妙。桓溫引爲參軍，稱其體中癡黠各半。故世傳愷之有三絕：才絕、畫絕、癡絕。事蹟具晉書及縣志文苑傳。是書名啓蒙，殆束晳發蒙記之類。歷城馬國翰所纂玉函山房輯佚書，

小學類　一

曾爲采收，并於卷首謂：隋志有啓蒙三卷，啓疑記三卷，並題顧愷之撰，唐志有顧愷之啓疑三卷，啓蒙記不著錄，今併佚矣。從史裴松之魏志注、北堂書鈔、太平御覽、寺書輯得十節，其說泥林天台山、北方滋玉精及魏宮人亦謂神怪，非訓蒙之正體，特依隋志編入小學類。故原書已佚，章馬氏斯輯，得窺見一斑耳。

〔清〕

韻府約編二十四卷 清乾隆己卯原刊本

清鄧愷撰,韓愷有參訂。高念祖禮集解已著録。是書擬佩文韻府,所以字數爲標準,於每字下標分韻典、韻偶、韻句三類,每類選采辭典,始以經史,繼以諸子百家,旁及名人詩賦文詞中所習見者擇入之。蓋通行詩韻,詳略未能適宜,茲編簡要,約得其體要,雖便當時業舉制者所作,然亦究心詞章者所不可廢之

小学類 二

本。長洲沈德潛爲之序,語多推重云。

古篆古義一卷 清嘉慶丁巳原刊本

清蔣和撰。和字醉峯,衡次孫。乾隆五十一年丙午欽賜舉人,精篆隸,兼波詩畫,充四庫館篆隸總校。時方賜登賢書,遂奉命董理刻衡所書十三經於石,補國子監學正,引疾歸。縣志藝術有傳。是書首列篆文,次及其義,使後之學者得因文尋義之作。自謂質性魯鈍,偶閱古文,意有所觸,記於簡端,歷年成卷,名曰古篆古義。體多而義無窮,其未識者亦正無窮也。竊願好古同志不難心知其意,若是與非,余未能自定,惟善鑒者察之云。是書縣志藝文門未載。

說文字原集註十六卷 清乾隆丁未原刊本

清蔣和撰。和有古篆古義,已著録。是書依說文部次,首列正書及徐氏切音,次及篆籀,行簡並附隸書,以便尋覽考索,使學者知文字今古遞變之由。每字采諸家注解之近情着理者爲正義,其次於正義者爲別義,

小学類 三

凡誹論字體外謬,或音義不同者,爲誹正一條,附於正義別義之後,並以己說折衷焉。按是編爲和充四庫篆隸總校時進呈本,又縣志藝文門載是書爲十二卷,其首特傳鈔者所誤歟。

字類標韻六卷 清光緒乙亥寫刊本

清華綱撰。綱字仙寫,乾隆間人,事蹟無考。是書所列部分,悉照字典之例,以筆畫多少爲序。所列之字,皆佩文韻府所收者,每字載本音訓釋,祗載一二未

偏旁舉並指其所屬之韻名曰字類標韻便於查考音義及字之所屬何韻之本也其自序亦謂使初學之者覽可逕之取捨非謂有補六書之学云按是編縣志藝文門未載

六書韻徵十六卷 清道光間原刊本

清安吉撰吉字彙臣號古琴晚又自號十二山人乾隆四十四年己亥舉人孫可端潔誠樸無華治学以窮經爲本尤兼深音学謂韻有古今無所用叶非

小学類 四

平翁方綱典試江南拔登經魁士林嶽爲名實相符焉縣志文苑有傳是書攷正古韻以宮商角徵羽五音分部會通說文諧聲以訂古音兼攷字畫字義纂錄成編名曰韻徵其門人同縣華湛恩爲之梓刻行吉自謂顧炎武博采羣書證明古音而闢叶韻以作唐韻惜不分五聲而分十部是知諧聲而未得要領於古音有未盡通者今輯韻徵以補顧氏之闕畧云武進李兆洛帶執王家相郭祁陽需蔣梁並爲之序按縣志藝文門載吉所著有說文諧聲韻徵與是編書名不同說苟謂即一書也

古韻溯源八卷 清道光己亥刊本

清安念祖華湛恩同撰念祖字景林諸生嘉慶十五年庚辰歲桌承家学究心古韻父吉所著韻徵念祖校錄踰二十載指得成編以畢父志縣志文苑附父傳湛恩字孟超號子屏諸生嘉慶十一年宦太

小学類 五

和縣教諭好学博古攷之不倦家富藏書善校讎而尤喜治史部書所著多爲當世桌刻叢書家所采以著縣志文苑有傳是書因吉所著之韻徵以正今韻之溯古韻之源並撰而輯錄校補證以詩書易春秋傳戴禮四子書以及騷賦古詩之韻自謂與韻徵相發明湛恩既悉心參輯復序之曰某既刊吾師安古琴先生韻徵猶嗣景林昆季承其家学輯古韻溯源八卷亦與點竄芟改逐韻徵十

六部，每部標其名，采經籍騷賦古詩古文諧韻系以某
字諧某韻，古韻信而有徵，援明詩篇用韻法以闢叶
韻之非，錄詩篇本韻，表明某韻古通某韻，可以類推
推，辨經傳古詩文選之誤叶，提出訛謬字句，辨魏
晉六朝之間韻，以識變音亂韻之由，附辨今韻誤入字
收韻，援出究其本音，應入某韻，後世變音轉音，從此可
辨，於是古韻犁然，無疑義，是書云云，是可釋諸家
之疑，而補諸韻書之缺，而人用心勤篤，纂輯該備
如此。

小學類　六　六

生存

說文解字詁林　無卷數　民國十七年石印精校本

今人丁福保撰。福保字梅軒，號仲祜，清諸生，光緒二十二年丙申科案元，寶書
光緒十九年癸巳恩科副貢。福保年少，平居喜治四部書，丞
是既從其兄以學行相砥礪，復與同縣裘廷梁、孫揆均、蔡文森、
俞復、武進吳敬恆輩相師友。值甲午喪師而後，邑之志士，瞀
憤切齒，斷斷焉競尚新學，圖自強以雪恥，先後有算學及
理科研究會之組織，而福保治算學時，華蘅芳、世芳、蔣
士棟、士榮兄弟輩相繼以善算聞，又皆先後為導師，於是
從學者無不忻然有自得，福保以是所學益有進。既任俟實
學堂教習，著聲籍甚。時師生體格率羸弱，而福保遂兼習
醫學，以講究衛生為學校倡。厥後邑之城廂諸校，咸知以三育並
重者，蓋肇端於是焉。何福保負笈旋上，以譯述醫學書報
相號召，嘗曰：欲強國，必先強國人之身體。以是從游者頗衆。時京
師大學堂聞其聲，聘為教習，授生理衛生，賅全身解剖，圖講
如何保護、如何活動，以使其各部之健康，而出以經驗所得，尤之

小學類　六　七

醫學者之所欲既去職而以療治肺疾專家有聲於世患者
得以救無算焉蓋福保體羸瘦初病肺後其病痊癒
而體益壯健實已所體驗而得療養法者故好學深思其
體既加強而所治四部諸舊業益肆力攻討歲月濡染得博
綜條貫因精通許氏之學並詩古文辭無不丕時孫梁文森
復皆先後旅滬敬恒奔走革命亦出入黃海見福保著述等
身學問卓然成家無不斂手推服之而福保治學復講板
本收藏富博古精審搜羅鄉邦文獻尤亹亹無倦容但雅

小學類　七八

不欲擁之為己有樂與朋輩以覽考既以所藏贈給及門之好
學者縣圖書館創建而後搜羅鄉獻著述甚力所藏有明
槧或孤本蓋出自福保轉贈者為多又縣立連元街小學舊
為第一高小原名竢實學堂也民國八年為開辦二十周
曾設紀念圖書館福保贈書至萬數千卷而復以東林諸
賢之善本名籍屬樂為轉移與東林圖書館為珍藏
之焉其襟懷之磊落慷慨類如此民國肇建而後福
保身經世變乃復究心佛學以相救世其憂時傷世之用心

雖丞庵無少衰息所著有說文解字詁林全漢三國南北朝
詩歷代詩話續編清詩話各如干卷醫學釋氏書各如干種
行世又詩古文辭如干卷待梓
是書搜集治說文諸家之學說暨其他著作家論及說文
者類聚編錄以許氏書所列者為主體而全錄各家說文
撰述計一百八十二種都一千餘卷繫列於每一字文之後要為集
許氏訓詁之大成故名說文解字詁林其總目所列曰前編
析為三继以說文解字十五篇之目復继以後編補編附編

小學類　八九

而以通檢為殿卷首所載纂例三十條細若牛毛密如
繭絲可徵其矻矻用心之勤又列引用書目表及引用
諸書著者姓氏錄尤便學者稽考綜觀斯編其箋疏
許書可謂精審該博其鉤玄提要尤見考訂明確蓋現代之傑
作前此無與倫比也敬恒序之稱為無前例之偉不朽偉著武進孫森
序之又稱開來之用必且大於继往其說皆允矣而福保自序之則
謂昔賢考訂之學譬如積薪後來者居上蓋其勢然矣許書號
稱徵事典衍今聚數百卑人腹笥淵博之學說於一編百川洄注

瀦為淵海，互相參校，洞見癥結，俾觀者如遊名山勝水，望高深而識其徑途也；如披珠林寶藏，閱斑斕而知其名器也；如登累台複閣，曲榭迴廊，而得其門戶梯階，與鸞尊，又能升其堂，入其室，而饜飫其肴胾也。豈非愉快事哉！所述編纂之精意及所望於學者，蓋如此。

小學類

九十

史部目錄

正史
編年類

專史類

雜史類

無錫藝文志長編

共十三冊之二

史部四冊之一

無錫藝文志長編目録

史部

正史 編年 類

清

後漢三公年表一卷 清華湛恩撰

續資治通鑑長編拾補六十卷 清秦緗業黄以周輯

民國

清代徵獻類編二十九卷 民國嚴懋功撰

無錫藝文志長編目録 一

續明史一百二十五卷 民國孫靜庵撰

專史類

清

財政彙刊五種 清許珏撰

民國

光緒通商列表一卷 民國楊楷撰

光緒各國通商歷年贏絀表一卷 民國楊楷撰

中國財政史輯要四十卷 民國楊志濂撰

中國航政史二編 民國秦炳源撰

雜史類

宋

靖康傳信録三卷 宋李綱撰

明

錫山攬秋集三卷 不著撰人名氏

兩廣紀畧一卷 明華復蠡撰

明季遺聞四卷 明鄒漪撰

無錫藝文志長編目録 二

清

明季北畧二十四卷 清計六奇撰

明季南畧十八卷 清計六奇撰

廿二史紀事提要八卷 清吴綏撰

爝火録三十二卷 清李天根撰

伏莽紀事詩一卷 清楊芳燦撰

菊溪節相除邪紀畧一卷 清楊揆撰

臨清守城記一卷 清秦震鈞撰

吴中平寇記八卷 清錢勖撰

紀縣城失守克復本末四卷 清施建烈撰

平浙紀略十六卷 清秦緗業撰

浙東籌防録四卷 清薛福成撰

[生存者述]

無錫光復志六篇 今人錢基博撰

洪憲屆閏三卷 今人侯毅撰

蕭心劍氣樓甲申雜詠一卷 附壬申紀事 今人孫肇圻撰

古史摭實二卷 今人施之勉撰

無錫藝文志長編目録 三

傳記類卷一

[明]

戰國人才言行録十卷 明秦瀹撰

清賢記六卷 明尤鏜撰

算録一卷 明安希范撰 秦燦輯

三楚文獻録十六卷 明高世泰撰

雒閩源流録十九卷 明張夏撰

[清]

涇皋淵源録八卷 清顧貞觀撰

列女樂府五卷 清顧玉光撰

康熙己未詞科録十二卷 清秦瀛撰

道南淵源録十二卷 清鄒鳴鶴撰

梓里録一卷 清秦煥撰

浙江忠義録十卷 清秦緗業撰

涸涸草堂奏對年譜合編二卷 清嚴金清自訂

錫金四哲事實彙存一卷 清楊模撰

[民國]

無錫藝文志長編目録 四

名儒言行録二卷 民國竇鎮撰

明遺民録四十八卷 民國孫靜庵撰

太平天國人物志八卷 民國孫靜庵撰

[生存者述]

趨庭隅録一卷 今人楊壽枏以詔其子景煃景熿景熔彙録

傳記類卷二

[明]

鄒文莊公年譜一卷 明高攀龍重訂

顧端文公年譜四卷 明顧與沐編訂
高忠憲公年譜一卷 明華允誠編訂
高忠憲公年譜一卷 明高世寧編訂 世泰參校
華節愍公年譜二卷 明華袞黃編訂 張夏參校
堵文忠公年譜一卷 明張夏增輯

清

朱子年譜一卷 清高愈編訂
王荊國文公年譜五卷 清顧棟高編訂

無錫藝文志長編目錄 五

吳蓉山館年譜一卷 清楊芳燦自訂
響泉年譜一卷 清顧光旭自訂
重訂淮海先生年譜節要一卷 清秦瀛重訂
侯給諫公年譜一卷 清侯楨編訂
孫文靖公年譜一卷 清孫慧惇慧翼編訂
余孝忠先生年譜一卷 清吳師澄編訂
三省軒自述一卷 清王世恩自訂

民國

次暫次齋主人年譜一卷 民國孫振烈自訂
夢痕錄要一卷 民國高鎔泉自訂
勤補拙齋漫錄一卷 民國顧鳴鳳自訂

生存著述

張文襄公年譜十卷 今人許同莘編訂
錫縣五十無量劫及前詩草一卷 今人侯鴻鑑撰
樂農自訂行年記事一卷 今人榮德生自訂
箬心劍氣樓紀事詩一卷 今人孫肇圻撰
遜庵年譜二卷 今人錢基厚自訂

史評類

無錫藝文志長編目錄 六

明

學史十三卷 明邵寶撰

清

讀史論畧一篇 清杜詔撰
史通通釋二十卷 清浦起龍撰
綱目志疑一卷 清華湛恩撰
五代春秋志疑一卷 清華湛恩撰
道齋正軌二十卷 清鄒鳴鶴撰

民國
重譯中等東洋史二卷 民國周同愈譯撰

奏議 公牘類

明
侯岁崖先生諫草二卷 明侯先春撰

清
俞東疇先生奏稿附詩文一卷 清俞肯堂撰
四西齋決事八卷 清孫鼎烈撰

無錫藝文志長編目錄 七

許靜山先生権煙奏稿一卷 清許玨撰
許靜山先生呈請都察院代奏稿一卷 清許玨撰
錫金戒煙文牘鈔存一卷 清許玨輯
禁煙牘存無卷數 清許玨撰

民國
柳州文牘二卷 民國楊道霖撰
思沖齋文別鈔二卷 今人楊壽枏撰
錫山學務文牘前編四卷 續編二卷 三編二卷 四編二卷 今人錢基厚撰
讜言彙錄一卷 今人錢基厚撰

地理類卷一

清
讀史方輿紀要一百三十卷 清顧祖禹撰
天下形勢考一卷 清華湛恩撰
防江形勢考十卷 清華湛恩撰
防江形勢論一卷 清華湛恩撰
水道總考十卷 清華湛恩撰
憇游偶考八編十卷 清華湛恩撰
金匱縣輿地全圖附井則 清華湛恩撰
汴梁守城紀略一卷 清鄒鳴鶴撰
萬國輿圖全志三十四卷 清王以銓撰

無錫藝文志長編目錄 八

河工紀要四卷 清王蕰中撰
英法義比志譯略四卷 清薛福成撰
滇緬劃界圖說無卷數 清薛福成撰
沿海形勢論一篇 清華世芳撰
東瀛識略八卷 清丁紹儀撰

民國
東遊紀聞一卷 民國秦岱源撰

地理類卷二

元

無錫縣志四卷 不著撰人名氏

明

錫山續志三十六卷 明吳琳李庶纂修

清

無錫縣志四十二卷 清嚴繩孫秦松齡撰

浙江通志二百八十卷 清嵇曾筠撰

金匱縣志二十卷 清華希閔撰

無錫藝文志長編目録 九

無錫縣志四十二卷 清華希閔錢棟高浦趙龍錢奎光撰

無錫金匱縣志四十卷 清秦瀛撰

四川通志二百○四卷 清楊芳燦等纂修

福建通志二百七十八卷 清孫爾準纂修

無錫金匱續志十卷 清楊熙之黃彩祖秦文楷顧翊嚴鐮 秦郁涵初撰

無錫金匱縣志四十卷 清秦緗業撰

地理類卷三

明

慧山記四卷 明邵寶撰

殘本惠山古今考七卷 明談修撰

愚公谷乘文一卷 明鄒迪光撰

錫山景物略十卷 明王永積撰

清

開化鄉志三卷 清王抱承撰

殘本膠橋小志四卷 清王鑑撰

東林書院志二十二卷 清高廷撰 高嶐 許獻 高廷珍 高陛

記聽松庵竹爐始末一卷 清鄒炳泰撰

慧山記續編三卷 清邵涵初撰

無錫藝文志長編目録 十

松滋祠廟事略二卷 清邵文熙纂輯

忍草庵志四卷 清劉繼增撰

泰伯梅里志八卷 清吳鑄劉繼增撰修訂

惠山竹爐圖詠四卷補集一卷 清劉繼增重輯

清閟閣志十二卷 清楊殿奎撰

高子水居志六卷 清楊殿奎撰

民國

可園十六詠一卷 清楊殿奎撰

高子水居志補編四卷 民國高鍊泉撰

民國

寄暢園志七卷 民國秦國璋撰

生存 附錄 實業叢編卷上 正編卷下 卷一 今人楊新枏撰

清

天下郡縣水利志無卷數 清唐汝翼撰

民國

江浙水利聯合會審查員對於太湖局水利工程計劃書

地調查報告書三章 民國胡雨人撰

無錫藝文志長編目錄 十一

民國十年水災後調查報告一卷 民國胡雨人撰

治湖箴言一卷 民國胡雨人撰

地理類卷四

清

西神叢語一卷 清黃蛟起撰

錫金識小錄十二卷 清黃卬撰

錫金志外五卷 清華湛恩撰

錫山補志稿無卷數 清錢泳撰

錫山游庠錄二卷錫金游庠錄一卷 清邵涵初撰

錫金考乘十四卷 清周有壬撰

錫金學校重興紀事二卷 不著撰人名氏

民國

錫金科第考六卷 民國高鑅泉撰

錫金續游庠錄一卷 民國高鑅泉撰

民國

錫金續識小錄六卷 民國竇鎮撰

尊賢祠考略六卷 民國侯學愈撰

無錫藝文志長編目錄 十二

西麓詩鈔甲集一卷乙集二卷 民國胡介昌撰

生存著述

錫山風土竹枝詞一卷 今人秦銘光撰

地理類卷五

清

隨軺日記一卷 清蔣大鏞撰

正大光明殿覆試日記一卷 清姚縣績撰

星軺便覽一卷 清王繹撰

出使日記六卷續刻十卷 清薛福成撰
永寧山居從紀程一卷 清孫鼎烈撰
殘本鄭河沁日記無卷數 清鄭乃濤撰

地理類卷六

[明]
武陵游記一卷 明高攀龍撰
[清]
臺灣雜記一篇 清季麒光撰
暹羅別記一篇 清季麒光撰

無錫藝文志長編目錄 十三

遊北固山記一篇 清周鎬撰
歐游雜錄二卷 清徐建寅撰
[生存著述]
病騰旅行記二百種 今人侯鴻鑑撰

目錄類卷一

[宋]
遂初堂書目一卷 宋尤袤撰
[清]

政書類

[清]
國政貿易相關書三卷 清徐家寶譯述
保富述要十七章 清徐家寶譯述
[民國]
十六國議院典例八卷 民國秦文鑫撰
[生存]
政本論十二卷 今人薛學潛撰

天一閣見存書目六卷 清薛福成撰
[民國]
錫金歷朝書目攷十二卷 民國高鑅泉撰
[民國]
無錫縣立圖書館書目十六卷 民國嚴毓芬撰
無錫縣立圖書館善本書目二卷 民國秦毓鈞撰
無錫縣立圖書館鄉賢部書目一卷 民國劉書勳撰
叙文采錄無錫縣志七十卷 今人朱[illegible]
無錫縣志目錄一卷 [illegible]
[生存著述]
無錫縣新志目說明書一卷 今人錢基博撰
孫氏玉鑑堂藏無錫先哲遺書目一卷 今人孫祖基撰

無錫藝文志長編目錄 十四

目錄類卷二

[宋]
隸釋二十七卷 宋洪适撰
[清]
淳化閣秘閣法帖考正十二卷 清王澍撰
[民國]
遺篋錄古錢圖釋八卷續釋四卷 民國秦寶瓚撰
勝畫紀餘十二卷 民國秦潛撰

無錫藝文志長編

史部

正史編年類

清

後漢三公年表一卷 昭代叢書本

清華湛恩撰。湛恩有志韻溯源已著錄。是編做史漢體例，始建武元年，迄建安十三年戊子，凡姓氏之可紀者，著於篇，名曰後漢三公年表。按後漢自光武中興，鑒前漢之失，政歸臺閣，而任三公，殺使權不下移，不知亂起於貴戚，極於宦官，而漢以不振。湛恩致意於此，以深仿閱後漢得失之大故，表列其名以示三公質否，大有關於國家之治亂耳。又按湛恩是作為昭代叢書所采，而有無單本則無考。恭忠藝文未載。

續資治通鑑長編拾補六十卷 清光緒癸未浙江書局刊本

清秦緗業纂輯。緗業字澹如，道光二十六年丙午順天副貢，父瀛以文章政事有名當世，事具縣志宦望傳。緗業初以副貢充史館謄錄，銓嗣以道員需次兩浙，署鹽運使權金衢嚴道，既後提調浙江書局，而與上官有不合，遂移疾歸。少孤，就刻苦讀書，有志經世之學，及長好古文辭，苦無師承。道光己亥庚子間，游京師，識上元梅曾亮，以所作就正，始知古文義法。曾亮爲桐城姚鼐高弟，而緗業以乃父與鼐相友善，以古文辭相切劘，自謂聞曾亮之門，自謂得其淵源，特仁和邵懿辰、善化孫鼎臣、臨桂朱琦輩，皆在京師，緗業後往來其間，故所學益進，而同縣又有張岳駿侯楨者，並爲曾亮弟子，緗業相與砥礪，毅然以斯文自任。嘗謂邑中數十年罕見三絕，學一特而得三人，可不謂盛歟。其與儕輩相期許如此。顧後邑人秦寶瓚、元鈞張乃勳並以詩才著，遂譽緗業，愉揚讌攬聲價益大，世稱句吴三君子。又有學者鄧濂、長驊文，秦墍能文章，而陵好治儀禮，裴廷栞敦行能古文，楊模、秦寶琛並擅經史詞章，華世芳善算學，楊楷通時務，緗業乃品評之，曰梁溪七子。自是果作佳士，胥成名。其愛士風裁，主持名教者又如此。光緒七年，重修縣志，緗業國任總纂，兢兢業業，期無忝先德，蓋其父瀛曾修嘉慶縣志，已是以續其記載也。書既成，而杭州府志亦議重修，杭人思緗業之德，延爲總纂，行有日矣，而遽疾遽作，卒於家。其書補李燾續通鑑長編之闕。按李書清四庫所著録者，爲五百二十卷，然英宗、神宗、哲宗三朝事多放失，而徽、欽兩朝則盡闕，知世鮮完本，讀史者憾之。緗業供職浙江書局，徵得宋楊仲良紀事本末（湖州陸觀察家藏鈔本，是書宋槧無傳，清四庫未載），據之以補李氏長編之佚，而完具其書，自謂搜稽考訂，精嚴不苟，讀李氏書者，是書當亦不廢，而楊氏書雖未刊行，已志載於是，其亦可無憾云。

史部編年類

三

民國

清代徵獻類編二十九卷 民國二十年鉛印本

民國嚴懋功撰。懋功，原名承志，字育蘭，清諸生（光緒二十四年戊戌歲貢）。平生立志治史部書，而於國故、朝章尤蒐討不厭，尚論古人，必求其爵里、謚號，輒忘寢食，身經滄桑，深懼文衰而獻不足徵，乃概然有述作之志，垂五十年，以家貧，所著未克盡傳，竊志以終，聞者惜焉。是書摭拾舊聞，做史漢諸表體例，撰次清代職官年表五種，曰宰輔年表二卷，附録一卷；八卿年表四卷，附録一卷；總督年表三卷，附録一卷；巡撫年表四卷，附録一卷；館選分韻彙編上一卷，附録一卷，都二十九卷。表中所列，不容褒貶，而注其恩禮始終、進退遲速，以及鐫級奪職、遣戍罪誅，雖未備言事實，而忠佞賢姦不待盡讀本傳，可以覽其大概焉。按是書總目又

史部編年類

四

有侍郎年表五卷、附錄一卷、徵獻韻編十二卷。自識謂卷帙繁多，所籌刊資不敷，尚祗暫行從緩云云。今無傳本，論者惜之。

續明史一百二十五卷 上海新中華圖書館出版

民國孫靜庵撰。靜庵名寰鏡，靜庵其字，弱冠後以字行。孫氏故為世族，世居邑之石塘灣，文行頗著。清乾嘉而後，登甲乙科者有其人。靜庵獨鄙帖括學，喜讀史，而尤致力於明季野乘記載，留心一代之興

正史編年類

五

革、種族之存亡，以及仁人志士之偉行奇蹟、寶隱，以鼓吹革命。嘗謂滿清入主，史禁日嚴，文網益密，黑白紊亂，清議寢息，遂致一代實錄湮沒不傳，而放之砭之，思有以洩孤憤、正邪說，然有論及而往往拂其願焉。及民國肇建，而靜庵懷奇負氣，乃一寄於文字，則明季實錄，得與世之人相見。惟當袁氏僭叛而後，痛世事日非，遂隱於湖濱，買地植卷果，徜徉圖終老。民十六春，國民革命軍北伐後，無錫當推舉靜庵

為土地局局長。時際建設，所事紛雜，鮮秩序，靜庵恬然匿迹。迨日寇侵襲，所輯雜類野乘損盜殆盡，靜庵所居濱太湖，竟被寇，聞者痛惜之。是書為明傳有遺所創設之新中華圖書館出版。蓋傳氏際中華光復之秋，盡力搜羅私家記述，極於寄禁未行刊行之秘笈，志為彰表，俾滿人專制淫威之罪，得暴於天下。於是編出版，傳氏頗告謂自來修史者，廣延名宿，合數十人之見聞精力，方成一書，無錫孫

正史編年類

六

靜庵先生以一人之力，獨能搜集遺書，博采舊聞，參以家傳紀事、稗史野乘、諸家文集、郡邑志書，閉戶纂輯，積數十年之苦心精力，匯衆流而成巨浸，成續明史一百二十五卷。內分帝紀、列傳、后妃、宗室、孤臣、遺老、忠義，獨以儒林、文苑、逸民、方外、列女、宦官、逆臣、權奸、貳臣、諸編、土匪、南都、建國，下訖臺灣鄭氏，皆明史所闕而不載。及當時觸犯忌諱，隱而不詳者，然其人其事，實有不容湮沒

而弗彰，為人之所急欲目睹，而又無人敢筆之於書者，煌煌巨製，千古無幾，其着墨之謹嚴，搜羅之宏富，直足超明史之上。傅氏稱說之，知是則可見其編精義之所在矣。然縣圖書館竟無藏本，不知其他各圖書館及藏書家，有斯本否。姑俟徵訪，俾見其實。

編年史類　七

專史類

清

財政彙刊五種　清光緒乙巳駐義使署校印本

清許珏撰。珏有論語要略，已著錄。是書當出使義國時所輯，錄曰義大利財政彙攷，義大利稅則，義大利榷煙志略，義大利國債冊往章程，彙編義大利銀行章程，都五種。按中國自甲午之役，為日本所挫，賠款銀二萬三千萬兩，庚子之變，為泰西各國聯軍入都，又賠款銀四萬五千萬兩，而外國以金鎊計數，定屆還期，輒昂鎊值，我以銀易金，又須增數百萬兩。由是歲輸外洋本息，痛不忍計。然時清廷承列宗訓諭，不准加賦，雖歲出者驟增，而主部務者祗能指示各省，就原有之款，移緩就急，請除中飽，化私為公而已。珏於光緒二十八年壬寅，駐節義都，自謂行人之職，以詢度諏謀為務，居其國，焉可不知其政。中國度支告匱，司農仰屋，而義國

專史類　一

幅員不及中國十之一，其歲入之款，較中國多至五倍。因徵集各種要籍，先譯成法文，再由法文繙譯，而後校印，以洛外務部、户部，備采擇焉。既且謂吾華自庚子以後，財政日艱，欵未裕國而不病民之方，如仿義國税則，加征煙税，或亦補苴罅漏之一策，此所以有榷煙志畧之譯，以爲攟資取法也。又謂泰西各國，無論大小强弱，皆有國債，而國債之起，大半由於戰事。法蘭西國債最鉅，至三萬一千二百兆鎊，方

寺史類　二

同治九年，普法之役，法人償普兵費五千兆佛郎，然不數年而募集國債，悉以償之，義大利國債總數，都義銀一萬二千八百五十六兆吕耳。其幅員既不及中國十之一，而負債如是，然其財政措置裕如，非中國所可及。爾書之暇，考其國債緣起，有爲各省府縣興辦要務，就地籌措者；有爲築造鐵路，數費股票者，債類不同，要由國家承認，故統名之曰國債。蓋不盡係於戰事，故現國者每謂外債多則國弱，國債

多則國强，此所以又有國債彙編之譯，以爲我國取法，抑以救當前財政之急也。統觀斯編，既將土國財政窘迫，上下交困，司國計者戚戚不可終日，乃考求義國財政經畧，徵譯要籍，以爲鏡鑑，其用心之勤，愛國之切，油油然溢於楮墨間，後來学者，其覽政之

民國
光緒通商列表一卷　清光緒丙戌楊氏家刊本

民國楊楷撰。楷後改名道霖，字仁山，清光緒十八年壬辰進士。既取經濟特科，農商部保惠司員外

寺史類　三

郎，京察一等。民國二十一年夏曆壬申，壹游洋水。楷於兄弟行，年最幼，同治十一年壬申生，其兄模、棫、樺，同補縣学生，惟楷成童，遽光緒十七年辛卯，中式順天舉人，翌年，又聯捷登甲科，時才望蔚然著，陞遂矣。先是日本弟琉球，楷感憤甚，著平夷三策（按其文無傳本），意氣噴薄，識畧蓋一世，同縣秦緗業激賞其經濟通時務，曁溪七子吟所稱書生抱孤憤，誓欲清海氛者，我國自五口通商，兩

後，後於沿海及長江各要地，並次第設關徵稅，各口
海關，而司稅務總其事者為英人。楷謂國之商
務盛衰，與其强弱得失消息相關，必操政者悉於
國，而以公正之道取於民，則其民樂於捐輸，而後商
務可振興。乃搜集當日通商實際情況，列表以驗其
贏絀，為說以論其得失之所由。時值中法啟釁，軍
需孔亟，而楷所著慷慨陳述，言辭警惕，期當世
悔政矯正，而裨國家之財用。臣知目以書生坐談無補
實際，而未嘗采用其說，有識者靡不歎惜。楷治學，
以宋儒為歸。早歲嘗受知於邑宰巴江廖綸。綸
故於東林書院，歎興復講學之功，嘗集有志之士於
依庸堂，互為之諄諄講求聖賢立教之微旨，亟稱楷行
學有以羨出乎其類也。但楷之學，雖具本源而達乎
經世，然終偃蹇無所遇。雖嘗薦知郴州，殆亦無以暢其所懷
以之見其用耳。是書譜列自光緒元年乙亥至十年甲申，為之通商
表十二，所以驗十年中通商盈虧利病之所在也。按中國

自道光二十二年壬寅，訂立江寧條約，始設上海、寧波、福
州、廈門、廣州五關。咸豐八年戊午，增設牛莊、登州、臺灣、
淡水、潮州、瓊州六關，及長江以內漢口、九江、鎮江三關。十年庚
申，後設天津關。至光緒二年丙子，又設溫州、北海及長江以
內宜昌、蕪湖等四關。楷以徵稅之公正與否，有關商務之盛衰，與治亂得失所關
至大，乃觀光緒初年通商出入之數，而為之驗然，用作[illegible]
表，可見其因，曰中國西洋紀年周始月日表第一；洋
關征收稅鈔分項總數表第二；各國稅鈔分表第三；
進口出洋貨價贏絀表第四；東西洋各國來往貨
價表第五；洋貨轉運出洋並進口實存貨價表
第六；洋關進出口貨價分類表第七；洋藥茶絲
分類表第八；茶葉出洋分國表第九；各關洋藥
運銷實數表第十；雜貨衰旺提要表第十一；
各國洋行人丁表第十二。每表綜合叙論，以繫之
於首，於以究其利弊，而志其得失之道焉。蓋其時
中法速兵，勝負久未決，大吏籌餉，仰屋無計，楷於

究心於此，以為中國地廣物博，可以為富強，而何以屢弱，覽者斯表，可知其故。自序之謂乙巳一歲，中國所耗，去銀二千三百餘萬，財者國家之元氣，生命之大命，精涸則人斃，財殫則國危。甚後十年，是耗銀二萬三千餘萬矣，其將何以為國。大聲疾呼，以警當世，詞旨絕痛，而終不能采用其說。然楷作斯表，則其愛國之切，用心之忠，昭昭如日月，豈僅見其通時務已哉。

光緒各國通商歷年贏絀表 卷 清光緒庚寅楊氏家刊本

專史類　六

民國楊楷撰。楷後改名道霖，有光緒通商列表已著錄。是書續列清光緒元年至十六年與各國通商歷年之贏絀數目，並附刊光緒十五年海關貿易冊書後，以警惕當世。所論稅務司英人赫德之不忠，而不能去之，則商務殆無振興之望，言辭激切，其後人所不敢載。又歷舉洋酒、呂宋煙、香水、琉璃器皿等物，雖注明洋人自用，條約免稅，然售與華人，何後不可悉數。覽考其說，則表列贏絀之所由致者，不待言而自明矣。當時我國學者，胥究心帖括，於國際貿易之道茫然無所措意，獨楷有見於斯，持論侃侃，惜當世不能動念以用其說也。

中國財政史輯要四十卷 民國二十五年無錫大公圖書館鉛印本

專史類　七

民國楊志濂撰。志濂字筱荔，清光緒元年乙亥恩科舉人，世襲雲騎尉，援[illegible]海同知，署湖州、寧波知府，有治行，以道員候選。宣統三年辛亥以後，隱居不仕，與同縣陶世鳳昕夕往還，以氣節相砥礪。民國二十九年夏曆庚辰重宴鹿鳴。抗戰軍興，僑寓海上，以疾卒，壽九十有二。是書援杜氏通典、鄭氏通志、馬氏文獻通考、清纂續三通、清三通，世所稱為九通者，所載自成周迄清代財政沿革源流，彙合采輯，去其繁複，取其概要，而以編年之式分代著之，並於要端鉤玄提要，加以眉詮。其有關治亂之原因者，則闡發其旨，以資鑑戒。中國數千年財政得失會通之道，可概見焉。

中國航政史二編　民國十二年商務書館鉛印本

民國秦岱源撰。岱源年四十，更名潛，字中吉，號馨潔。清季留學日本，畢業大阪高等工業學校，回國應廷試，授職七品小京官。入民國，充航政司技士，晉給五等嘉禾章。以薦任職任用，歷充京師商業學堂機織科主任教習、留學生考試襄校官、京師大學堂工科教授，有聲於時。旋復充任京奉鐵路唐山機廠監理，吉長鐵路機務科長兼工場長，東省鐵路技術部機

專史類　八

務監管員，任職路務，轉輾數年，著鐵路名辭典呈部備采用。既而又任航律編纂會編纂員，調充交通史編纂委員會纂修，所以交通史航律，出岱源筆者為多。四十以後，自號五湖釣徒。曾祖炳文，祖琛，父實鐘，俱工六法。岱源既承家學，亦能以餘事工圖繪。抗戰軍興，以年老里居，鬻畫自活，感痛致疾，終於家。是書為岱源兼任交通部政講習所教員，講授航政史之講義，整理成帙者。所紀中國航政沿革，實為創作，內容

分二編，第一編古代航政，又分二三章，首為舟航述要，次為漕運，次為海運。第二編近世航政，又分六章，首為中外通商之關係，次為海關設立後之航政，次為郵傳部時代之航政，次為交通部時代之航政，次為輪船事業，次為航政紀略，而自書與序之首，謂於兩個月間，匆匆編成是冊，除搜羅各種古籍暨考古代航政資料，約略紀述外，凡近世外交史與章約法表冊檔案，以及調查報告，無不涉獵，擇要

專史類　九

采取，雖掛一漏萬，在所不免，要亦足以覘吾國航政沿革之大略。惟所記載至民國十年為止云。

雜史類

[宋]

靖康傳信錄三卷 日本刊本

宋李綱撰。綱字伯紀，政和二年壬辰進士，邵武人。自其祖賡始居無錫。積官至太常少卿。欽宗時，授兵部侍郎，尚書右丞。南渡後，拜尚書右僕射兼中書郎，為御史所劾罷。後為觀文殿大學士。卒謚忠定。事蹟具宋史本傳及縣志忠節傳。

雜史類 一

是書紀徽欽蒙塵以前事實，自宣和七年至靖康四二年止，中叙君臣商畧和戰行止之事頗詳。自稱皆當時實錄，足資讀史者之考證云。

[明]

錫山攬秋集三卷 清道光戊子重刊本

不著纂輯人姓氏。按是書為采錄明嘉靖間本縣並鄰縣士紳為詩文以贈知縣王其勤之以寓去思之籍也。其勤字時敏，號少月，松滋王氏，進士。嘉靖三十三年甲寅知無錫縣事。時倭躪江南，無錫城久圮，民情洶洶。其勤既至官三日，即合父老謀築城，七十日而竣事。倭寇至，其勤督率兵民登陴固守，邑境以全。事具縣志名宦傳。厥後其勤擢南京戶部主事去，而士紳感其保障之功，從而攀轅贊頌之所為詩文，編次之得三卷，因曰錫山攬秋集，梓以行於世，以垂久遠。集中所錄諸家之作，如王問、華雲、華察、張選、安如山、吳同、秦瀚、鄒夢桂

雜史類 二

過棟輩，皆邑之耆舊搢紳，而聞名當世。如華啓直、吳汝倫諸人，皆其門人，並先後有名於世者。原書無序，道光時重梓，邑人薛玉堂為之序。考此編為地方掌故記載，非著錄詩文之作籍，用列於史類。

兩廣紀畧一卷 縣圖書館精寫本

明華復蠡撰。復蠡，明季人，出處事蹟志書無考。按是編所紀，於崇禎甲申三月二十七日自邑啟就道

赴廣東臨高任所，蓋將復蟲知臨高事也。六月二十一日抵任。其前任者爲貧酷，被民殺害，戮及妻子。迨十月，府道查拿究辦，而復蟲阻其進，觸當道怒，因罷去，舉邑士民哭而送之，植去思碑於城隍廟。蓋閩地爲皇居，廟在家府，特奏其事。故乙酉六月，此事發後，竟數提該邑紳民問罪，舉地往走而後蟲雖去官，又爲出銀八十兩於粵東臬司，以寢其事。而戊以後，世亂益熾，復蟲挈

雜史類 三

眷屬辟地入梧州，轉輾至肇慶，至陸川，遇劫掠，遭瘴氣，妻媳邑婢僕死，父子俱病，痛骨肉凋喪而邑從無所，遂以妻媳之柩葬焉。既而上南寧，其地未經兵火，人物繁庶，號小南京，遂居之。戊子三月，永曆帝亦瀕臨至，後轉下肇慶，而復蟲亦以南寧不可居，順流東下至肇慶，至番禺邑。庚寅正月，清兵破南雄，而自己兵丁先事殺掠，凡官之題有，囊之重者無一幸免，復蟲慨然曰：「寧執無柱石之才，群僚牽撤偉之徒，欲不亡得乎。」嗚呼！明末最後痛史於斯二語，可以盡其所自矣。

幽燕觀復蟲於甲申抵臨高，復力阻當道欲殺無辜，遂怒及罷官去。又慨解其囊以寢當事被害事。並於流離顛沛，骨肉凋殘之際，更不吝所資遺恤故廬之難，則其爲人與愛民之道概可知矣。考是紀爲明季稗史所采輯，無單本。同縣沈鑾謂有關一代興革，縣志藝文應補

雜史類 四

載之，以備國史之采。民國三十六年冬，侯鴻鑑於地方文獻廣爲搜羅，乃函告縣圖書館擇明季稗史所載錄其單本，以備參考。

明季遺聞四卷 舊刊本

明鄒漪撰。漪字流綺，諸生（崇禎七年甲戌歲貢）。博學多聞，好著述，曾游吳偉業之門。偉業所著綏寇紀略半出漪手。縣志文苑有傳。是書卷一紀李闖偈亂本末，卷二卷三紀弘光南渡

本末卷四紀隆武永曆繼五本末。始自崇禎
四年辛未四月，訖永曆三年庚寅十二月，其間二十年莫
不廣搜遺事，盡情貫穿，攷訂詳覈，傳
其信，以闕其疑，殆明季實錄也。甲申以後書改
元，盡書甲子，及清代而不書清代年號，則尤可
見瑀之所志矣。按縣志列瑀於清，而瑀既以明
諸生終其身，並以故國為懷，用列之於明，以
見其志云。

雜史類　五

清

明季北略二十四卷　北京琉璃廠半松居士聚珍本

清計六奇撰。六奇字用賓，其出處事蹟無
考。是書纂紀明季自萬曆四十四年丙辰迄崇
禎十七年甲申，其間三十年所有要略及遺
聞軼事，編次一集，都二十四卷，題曰北略，所以示明之
而未南渡紀載北都時事之大略也。自序之曰：
自古有一代之治，則必有一代之亂；有一代之興，則必有
一代之亡。獨怪世之載筆者，每詳於言治而略於言
亂，喜乎言興而諱乎言亡。愚謂天下可亂可亡，而
當時行事，必不可泯。况我世祖章皇帝嘗過莊
烈帝之陵而垂泣，即今上登極，亦諭官民之家，
有關載啓禎事蹟之書，俱著送來，雖有忌諱
之語，亦不加罪。是天子且著書與求書矣，草野之士，
亦何嫌何忌，使數十年來治亂興亡之事，一筆勾却
也哉。按卷中所載，自萬曆丙辰，始者清太祖於
是年即位建元天命，開科取士。指有會元，指中國
為南朝云。

雜史類　六

明季南略十八卷　北京琉璃廠半松居士聚珍本

清計六奇撰。六計有明季北略，已著錄。是書纂紀
明季自崇禎十七年甲申五月，迄康熙二十八年乙巳，其
間三十餘年之事要略，編次一集，都十八卷，題曰南略，
所以示明之北都已亡，記載南渡以後事也。自序之曰：
當北都傾覆後，內震驚，即薪膽彌厲，未知始終，乃馬

阮之徒猶賄賂公行，家堂自喜，不踰載而金甌盡缺。罪將誅武，唐藩起閩中，勢如危卵，而鄭氏以驕肴貪縱輔之，日與魯藩為難，唇亡齒寒之義謂何？桂藩立粤東，僻處海隅，遁走不常，舟車播遷，是時君不君，國不國矣。雖有瞿、桂林為守，四載無濟，特艱，死於杜允和、李定國輩，益難支矣。若成功、煌言出沒風濤，徒擾民耳，亦何益乎。余編南略一書，雖敘次不倫，見聞各異，而

雜史類　七

華之所在，雖俗兼收，有明之微緒餘燼皆畢於是矣。蓋六奇身生丁明清之交，困羈閩嶠，而目睹故國淪亡，又將知何去懷，其憤慨悲痛之感溢於楮墨間，雖百世後，殆猶髣髴可想見之也。同縣沈鏊亦稱六奇北略、南略二書有關一代興革，可備國史采擇云。

十二史紀事提要八卷　清乾隆丙寅原刊本

清吳綬撰。綬字韓章，諸生。順治八年辛卯歲貢（學所藏集の本提要稱出處無考）事蹟，志乘無考。是書原名通鑑摘錦，以一代一朝一人一事摘其數字標列於前，自謂將何天成，燦如列錦，使人誦習。後以歷代事實依次編記，故更名曰十二史紀事提要。四庫全書存目。金沙王步青為之序，稱錫山吳韓章先生為國初名宿，著述甚富，今提要一書於通鑑中擇其事之有關治亂興亡以及民彝物則人品心術之大者，別提撰數字以為標題，而臚括其事

雜史類　八

本事以為之註，其卷帙既不多，而歷代兵刑禮樂制度文章，亦於是略備，誠史學之津梁，而通鑑綱目之羽翼也。按是書縣志藝文門未載。

爝火錄三十二卷　縣圖書館據鵝湖華氏所藏原稿繕寫本

清李天根撰。天根原名大本，字雲墟，雍乾時人，生平不妄言，不疾行，硜硜自守，人有徵其名，具呈當事者，知之曰：汙我名矣，遂易之以字。父山崧，淡榮利，工詩，事蹟見縣志隱逸傳。山崧繼妻薛璸，善詩詞，夫婦

白首偕隱，有梁孟風。縣志雜識門記其事。天根附見焉。是書紀明末諸藩立國事，以明史爲經，以野史爲緯，始於清順治元年三月十九日明莊烈帝殉社稷，止於康熙元年十一月二十三日明魯王薨於金門，凡十有九年。所書年月悉從清。蓋其成書之日，爲清乾隆十三年矣。所載諸事，皆當時實錄，而天根自謂稱唐、魯、桂諸王，皆以藩封兼號，[illegible]並以宗室[illegible]，必詳著枝派世系，以別倫序之親疏，而辨興復之誠僞

雜史類　九

別羣臣擁戴宗奉者，不待言而邪正自明云。按天根[illegible]縣志藝文門據是編[illegible]，而書末有鶴臺詞一卷[illegible]本縣志藝文門亦未載。

伏羌紀事詩一卷　清光緒庚寅邑城西溪余氏重刊本

清楊芳燦撰。芳燦字蓉裳，乾隆四十二年丁酉拔貢生。七月即識樞帖字，四歲讀四子書及唐人詩，[illegible]髫齡已能背誦唐人古今體詩八百餘首。逢拔萃於鄉，廷試第一，授伏羌令。既攝篆，逆回構亂，聚數萬人攻伏羌。伏羌當秦隴之衝，城中回民雜處。芳燦外輯軍民，內杜間諜，獲其兇者誅之，其良者曉以大義，撫循激勸，而居民始以回也疑之，至是盡釋其疑，而興回和回，亦願助官民堅守。賊大至，芳燦隨機宜，設方略，共甘苦，當矢石之衝者四晝夜，援兵至，圍始解，賊不得越伏羌而東。論功擢靈州牧，無何，弟揆亦以軍功擢甘肅布政使。芳燦例應引避，乃入貲爲戶部員外郎，改工部。體文及官京師，所爲文益宏麗典重，

雜史類　十

艷絕一時。都中有大箸作，必假芳燦手，士論翕然歸之。充會典館纂修，丁父憂歸。既而主講關中書院，旋又纂修四川通志，卒於蜀。縣志文苑有傳。是編爲伏羌城守時紀事詩。青浦王昶爲之序，謂甘肅賊回之變，旬日間將南走秦州，東犯隴州，延蔓而不可制。伏羌彈丸地，無一旅之師，蓉裳乃率鄉勇力守禦，當其方張，使跳踉搏噬之性未能少逞，於是處挫惶惑，折歸於石峯堡，以俟聚殲而滅。蓋以伏羌蔽秦隴，秦隴

安，則陝西甘肅全境安，故其勢甚危，而其功甚偉。又曰：方賊自北而南，予在西安得警報，率兵二百餘出駐長武，以遏西路之衝，與蓉裳將相逼也。聞被圍，心怦怦然不能寐，作詩以訊之，不意其慷慨激發，自試於盤根錯節如此。今蓉裳以特薦入都，受不次之擢，則是詩其功符稽也。因屬余一鼇跋之，謂伏羌紀事詩百韻原刻入吳蓉山館詩稿，咸豐兵燹，板片盡燬，而此詩有僅刊原作單本，一鼇恐其湮沒，并錄王昶景吳序跋以及同人和作，並寄贈之詩附入，款付梓未成，後由諸君子捐資以助，乃克有濟，於是可以概見是編之所以僅有傳本耳。

菊溪節相除邪紀略一卷 吳縣吳重暉氏捐贈手寫本

清楊揩撰。揩字承叔，一字蘊山，國子生，少有才名，屢應童子試不售，遂棄去，客游秦蜀閩楚之間，為各大府佐理，尚書畢沅尤倚重之。縣志文苑附兄掄傳。是書紀嘉慶二十年秋，兩江總督百齡緝亂

雜史類 十一

事。菊溪者，百齡字也。將江南之儀徵、安徽之和州合肥、廬江、蕪湖並河南邊界，先後查獲姜氏鐵封逆詞，散佈惑眾。百齡受之，亟召幹練將吏三數人，給與箭一枝，令曰某已得逆犯主名，可速往某家掩捕，稽緩一將者斬，疏漏一人者斬。嗣果獲方榮升等首從百七十七人（先正事略作百五十人），於巢縣械送轅門讞實，抵極法，在逃未獲者祗二人耳。揩於時客百齡幕司箋奏，具知其事始末，故撮叙奏牘大略，編錄成帙云。按是編縣志藝文門未載，蓋邑中竟鮮傳本也，而吳縣吳重暉氏有藏本，檢無錫縣圖書館鄉賢著述書目，既無其書，乃繕具之以為我鄉獻遺編，猶以未湮是可感也。

臨清守城記一卷 縣圖書館據邑城河上秦氏家藏稿影寫本

清秦震鈞撰。震鈞字酉經，號蓉莊，國子生，以乾隆三十二年丁亥授臨清州判，逾年，王倫反壽張，震鈞適權州事，預為戒備，繼圍守十七日，雖矢盡糧

雜史類 十二

绝域竟得全，擢臨清知州，累遷浙江鹽運使，以病免，後出為濟東泰武臨道，卒於官。事具縣志宦望傳。居家事親孝，父春田年七十，疽發背，醫謂不治。震鈞事之，廢寢食，後為吮潰腐，瘡口乃合。父年竟登大耋。尤友愛兄弟，分財讓產，有古人風。性好施與，如捐貲建同仁堂，修葺東林書院，諸善舉，邑人到於今稱之。是編為守臨清時日記，按日記載，無少缺漏，自謂備文武官僚嬰城

雜史類　主

固守，自乾隆三十九年九月十七日始，迄二十三日，凡十七晝夜，會大兵關合勦，匪眾就殲，猥以微勞，仰叨恩遇。爰綜始末，按日編次，錄為一卷，以誌梗概云。說着覶謂所載駭備，蓋當時實錄也。

道齋臣軌二十卷　清道光庚戌原刊本

清鄒鳴鶴撰。鳴鶴有道南淵源錄，已著錄。是書采輯二十四史循良列傳，共二百三十餘人，俾後之人有以為鑑。自謂本書之旨，原以援古勸今，而

绝域竟得全，擢臨清知州，累遷浙江鹽運使，以病免，後出為濟東泰武臨道，卒於官。事具縣志宦望傳。居家事親孝，父春田年七十，疽發背，醫謂不治。震鈞事之，廢寢食，後為吮潰腐，瘡口乃合。父年竟登大耋。尤友愛兄弟，分財讓產，有古人風。性好施與，如捐貲建同仁堂，修葺東林書院，諸善舉，邑人到於今稱之。是編為守臨清時日記，按日記載，無少缺漏，自謂備文武官僚嬰城

雜史類　主

固守，自乾隆三十九年九月十七日始，迄二十三日，凡十七晝夜，會大兵關合勦，匪眾就殲，猥以微勞，仰叨恩遇。爰綜始末，按日編次，錄為一卷，以誌梗概云。說着覶謂所載駭備，蓋當時實錄也。

道齋臣軌二十卷　清道光庚戌原刊本

清鄒鳴鶴撰。鳴鶴有道南淵源錄，已著錄。

按道齋臣軌二十卷已編入史評類，本卷中應刪去

循良列傳，共二百三十餘人，俾後

本書之旨，原以援古勸今，而

實心爲民爲主。古其僞者、酷者、駁而未醇者、大節有虧、實蹟無聞者，品必純，事必實，始終必完備，專爲今人作則，非爲古人表微；專爲古治溯源流，非爲古史辨異同。俾閲斯編者，可以識斯民維繫之故，并可以鑒時代盛衰之本。如爲何等關係，而豈空談治譜。嘉興錢儀吉爲之序，稱有志於古者得是編，慎思篤行，神而明之，取之各足，用之不窮，以大濟於吾民，而古

南

雜史類

治可復，則信乎古今無異治也。其忠於事上而亟於忠民者，意在斯乎。然則鳴鶴所以摛論語德禮之義，以名其書者，可以知其旨矣。

紀無錫金匱縣城失守克復本末四卷　縣圖書館聚珍本

清施建烈撰。建烈字叔愚，道光二十九年己酉優貢。授華亭教諭，幼聰穎，讀書過目不忘，七歲能書楹聯，有神童之譽。比長，江蘇巡撫裕謙見其公牘，激賞之，延司箋奏。蓋建烈曾掌蘇州府署書記

實心爲民爲主。古其僞者、酷者、駁而未醇者、大節有虧、實蹟無聞者，品必純，事必實，始終必完備，專爲今人作則，非爲古人表微；專爲古治溯源流，非爲古史辨異同。俾閲斯編者，可以識斯民維繫之故，并可以鑒時代盛衰之本。如爲何等關係，而豈空談治譜。嘉興錢儀吉爲之序，稱有志於古者得是編，慎思篤行，神而明之，取之各足，用之不窮，以大濟於吾民，而古

南

雜史類

治可復，則信乎古今無異治也。其忠於事上而亟於忠民者，意在斯乎。然則鳴鶴所以摛論語德禮之義，以名其書者，可以知其旨矣。

紀無錫金匱縣城失守克復本末　本末四卷　縣圖書館聚珍本

錢列傳　又　叔愚，道光二十九年己酉優貢。

吳中平寇記　之後

授華亭教諭，幼聰穎，讀書過目不忘，七歲能書

楹聯，有神童之譽。比長，江蘇巡撫裕謙見其公牘，激賞之，延司箋奏。蓋建烈曾掌蘇州府署書記

宦也。既而客李鴻章幕，佐平蘇粵捻，有聲於時。而鴻章於幕下稿，輒加點竄，獨建烈所製不易一字，其敬禮如此。蓋建烈自少曠放不羈，而以廉潔自守。鴻章於保薦幕下士，數以建烈通才碩學、經濟特器列首擢用，而建烈力辭之，不欲耆。鴻章益敬之。既歸，清風閣居，不事王侯，而喜與里中佳子弟相往來，淋漓跌宕，隱隱殘其借意，蓉湖風雨，綺靡多，而從建

雜史類 十五

烈游者殆鮮。梁特習，雖擅書，而不輕為人作。偶落筆，其蘭亭風致，士林以為寶。光緒七年，同縣秦緗業重修縣志，建烈任分纂。子殿墀好學深思，疾卒。建烈遭喪明之痛，因自號獨翁，飲酒寄慨，偃蹇以卒。是書紀洪楊時無錫金匱縣城失守暨克復事。按縣城在咸豐十年庚申四月十日失守，至同治三年甲子十一月二日克復。雲備所紀於自咸豐三年癸丑二月江寧失陷至同

治四年乙丑二月，由在城耆士紳執筆，送屬纂，補於邑宰。凡所紀諸役，雖略而不備，然本末自具，後之人得以考焉。

吳中平寇記八卷 清同治乙丑原刊本

清錢勖撰。勖字揆初，咸豐五年乙卯舉人，授內閣中書。當李鴻章統師上海，勖曾客其幕，以軍功保舉，以知府用，加道銜。旋從平捻，得疾，卒於濟南，賞光祿卿銜，蔭一子。勖少負才名，厭舉業，肄詩歌駢儷，沈博絕麗，類吳偉業、揚芳燦之倫。縣志文苑有傳。是書始自同治元年三月李鴻章率師至上海，次第規劃蘇常，至四年奠定東南止，次為八卷。擬事直書，不加點染，殆實錄也。兵事外，如籌餉以充軍需，減賦以蘇民困，志紀其實，皆備考覽。勖既客李幕，習軍書，於李氏謀議方略，窺見要折，兼又深志軍事始末，故所書頗能賅備耳。

雜史類 十六

治四年乙丑二月，由在籍士紳執筆屬纂，補於邑宰止。凡所紀諸役，雖畧而不備，然本末自具，後之人得以考焉。

吳中平寇記（移列上頁紀無錫金匱縣城失守克復本末之前） 卷 清同治乙丑原刊本

勖字揆初，咸豐五年乙卯舉人，授內閣中書，嘗從李鴻章統師上海，勖曾客其幕，以軍功，保舉以知府用，加道銜，旋從平捻，得疾卒於濟南，賞光祿卿銜，蔭一子。勖少負才名，厥奎業著，詩歌駢儷，沈博絕麗，類吳偉業、楊芳燦之倫。縣志文苑有傳。是書始自同治元年三月，李鴻章率師至上海，次第規劃蘇常，至四年奠定東南止，次為八卷，據事直書，不加粉飾，殆實錄也。兵事外，如籌餉以充軍需，減賦以蘇民困，志紀其實，尤備考鑑。勖既客李幕，習軍書，於李氏諮議方畧，窺見要折，華又深志軍事始末，故所書頗能賅備耳。

十六

雜史類

平浙紀略十六卷 清同治癸酉浙江書局刊本

清秦緗業撰。緗業有續資治通鑑長編拾補已著錄。是書紀洪楊時平浙大事，以左宗棠督辦浙江軍務為始，次第書其克復而至全省肅清。其有非左軍所復之地，並皖南江西，雖非浙省，而為浙軍後路，有唇齒相關者，亦附書之，於其平浙始末，可以賅備焉。

浙東籌防錄四卷 清光緒丙戌刊本

十七

雜史類

清薛福成撰。福成字叔耘，同治六年丁卯副貢，平生素治經世學，究討古今治亂得失之道。四年夏，湘鄉曾國藩方北征平捻，張榜郡縣，招賢俊，諮籌畧，而福成先是舉家避亂僑從寶應，至是上便宜萬言書，國藩大獎飾，延之幕。自是相從者八年。時幕中多閎儒博雅之士，因與講求經濟文章，及掌故時政、中外交涉諸要，無不通達治體。光緒初，客游山東，上治平六策，海防密議，又萬

餘言。巡撫丁寶楨為之代奏，得旨留中。旋交軍機
處及各衙門議奏，多見施行。合肥李鴻章稔其
才，邀掌箋奏，參要政。自是相從又十年。既而
直隸總督張樹聲署理北洋大臣，檄福成辦理
洋務，值朝鮮內亂，後壞悅工書，凡調兵輪渡海
保護，及日本兵艦至，我軍已先入定變，一時名公鉅
卿，如郭嵩燾、丁寶楨、張之洞輩，皆服其識略，
嘗先後密保福成碩畫宏謨，為僅有之才。其

雜史類　十六

在幕特卓，然名動當世，有蓋如此。光緒十年甲申
春，簡寧紹台道。五月之任，適法蘭西與越南搆
釁，瀕海諸省防務日亟。不兩月，福建馬江敗耗至，
浙防戒嚴。巡撫劉秉璋檄令福成總理營務，因聯絡
諸將，置利器，修炮台，以阨守險要。寧波故濱海
地，輪船往來，海氛不靖，謠諑往往四起。自福成蒞
事，誠信相孚，市肆如故。翌年正月，法人竄犯鎮海，
福成督飭炮台將士擊之，屢中敵艦要害。前後

兩戰，相持五十日，法人不得逞，卒成和議。事既平，論
功加布政使銜。福成益奮忠志力，赴鎮海相度形
勢，擇其扼要，加建炮台，節節設險，以完防務。其前
兵籌海防兩紙，精力又如此。十四年戊子九月，授湖南按察
使，未之任。明年二月，交卸道篆，入都陛見，特簡出使
英法義比四國大臣。十六年正月二十，啓節出未，所即議
添設南洋各島領事，俾閩粵人之旅居外洋者
有懷歸之樂，免援累之苦。翌年，長江上下游，

雜史類　十九

多焚燬教堂，教案疊起，有詣查拿匪犯，允
給賠款，而英法各國駐京公使尚忿爭不已。總理
衙門檄就近辦理。福成時往來其政府，推誠相告，
憤懣稍息。特浚開查獲英人梅生者，代哥老會
購置軍火，福成既悉其事，乃面詰英廷，從
嚴懲治。英人氣沮，遂陳分別教案治本治標
之計，並嚴禁私購軍火，以杜隱患。疏並請調
集兵輪分布要口，以備非常。自是教案遂次第

定焉。當英人之據緬甸也，出使大臣曾紀澤迭向外部詰質，僅允由英駐緬大員按期遣使獻方物，稍讓中國展拓邊界地。福成至，是查庸卷，請預籌方畧。上壯其議，特派專辦滇緬劃界通商事宜。於是慷慨任事，伸理前約，反覆辯詰，閱三載，英始允讓地，代緬進呈方物。時王文韶總制雲貴，福成遥與磋議，因得熟知邊徼形勢，而總署又信之彌堅，合力和衷，以事乃濟。因南拓野人山內昔馬等地，以回鐵壁、天馬等關，南拓宛頂邊外，及潞江以東之地，以回車里、孟連兩土司全權，訂約凡二十條。至二十年甲午正月，與英外部大臣勞偲伯力爭，約畫諾。其尊重領土，折衝外侮，而能敦睦邦交，又如此。福成自壯至老，讀書辦公，日有常課，而尤拳拳於資治通鑑一書，殆無一日釋其手。學以主靜為歸，以存誠為用。雖軍國大事，日不暇給，而氣度端凝，百務就理。

雜史類　廿

月，卸使職，內渡，值盛暑，颱颶並作，迭出奇險，直夜不成寐。五月抵上海，甫踰月，殁於出使行台，年五十七。論者謂天假之年，則其所成，庸詎止此？是書為福成備法時公牘文字，請續文獻通考著錄之。按光緒十年，法蘭西既侵奪我越南屬國，挾戰艦十餘，縱橫南洋，騷我海疆，其陸師進窺廣西，與我邊防諸軍遇，以我倉卒未備，而致馬江之敗。詔瀕海諸省戒嚴。福成於時方備兵寧紹台，巡撫劉秉璋雅知福成賢，檄令綜理營務，盡護諸軍。明年正月，寇警，迫犯鎮海，而福成既與諸將協規同力，於前敵諸務，百計營度，備禦森嚴，故法人雖肆其慓疾勁悍之氣，卒兩次被創，斂旗而退。福成乃綜其禦寇時公牘，以歲月先後分類編次，都四卷，雖自謂庸庸之錄，以鳴安不忘危之志，然有關邊防禦侮之要，足資攷覽，非等尋常公牘已也。

雜史類　廿一

生存者述

無錫先賢志六篇 民國三十年鉛印本

今人錢基博撰。基博字子泉，號潛廬，博學通儒，為當世學人所推仰。自少力學，弱冠即以古文辭知名。民國肇建，嘗以書生從軍，授陸軍少校，既而以教學為職，歷任江蘇省立第三師範教員、國立清華大學、私立聖約翰大學教授，私立光華大學國文系主任教授兼文學院院長，私立無錫國學專門學校校務主任等職。著作等身，聲名洋溢播中國。抗戰軍興，後講學於國立浙江大學、國立師範學院，諄諄啓迪，以策勵人心，學者多感激泣下，而為之興起。與二三子講論，聞者又多感動。時任中國私立華中大學教授也。是書自國立後，財政、民政、司法、自敘等六篇，記無錫之光復。弁之曰：漢宇重光，無錫匡復，當是時，終以其事而整之成者，蓋秦毓鎏也。當毓鎏柄兵操邑政時，一以安靖為務，初無大過惡之言，惟所用事，切於無怨恩於人，譽已不實，備擬於神聖，毀乃求全，窮詬為盜

雜史類

二二

名，譽毀過當，功罪莫名。孟子曰：無是非之心，非人也。心有堪焉，余交毓鎏有年矣，時進箴誡，初未嘗旅隨多士，有諾諾之和，終何若景附與人肆申申之詈，廣諮衆詢，非有稽於官文書者不錄，詳紀其事，僅述不作，初未敢稍加論斷云。

洪憲舊聞三卷 雲在山房叢書鉛印仿宋本

今人侯毅撰。毅字疑始，祖煒，清同治六年丁卯與弟瑧森同登賢書，縣志藝術有傳。父家鳳，光緒十八年壬辰歲貢，有才名。毅從侯官嚴復游，復碩學通才，兼貫中西，毅學有淵源，而又師事復，故所學大進。復自為侯芭，其師弟間所得如此。是書紀袁氏僭叛時故事，竊稱洪憲，故名洪憲舊聞。按自袁氏失敗，世稱籌安六君子必述，類色舉侯官嚴復，而復實被盜名。毅乃振敘其事始末，力為其師辨誣，當時復籌所以應付之道，毅嘗與備嘗之謀，深悉委細，紀述詳盡，殆實錄也。卷末附項城就任秘聞，可徵袁

雜史類

二三

民結局不祥，信有預兆焉。同縣楊壽枏所輯《雲在山房叢書》，皆師友名著，是編亦爲采錄。

蕭心劍氣廔甲申雜詠一卷附壬申紀事 民國三十六年鉛印巾箱本

今人孫肇圻撰。肇圻字北萱，號頌陀，清宣統元年己酉拔貢，殿試列二等，引見，掣部以提法司經歷分發山東，補用。入民國，曾任本縣設立之師範講習所長。時民國肇建，地方教育亟謀推廣，而師資頗感闕乏。肇圻悉心規劃，畢力進就之，以應所需。江蘇省議會於時召集，而肇圻又膺選爲省議士，持正議，侃侃論談，輒動其座。省長韓國鈞器其才，保送以縣知事試用。自號補石居士。肇圻感世變日亟，乃諧然無用世意，寄黃海以詩酒自娛，詠謳容與，絕無一語及當世，而於意興躍然之際，又喜作宋元人山水，蕭疏淡遠，題詩詞補空。其抒寫性靈，往往露抱負懷才未用，論者惜焉。是書爲歲次甲申所詠絕詩二百首，故名。按甲申者，民國三十三年，其時歐西戰事猶劇，而日寇侵略吾華，駸駸乎有囊括中原之勢。

雜史類　　亩

上海雖早淪陷，原借英人租界，乃另未辟者，時有所記。此後經敵寇發動所謂太平洋戰事，遂長驅直入，亦竟無乾淨土。肇圻本客居其地，至此傷時感事，悉賦詩章。雖寫明月而樓秋聲殘夜，猶可考見敵人之益肆其暴戾也。惟時屆勝利，爲期不遠，雖處風雨晦冥之中，而有晴朗到來之喜，實類詩史，非等尋常吟哦耳。既勝利之三年，遂自弁卷首，以梓行於世。」所附壬申紀事者，紀民國二十一年十九路軍抗敵淞滬事，爲絕詩三十有一首。考暴日侵我東北，在淞滬事變之先一年，時國府抱不抵抗主義，致上海復遭襲擊，脅迫頗甚。當地所駐軍隊爲十九路軍，乃起而自衛，且愈戰愈強，殲敵無算，時人譽之曰鐵軍。此役我國百年之來抗戰海疆未有之舉也。然終以限於國府未有明令抵抗，遂致目爲局部衝突，被壓後撤，齎志以去。舉國聞之，無不慨痛。肇圻既客海上，睹聞較切，所賦各詩，可謂實錄，欲采抗戰掌故者，其以斯編爲徵。

雜史類　　壹

古史摭實一卷 民國三十七年謄寫油印本

令人施之勉撰。之勉以字行，南京高等師範學史地科畢業，歷任中學、師範教員。抗戰軍興，之勉流轉入蜀，曾任事中央政治學校研究部、國立邊疆學校研究部，頗受學者景仰。平生端居靜默，吶吶若不欲言，而性好讀書，每於辟靜之所，得一室，掩戶而坐，所斯夕斯，無或釋卷。所讀於史學最致力，輒喜尋證擿辨疑

雜史類 二六

難，窮年累月，以獲新一解。同縣錢穆稱其得一書，沉潛反復，優游浸漬，醇醇乎探之而愈新，愈咀而若愈有味，而忽忘其歲月之已多也。其爲學人推重如此。之勉居

常絕不事著述，至年垂五十，始有所作。辟地四川，居重慶南岸之界石一窮村矮屋中，驟見若不堪以卒日，而之勉則悠然不改其爲學之常態。至服務地區往反必步行，雨朝途濘，屢傾跌而不顧，時攜布袋一，儲數日之糧、菜一甌，獨自炊食，不假手他人。其寂寞艱困，有人所不能堪，而之勉則好學不改其樂者又如此。抗戰既勝利，而之勉亦翩翩歸，雍容讀書如故也。於是邑人士多爲事相迎，假以縣立中學校席，請行政當局相禮

雜史類 二五

聘之，之勉因辭不獲。時縣中方事擴展，就學者麇集且滿，之勉則主之以靜，出之以識，從容措施，以漸臻於軌物，學者無不翕服焉。鄉邦子弟被其惠者又如此。是編就其究心古書所見，隨提諸問題，雖後世學者曾爲之詮釋，而其說尚有未妥，或有未得確切之義，乃旁搜子史經部有關諸書，詳考博稽，鉤提其精要，以求確當，盡美者都一十九篇。每篇引證宏博，考據精審，無一句空語，無一字虛擲。每創一篇，明辨

修潤之功，殆不自知其歲月之遷流也。穆序之謂近言之固皦然，清儒樸學之規模，遠溯之則淳蓄遠宏，胎息根抵，不名一世，固非搏搏焉自囿於一時代之風尚以為好者也。武進徐復序之，稱是編辭嚴義謹，不假浮夸，如老吏斷獄，片言立決，其於時賢之作，有所臧否，而其所取史料，有不期而合於新材料者，亦有新材料迄未獲見，而於古書之側裹縫間仔細研勘，向不為人注意而經搜剔爬羅以得之者。吾不知其價值果居何等。

雜史類　二十六

而其饜學者之望，解古來之惑，以為不可易者，則無間言。因擬名之曰古史摭實之，勉則喜之，遂以名其書。

無錫藝文志長編

共十三册之三

史部四册之二

傳記類卷一

明

戰國人才言行錄十卷 明嘉靖癸丑原刊本

明秦瀹撰。瀹字季新，號慎菴，諸生。錫山秦氏文鈔瀹小傳稱諸生，錫山游庠錄萬曆壬寅前生考。與同縣顧可久相友善，覽觀載籍，輒多摹錄。其治學之勤，學者多推重之。是書輯錄戰國時君臣言行，編次之都十卷。清四庫全書存目。顧可久為之序，稱慎菴秦君以其博識之餘力，彙為是編，其列國世系，自春秋前則取之

傳記類卷一　一

史記，戰國時則取之國策，咸解章而分書之。其事交錯於列國君臣之間者，則取太史公語在其傳中。例刪繁而節要焉。至若秦國，太史公同乎帝紀而錄，則降而列之世家；齊國則不本太史公之姜齊，而斷自國策之田齊。其列傳例，在春秋時事，則史記是訊；戰國時事，則國策是徵。太史公記傳或直列其人，而錄別為相國、諸將、忠義、隱夫等目，以寓褒貶。其有名著列國而記不錄者，則又取之國策，列為名士、說客，以續其義。是錄也，直與史記、通鑑綱目諸書相表裏，而經生學士之廣見洽聞者，當賴之

也。則瀹之書，其義例盡於此矣。

清賢記六卷 民國二年適園叢書本

明尤鏜撰。鏜字伯聲，太學生，授邛州判，不赴。家貧，友人為築雲鴻館以居之。性嗜古博雅，窮覽載籍，好探究瑰異玄奧，有所得，輒手著錄。事具縣志文苑傳。是書專錄元倪瓚之清德介節，編次為六卷，以瓚之私謚曰清賢，因以名其書。搜羅頗為詳盡，而綜覈纖舉，又得體要，使後之人於瓚之風格，如仰高山而覺閎遠，

傳記類卷一　二

挹清泉而覽深，所謂可企而不可得者，於是有以窺其全。論者稱極喜推崇，雖似逾分，然匯萃古雅，亦明人著作中之錚錚者云。

彝錄一卷 明萬曆間寫刻本

明安希范纂輯。希范字小范，號我素。萬曆十四年丙戌進士，授行人，歷南京吏部主事。時王錫爵秉政，多斥異己者。希范上言謂正直之臣不安於位，敢言之士削跡於朝，賢者以異己出，不肖者以附己進，誤國不

忠莫大於是。既入前籍，歸，會東林成立，希范別構
一室，讀書講學其中，與四方高賢以道義氣節相
砥礪，表彰濂洛之學，我以關西夫子稱之。事蹟具明
史本傳及縣志儒林傳。是編為希范錄其生母吳
氏事實，以其所述以書，及劉昇基表、張納陛行記、
高攀龍行狀，次為一卷，以端揭書之梓以於世。按希
范嫡母鄒氏，生性嚴，吳氏娠有期，鄒氏謂女之育之子
男之弗育。希范生，父如山已密授家人媼治襁褓蓐

傳記類卷一　三

具。先是，其少弟某早世，妻鄒氏寡，垂二十年無嗣，
遂以希范授鄒氏為子，故希范生五旬而離母懷。
既七歲，如山卒，鄒氏（俊）鄭氏亦卒，乃歸其母吳氏。萬曆
三十年甲辰，吳氏卒，而希范方以名進士仕，仕當世矣，然
回頭往事，殊感蓼莪之痛。爰於卜葬之日，輯
錄斯卷，以告（吳）世。

三楚文獻錄十六卷　明季原刊本

明高世泰撰。世泰字彙旃，攀龍從子，崇禎十年丁丑

殿試一甲第四名，授編修，除禮部主事，擢湖廣提學
僉事。視學全楚，務本教以力正事，嘗評騭試卷，必
焚香禱天曰：「非私門桃李」，是樹實甄拔真才以報。
湖廣監察御史汪某所話疏稱世泰斯舉所以酬
知遇。理學文章卓然為一時冠，縣志儒林有傳。是
書為三楚學使時，羅列其地文獻，纂錄成帙，分
理學、孝友、忠貞、經濟、清介、文學、吏治、武烈、隱
逸、潛德、女節、方外、流寓、名宦、專謝門，都十六卷，

傳記類卷一　（四）

各門每人撰次傳誌以見梗概。卷首有書凡例，前後
又無序跋，惟所載徵各州縣廣徵遺籍以佐史裁而
事表彰。文曰：滔滔江漢，犖犖人文，炳燭乾坤，筐簏
今古，丘索典墳，騖博洽聞於左史，山川草木，寫哀時
春主於靈均，下沿漢魏，迨宋元，英絕挺生，微言不絕。
肆我昭代，尤稱多才，溯彼音徽，清流並永，本道自
知，誦讀風企，商琛御命，瀟湘書涉，琳瑯之圃，驅
車澧沅，思搴蘭芷之香，況造士莫先稽古，而摘

才尤亟采風，但遺集散在家藏，雖非一日省志之成事，故闕且百年。擬續華刊於五朝，先蒐文獻於七澤，輶軒甫駕，瘏痳猶勞。已經解仰各學凡境內山陵碑記、人物事蹟，及本府州縣所刊漢唐以來經史子集，盡以送道，稽脩考覽錄登銀管，進述作於西京，章進丹扆，列圖書於東觀，仰岣嶁以闡奇，佇瓊瑤而載筆。既竣其燬，可以見世春編纂之旨矣。按清乾隆禁燬書目，是書入全燬之列，而縣圖書館尚藏明末原刊本，文獻有徵，寧非天哉。

侍記類卷一

五

雒閩源流錄十九卷　縣圖書館據邑城東河許氏家藏原稿精寫本

明張夏撰。夏字秋紹，自號南岳子，諸生。崇禎十三年庚辰歲条。馬世奇弟子，身際鼎革，遂以遺民終。治學以程朱為歸，雅州湯斌撫江南，深器之，其從學欲招之，不赴。歐陵商邱宋犖撫蘇，飭各州縣修方志，而常州府志於時重修，咸重夏德，聘編纂。夏性強記，熟悉掌故，於經學尤多闡發，講學東林，耆以夏為大師，縣志儒林為之傳。是書蓋記有明一代諸儒學行梗概，溯道統程朱，題曰雒閩源流，蓋示程朱以後人作也。卷首所載凡例十二則，說者稱其取裁之義，殊具法度。清四庫全書存目，其門人婺源黃昌衢為之序，稱是錄實繼伊雒淵源而作，吾師之心，其亦朱子之心矣。予竊聞之，孔孟之道至濂洛而後著，而伊雒之學，至南渡後而漸晦，或揮其外，或竄其中，所謂海內學術之弊。我朱子錄伊雒淵源以正之，何其謹嚴也。迨由宋入元而王何金許遞衍之，於是雒閩一燈，顯於明初。統為一統，迺爾來百載，異學繁興，則又歧程朱而二三之，曰朱失程意，且歧二程而二之，曰伊川戾於明道。噫，竟判雒閩於雒而絕雒閩於洙泗矣。幸天佑斯文，正儒迭起，相與大聲疾呼，竭力匡救，若洚水之橫決，賴有隄障，不至陸沉，頹僞風而滋新

侍記類卷一

六

說文熾貞邪參互無所折衷加以俗情惑人謂傳失衛拮息養志沿至今日而聚訟者尚未有定也不有君子為之摘清剔纖世之學者何由由周朱以求程由程朱以上求孔孟也哉今觀錄中以雒閩為宗主而標儒宗以示準的次時代以鏡盛衰分支派以定正閏俾後學一覽廓然至於立言之際和而不同雖兩有體非心朱子之心者不能為而語其功直亦有道配焉者矣吾師隱居抱道

傳記類卷一　七

嗣席東林傳先正顧高諸君子之傳所以有此衛不致竊謂是錄閑儒道脈不可不公諸同志爰率諸弟捐資而授之梓比告竣蒙不揣卑庸謹題末簡自識其心悅誠服之意云云則學術源流之辨道統脈絡之傳於斯備殆可得其要旨矣。

清

涇皋國淵源錄八卷 汪墨顏氏家藏舊稿本

清顧貞觀撰。貞觀字華封，號梁汾，明顧憲成曾孫。康熙五年丙午順天南元，官國史院典籍。兄景文（字景行，諸生，順治七年庚寅歲案，兄廷文並負才名，縣志文苑有傳）跌宕為詩，具有奇氣。貞觀為人倜爽，才調清麗，兄弟兩人並同縣秦松齡、嚴繩孫、秦保寅、黃瑚、鄒顯吉、劉雷恒、劉霖恒（按保寅字樂天，中歲棄諸生，所為詩獨標清今。瑚字良孫，好古工文。顯吉字黎眉，七歲能詩。雷恒字震脩，以貢為本府訓導，文以著大江南北，弟霖恒字沛遠，時稱二劉，縣志文苑皆有傳）、安璿輩結社攻討詩古文辭，社名雲門，因稱雲門十子。時睢州湯斌、長洲汪琬、慈谿姜宸英俱聞聲來

傳記類卷一　八

會，其文采炳然，因動遊從焉。貞觀自少既名譟東南，而篤於古誼，與吳江吳兆騫交最，與成德善。兆騫遣戍，貞觀諸注曰，必歸季子。乃作金縷曲二詞，示成德，寄戍所。成德者，相國子，亦雅善兆騫，讀貞觀作，感志力為斡贖，而兆騫竟得生還，事具縣志文苑傳。是書纂錄憲成至先成師友以及門人之傳狀書著，俾學者知其源得尋其流，名涇皋淵源錄，都八卷。首尾無序跋，卷一第二行署涇陽公曾孫貞觀梁

諗氏初稿，弟三行署涇凡公十世孫政均錄圍氏增輯，故卷首目錄中，各卷所列標題右上角有注增字者，殆即政均所增訂。世為邑之北鄉涇里顧氏家藏無刻本。（蒸為憲成十世孫寶琛彬生氏藏）同縣周有壬錫金考乘藝文门著錄鄉獻名作，極推重之焉。

列女樂府五卷　清乾隆乙卯原刊本

清顧斗光撰。斗光字光誥，號誥齋，諸生。乾隆十年乙丑歲貢。與兄奎光並以學行知名，嘗游楚蜀間，主講黃

傳記類卷一　九

州書院，士多造就。縣志文苑附兄奎光傳。是書自帝舜二妃以後，羣羅列女三百六十人，每人之下述其源流，以便稽考。每各製歌一章，以事贊頌。次為三卷。又補遺六十二人，次為上下二卷。（共五卷。）名曰列女樂府，識有功風教之籍也。按縣志藝文门所錄，共書錄八卷，然茲編（為乾隆原槧，共）前三卷首尾完全，補遺二卷，亦無殘闕。而與縣志所載卷數不符，無考。

康熙己未詞科錄十二卷　清光緒戊子重刊本

清秦瀛撰。瀛原名沛，字淩滄，號遂庵，又號小峴。乾隆二十九年甲午順天舉人。四十一年丙申東巡，召試賜內閣中書，累官至刑部右侍郎。嘉慶二十三年戊寅，重游泮水。少負異禀，操筆千言立就，以詩古文辭名當世。事蹟見縣志宦望傳。按康熙十八年己未，詔開博學鴻詞科，以收羅天下奇才異能之士，雖布衣韋帶，巖穴幽隱，莫不徵求辟薦。聖祖親臨制策，擢取一二等，寵以清秩，俾纂修明史，以成一代之書。而

傳記類卷一　十

經儒碩彥，名賢傑士，彙集雲萃，盛極一時。是書纂輯徵錄之士，以及與試未用，或患病未到，或辭薦未赴，或後期未試等（如干人），每人系以傳志，以見其人梗概。題曰康熙己未詞科錄。海寧吳騫為之序，稱瀛以家世清門，天挺殊異，於書無所不窺，而又習聞掌故。其為書，上自制詔，下及奏疏，旁采家傳碑誌，集錄記載，綱舉目張，有體有要，非特詞科館閣，洵是備昇平之佳話，然則是編之輯，實有關一代之掌故也。

道南淵源錄十二卷 清道光戊申原刊本

清鄂鳴鶴撰。鳴鶴字鍾泉，嘉慶二十五年庚辰進士，歷任河南知縣，擢知開封府。道光二十一年辛丑夏，河決祥符，漫水洶湧，逼開封城垣，而護城大隄突衝破。開封為河南省會，猝被水災，所關甚大，適詔以省城應否遷徙，鳴鶴既奉命辦理捍衛，乃陳六不可遷議，毀貢院磚石，堵塞城闉，露宿城上六閱月，城得完。文宗登極，詔京外薦拔賢才，侍郎倭桐、趙光合疏薦鳴鶴，擢順天府尹，出為廣西巡撫。無何，落職歸。兩江總督陸建瀛奏調赴江寧，辦沿江防堵。時洪楊軍已逼江寧，建瀛已自九江敗還，而鳴鶴知事不可為，偕城守死之，事具縣志忠節傳。是書記載邑城中道南祠及東林書院之創建並講學諸賢之傳略，名道南淵源錄。卷中所列，首為建置沿革，並錄修葺諸碑記，次為院規，次為會語，次為列傳，次為祀典，次為興復，次為典守，次為雜記，都十二卷。同縣汪士侃字寫阮，嘉慶十四年己巳進士，縣志文苑有傳，為之[illegible]凡。

傳記類卷一　十一

梓里錄一卷 清咸同間原稿本

清秦煥撰。煥原名熙，字笙亭，諸生，道光十八年戊戌歲貢。應試南北秋闈者八，既不得志，遂潛心教授於家。嗣後出而教授於燕南、於淮濱、於大梁者，先後都三十年。以廩貢生訓導句容者十有四年，文行卓著，靡不推重。平生好治經說及史部書，而尤致力於顧氏遺書、方輿紀要，有所得輒筆之，以為鑑。為人嚴重寡言笑，有不可其意，必面斥。孝友誠樸，相率成家風，邑人士皆敬服之。是書記錄洪楊軍興，凡邑人之遷徙河南諸家，而各譜其人，蓋憫烽火亂離之中，桑梓親故，聚散無常，而思有以稽考之也。卷中蔡錄各有姓氏者如干家，至原官於其地者，亦附著書之。時煥亦羈旅於豫，其族兄賡彤題於卷首，謂咸豐庚申城邑淪沈，老弱填溝壑，壯者散而之四方，而於豫者尤多，此誠自聚而散，亦散而偶聚之一時也。笙亭乃弟光諸幕在豫，因即所聚者而匯而錄之，名之曰梓里錄，蓋於聚散之際，感慨係之，仍有欲相合毋相離之意焉。其用心為特厚焉。觀是錄者，其亦動睦婣

傳記類卷一　十二

任邮之思也夫。覽觀斯序，可以見煥之旨矣。

浙江忠義錄十卷 清光緒乙亥原刊本

清秦緗業撰。緗業有續資治通鑑長編拾補，已著錄。是書紀載洪楊軍興，凡自浙江之疆吏將帥，以迄在籍戎流寓諸官紳士民之殉難，又浙軍馳援徽寧，並士民之在他省殉難者。其人有事蹟可書，為之立傳，若無所表見，則列表以著其姓名。按其時浙江開設忠義局，延攬賢士大夫采訪纂脩，而

傳記類卷一 十三

緗業為總理局務官員，蓋是編綜其所成，未必出諸其手。但瑞安孫衣言銘緗業墓，書其著述，之在官者，則是編亦列入之焉。

閑閑草堂奏對年譜合編二卷 清光緒戊申聚珍本

清嚴金清自訂。金清字紫卿，自少聞敏有大志。年十六，秋夜得句云：秋風匹馬天涯路，夜雨孤舟夢裏身。識者謂金清一生出處兆於此矣。父揚標，衢州府同知，洪楊軍興，以守城論功得藍翎，而金清得州判銜，嗣

以浙江巡撫王有齡所器，晉階通判，辦理善後。左宗棠督師衢州，調之，使參軍事，稱一時之選。逮西征，復以金清從，帥親軍步隊轉戰天山南北。擢知府，權知迪化直隸州事。中日事起，從魏光燾率軍援關東，戰牛莊，殺傷過當。和議成，復從光燾西討叛回。光燾數十戰，禽其酋，進逐寇入青海數千里。中道糧盡，掘草根以食，卒敗之西寧。凱旋論功，晉道員。既入覲，以道員歸新疆，儘先補用。而

傳記類卷一 十四

光燾尚陝甘總督，金清乃隨軍入陝。巡撫端方奏調，委派總理全陝防練營務。嗣值拳禍，兩宮外狩，金清佐布政升允勒兵勤王，且保定，遏聯軍於獨流鎮，並鏖戰於紫荊關，聯軍始不復西。旋署鳳邠鹽法道，除延榆綏兵備道，權陝西按察使司。申理冤滯，裁革陋規，興辦善舉，輿頌翕然。是書為金清自見之奏對，與夫按年紀事之譜，其手訂本也。閑閑草堂者，金清晚年葺所居哉。

莉課桑，吟咏自適，四之地。奏對一卷，詳載兩次召見
時情事。按金清既血戰牛莊，西討叛回，捉捕逸寇，
備嘗艱險，於是益知名。後追隨陝總理營務時，率所
部開濬華州華陰之河渠，並涇陽之龍洞渠，使
免水患，而成良田者都八十餘萬畝。其時魏光燾
乃奏保金清，稱其度遠度隴，轉戰得力，回陝以後，
兩華州華陰涇陽水利，方慶弛金清，率營勇開浚，
工堅費省，勞瘁不辭，歷練既深，任事切實，洵

為有用之才。詔赴鄂引見。故光緒二十五年己亥九月
召見奏對，多開東戰事，以及陝西河工。惟金清歷
經鏖戰，炮聲震耳，遂至重聽，翌日復召見金清
奏明，兩宮遂高聲問話，繼乃溫語加慰。逾二十六
年庚子，拳匪進犯，兩宮西狩，金清率師從榮祿
關邊，迎詔守關以遏西竄，金清乃力戰於此以阻拳
匪西追，故翌年辛丑六月，在行宮召見奏對，皆榮祿
開御敵事。年譜一卷，為金清歸田後手訂，所載

簡賅有體，二者皆實錄云。

錫金四哲事實彙存一卷 清宣統二年鉛印本

清楊模撰。模字範甫，晚號𢡟盦，光緒二十年甲午舉人。
少壯勤學，治蕭選，旁及莊騷，遂工駢體文。里居與鄧濂、
秦堅、秦寶珉、華世芳、裴廷棨及弟楷，並以文章學術
有聲。時同縣秦緗業喜宏獎善類，嘗稱模兄弟等為
梁溪七子，而詠模為恭恭性溫厚，詩教風所關，淳華謝時輩，
筆力敵萬人者也。以諸生應光緒十一年乙酉科拔貢，試題為

七洲洋賦。是時瀛海初通，與試者莫知何云，獨模操筆揮寫，
盡一日夜得一千五百一十一言，歷歷陳形勢，辭氣噴薄，慨然
有古人乘風破浪之志。江蘇學政黃體芳得卷嗟歎，遂
拔取之，一時稱工選為。嘗應直隸總督李鴻章、湖廣總督
張之洞、山西巡撫胡聘之徵辟，充天津武備學堂漢文教習、
湖北自強學堂教習、山西武備學堂監督。已而歸，與同縣平
毓德字鑑知，諸生，光緒九年癸未歲貢、秦謙培字牧卿，光緒二年丙子舉人、王鏡瀛、高攀琳字映川，光緒二十年甲午副貢等創辦竢

實學堂於城中連元街，以二十四年戊戌春正月開學。二十六年秋八月，詔各省府州縣設大中小學堂，兩江總督劉坤一既保舉模應試經濟特科，復於明年夏五月以無錫倡辦竢實學堂開風氣之先，奏請傳旨嘉獎，並給與育英才額。而模於其時東游日本，考察學務。既歸國，凡封疆大吏之應詔興學者，聞其聲，輒欲延攬之。然模一志於桑梓之興學，既經營竢實學堂，又與縣人士議，就東林書院設東林高等小學

傳記類卷一　七

堂。書院原有房屋產租息，併歸竢實、東林兩學公用。復又增設三等務實兩等小學，亦撥款津貼學款於士大紳。先是已稟准江蘇巡撫恩壽，飭縣諭米商每石糴糶各捐四文充竢實經費。至是模復邀同學董孫贊堯具呈無錫金匱知縣，就邑中諸廟所收米釐撥出辦學。初，米商亦無大異議，推模擬議全撥。而米商乞減，知縣陳詒、汪鳴鳳久懸未決，兩造訴訟紛起。奸人構煽衆怨，四鄉市鎮大燬模宅。此三十年七月初二

日事也。明日，遂拆毀竢實、東林三等學堂，復燬模宅所焚餘之室。既經江蘇巡撫端方委員彈壓勸諭，以初四日開市。旋委知府許星璧、知縣王念祖查辦，而米商亦始悔持之過當，致為奸人所乘，遂允撥出廟捐二釐辦學，橋工捐一釐作學堂開辦之用，而以銀幣二萬償模家產二千，建飭金學務處房屋。各學堂於十月朔重行開學，其事始末具載錫金學校重興紀事中。事既定，而模亦無心為里閈效能矣。

傳記類卷一　六

旋出應湖廣總督張之洞之招，任湖北學務、學務處專門科科長，尋又兼漢黃德道、師範學堂監督。既入京，以學部總務司科員任圖書編譯局事，尋又兼大學堂教習。無何，歸卒。按無錫毀學實中國辦學史上一大事，而模為於舉世不為之日，身任勞怨，卒無所辭，是殆可為國人矜式者也。是書為纂集同縣華蘅芳、世芳兄弟，徐壽、建寅父子等四人事實，並同縣京官呈請部代奏，宣付國史館立傳之牘奏。

為一卷，題曰錫金四哲事實彙存，徵獻之士，其覽攷焉。

民

傳記類卷一　　九

民國

名儒言行錄二卷 民國十七年鉛印本

民國竇鎮撰。鎮字叔英，清諸生（同治七年戊辰歲貢），署江浦教諭。民國十七年夏，縣戊辰重游泮水，工小楷書，學張照，而能神似，又嘗蓋竹乡小帳以於世。是書裒集宋元明清四代名儒都四百六十一人嘉言懿行，編為實錄。其間去取一以有宋諸子為準，非道直今古，學貫天人，其言不足以植天常而維風紀者，概置不錄。提警俗學，皜皜衛道，用心至勤。卷末又集自周以迄乎清

傳記類卷一　　十

凡竇氏言行之知名者三十有六人附焉。公私分編，末訂凡例，讀者殆不免有遺憾耳。同縣稽爾霖（字雨人，諸生，同治七年戊辰歲貢）、陶世鳳（字丹翼，光緒二十年甲午恩科會元，授兵部車駕司主事，改吏部考功司主事，宣統辛亥歸）、侯學愈並為之序。

明遺民錄四十八卷 民國元年上海新中華圖書館石印巾箱本

民國孫靜庵撰。靜庵有續明史，已著錄。是書援宋遺民錄之例，恪於故訓，旁稽稗乘，編次明季遺佚，得八百餘人而為之錄。自謂宋明以來，宗國淪亡，比于遺佚民，寄其枕戈泣血之志，隱忍苟活，終身窮餓以死殉為

國殤者以明爲尤烈。世遠代湮，是非莫由攷據，而私家著述，言人人殊，況官委狼橫，流故土甚，原之際，或仗子房報韓之劍，或斐此傑存趙之香，雖奇節累累，皆太史氏所擯而不錄，前不以時攷訂而傳述之，後頹蔽之，閱世寖久，張駿所謂故老凋謝，後生不識，慕戀之心不其然與？故徵宋遺民錄之例，旁徵博采，搜羅舊聞，間及稗官野史家乘墓碑，取明季諸遺民之佚事可驚可愕、可悲可憤、可痛可憫、可歌可泣者，人自爲傳，窮志掇拾，特出己見，縱橫論列，斐然成章，輯成明遺民錄四十八卷。其行潔，其志哀，其迹奇，其幽隱鬱結無可告訴之衷，可以感鬼神而泣風雨。悉油麥秀箕子作國之痛，鐵馬金戈放翁中原之夢，猥披廿史，表揚國光，昭垂直筆，有美必揚，以供當世愛國君子采覽焉。惟所載雖以百餘人，而所遺漏者尚汗漫而不可紀極，前天假之年，賈其餘勇，將差次成帙，得列於所陶心史，死不恨矣。其卷首並列會稽章炳麟、同縣侯鴻鑑、錢基博、基厚兄弟諸家之序，多推重語云。

傳記類卷一　三二

太平天國人物志八卷　上海新中華圖書館石印本

民國孫靜庵撰。靜庵有續明史已著錄。是書縣圖書館無藏本，據上海新中華圖書館廣告披露：其書要義稱洪氏建國十五年，略地十六省，攻下府廳州縣城邑七百餘所，其制度典章、人物事實，豈無可紀者？徒以故老凋謝，文獻無徵，又無好事者爲之掇拾流傳，遂使一時成敗得失與夫奇行異能、智謀勇略之士不久已蕩爲清風，

傳記類卷一　三三

風化爲冷灰，而世所流布諸書，據滿清一面之辭，非特毀譽失實，抑且闕畧不詳。先生以修史餘閒，博采舊聞，網羅遺軼，著成太平天國人物志八卷，末附太平天國軼事一卷。取當時諸重要人物之原委顛末，備載其實，洪纖畢具，堪補正史所不及。所述如此，則可知斯編之足重矣。

趙庭陽錄一卷　民國三十年鉛印精校本

生存著述

趨庭隅錄一卷 民國三十年鉛印精校本

今人楊壽枏行誼，其子景燧、景熥、景煒輯錄。景燧字　　景熥字　　景煒字　　是書采錄趨庭之日所聞見其父言行，並以同縣顧潜字沅芳所為楊味雲先生創興棉業記，輯為一卷，自謂比於鄉氏之家箴、顏氏之庭誥而已。同縣許國鳳字韡定，清光緒二十三年丁酉舉人為之序，稱：前清沿歷代官制，以戶部掌計，凡田賦、漕鹺、鹽課、關稅、鑄金、幣制諸事，咸隸之，職務最為繁劇。光緒丙午，重定度支部官制，尚書、侍郎以下，增設丞參廳，左右丞二，左右參議二，秩視三四品京卿，各司公事，先送丞參廳核定，丞參畫諾，然後呈堂，機要奏牘皆參議主稿，大事則尚待丞參會議施行。全部要政，以丞參廳為總匯之區。宣統初，籌備立憲，設清理財政處，簡派正副監理官，分駐各省，調查實況，以預算；提陋規，

傳記類卷一　　三三

別中飽，裁冗濫，核名實，全國財賦之籍，始總於度支。全部新政，以財政為發源之地，先生由農工商部部調度支部丞參上行走，旋實授參議，又奏派清理財政處總辦，身兼兩要職，剖決所事如流。上而長官，下而寮僚，皆同聲推重。顧平日斂抑勤慎，不願居赫赫之名，遠權勢，杜苞苴，與疆吏罕通箋牘。雖總攬事權，未嘗為人指目。所訂法制，至民國時猶守為成規，所拔人才，至民國時仍分布要職。故當時推為財政專家。厥後歷官長蘆鹽運使、山東財政廳長，兩佐計部，聲績煒然。厥歷中外垂三十年，五十後謝政，偕秋浦周緝之總長於天津尋家，創設華新紗廠，旋代棉業督辦，講於工藝，改良棉種，為華北棉業之先河。晚歲耽心文史，寄興詩歌，與名流相唱酬，所著雲在山房類稿，流播藝林，綜其生平，實有古名臣識量，阨於時勢，未竟厥施，晚而為文苑侍中人，非其志也。斯序也，明

傳記類卷一　　三四

儕推重，雖似過於出壽柟進退，有關清季民初財政得失，殆匪尠譽。所序清季度支部官制之更改及壽萌立憲時設清理財政處，別除陋規，裁核名實，圖制澄清政治，以舉辨新政，尤爲一代財政制度之興革，總資學者覽考，至壽柟跨代出任財政要職，所擬具條陳計畫，俱備載所著疏牘中，故斯序所述云云，又可與雲在山房類稿所錄者相發明耳。而景煃兄弟輯錄斯編，亦

爲質而不華，後世掌政故者必備之一籍也。

傳記類卷二

明

邵文莊公年譜一卷（民國十三年錫山先哲叢刊鉛印仿宋本　縣圖書館藏寫本）

明高攀龍重訂。攀龍有周易孔義，已著錄。是書據邵氏、吳氏編錄（各自明邵寶年譜）已佚，重加釐正者。邵氏者，寶從子薰；吳氏者，寶外曾孫道成也。按文莊，明邵寶諡。寶與人書嘗謂史法貴簡，譜書貴詳，詳而厭其冗，綱而目之可也。其從子國薰撰寶遺家秦氏所錄

寶封客語及門人莫氏所述寶言行並家藏遺書，於是得寶一生概要，遂取法所言史法譜書詳略之義，次第編其成書。顧後由攀龍更得寶外曾孫吳道成所編之譜，合而重刪釐訂成帙，以道成所爲譜引弁諸卷首，並冠以顧憲成序。茲本即據其編重回梓也。侯鴻鑑所撰錫山先哲叢刊，據縣圖書館鈔本，采錄印行，於首頁第二行載從子邵薰、外曾孫吳道成同編，第三行載後學顧憲成、高攀龍

同訂。然憲成序，所稱友人高雲從雅好先生，與相與譚說不休，壓之會先生之從子惠及甥道成，嘗編先生年譜，雲從乞而得之，大悅，更加釐正，梓而行之，屬余為序云云。此蓋徵憲成僅為之序，蓋未與釐訂也。而縣圖書館據何家藏本繕錄，則無考。

顧端文公年譜四卷 清光緒丁丑涇里顧氏重刊本

明顧與沐編訂，樞、貞觀續編，開陸校。與沐字木之，號菲齋，憲成子，萬曆三十四年丙午舉人，官夔州知府。樞字所止，號庸菴，憲成孫，天啟元年辛酉舉人，學問事蹟具本縣志儒林傳。貞觀字華封，號梁汾，憲成曾孫，有涇皋藏稿、源流錄已著錄。清康熙五年丙午順天南元，官秘書典籍，事蹟具縣志文苑傳。開陸字元臣，憲成元孫，清康熙四十五年丙戌進士，累官至澤州同知，事蹟具縣志宦望傳。自憲成至開陸五世科甲，邑中到於今傳為佳話。是書為與沐采憲成事實按年編錄，於編之譜成，後樞、貞觀相與續成之，開陸為之校。卷首載崇禎二年諭祭文及誌銘、墓碑、傳狀，卷末附憲成歿後奏請賜謚、追奪官誥、後還原贈官誥諸疏及崇祀郡邑鄉賢祠等事實。清四庫全書以采存目，提要稱所錄諸疏於原文皆刪節存略，視從家較簡賅有體，爲按四庫作二卷，而茲重刊本以所冠於卷首及附錄於卷末者併作四卷。武陵胡獻徵序其端，同縣秦松齡序於後，張夏後書於卷尾云。

高忠憲公年譜一卷 清光緒丙子東林書院重刊本

明華允誠編訂。允誠字汝立，號鳳超，天啟二年壬戌進士，除工部都水司主事，崇禎改元，擢營繕司主事，進員外郎，改職方員外郎，乞養歸。福王立，起吏部員外郎，在官十三日而歸。國清順治五年戊子，以不薙髮被執，死江寧市，諸孫尚濂年十九，亦從死。乾隆四十一年丙申，追謚節愍，事蹟具明史本傳及縣志儒林傳。允誠得主靜之學於高攀龍，攀龍嘗言鳳超整齊嚴肅，殆若天成，及將赴止水死，拜遺表外獨有遺允誠書，其見重如此。是書力以表彰師道爲己任，蓋允誠既爲攀龍入室弟子，得諸親炙，並見師道之真者。嚴後同孫張夏書於卷後，謂此編其譜年也，莫非講學也，其講學也，爲請祀張本也，此則吏部之心也。抑惟真者應必真，方忠憲聞逮而赴止水也，拜表謝闕，焚香告祠，而外不啖一語儕家人，獨手題一帖，訣別吏部，乃閱二十餘年，吏部亦殉節，若先偕是講心相印而後相諸也。又謂忱吏部孫何思大令嘗語予曰，先吏

部於忠憲入道之序，皆從困學捷契分明，又如壬寅辭朱子郭晏成，戊午有戊午吟，辛酉入京以東林請席拜記，葉吳兩公皆卷中加意忠憲斯言也，中心藏之，并敢私識簡末，爲讀譜者告焉。按斯編附刊高子遺書後，及所謂儕學者讀其書，即思知其人云。

高忠憲公年譜二卷　民國元年高氏聚珍重印本

明高世寧編纂，世泰校訂。世寧字季遠，諸生。天啟元年辛酉科舉。攀龍季子，少遭家難，絕意進取，事蹟具錄

志德逸傳，世泰有三楚文獻錄、己書錄。是書爲世寧譜高攀龍之年，編纂，世泰校定，分上下二卷，向爲有單本流傳。視華允誠所輯本頗能詳其所略。蓋彼則表彰師道，此則闡揚先德，而所以譜其年，亦即所以譜其學，所歸則同。其十世族孫鍊求重梓之，並識於尾，謂忠憲公遺書於光緒二年丙子經周居貞鈞集資重刊，公之門人華吏部鳳超先生所爲年譜附焉。獨此本向係單行，已不數見。蓋自雍正甲寅重刊後，經兵燹，板燬，書亦絕世。傳本同治

己巳冬，族人於北鄉裴家購得此本，甚僞鈔一通，謹置篋中。迄今四十有三年矣。夙擬重刊，力有未逮。茲頭童齒豁，深懼此書失墜，茲者值忠憲公生日同人集於水居，公議重刊此譜，偕與華吏部本並行於世，庶先公遺徽不隨滄桑之變俱泯滅云。然此亞湮之編，今得流傳，殆匪偶然事也。

華鄖懋公年譜二卷　清光緒壬午華氏存裕堂聚珍本

明華袞黃編訂，張夏參校，靖三澄補編。袞黃字□

□諸生。崇禎七年甲戌歲桑梓夏有洛閩源流錄，已著錄。登字□
□康熙十八年己未進士，授麗水知縣。是書纂記先識
生平事蹟頗詳，堪補正史所未備。康熙刊本久無流傳，厥
後板存蠹蝕，十存一二。道光二十八年戊申，其裔孫嘉
植修補完好，訂正前人記載之譌，增輯陳貞慧題
贊、陸楷跋語，印以流布。後經兵燹，板燬，原本亦稀。至
光緒中，裔孫鴻模（字子隨，同治十二年癸酉拔貢，本科舉人，宣統登極，舉孝廉方正，捐貲創建果育高等小學，著有聲稱），得嘉植本，於卷首增輯明史本傳、陶鏈繹史本傳、東
林列傳附傳、東林書院志軼事、常州府志人物傳、
姓名華節愍公年譜，而汪琬、徐枋所撰家傳，卷
志、嚴穀哭詩，原附卷首；陸楷請郵私議及建祠
始末，原附卷末。茲悉仍其舊。擬鴻模跋語，移述
是編原名華鳳超先生年譜云。

增文忠年譜一卷 清道光戊申靜日軒原刊本

明張夏增輯。夏有雒閩源流錄，已著錄。增文忠者，
允鈞謚。是編初為允鈞自訂，宜興潘尧序跋謂

錫山張夏編次，而引夏之言，稱公自著年史，止於甲
申（崇禎十七年），其後則邑人任源祥所續，而夏合之并
增注焉。錄夏原序，謂世之目先生者曰氣節，
曰文章，而或不知其政事；知其政事者，或不知其方略；知
其方略者，或不知其德行，以知其德行者，或不知其理學。
今年去先生未遠，有先生之手澤在，猶能一一
譜之。如推開之清惠，守郡之循卓，督學之公明，其政
事可考而知也。如藍賊之再剿，藩闈之解散，陳村之
討平，其方略可考而知也。又如孝親而廬墓，恭兄而迎歸，
信友而終託，其德行可考而知也。明倫復仇，有議義
利死生，有辨詩禮二經有疏，春秋史綱有纂，其理學
可考而知也。向使先生所就止此，固無忝一代偉人，況後此
百折不回，一門赴死，足為人臣法者耶。夏之所增輯
者如此，後之學者共覽考焉。

[請] 朱子年譜一卷 浙江書局刊行小學叢注本

清高愈編纂。愈有周禮集解,已著錄。是編記朱熹出處始終大略,列於小學纂註卷首,或附於卷尾,以便學者覽攷,殆無單本。其自識云:按年譜係先生高弟光澤李果齋方子撰,而與宋史本傳、門人黃勉齋行狀中記事,間有同異。今彙三書,參伍考繹,究其歸一,而誌其大略如此。凡奏疏千言,及與門人講論精微之義,俱不能載。又凡先生論著,亦多未錄,以篇帙從簡,遂難免挂漏之譏云。

傳記類卷二　八

王荊國文公年譜五卷　邑人許同藺精謄　南潯劉氏校刊本

清顧棟高編纂。棟高有尚書質疑,已著錄。是書譜宋王安石之年,分上中下三卷,又卷後及遺事各一卷。今南潯劉氏刊行於世,其舊刊本不可得矣。按安石於真宗天禧三年己未九月二十日生,哲宗元祐元年四月初六日薨於金陵;而司馬光於天禧三年十月十八日生,元祐元年九月初一日薨於相位。兩人生死同在一年,而其學術則有異同,國家用舍、人材進退,則政事得失所繫。世謂兩人當國無異乘除,汴宋盛衰亦於是乎定。棟高既因光十八世孫露及馬巒所輯之年譜,以補其疏略,正其謬訛,舉熙寧、元祐兩朝之事,詳以為緯,俾無所遺;又以光之進退實為安石為之消長,故復纂輯斯編,並傳於世,使學者合兩年譜觀之,則宋室盛衰彌覺瞭然,其有功於讀史者匪淺。

傳記類卷二　九

今觀斯編卷首所列凡例,棟高雖據安石之集,參以史氏所記,以創製年譜,然以自謂後學講先賢(非敢以書黜),故於臺諫屏斥元老諸事,既具載史書,則斯譜概不采錄,亦可見其所輯之微旨矣。又按棟高識語,謂遍公全譜,卷首列有真容,而斯編亦無。到荊國文公像,乃窮搜博訪,餘及二十年,因志臨川有王荊公祠塑像,須丹青者而後可摹寫,此林

其猶往還,於今二十年,於其間年生鄭梁某因

昔甫傲寸奉寓師友書翰往還，極意羅致，幾及二十年，始由其同年生彭樂某徵得之，遂以列於卷首。荆公祠於崇寧五年郡守田登因安石宅創建而成，並肖安石像而祀之，距所卒之日不遠，其像必真。千載而後，好古者尚得見昔賢真面目於髣髴間，亦必想見當日棟宇搜采之匪易事也。惜所著司馬温公年譜，縣圖書館無藏本，不能以兩年譜合而覽考，未免學者之所憾。附記於此，以俟徵訪。

傳記類卷二　十

芙蓉山館年譜一卷　清光緒己卯重刊本

清楊芳燦自訂。芳燦有伏羌紀事詩，已著錄。是書芳燦自編至五十五歲止，歿後由同縣余一鼇續爲編訂而成之也。一鼇跋之，稱余從外祖蓉裳楊公所著芙蓉山館詩詞文集，行世已久，咸豐庚申，板片燬，而流傳之本絕少。光緒四年戊寅，爰方謀集資重刻，而以未得公年譜，便學者覽攷爲憾。其秋，蓉裳公女孫適震澤周氏者，歸自楚北，道出梁溪，攜公自訂年譜鈔本見眎，所錄詳備，惟編至五十五歲九月止，爰取公行述，自五十六歲至六十三歲分年續編，以成完帙，付之剞劂，以列集首，俾讀公書者展卷瞭如焉。多年未刊之本，兵燹幸存，愉快何如！按一鼇爲芳燦季弟英燦之外孫，表彰外家文獻，其意尤摯。世居邑城西溪，事蹟別見著錄。是編幸其所續得成完本，徵獻之士得藉以有攷焉。

傳記類卷二　十一

響泉年譜一卷　清光緒丁酉聚珍本

清顧光旭自訂。光旭字華陽，號響泉，又號晴沙，乾隆十七年壬申恩科進士，歷中外，雅著循聲，年四十六自西蜀引退，居家養親，不復出，主講東林書院十數稔，頗負鄉望，人尤以氣節高之。其仕履政績見縣志宦望傳。是書爲光旭自序生平事蹟，以諸其年，爲光緒二十三年丁酉聚珍本。其五世族孫森書跋於後曰：公詩文集、梁溪詩鈔皆刊行於世，雖經兵燹，而猶有傳本，獨年譜一編未聞鋟刻，粃逐飛灰冷煙無迹可尋。今歲吾宗續輯家牒，乃苑羅得之，皆喜躍以為至寶。議亟壽諸梨棗，以校勘屬森。森書按公墓志，卒嘉慶二年丁巳，年六十七。是編止於六十五歲乙卯，完璧而前後數帙又有敗龜殘損，循逸周書、穆天子傳本，闕字作方空，不敢以意逆也。嘗覽古今巨人長德年譜，由後人編次者，未必無溢美之辭。此為公自道生平，靡不確實。然則欲考先旭出處之際，發言行政之大，以及振歲饑、捐民患而折長官之節，當於斯編求之。

傳記類卷二　十二

重訂淮海先生年譜節要　清道光丁酉高郵後裔重刊淮海集本

清秦瀛重訂。瀛有康熙己未詞科錄，已著錄。是書因明秦鏞（字大音，號弱水，崇禎十年丁丑進士，縣志儒林有傳）所輯淮海先生年譜，攷正其外誤，志引注淮海集中詩賦文詞為徵。嘉慶中刊單本行世，時錢大昕得斯本，稱瀛所訂已極精審，但以文集及李燾續通鑑長編、顏魯公廟記石刻及後得譯後到，其當改正者六端，跋之以遺於瀛，而瀛得之，極佩大昕攷據之精，因其書已梓，卷中不及更正，乃補刻錢跋於後。按其書原本都六卷，而斯本為高郵秦氏重刻淮海集時冠於卷首，為之刪節，以省繁悁，故曰節要。至卷中後有小按，為瀛與大昕所未訂正者，又夾註行間，以備考核。嘉慶原槧，邑中故家竟鮮藏本矣。

侯給諫公年譜一卷　縣圖書館精寫本

清侯楨編訂。楨有禹貢古今注通釋，已著錄。是書博稽旁搜，訂輯明侯先春之年譜。楨，先春九世孫也。

傳記類卷二　十三

其道光桐書於後，謂先給諫當明神廟時以直聲著於史，應立專傳，因不為過激之行，未受廷杖，不與東林，故僅附見諸臣傳中。然大節具在，李成梁、馬林等傳可攷也。桐供職京師，無暇修輯公之年譜。道光壬寅春，倩族人纂修宗譜，從弟楨實與斯役，為補斯編，不特善頌先德，亦所以補史之闕如云。今縣圖書館據侯氏家藏咸豐元年辛亥原槧繕錄，原本藏城中映山河侯氏，今日僅見之籍也。

備也。

孫文靖公年譜一卷 清光緒壬寅聚珍重印本

清孫慧惇、慧翼編訂。慧惇字　　道光五年乙酉順天舉人，十五年乙未欽賜進士。慧翼字　　以兵部主事欽賜本部員外郎。是書為記述孫爾準平生事蹟，慧惇，爾準長子，慧翼，其次也。卷中所錄爾準登甲科後政事頗詳，以其上史館備采擇，兼請當代立言者為碑銘之用。卷首

傳記類卷二　　十四

自識，謂不敢一字涉虛，以蹈誣親之咎云。

余孝惠先生年譜一卷 清光緒乙亥蘇州刊本

清吳師澄編訂。師澄字　　諸生，道光二十一年辛丑歲貢。余治弟子。是書輯錄余治生平言行。孝惠者，治門人私謚之也。師澄既為入室弟子，故所采明確。編次有法，言簡事賅，堪備先攷。永康應寶時字敏齋，蘇松太道，時為為之序。

三省軒自述一卷 清光緒乙酉聚珍本

清王世恩自訂。世恩，字仲華，世居邑城望湖門外之黃泥降。咸同間人。自少即知勤儉，耐勞苦，與人交誠實不欺。及長益明敏，於事必究其終始本末，而能貫穿其條理。鄉黨有事，必為之解，人皆信服。時程郎裴大中宰無錫，深知世恩賢，雅器重，有事輒詢世恩而後決。其為見推如此。是書為其自述生平而譜其年，統觀所記，身遭亂離，而孝友之道無所闕失，亦殊有關

傳記類卷二　　十五

風教也。卷首附刊同縣丁培、華翼綸所為傳略，於世恩尤多推重云。

民國

次暫次齋主人年譜一卷 民國　年鉛印本

民國孫振烈自訂。振烈字季芳，諸生，同治七年戊辰歲貢。兄勳烈、鼎烈，後先登甲乙科，仕宦有聲。振烈則孤標特立，英絕抗往，性狷介，有潔癖，喜畜古書畫。所居室曰次暫次齋。梁日緝侍御題其齋曰暫次，或問之

曰顧居曹哲之次蓋亦以古稍者自命焉環室雜植樹石蔚然深秀嘯傲其中幽迥絶塵足迹不履官府於人間世一切勢榮不足當睥睨說者稱其如清風澄露滌濯軒冕[illegible]可望而不可即耳是書以其生平所經歷者自譜其年所紀一己一家事暨縣有而一邑以及一國之事觸隨筆及之又多紀祥異亦必附見足可徵其於民生利害之關心焉其外甥同縣錢基博為之序

傳記類卷二　六

夢痕錄要一卷 民國三年聚珍本

民國高鉞泉自訂 鉞泉字松濤別號蓬仙明高攀龍十世從孫少孤事母孝端居持重幾履合繩墨平居以攀龍所云立身於天地間只思量作得一件第一義之語作座右銘治事必勤慎耐勞苦而被服粗疏蕭然物外當清光緒初邑令廖綸霍邱裴大中先後宰無錫以鉞泉忠信孚鄉黨遇以公款修建事咸禮聘之以督其程性好表彰文獻博稽審採以事闡揚懸懸焉無所倦年踰八十卒是書做年譜體例詳其生平事蹟其每歲所書切實簡要不尚虛飾又於一己事外所關一邑或一國事亦撮其要以紀之網羅舊考[illegible]要為自譜其年之論也

勤補拙齋漫錄一卷 民國元年誦盦叢稿聚珍本

民國顧鳴鳳自訂 鳴鳳字儀臣避宣統御名易字意誠自號誦盦清諸生光緒二十四年戊戌歲貢博涉

傳記類卷二　七

羣籍而能貫穿經史究心興替之道而得其要援例入貲為浙江候補巡檢歷官安吉孝豐等縣典史烏程縣南潯司德清縣新市司所至皆有循聲而於南潯司交篆[illegible]士民製衣贈德政牌傘其為政仰如此是書自同治十二年癸酉迄民國元年壬子按年實錄生平任職地要務並國事之大者實為年譜體例書題曰漫錄謙辭也按民國元年鳴鳳年四十以後不知有無續錄無考而斯編附其所著叢稿

後，無單本。

現存著述

張文襄公年譜十卷 民國三十三年商務書館重慶初印本

今人許同莘編纂。同莘字溯伊，清光緒二十八年壬寅補行庚子辛丑恩正併科舉人，曾留學日本習法制畢業，歸國入張之洞幕，雅為器重。民國肇建，棄筆游四方，有道居子，又無不仰之。是書敘述之洞出處及其生平事績，以一己事為經，以當世事為緯。

傳記類卷二 六

附錄重要函札奏牘，使國之內政外交諸大端得按年數見。卷中兼采錄諸家論牘之所與有關者，尤為有稗考徵。其搜采之勤，萬考據之精審，學者多稱頌之。按之洞總制湖廣，於國家新政不無[illegible]贊襄，而卷中所錄關於戊戌變法者，僅於卷六終，謂戊戌內台之事，見翁文恭日記云云，以言忠度之，當從外交著眼，則以為變法事可知。又於卷七之首，敘述戊戌七月大事，稱之洞保奏使才，又以陳右銘撫部亦以人才為薦，謂未幾朝政復舊。繼述八月大事，謂皇太后自頤和園還宮臨朝訓政。又謂撫部以濫保楊銳、劉光第諸人革職。蓋同莘雖久客之洞幕，而與戊戌變法有關案牘，殆無所取裁，故所錄者止此。惟其所著云云，亦可考見同莘編輯之微旨矣。

樂農自訂行年紀事一卷 民國三十二年鉛印本

今人榮德生自訂。德生初名宗銓，德生其字，號樂

傳記類卷二 十九

農，後以字行，為當世實業大家。是書自清光緒元年乙亥至民國二十三年甲戌，自叙六十年之行事，按年分紀，實年譜也。綜其所述平生以實業為主，首在無錫創辦茂新麵粉廠，以為之基，繼復擴之他處而成茂新廠，遞至於四；次曰申新紗廠，自一以至於九；其次又推廣麵粉廠曰福新，自一以至於八，所謂三新公司者也。其於地方所辦公益事，曰道路建設，則開闢開原路、通惠路，以次而及百橋公司；曰學校教育，

則有公益中小学，競化女学及梅園豁然洞讀書處
日社會教育，則有大公圖書館及梅園。平生治事
力求切實，不尚虛飾，而斯編所紀亦貴真確，不尚
華藻，信實錄也。同縣錢基厚孫卿為之書德生
弟一年譜，並為弁言於卷首。

蕭心劍氣樓紀事詩一卷 民國三十二年鉛印精校本

今人孫肇圻撰。肇圻有甲申雜詠，已著錄。是書自清光
緒七年辛巳迄民國三十一年壬午，編年自紀其事，為七絕

百首。每詩敘述緣由，附注於下，不特關於平生出處大
節可考其梗概，而於事親交友之哀樂懷舊
結契之深情，隨筆揮灑，抒寫性靈，以資披覽
者之感慕，殊有裨於風教。至其弔古攬勝，感喟興
歎之際，彌之以見襟懷灑落，才氣橫溢也。辛巳
肇圻出生之年，壬午為甲子周而復始於六十年
周中，按年鳌次，篡錄成帙，名為紀事詩，實則譜
年以別成一體耳。其從兄保圻弁於卷首，以余弟頌
陀，吐屬瑰麗，於先輩龔定盦文字尤沉潛而癖
好之，嘗印刊有綴珍集，為人所傳誦，比又續蒐成
蕭心劍氣樓紀事詩一百餘首，其意趣醇而
芳逸，其肇窮窕而瓏玲，其詞悲涼而激楚，蓋
仍祖龔氏己亥雜詩之體也。夫定盦以世家子之官
京師，時際承平，多識方聞綴学之士，而經術文章
又能翹然獨秀，有異於眾，其因事發講，一游筆
輒名天下者，宜也。今頌陀雖嚮往定盦，才氣亦未

甚遠，然偃蹇不得志，佇賃廡海上，幾同市隱，矢
緣腦病，屏絕麴蘖，凡骨肉友朋之哀樂，山川景
物之變遷，鬱鬱於胸中，彈赴於腕下，乃做編年之
例，成此不朽之作，使覽者感深，令肯心神震動而不自
知，得毋如定盦所謂高吟俯肺走風雷者耶？嗟乎，余
與頌陀華年既逾，況兵燹而不復有湖山歌舞之樂，
而余身衰才盡，棲屈塵俗，非特不敢進望定盦，即比
諸頌陀亦殊異焉，可愧也夫，可哂也夫！其為論列又如此。

史評類

[明]

学史十三卷 縣圖書館精写本

明邵寶撰。寶有泉齋簡端録，已著録。是編為江西提學副使時所作，格物載記之書也。為卷十有二，每卷或三十條，或二十九條，以象月之有大小耳。盡取程子今日格一物，明日格一物之義，名之曰日格子。清四庫全書著録之提要称書中取自周迄元史事，分條論列，詞簡意賅，筆力遒健，又謂寶湛深經術，持論平正，非腐儒残者所可擬云。

[清]

讀史論畧一篇 雲川閣原刊本

清杜詔撰。詔字紫綸，康熙五十一年壬辰欽賜進士，改庶吉士。少從嚴繩孫、顧貞觀游，得其指授，工於詩，尤善填詞。康熙四十四年南巡，獻迎鑾詞，聖祖稱善，於行在試列高等，命入内廷纂歷代詩餘、方輿考畧及詞譜，時詔尚未登賢書也。五十年辛卯，舉順天鄉試，明年聯捷，獲榮遇，儒林遂播為佳話。無何，乞假歸，以詩詞倡導後進，尤多造就，縣志文苑為之傳。是書以陽節潘氏所為通鑑總論不能貫穿諸史，窺見領要，但拾取一二残斷舊說，任意顛倒，畧無本末，遂至褒貶失倫，紕繆百出，詔乃就正史所述，一一論次，以正潘氏之悮。同縣王澍為之序，称本其所以興衰之故，原原本本，一綫貫穿，語不散而古今理亂之端，燎然如掌，不惟可以正潘氏之譌，由此讀廿一史，若網在綱，累累如貫云。

史通通釋二十卷 清光緒己亥上海通時書局巾箱本

清浦起龍撰。起龍字二田，雍正八年庚戌聯捷進士。十五五丁未，詔徵孝友端方，時起龍為諸生，知縣王喬林舉以應，辭未赴。晚自號三山傖父，自少壯耆古篤学，於書靡所不窺。乾隆四十一年丙申東巡，起龍以所著讀杜心解、史通通釋，於惠山道左進呈，得邀覽，高宗稱善，厥後御選唐宋詩醇，多采其說。官蘇州府學教授，時青浦王昶、嘉定錢大昕、王鳴盛輩，方爲諸生，嘗聞其名而執贄焉。縣志文苑有之傳。是書爲唐劉知幾史通註本，故名曰通釋。四庫全書著録之。按史通註本舊有明西江郭延年、河南王維儉二家，厥後又有北平黄叔琳註，删郭、王之所繁，而補其所闕遺，爲特讀史者所采。起龍是註又在黄註之後，故註中亦有采用黄説，而頗糾彈其疏舛。四庫提要謂引據詳明，足稱該洽，而評與註釋，夾雜成文，有乖體例。然按起龍於乾隆丙申東巡，擬以是書於惠山接駕處所道左進呈，自謂衰暮之年，寄膺禄仕，身已耄老，非有他望，祇因生生精血，都耗此書，倘得垂鑒，天眷俯賜，爲覽俾排附金小帙，與被春風，涓滴細流，盡歸滄海，於願畢矣。見不是集所載上雲貴尹制軍書可見其編著述有成，殆匪易易，宜爲讀史者所推重焉。

史評類 三

綱目志疑一卷 貽代叢書本

清華浩恩撰。浩恩有古韻溯源，已著録。是書爲浩恩究治綱目，隨筆識其疑，次爲一卷。吴江沈懋悳校刊貽代叢書，稱華子屏諧研於正續兩編者十二年，著志疑一書以補汪環谷考異所未備，無論其他，如謂漢武帝建元元光元朔年號，必是元狩後追紀，此則昔人所未言，而於唐代通王滋等十一人各考其名號，西遼耶律大石、夷、直魯古終舉其本末，則是書之有裨於綱目，豈淺鮮云。按是編縣志藝文門未載。

史評類 四

五代春秋志疑一卷 貽代叢書本

清華浩恩撰。浩恩有古韻溯源，已著録。是書因尹師魯之五代春秋，於年月、地理、人名、脱字、錯簡，多所更正，此有功於尹氏之書也。按五代之事，自薛、歐二史外，記載頗多，其廣求事實，用春秋書法者，則莫如尹師魯之五代春秋。所朱温不以爲帝，而於後唐莊宗即位，特書神閔皇帝，以繼唐之正統，論者美其書法，謂其識在歐陽修之上浩恩於其書外訛，既有所更正，而後以朱溫、僅比於漢之王莽、晉之桓元，不得為正統，持論至為主義嚴明，又將為讀史者之助。自謂日夕誦之，有所疑，輒志之別紙，而家少藏書，不能繁徵博引以資考訂，多就正史紀傳表志中參互比勘，其有牴牾處，見輒摘出，成五代春秋志疑一卷云。又按是編昭代叢書采錄之，而邑志藝文則未載。

史評類

五

道齋正軌二十卷 清道光庚戌原刊本

清鄒鳴鶴撰。鳴鶴有道南淵源錄，已著錄。是書采錄二十四史之循良列傳，共二百三十餘人，俾後之人以為鏡鑑。自謂本書之旨，原以援古勸今，而實心為民為主，去其偽者、酷者、駁而未醇者，大節有虧、實蹟無聞者，取必純，事必實，始終必完備，專為今人作則，非為古人表微，專為古治溯源流，非為古史雜異同，俾覽斯編者可以識斯民維繫之故，并可以堅時代盛衰之本。此為何等關係，而豈空談治譜。嘉興錢儀吉為之序，稱有志於古者，得是編慎思篤行，袖而明之，取之各足，用之不窮，以大濟於吾民，而古治可復，則信乎古今無異治也。其志於事上而亟於志民者，意在斯乎？鄒則鳴鶴所以論語德禮之義以名其書者，可以知其旨矣。

史評類

六

民國

重譯中等東洋史二卷 清光緒甲辰通以鉛印本

民國周同愈譯撰。同愈原名潔，字進之，清諸生。光緒九年癸未歲案の入秋闈，俱薦未售，遂棄制藝而學古文，平生最服膺韓愈，其與人書嘗謂自古作文之士非一，惟韓文可讀者十八九，宋以來一人所作之文，或數十篇，或百篇，可讀者僅一二焉，或並無一二焉，持論之嚴如是。家貧自守，絕少交游，而昕夕摩誦韓文無所間，嘗以所作箕諸吳呂碩吳增祺,俱稱其有體裁,但齋志以終,無所展布焉。是書悵百年來東西洋國際間事,日以繁密,而中國人無有能舉重要事,勒為一史者,乃因日本桑原隲藏君中等東洋史重譯之,一時流傳海內,讀史者多稱誦焉。自序之謂五洲未通以前,中國龐然自大,以為列於吾旁者,皆以蠻夷而已,不知域中之為東洋,安知海外之有西洋,今人之知有東西洋矣,

史評類　　六(七)

然吾中國人不能著東洋史,以間者,是可愧也。日本人所作,為其所著東洋史最晚出,最完備之書。前之譯者隨俗無可稱道,而是書於每一國之治亂興亡,與重大要件,一以日本紀元組織其間。桑原隲藏君為日本人,彼自愛其國,宜其爾爾。譯者既為中國人,仍其舊而不為改易,愛國之心何在乎?故重為之譯,文必求其從,字必求其順,務合於韓退之家法而後止。每一國之治亂興亡與重大要件,一組織之以中國紀元,閱三月而

史評類　　八

全書告成。凡吾之所為勤劬而不敢怠者,無他故,總以吾愛國之心,激動讀者愛國之心,故昔北本涅槃經,由謝靈運再治而義舉顯。吾之此譯,果即為謝靈運之涅槃經耶,抑否耶?月旦之評,是在吾黨讀者於開卷所為而譯之旨,儻亦窺見梗概乎。

奏議公牘類

明

侯少芝先生諫草二卷 民國六年聚珍本

明侯先春撰。先春字元甫，號少芝，萬曆八年庚辰進士，除太常博士，進吏科給事中，工轉禮五轉兵科，策救荒十策，請止邊民給賑擾民事，邑奉命閱視遼鎮，乃咨訪利病，條上三十餘事，劾罷大帥不職者，旋補兵科都給事中，值朝鮮倭寇，經

奏議公牘類 一

略彌年，事已解，而議者欲罷兵以成，先春疏言不可，復糜軍興之費，疲中國以奉異域。後遼稅監高淮劾一大帥，罷之，先春極言將帥不職須撫按交奏，兵部議覆，以候宸斷。今一璫出中旨罷黜，將權日輕，邊事日壞，必至禍國。直聲震天下，而讜言不能用，謫廣西按察使知事。事具邑志宦望傳。是書為先春所遺之奏疏，當清乾隆十一年丁卯，其五世孫鴻漸鐫於閩清官

金，板未歸。道光二十二年壬寅，七世孫咸重付剞劂，遭兵燹板燬。光緒六年庚辰歲，八道光年戊子副貢官永順知府侯刊行之。民國六年常熟邵松年應其裔孫祖述字紹先之請，為書於後，稱少芝侯公名進士，於其時游歷四垣，慷慨言事，星變陳言，慢發抗疏，所以示敬天也；建救荒之議，陳糧役之苦，所以示恤民也；薦異才以補國用，不愧於進言，罪惡璫以杜侵越，痛在於邊不可抑制，戚畹明名器不可以假

奏議公牘類 二

人，甄別功罪，見賞罰不可以倒置，查核冒濫，統計出入，何至國帑之虛糜；閱視必求實效，攻謀必策萬全，是證治軍之有道；而安邊之議及秋防事宜等疏，蓋於邊事尤斤斤焉。而奉身為中，空言無補，在千用抄奏，冀少裨益，用心亦良苦矣。讜言不入，國事日非，謹至思陵流寇並起，卒以滅亡。此誠諸葛武侯所謂不能不痛恨於桓靈也。迄今讀其遺疏，洋洋數萬言，忠義之心，躍躍紙上，有臣若此，而其言不用，卒至馬

淮謫籍，賫志以終，莫不大可惜哉。關茂先春
三朝風節，可謂至矣。

【清】

俞東孁先生奏稿附詩文一卷 俞氏捐贈家藏精寫本

清俞肯堂撰。肯堂初名坊，字人表，號東孁，又號
東川。嘉慶十四年己巳進士，授翰林院編修，充武英
殿纂修，國史館總纂。十九年甲戌會試同考官。既
而擢山東道監察御史，時河南大水，疏請以工代賑，
奏議類
公牘類
三
報可，豫民以是無流亡。先是肯堂於乾隆五十九年
甲寅以拔貢生授京兆，嘉慶初，疊進十全詩、四聲詩、
三言至十一言詩，俱特旨褒嘉，賜蟒緞、荷包，故未捷
禮闈，已補授內閣中書，充文淵閣校理、協辦侍
讀、本衙門撰文、玉牒館纂修諸職，赫然有聲
於時矣。性慷慨，又好任事，嘗偕同縣徐熉（字舫亭，嘉慶六
年辛酉恩科進士，選翰林院庶吉士，歷官禮部主事，著有
舫亭集，今無傳。本縣志文苑有傳）、劉嗣綰、繆其泰（
縣志宦望俞肯堂傳附載：其泰性豪邁，初議作會館，費鉅萬，
其泰貸金若干，媲助已之仕中外者事。咸豐後官平陽通判）

輩始創錫金會館於都門。事具縣志宦望傳。是書
為奏稿二通，附絶詩六首、古文辭四首。其曾孫桂蔚苑
求二十餘年，始得之，以端楷鈔錄，而書於尾，謂世變
日亟，深恐此區區者亦復散佚，特藏之圖書館，以
永其傳云。

四 西齋決事八卷 清光緒甲辰原刊本

清孫鼎烈撰。鼎烈字叔和，光緒十四年戊子順天舉
人，己丑聯捷進士，選庶吉士，散館以知縣分發浙江，
奏議類
公牘類
四
到省，權會稽、太平、臨海三縣，以禮去官。游升觀察，
徵入京師禮學館。初，鼎烈以明經官內閣中書，供職
十餘年，才為學裕，為閣長所倚重。迨登科後，授
縣官，歷治劇邑，所至有聲。嘗謂士子讀書得官，
本非所志，一切毀譽榮辱，亦將通付失視若無與，
而濟之以清慎勤明，則自有得。其居官之要蓋如此。
是書官會稽、太平、臨海時判牘，次為八卷，鼎烈手
訂本也。門人海寧張鵬翔序之，稱其為政而嚴猛，

得子產相鄭，武侯治蜀之遺。凡蠹吏猾役訟棍蠹賊斯民之輩，鉏擊尤不遺餘力，故良民受陰惠，奸而徒有怨聲。時江陰繆荃孫人稱爲縣，鉏之決事也，而邑隱情，歷歷如繪。雖極經繞之事，寥寥數百言，而文之簡潔，理之邕達，不但折服姦猾，實足以感動善良云。

五

許靜山先生推煙奏稿一卷 上海文明書局鉛印本

清許珏撰。珏有論語要略，已著錄。是書輯錄駐義使節時奏稿二種。一爲請做義國稅則加征煙稅事，一爲續陳義國推煙大略，擬請先就土藥整頓試辦事。

按中國自光緒二十七年辛丑以後，每歲賠償各國賠款，各省攤派數鉅，羅掘既窮，籌款之方亦不一。有議仿行西法者，而戢輔之日，奏請試辦印花稅，廷諭從緩舉辦。頃或滋擾累，珏在海外，時動愛國之思，因奏請推煙而裕國用，不獨可抵付賠款也。時爲光緒二十九年八月及三十年四月。此二稿皆全集所收。

奏議類 公牘類

六

許靜山先生呈請都察院代奏稿一卷 通行鉛印本

清許珏撰。珏有論語要略，已著錄。是書輯錄呈請都察院代奏稿六種。按光緒三十二年，清廷爲預備立憲，派載澤、端方等分赴各國考察政治，既回國陳奏，擬次第舉辦新政。珏於時本大權統於朝廷，庶政公諸輿論之旨，具呈意見爲第一疏；又以學務關繫甚重，宜正本源而防流弊；又請嚴飭各省實行禁煙，並推籌辦公債以抵稅釐短絀之數；又以蘇省征收膏捐，有妨禁煙仁政；又陳請試辦公債大略，以補洋藥稅釐短絀；又滙陳蘇省禁煙未能實行，並膏捐貽累及地方情形；及實行禁煙請變通期限，因地制宜，以蘇民困而堅鄰信諸疏。自光緒三十二年八月至三十四年七月，先後分陳綜觀各疏所列，則珏於國家舉辦新政並實行禁煙之策，可概見其要旨焉。

奏議類

錫金戒煙文牘鈔存一卷 北京官書局鉛印本

清許珏撰。珏有論語要略，已著錄。是書輯錄錫金戒煙局之公牘，次為一卷。按錫金戒煙局者，廷赴都察院呈請，先就本籍地方試辦勸戒，藉便推廣，故於無錫金匱兩邑合設一局，辦理之。是編卷首冠以公呈，謂理財之道，開源不如節流，節流於官府不如節流於民間，例弊實於內地，不如塞漏卮於外洋。鴉片流毒為害最深，近年海關貿易，洋藥進口每歲五萬餘擔，輸出價值之銀，計在三千萬兩外，如使民間悔悟痛改，前愆自相禁止不吸鴉片，則每年存於內

奏議公牘類　七

地之銀，已較歸還洋債之數有盈無絀。然驟言禁止，原自不易，故就地方先行試辦，推誠勸導，設局醫治，其法切近，較易果行，三有效，再行逐漸推廣云云。時在光緒二十五年之冬。清廷以甲午賠款、措置無方，廷謂辦此一事，已足歸還賠款。然斯編則尤可見其懇懇為愛國之切矣。

禁煙牘存四卷　清宣統辛亥聚珍本

清許珏撰。珏有論語要畧，已著錄。是書為辦理廣東全省禁煙局之公牘，自光緒三十四年十二月由督院委辦設局，至宣統三年八月，以年月先後編次者。珏以禁吸鴉片為救中國貧弱要策，而於斯編尤可見用心之篤，事事之勤焉。

民國

郴州文牘二卷　清宣統庚戌鉛印本

民國楊道霖撰。道霖原名楷，有光緒通商列表已著錄。是書為其知郴州府時之公牘，武進劉

奏議公牘類　八

持原綜其所錄，編次為二卷。道霖自謂治郴州二年，於上多負咎，而於民則不敢不親。然則斯編也，其為政精意可概見焉。

無錫藝文志長編

共十三冊之四

史部四冊之三

地理類卷一

地理類卷二

地理類卷三

地理類卷一

清

讀史方輿紀要一百三十卷 清光緒己亥新化三味書室刊本

清顧祖禹撰。祖禹字景范，先世於宋端平初自臨安避地梁溪，耕讀於宛谿之上。按宛谿今名苑山蕩，在縣境之東陲。子孫奉遺命，歷元世皆隱居不仕，於明成化間人文鬱然，自是談吳中文獻者，輒采及顧氏。父柔謙，字剛中，後更名隱，字耕石，縣志隱逸有傳。少孤，遭家難，長贅常熟譚氏，生祖禹。祖禹故間自署常熟耳。柔謙身丁國變，弃諸生，常閉門默坐，或竟日不食。乃謂祖禹曰：汝能終身窮餓，不忘宦貴乎？能以身爲几上肉，不忘報復乎？祖禹應曰：能。乃大喜曰：吾與汝偕隱耳。蓋柔謙請纓有志，攬轡無車，故國山河，在望而三百年圖籍泯淪，文獻無徵，悼歎莫極。祖禹少負異才，博綜羣籍，至是乃秉厥考之志，掇拾遺言，網羅舊聞，貫穿今古，創業名山，寄懷舊之慨，貽示來茲。祖禹弱冠時貧甚，爲里塾師，歲得脩脯，微而以半與

地理類卷一　一

婦，俾就養，翁家伻盡市紙蓋油燈，題其館曰：夜眠人靜，僕早起，鳥啼先共自勵如此。故熟於山川阨塞、戰陣攻守之畧。會三藩謀，明說用兵，而祖禹崎嶇閩嶠，卒無所遇。嘗題淮陰侯廟云：重瞳帳下未知名，隆準軍中亦漫行。半世行藏都是錯，如何壇上會談兵。蓋其自況也。又如此。縣志儒林爲之傳。是書以古今之方輿衷之於史，以古今之史質之於方輿，編次成書，都百三十卷，曰讀史方輿紀要。凡山川源流，邊防形勢，關河天險，以及古今戰守攻取之要，無不博采詳紀，以資考鏡要。以一代方輿，發四千年治亂興亡之微，寧都魏禧序之，稱祖禹貫穿諸史，出以己所獨見，其深思遠識，有在於言語文字之外，非方輿可得紀者。是殆深知其意之論。而祖禹自謂最邃（遠）禹貢職方之紀，近考春秋歷代之文，旁及稗官野乘之說，參訂百家之志，續成昭代之書，垂之後世，至貧賤憂戚離亂其中，豈不欲涉江逾河，登五岳，浮沅湘，探禹穴，窮天下之形勢，次之不能訪求

地理類卷一　二

故老參稽博識，因以盡知天下險易扼塞之處。下之不能備圖志、列史乘，不出户而周知山川城郭里道之詳，惟無負先人提命之意矣，敢語於著作之林歟！按是書可謂名山鉅製，千古無匹，而清四庫全書何以未予著錄？考祖禹身世所感，故其所發有爲當世所忌，其時大吏殆未敢采進之歟。

懲游偶考八篇 昭代叢書本

清華湛恩撰。湛恩有古韻溯源，已著錄。是

地理類卷一　三

書爲湛恩所歷關山，以及其他水道，按日錯形勢，闡發實齋之作。首爲天下形勢考，次爲防江形勢考，次爲防海形勢考，次爲水道總考，次爲淮泗考，次爲汝漢考，次爲濟漯考，次爲江南水利通考，都八篇。吳江沈懋惪稱：余校叢書壬癸兩集已畢，華君孟超復以所著懲游偶考八篇見示，并寄書云：華研荒蕪，未能撰述，惟是少年浪迹，馬足船唇，二三萬里，三十年來，歷關塞山河，歷歷在目，偶有管見，信筆直書，暢所欲言，不計工拙。余謂古人讀萬卷書，行萬里路，二者不可偏廢，今於孟超益信。按是編自青至四，又爲小方壺齋輿地叢鈔所采錄，而縣志則藝文門則未載。

汴梁守城紀略一卷 清道光己酉原刊本

清鄒鳴鶴撰。鳴鶴有道南淵源錄，已著錄。是書爲黃河決祥符，記防守開封並其善後事。按道光二十一年六月十六日辰刻，河既決，水由祥符上游漬隄而出，直薄開封省城，城外立時水高丈許，形勢危

地理類卷一　四

急。鳴鶴時攝開封知府，身當要衝，辦理防堵並善後事宜。既完成，乃輯錄所事記載一卷，刊單本。乃世吳縣潘世恩爲之序，而諸家題識亦附錄之焉。

萬國輿圖全志三十四卷 王氏家藏原稿本

清王以銓撰。以銓字柏庭，道光二十九年己酉歲貢，選訓導。世以學行聞於庠。以銓親老家貧，資教授以養者三十年，甘旨無少缺。爲人於義利辨之甚明，讀書精究義蘊，曲證旁通，於經史各有心得。及門弟子經其指授，掇省闈

成進士者，往往都有。子縡，同治二年癸亥進士，以文章政事有聲。同縣沈鑾所為懷甯列傳，以縡與焉。是書以武進李兆洛所刻一統圖，雖分疆劃界，指掌瞭如，然有圖無志，款考沿革，探險要，攬風土，則無所得。故志中國以李氏圖為本，而旁徵他書以補志之所志。外國采英人所刻地理全志，附圖為藍本，以滄洲葉氏所刻萬國大地全圖參合之，所志中國最重險要，故於山川形勢，志之獨詳。

地理類卷一　五

次為沿革變遷，而名勝人物則稍略。原稿藏其家。曾孫鑾無刻本。道光間外志殖，而士子尚斷斷（惟點）事，獨以銓有志究心中外邊疆險要，以及山川形勢，殆亦特奇士耳。

河工紀要四卷 王氏家藏稿本

清王蘊中撰。蘊中字箴後，縡次子。兄蘊時，光緒元年乙亥副貢，知朝城及濟陽縣事。時兼治黃河工程，蘊中隨兄抵任所，於河工志力勤事期氏先於志。是書為嘗時河防工程之隨筆紀錄，由編次之，為四卷。卷一曰汎水總略，曲河工程隄工。卷二曰防守搶險塞決。卷三曰撇河埽工、壩工。卷四曰閘工、石工、算法、報銷，總名曰河工紀要。書既往三年，搓補未之能，雖其工程盡用舊法，然亦足供異日參考。卷上亦注年月，殆紀錄時疏漏耳。此為王氏家藏原稿本，未經刊行於世。

地理類卷一　六

英法義比志譯略四卷 清光緒己亥無錫薛氏石印本

清薛福成撰。福成有浙東籌防錄，已著錄。是書為其在海外使節時所譯著之英法義比四國之志。其弟因三子瑩中校刊行於世。按福成出使海外，隨地考志各國疆域，以及山川形勢、海口要地，故援羅五洲地志分別纂錄，繪圖譯說，以補徐氏志略、魏氏圖志之所不及，擬名其書曰續瀛寰志略。得稿數十帙，圖數十幅，擬俟歸國之暇，手自編訂。臣知抵滬兩月，疾卒出使行臺，天實阻之，謂之何哉。其子㙜中檢理遺篋，卷帙浩繁，一時未易有成，乃隨奉使の國之志先付散刷，以見梗概，而凌跋於後曰：先公五洲地志譯稿，詮著互殊，體例各別，蓋采用不止一書，翻譯非出一手，實未完之稿本也。原稿均附地圖，雖細如毫髮，而朗若列眉，誠屬至寶。惟念久庋篋中，恐致散佚，爰合重輯，又需時日，不如即將原稿付印，以俟當世君子之理董。然其卷帙浩繁，錢板非易，難以一時盡出。而英法義比の國，爲當時奉使之邦，是先付印，名其書曰《英法義比志譯略》，志其實也。其餘家藏諸稿，擬次第校印，以公當世。而大共侍竊閱泰西諸國最尚輿地之學，學堂童蒙無有不教地圖，讀地志者，是故西人每適一邦，必於山川形勢、民風物產，隨時爲志，或繪爲圖，或筆之書，煩瑣如島嶼沙線荒遠如南北二極，猶且冒險不辭勞瘁，數十年來，版圖漸

地理類卷二 七

據，氣象益新，未始不由於此。我中國於外洋大勢，知之者鮮，而西人圖籍繁密精審，雖可殫究，尚言時務者或不甚爲之，宜乎交界條約，輒受虧損。先公之爲此書，殆有深意存乎其間，又云使の國志藏工，即續印越南暹羅緬甸及附近各埔寨、南掌諸志，皆與滇桂沿邊接壤，先公訂定界約，頗注意於此，亦先志也。然則稿成譯輯四地志，其用心之志實已可概見，而況又有與我沿邊圖地接壤各地之志者乎。惟壹中所稱即予續印之諸志，當否次第梓行，無可稽考，即是編附圖，亦無傳本，有志之士，靡不惜焉。

地理類卷二 八

滇緬劃界圖說 無卷數 清光緒壬寅薛氏傳經樓石印本

清薛福成撰。福成有《浙東籌防錄》，已著錄。是書爲駐節倫敦時，辦理滇緬界務，因圖輯（既合龍，裒集其有關疏牘片稿，次成）卷首載滇緬劃界圖，圖之右偏下方有光緒二十年正月、西千八百九十四年二月，滇緬界約合龍，繪於倫敦使館

之識。圖中有近百年來滇邊廣界，英人擬侵進
三界，現訂定滇邊之界三綫，以資校核。圖後輯錄
滇緬分界通商事宜之奏疏四，附片六，與總理衙
門之咨文都二十，及暢論滇緬界務之書函又十有五，
並與英外部交涉之照會十有八，所以訂滇緬條約
二十條，亦備載卷中。自光緒十七年正月，始與英外
部交涉，至二十年正月方訂立界約，按照界綫侃侃
辯談，據理抗衡，經三年之久，而能折衝於樽俎之

地理類卷一 九

間，將收回邊疆舊地二千餘方里之廣，此清季外
交上僅有之勝事也。卷末附錄上海申報讓地歸
英一節，謂中東事起，俄法德居間有力，中國以科
干以南之甌脫地贈法，而英滋不悅，詰責中國違
反約章，贈與他人。於訂滇緬界約第五條規定中國必不將孟連與江洪之全地或片土讓與別國。遂與中國重訂專約，許英以滇緬鐵路之
利，全改無錫薛公所訂滇緬之約云云。其特務成效
不二年，而條約忽已改變，三載苦戰，盡付流水。外交雖
屬勝利，終歸失敗。清季政治如此，可勝慨哉。

沿海形勢論一篇 清光緒丁丑小方壺齋輿地叢鈔本

清華世芳撰。世芳字若溪，光緒十一年乙酉拔貢。父
翼綸，博學能文，有聲於時。而世芳少即穎悟，就傅
時，父亟自永秋知縣任所歸，匿居林下，日教以群經左
國史漢諸子書。故世芳年未弱冠，已上下古今，泛濫百
氏矣。兄蘅芳，特以善算名家，藏算書頗富，世
芳於撰論之暇，輒復披覽，潛思冥索，盡窺其奧。

地理類卷一 十

同縣秦緗業梁溪七子吟所稱異特疇人傳，難弟
後難兄者是。時上海求志書院課士，所發算題，艱
深不易解，而世芳能洞曉其理，所試必列前茅。江蘇
學政黃體芳聞而嘉之，特調考算學，遂登拔萃科，
聲譽卓然播遐邇焉。光緒二十九年，詔開經濟特科，學
部尚書瞿鴻禨、兩江總督周馥、湖廣總督張之洞先
後保奏世芳算學專家，精通時務，文行兼修，遂延
奉為師範。世芳乃應選入都，再試被遺，而亦不以

楷意。旋又應之洞之聘，充湖北自强學堂算學教習，繼接先後主講常州龍城書院，兼主江陰南菁書院及靖江馬洲書院講席，出論附並所學之士，閑嘗請旨滿其職而去。三十年正月，就上海南洋公學譯文總教。〇月，應商部高等實業學堂教習，以勞瘁得肺疾，歿於學堂，時三十二年正月，年五十有二。是論因乾隆時同安陳倫炯所著沿海形勢錄所列島嶼、澳港、避風、寄椗之所，乃復縱覽形勢，隨整核

地理類卷一　　十一

其沿海大局，宜分三路：燕齊一路為北海，江浙一路為東海，閩廣一路為南海。各路何者為門戶，何者為咽喉，何者為要害，歷歷指陳其形勢，一切瞭如指掌焉。西又謂南海之形勢，不在沿海，而在臺灣。臺灣孤懸海中，南鄰荷屬呂宋島，廣土沃野，最利開墾，臺礦藏多未發，洩外人垂涎已久。為今之計，莫如廣行開墾，以收天然之利，利所以息窺伺而樹屏蔽也。其所列於篇者如此。按此論著於甲午中日之役前，其時士大夫多治

詞章訓詁之學，獨世芳究心沿海形勢，發有此論，未雨綢繆，有備無患，惜當時秉國鈞者未覽及此。南清河王錫祺輯小方壺齋輿地叢鈔，收世芳此作，亦為采錄焉。

東瀛識略八卷　孫氏玉鑑堂藏本

清丁紹儀撰。紹儀字杏舲，自少穎異，讀書過目成誦，弱冠益孳孳不倦，援例捐藩經歷，分發湖北，署東湖縣，斷獄明決，嗣以原官改福建，權藩經歷，

地理類卷一　　十二

綜理七局事務。時洪楊軍興，大江南北及閩江上下，軍書旁午，度支匱乏，紹儀籌措所需，以利權濟民困，而支取有節，雖制軍與夫必以禮折之，民感其德而皆信服。旋升通判，權汀州府，補上洋，抵任所，籌團防，民賴以安。無何，奉差入都，去不二月，而上洋有變，制府文致紹儀罪，劾落職，人多冤惜之。是書輯錄台灣之地勢，及其制度、習俗等，分建置、疆域、權課、稅餉、學校、習尚、營制、屯隘、海防、物產、番社、番俗、奇異、兵

變遺聞外紀十六類。孫氏玉鑑堂藏有其書，主人祖勳題記，謂夫人著書立說，必期有裨日用。尋章摘句，抒為悱惻之詞，固不足貴；鎔經鑄史，讜言偉論，而無裨於朝章政典，昧於國華損益，亦等之庖言，君子無取焉。斯編旨在詳易習俗，利益民生，察微知著，詳於今昔形勢，俾得防微杜漸，莫嚴疆於磐石山。誠能采而用之，台疆匪為他人之有也。奈何未竟其用，而焉之流傳尤少，三復斯論，不禁

地理類卷一　十三

百感之橫集矣。按給儀斯製，殆在光緒之初，時去甲午之役尚綏遠，然已極關切瀛海要地，詳列其形勢，備論其習俗，以為其時籌邊防之所重，則其用心固非所謂尋章摘句，鎔經鑄史，無裨當世者所可比擬也。

民國

東陲紀聞一卷　民國九年鉛印本

民國秦岱源撰。岱源有中國航政史，已著錄。是書

當供職中東鐵路時，紀錄邊陲之要聞。自序之，謂今夏奉部令來哈爾濱，充協約共管俄路監中東鐵路技術部委員，往來於中東路綫，遍示一帶，看凡數閱月，退食之暇，恆搜集沿綫情形，並各種記載，所載三省要聞，周諮博采，彙為茲編，顏曰東陲紀聞。原夫東省地處邊陲，開闢未久，當代人士，每多忽焉。庸詎知夫地大物博，實為天富之區。日俄爭雄，犧牲生命至數百萬，其地重要可知。外

地理類卷一　十四

人擬為東亞之巴爾幹，信非誣也。至於中東一路，為我主權所關，作者尤三致意焉。按岱源充任其職，時在民國八年，所錄斯編，實為警惕國人，非尋常遊跡所經之游記而已。

地理類卷二

〔元〕

無錫縣志四卷 縣圖書館鈔寫本

不著撰人名氏。是書今邑人士所稱元代志，因元代之更無第二縣志也。按清四庫全書所著錄之無錫縣志四卷，即係此書。其提要云：千頃堂書目有元王仁輔無錫縣志二十八卷，與此本卷數不符，蓋別一書也。考明史地理志：洪武二年四月，改無錫州為縣，是志古今郡縣表末雖止於

地理類卷二　一

陞無錫縣為州，然標題實稱無錫縣，已為明初之制。又郡縣表止元貞，而學校中載至正辛巳鄉舉陸以道，列所紀已下逮元末，是洪武中書云云。殆有稱無錫縣，確為明制，且陸以道於至正二年壬午又成進士，是志於而辛巳為至正元年，辛巳以後則無記載，然則至正間似未可必其不能纂輯成書，亦姑未可據以為洪武中書也。然按光緒縣志藝文門載元王仁輔無錫志二十八卷，康熙、乾隆兩縣志著述門所載同，視千頃堂書目所載無縣字。嘉慶縣志藝文門則又載元王仁輔無錫縣志二十八卷，惟據各志序例及所引徵，當日似尚俱見其書，而秦氏纂修光緒志，則殆未徵見其書，並其序錄，則又稱元王仁輔志四卷，往時藏書家多有之，而與其藝文門所著卷數則有異。綜觀所載，則康熙、乾隆、光緒三縣志所著書名及卷數與是志不同，嘉慶縣志所著書名同，而卷數又不符，而光緒縣志則藝文所著與序錄所述又異，則夫各志所載是否俱指是志而言，似一疑問。但邑人士多有以是志即仁輔纂修者，故亦擬定為至正本，用前載異同，以待後之人考定

地理類卷二　二

焉。今侯鴻鑑輯錫山先哲叢刊，采錄是志以廣流傳。縣志流寓傳載：王仁輔，字文友，鞏昌人，兩妻皆吳產，故多知吳中山川人物，作無錫志二十八卷，卒於邑梅里之祇陀村，無子。門人倪瓚聽之。又隱逸倪瓚傳載：至正初，瓚忽散其產，殺與親舊，未幾兵起，獨以扁舟往來震澤、三泖間，至洪武七年，始還鄉里。又元鄭元祐遂昌雜錄載：仁輔卒，元鎮倪瓚名元鎮初買油杉棺葬之芙蓉峰旁，葬之日，吳淞士友皆至，葬文友後，元鎮窘於誅求，頗亦有以振之者，故仁輔

卒，贊為之經治表葬，有書可徵。其所卒年月，雖未具載，而贊告於誅求，辟地他往，必在經治仁輔表葬之後。故是書果如邑人士所稱為仁輔所纂修，則確為正德本無疑。第未著撰人名氏，則成一大疑問，爰記於此，以待後之人考訂之。

【明】

錫山續志三十六卷 朱尚友堂捐 膽鈔寫本

明吳翀、李庶纂修。翀字鳳翔，號藻菴，後改字鵬舉，

地理類卷二 三

號覺窺，好古力學，博極羣書，以學行知名。縣志文苑附尼文謙傳。庶字舜明，號絅菴，為人尚重涵蓄，而義氣所激，執言無忌。細目修髯，長身而癯，出入閭里，見者皆肅然敬之。盛時，郡邑長輒存問焉。所居曰南樓，曰擁圖書，校讎其中，以歌坐吟終其自得，每總書成章，雖不欲炫露，然知己者輒為傳誦。士大夫羣相推崇之。晚年，同縣秦旭邀與齒德俱尊者十人，結廬惠山之麓，觴詠自怡，名曰碧山吟社，因號碧山十老。而庶之齒最長。正德元年，詔行優老之典，

庶受粟肉絮帛，而辭其服。縣志隱逸附秦旭傳。是書今邑人士所稱明代志，以明代縣志僅本今僅此一種也。按宏治之初，翀、庶兩人共謀重修縣志，至七年乃成。同縣秦夔字廷韶，天順[illegible]年庚辰進士，歷官至江西右布政使，縣志宦望有傳為之序，稱無錫為東南文獻區邦，舊有二志，前志勝國時華昌王仁輔所編，至我朝景泰間，鄉先輩馮擇賢名善，洪武中舉明經，博學能詩，授本縣教諭，縣志文苑附丁信傳又續為之，然識者謂前志失之拘，續志失之駁，駁與拘皆不足以信今而傳遠，況由遠至聖代，隆平日久，中間生齒之繁，創置

地理類卷二 四

之廣，科目人才之盛，視昔相去什百，則所以增益而整匡之，不有賴於後之君子哉。然遲之數十年，未迄莫有能為之者。宏治初，鄉前輩藻菴吳鳳翔、絅菴李舜明兩先生始相與共謀為之。藻菴力學好古，博極羣書，凡所以參互考訂，博采旁求，而着述之實以身任其責，至裁正而折衷之，則絅菴居多焉。本之以郡乘，參之以史籍，大致雖仍其舊，而立義著例，則斷以己意，最道德，蓋功利，表山林之高尚，黜宦賢之卑污，名雖志，實則史也。後之作國志者，欲考吾邑之事，其尚於斯徵

云。考是志自康熙志以下，其著述门所載，俱称錫山續志矣。
景泰间，馮善所輯者，称錫山新志，惜其書早佚，無傳本矣。是
志續馮氏之紀載，故名。
又考萬曆二年甲戌，秦子梁（字子成，嘉靖二十六年丁未進士，縣志宦望有傳）以布政江
西致仕歸，重修縣志，自謂彙昔三志（元至正王氏志，明景泰馮氏志，宏治吳李氏志）
而斆其故實，整其世次，蒐遺者，芟之駢雜者，釐之，自宏治庚
戌甲寅迄萬曆改元，蒐羅放失，咸就詮次，統為目十，卷二
十有四，竊謂先大夫之後，失心畢力，閱月者六，易艸者再，其

地理類卷二　五

事則增於前，其文則損於舊，而未有裨於治化，庶幾備采
於民風，歲亦無愧先大夫所論著矣。然余頗深有懼焉。志於王而
或議其拘也，志於馮而或議其駁也，志於吳若李而或議其
陋也，拘駁且陋，病於史則均，均不足以傳，又安知後之議今，不猶
今之議昔云云。而後世王史恕錫山文集載稱梁書未能盡
出己手，所纂亦多疏漏耳。今其書邑無傳本（北京圖書館尚藏有其書）
著記於此，以俟考文獻者之徵訪焉。

清

無錫縣志四十二卷（清康熙庚午原刊本）
清嚴繩孫、秦松齡纂修。繩孫字蓀友，康熙十八年己未，
由主事俞陳琛以博學鴻儒薦，引疾不許，赴京自陳疾
亟，再四，終不許，召試以目疾僅成省耕詩一首，亦不錄，
聖祖識其名，曰史局中不可無此人，授翰林院檢討，充
日講起居注官，遷右中允，兼翰林院編修，在館纂修
明史，出典山西試，稱得人。初繩孫於明崇禎丁丑補博士
弟子，甲申後久弃諸生，遂膺鴻博（以詩書畫自娛），與吳江潘耒、秀水

地理類卷二　六

朱彝尊、富平李因篤稱四布衣，雖有聲於時，而
齒逾周甲，蓋亦非其志也。文宗先已史詳，雅有度，詩詞
婉約深秀，獨標神韻，所作書畫，雖片紙寸縑，為時爭
寶，縣志文苑有傳。松齡有毛詩日箋，已著錄。是書
在康熙二十九年庚午纂修，故邑人士所稱康熙志也。
按無錫縣志自明萬曆二年甲戌秦梁重修，迄已百有餘年，
無有嗣其響者。康熙初，三韓吳興祚（字伯成，原籍山陰，令無錫十有三年，有志政，歷官兩廣總督、兵部尚書、都察院副都御史，縣志名宦有傳）知縣事，議修縣志，時國

錢肅潤、秦保寅暨松齡俱分任讎纂，博稽旁采，粗成稿數門，未就，興祚擢蘭關臬事，遂中輟。迨山陰徐永言（字孝思，國子生，康熙二十一年）知縣事，時嚴繩孫、松齡先後以史官歸，遂以纂修縣志事相禮聘，兩人乃取前後諸書，芟除繁蕪，別立義例，撰輯成書。自興祚始為之，至是竟就，歷二十年矣。松齡序之，謂苦多病，未獲如昔之專勤，而宮允矻矻論摩，無間寒暑，其事關利病，必請於徐侯而後屬艸，而詮次簡

地理類卷二　七

裁，皆出自杼軸，必公必慎，不避府怨，蓋數易稿而告成，宮允之於是書，可謂盡心焉矣。其繇賦則從叔戶部公沚鈞稽綜覈纖悉必詳，許則文學張君夏熟於齋閣，間相商榷云。而繩孫序之，則謂從來記述，有關當世，鮮不囊謗，片言微詞，變易輕重，苟以就私意而稍所聞，甚或挂乞米之譏，有一於此，必有天殃，然與宮諭從與事史館，所共旦旦誓之者也。茲以邑志為識其小者，而敢不懼焉。繩孫、松齡之言如是，則是志記載之公允可以概見。而興祚序之，亦稱兩君擅天才，蘊實學，講求古良史之道有日矣，宜今之所輯，寬嚴濟，繁簡裁，鉅細該，勸懲著，其體裁之正，文辭之雅，雖以補載足獻，助揚淳化，夫何忝乎。然厥後識者謂其體例完密，以式後來，獨銓綜次第，猶宜區別重輕，殆謂是志編列，有未臻盡善與。

浙江通志二百八十卷（通行本）

清嵇曾筠纂修。曾筠字松友，康熙四十五年丙戌進士，

地理類卷二　八

授翰林院編修（縣志宦望傳稱選庶吉士，選舉表稱翰林院編修，茲從選舉表），累進僉都御史，典試河南，還奏貯穀、理漕、防河三事。未幾河決中牟，即遣監視堵築，隨又條上河工便宜，授副總河，督豫河事務，累進吏、兵二部尚書，命河道總督，任加太子太保、太子太傅，拜文華殿大學士，卒謚文敏。曾筠負經濟大略，任事為人公慎廉明，生平勞績，治河為大，又董浙江塘工於海寧，築尖山壩以殺潮勢，並建魚鱗大石塘七千四百餘丈，至今賴之。本縣志宦望傳。是書曾筠以大學士總理浙江海塘，兼管浙

江總督巡撫之任，奉飭纂修通志之作。乃網羅舊
聞，搜采遺佚，編錄兩浙風教所被，掌故所存，以成其書，
為門五十有四，為卷二百有八十。四庫全書著錄之。其自序
曰：浙江於明嘉靖前，各郡有府志，為一郡之記載，未有彙
萃之者。嘉靖辛酉，吾鄉先達方山薛應旂為兩浙
提學副使，合十一郡所志，輯成通志七十二卷，是為浙
江通志之始。康熙癸亥，奉文修輯，總督趙士麟、巡撫王國安纂修。盡
以薛志為藍本而斟酌損益之，稱備焉。距今五
十年，其間典禮之修明，制度之因革，政理之條貫，民
物之登耗，文章功業之彪炳，興建樹月異日新，洪
纖畢具，使佚而不紀，何以彰前軌示來徹乎。又云：斯舉
也，開局於雍正九年辛亥春，訖事於十三年乙卯冬，歷
數歲之久，兼綜眾長，考証得失，參互同異，旁搜博
采，可謂勤矣。至其體裁，分門別類，增舊志者什之
三；考古訂今，增於舊志者什之七。而傳述舊聞，恪遵
內廷編纂之例，志徵引原文，標列書目，以備考覈。

至記載時事，謹依科條章奏，務存實據，以便
稽查。杜預所謂發凡言例，皆經國之常制，史書之
舊章，此則前志所未有云。

金匱縣志二十卷　清乾隆壬戌原刊本

清華希閔纂修。希閔字豫原，亦稱芋園。康熙五十
九年庚子舉人。初，希閔年十二，補學宮弟子，至康熙五十
年辛卯，始中副車，迨登賢書，年四十有九矣。雍正十
三年乙卯，侍郎吳應棻薦舉博學鴻詞，辭不赴，廿
蔡以徵君稱之。乾隆十七年壬申，希閔年八十，迎駕，恩
賜知縣銜。於學無所不窺，尤服膺宋儒書。為人慷
慨，尚氣節，與巡撫張伯行論學，頗持異同。無何，尚書張
鵬翮字運青，遂寧人，康熙庚戌翰林，丁丑以兵部侍郎官江蘇學政。奉命讞獄江南，奏
褫巡撫職，逮繫鎮江，坐欺譭罪，且死。希閔自邑一晝
夜疾馳抵鎮江，唁伯行於獄，復馳抵江陰，倡言鵬翮
與伯行不相中，而文致其罪也。聞者皆憤怒，從而和者數
千人，集趙鵬翮為學政時吳人所立生祠下，立毀之。制府

閎狀大驚，並卒未敢加希閎禍。時希閎以歲貢生官涇縣訓導，去官歸里，砥礪治學，以康熙五十三年事也。事載可樓文存華豫原先生家傳 餘具縣志儒林傳。是書為無錫析縣後，別修之縣志也。按無錫於雍正四年析轄境之東為金匱，深澤王允謙知縣事，欲覽考所屬疆域田賦都鄙溝壑以及山川人物，而無所依據也，乃延希閎以為纂修析縣之書。希閎發凡訂例，綱舉目張，就新析之邑博稽精搜，徵文考獻，纂集其大者而編次成帙，

題曰金匱縣志，亦所析新縣之書也。而於合中見分，分中見合之旨，尤三致意焉。允謙序之，稱為良史才云。

無錫縣志四十二卷 清乾隆庚午原刊本

清華希閎、顧棟高、浦起龍、顧奎光纂修。希閎有金匱縣志已著錄。棟高有尚書質疑已著錄。起龍有史通通釋已著錄。奎光有春秋隨筆已著錄。是書修於乾隆十五年庚午，已別修金匱新縣之書後，今邑人士所稱乾隆志也。其凡例所謂其在金也，宜以限斷見翦裁，

其在錫也，宜以邑舉清實主，故其載筆，以本屬主之，以析屬輔之。其綱要可得而見焉。惟其門類與前志同異互參，而以詩文附存有關各門，與前志專輯為一帙者較有體裁。蓋纂錄詩文都為一門，似類昭明操選，非復史書體裁。是志凡例，引劉知幾言已有論之。彙錄邑人著述，以時代先後編次，自具史法。惜僅著錄書名，未分部類，將失源流，無稽考。又康熙志於徭役條列甚具，蓋所關民生疾苦，不容疏漏，而是志則

削且盡，既往不紀，後來無所徵焉。然就大體言之，其編次有法，言簡事該，仍不失為地志之善者。

無錫金匱縣志四十卷 邑人丁福保捐贈 清嘉慶癸酉原刊本

清秦瀛纂修。瀛有康熙己未詞科錄已著錄。是書於嘉慶十八年癸酉，仍合無錫金匱兩縣重修一志，今邑人士所稱嘉慶志也。按無錫於雍正四年丙午析縣金匱後，於是華希閎有金匱縣志之作。至乾隆十五年庚午，重修縣志，雖仍統以無錫為名，然其載筆，有

本屬析屬之分，所謂采取邑舉，仍清竇王耳。識
謂金匱所治，故無錫境，以志分爲金匱，於例非宜，然
既析縣矣，存其實而没其名，論者亦病之，乃取舊志
重加釐訂，凡乾隆庚午以後，文物之消長，制度之因革，
無不博稽旁搜，以增益其所當補，采録其所當收者，
合而輯之，名曰無錫金匱縣志，以示縣境雖析爲二，而
記載未可裂也。所列門類，視康熙、乾隆二志雖有
異同，實鮮出入，惟乾隆志不載藝文，而録著述以有

地理類卷二　十三

裨考徵之詩文，分注各門有關各條之下，識謂誰稱最
善。然古來名家詩文，所關世道人心，有無可附麗者，仍以
康熙志舊例別録藝文，其體例亦本王仁輔也。又乾
隆志删削徭役條載，及今昔遞革，後來無據，而
是志頗加增輯，並稽補闕漏，自具體要也。自是志出，而
邑之論者有目爲秦志。然考識濡染家學，隱然負世
道人心之責，其自序謂由少時從族父鈞儀，字伯芳，乾隆十八年癸酉拔貢，以經義稱，詩古文具有體裁，縣志文苑有傳悉心文獻，垂數十年，於茲嘉慶

庚申，自浙江臬使入覲，過家，約老友俞君模玉局，諸生，乾隆十九年甲戌歲案欽詩布衣，犒食閉門，忍饑有重修縣志之舉，
論者稱爲獨士。縣志文苑附玉局傳
無何，余被召北上，俞君亦殁，此事中輟。今又逾數十年，
余以刑部侍郎謝政歸，懼志之終廢也，言於無錫、金匱
縣大夫，始延吳江張君士元、元和顧君肯襄論纂之役，書
未成而兩君殁去，余以一人彙而輯之，凡數易稾而後成。余衰
老廢學，兩目昏瞀，用心雖勤，萬不敢望如康熙志之
善，而事增文損，於邑中掌故或不無小補。又與同縣嵇

地理類卷二　十四

煥書，謂其妄修邑乘，士大夫無一過而問者，今已告竣，特
馳送一帙，以資覽觀。現在印刷裝訂之貲多有未
敷，便中望酌予金以襄厥舉。墨蹟藏北鄉斗山是辛氏小蓮鄉居
可見識之纂修其書，歷時數十年，楷墨間又可徵其
矻矻小心，獨力寡助之概。然書成謗興，毁來則撰述之
難，殆千古皆然矣。

無錫金匱續志十卷　道光庚子原刊本

清揚熙之、黄承祖纂，文楷、顧胡巖、秦邠涵初纂修。熙

之字緝甫，嘉慶九年甲子舉人，官元和訓導，金壇教諭，所之有聲。晚歸，主講東林書院，造就者亦多。大父度汪嘗爲十三經疑義解，熙之續成之。縣志耆碩有傳。承祖字蕙庭，嘉慶二十三年戊寅順天舉人，官全椒訓導。文楷字朗山，歲貢生，錫金游庠錄稱歲貢生，縣志選舉表無考。性淳厚，治身及訓子弟，恒以慎獨去私爲本。嘗謀葺東林書院，增拓隸舍，繼於覺會鄉鳴鶴，以爰歸力主之，事乃有成。所著有誦芬書屋詩稿，

地理類卷二　十五

竟無傳本。縣志耆碩有傳。翊字駿孫，號蘭臣，又號南匡，道光八年戊子歲貢，選宣城訓導，諄諄於禮義廉節，立人道之大防，講藝策以諳究經史，蘄適實用。爲歸，閱時十稔，士風丕應。其後秉鐸昭文，擢遠昌明，亦如之。詩學王漁生，從先翰懷大抱質，一時高才以詩詞爲阮元所鑒契，又與翊興齊名，並同縣楊蘂生、徐寶善、趙函有同岑五子之目。風流文采，爲時所稱。縣志文苑附翰傳。秦學子谷，嘉慶二十一年丙子舉人，官寧國訓導。涵初有錫金

山游庠錄，已著錄。是書於道光間自嘉慶志後續修之志，未及統修之本也。按道光十九年己亥，知常州府董黃南坡倡修府志，延李兆洛任總纂，檄屬縣以志書送郡局。而知無錫縣事李彭齡、知金匱縣事孫學堯延邑文宿搜訪邑故，自嘉慶十五年庚午迄道光二十年庚子，就三十年間事，編纂成書，都十卷，題曰無錫金匱續志。其體例一本秦瀛嘉慶志，凡嘉慶志所載者不復錄，而補載其遺佚，參校其異同，極詳

地理類卷二　十六

慎。國縣以侯桐字葉孟，嘉慶二十五年庚辰進士，授翰林院編修，累官至吏部左侍郎，咸豐九年己未重游泮水。縣志未載。爲之序，稱是編於三十年間習俗之變遷，規制之因革，人材之消長，亦可概見。惟論者謂其翻脈所補錄，助賑樂施，因援職銜者，不僅乾嘉間若而人，又至及明正統、景泰、成化間若而人[illegible]爲附，涉冗濫，而桐則謂善善從長，以昭獎勸，於世道人心不無裨益，當亦史法所許云。

無錫金匱縣志四十卷　清光緒辛巳原刊本

清秦緗業纂修。緗業有續資治通鑑長編拾補，已著錄。

涵初字吟泉，道光五年乙酉拔貢，授阜寧訓導，辛薦補邑授尉知縣，未蒞任，移疾歸，工六法篆，邑中勝地名蹟往往見涵初篆書款。邑縣志藝術有傳。

以續修之
州府書黃
西道郡局
延兩邑

文宿搜訪邑故，自嘉慶十五年庚午迄道光二十年庚子，就三十年間事，編纂成書，都十卷，題曰無錫金匱續志。其體例一本秦瀛嘉慶志。凡嘉慶志所載者不復錄，而補載其遺佚，參校其異同，極鮮圖

地理類卷二　十六

填圖縣

以侯桐字葉盈，嘉慶二十五年庚辰進士，授翰林院編修，累官至吏部左侍郎，咸豐九年己未重赴泮水。縣志未載。為之序，稱是編於三十年間習俗之變遷、規制之因革、人材之消長，亦可概見。惟論者謂其蠲賑門所補錄助賑樂施，因授職銜者，不僅乾嘉間若而人，又上及明臣統景泰成化間若而人，因[illegible]今以為附錄，未免於涉冗濫，而桐則謂善善從長，以昭獎勸，於世道人心不無裨益，當亦史法所許云。

無錫金匱縣志四十卷　清光緒辛巳原刊本

清秦緗業纂修。緗業有續資治通鑑長編拾補，已著錄。

是書於咸豐兵燹以後，東南大定，各省方纂修通志，令各所屬各郡縣先修志書，以備徵考，而作今邑中所據依考見之縣志也。其門類次第率以嘉慶志為歸，惟自嘉慶癸酉重修後，道光間僅有續志，未為統修，緗業重修時又經兵燹，典章文物鮮有存者，故所徵舊志曰咸淳志、康熙乾隆兩庚午志、嘉慶志、道光續志而已。外此所資參討者，曰黃卬錫金識小錄、華湛恩錫金志外、周有壬錫金考乘而已。故緗業

地理類卷二　十七

亦嘗自謝見聞寡陋，网羅罕闕。然綜覽所記，如賦役所列，視前志有詳無略，善堂義莊特志類禁，以清其源，園墅碑碣附於古蹟，仍詳其所其分合，論次可謂具有體裁，而兵防仍其舊目，兵事據蓋於君臣亂以後，蓋紀其實，因足資後世所考。至人物之傳，緗業自謂砣砣編摩，寓善善從長之義，然論者謂其補綴舊佚，似傷采摭而濫，釐訂前記，不免舛所過當，但自古著述有關當世，雖不盡譏，而緗業自序

亦謂或者以輕前舊志，不守先法為詬病，不知志乘非一家之書，補闕正謬，實事求是，而亦不敢僭，亦不敢襲焉。若夫體例千差，顛倒是非，諸辭同前志之所無，余小子亦差足自信云云。則其公慎自矢，可概見焉。

六

地理類卷二

地理類卷三

明

慧山記四卷 清同治丁卯重刊本

明邵寶撰。寶有泉齋簡端錄，已著錄。是書初為僧覺性、海中襄錄，未成而歿。其徒弟子圓顯續輯成編，同縣潘緒、莫止參校而就正於寶，寶乃為之修訂，次為四卷，末采古今詩文。清四庫全書為之存目。又寶別錄縣志所載及山僧所藏有關詩文，成慧山集。

地理類卷三

一

按談修慧山古今考載慧山集所錄文凡二十一首，詩凡百七十首，早無傳本，因錄慧山集於其卷中。刊本書肆既久，世尠刻本，逮清咸豐初，其裔孫涵初重刊，乃附載唐宋以來詩文，殆援寶所謂可以陶情，可以得世覽，俾志與史者於是乎在云。

殘本慧山古今考六卷 縣圖書館據邑城東河許氏藏殘帙繕寫本

明談修撰。修字思永，號信余，晚自署梁溪無名生。嘉靖間人，負才氣，擅古著述，與同縣尤鏜善。鄒迪光稱其有直節，不與時抑揚。縣志文苑附鏜傳。是書以惠山爲一邑勝境，故有以洞勒石，鐫唐張祜以洞穿斜竹重街夾細泉之句，舊蹟已湮，修葺建築以後其舊用纂錄其事，以備覽考。清四庫全書存目，提要稱惠山古今考十卷，附錄三卷，補遺一卷。首卷載以洞重增攷及寺院菴觀諸考，自二卷至十卷則自唐及明之詩文，附錄三卷皆同人賦贈之作，補遺一卷則雜記惠山遺事，卷末自跋云云。而年遠代湮，邑中故家亦鮮藏本。縣圖書館擬邑城許氏所藏殘帙鈔寫，二至八都七卷，闕第一第九第十卷，又附錄三卷，補遺一卷。民廿六冬，敵寇侵襲，邑城告陷，許氏宅遭寇火，藏書悉化劫灰，併此殘帙無存，稽古之士無不惜焉。

地理類卷三　二

愚公谷乘叒一卷　縣圖書館寫本

明鄒迪光撰。迪光字彥吉，萬曆二年甲戌進士，授工部主事，累官湖廣提學副使，擅衡鑑，鑒，楚士服而歸之。以史議罷，送者數千人，生祀之濂溪書院。迪光既罷，治園亭於惠麓，與當世名公卿文士，游宴其中，極聲伎觴詠之樂，垂三十年。縣志文苑有傳。是書原爲輯錄其園之詩文，計文一卷，詩三卷，都四卷，名愚公谷乘。厥後人事代謝，板既燬，書亦鮮傳本。縣圖書館鈔本止文一卷，凡十一首，詩三卷，皆有題無文，據何家藏本轉錄，亦未備注。按愚公谷者，迪光解組後所治之園，名在惠山寺右。明正德中爲馮氏所築之園，後歸顧氏，後

地理類卷三　三

後爲迪光，自春申澗至繡嶂街前後廣數十畝，其巷玲石崇臺，洞館參雜其間，既歸迪光，日遷月改，益增其勝。故是編卷二所列詩題，悉爲吟咏園中亭榭樓閣、澗沼橋石等景物，凡六十首。卷三四所列詩題，多迪光園居所感，並當世名人游宴覽賞，即物即事之作，凡二百四十九首，惜皆有題無詩也。三百年來名園勝蹟俱爲其二廟（縣志古蹟門載今胡文昭前賢至德寺祠其遺址也），而興廢久暫亦無稽攷，究心掌故者引

為遺憾。雖然，若無茲編，則後之人殆將不知志
禁之有忠公谷矣。今侯鴻鑑彙刻錫山先哲
叢刊，采錄斯編以廣流傳。

錫山景物略十卷 清光緒戊戌重刊本

明王永積撰。永積字輝寰，號崇巖，晚號蠡湖
野史。崇禎七年甲戌進士，累官至兵部職方司郎
中，事蹟具縣志宦望傳。是書紀無錫之山川勝蹟，
故名錫山景物略。清四庫全書為之存目，提要稱

地理類卷三 四

其采錄過濫，不講體例，而永積自序則謂著述一
事，彙次則難，指摘則易。昔歐陽文忠公五代史成，劉
壯輿摘其錯謬，寄示蘇子瞻。子瞻曰：王荊公屬予
修三國志，予曰：載不是當行家，固辭。可見班馬異
同，亦今同喟。吾邑為泰伯端委之地，東南人文今甲天
下，堂堂道德，實始基之。請以此為山川之冠，冕人物
之羽儀，則九龍一邱，二泉一壑，亦以一拳一勺渺之可矣。
若夫後之議今，亦猶今之議昔，其間紕謬多端，品
題文鑄率意，供人指摘，知不一而足。然碎金零綴，
完錦全貴，掛一漏萬，尤為不少，有愛我如劉壯輿
者，不惜舉示，以便他年刪補云云。則永積固知
當日必有指摘，及後世議及之者。所謂指摘易而彙
次難，蓋千古著述家所同慨者耳。

清

開化鄉志三卷 民國五年聚珍本

清王抱承撰。抱承字景廷，號自臻，溪南遺老。諸

地理類卷三 五

生。順治八年辛卯歲案領氏梁溪詩鈔，抱承小傳稱明諸生。能詩、古文辭，隱居
樂道，為時所重。是書輯錄一鄉風土人物，為縣志
之支流。開化鄉為邑西南濱湖之區，舉山錯列，
川流縈帶，物產人才，多有可記。抱承以新舊縣
志陳陳相因，間有舛訛，亦少訂正，乃倣地志體例，
別為一書，以補其闕而正其謬。編次原為二卷，其
鄉蕭氏有舊藏鈔本，世鮮流傳。迨民國之初，同
縣侯學愈、高松壽就其原本采訪增輯，次為三

·傳無單本

張未叢公年譜十卷·民國三十五年商務書館重慶初刊本·

卷·其鄉人蕭煥梁字少瞻諸生光緒元年乙亥科舉朱劍涵等釀貲刊行之書中於山川人物搜采頗勤記載明確堪補縣志所未備而物產門如大嶋之楊梅實為邑之名品漏未著之·

殘本蕩橋小志四卷 清乾隆初年原刊本

清王鑑撰鑑又名史鑑字子任自號抱山居士康熙乾間以長洲何焯高弟弟子絕迹下帷汲古懿雅於四部學無所不窺兼綜條貫深入古人之室焯稱說之

地理類卷三　六

嘗在詳友之列縣志文苑附見史貞傳是書紀四一方之古蹟人物藝文都四卷即以其地蕩橋為名書中雖有殘闕非全本然可窺見其體要按蕩橋原名礄橋屬邑之泰伯鄉鑑以礄字不雅刪逕取三讓立德因號仰高風之意而以蕩字鑑世居其地因紀其典故以備為徵文考獻之資而攷據核實體例亦正雖曰小志然不僅堪補縣志所未備因而尤為邑之掌故名編云·

東林書院志二十二卷 清光緒二年重鐫本

清高嵀高陸許獻高廷珍高陛撰·嵀字象姚、諸生·康熙二十年辛酉科舉 陸字象鄒、諸生·康熙三十四年乙亥科舉 獻字卓樓又字鄉三號絅夫諸生·康熙五十二年癸巳科舉 乾隆庚午重修縣志獻與參訂事·縣志藝術附吳楙傳·按鄒氏瑯庠保作許獻並稱載邑志方技附傳 廷珍字和鳴、有學行·陛字孝元、性好文獻為邑之學者所重·是書分建置、院規、會語、列傳、祀典、公移、文翰、典守、著述、軼事十門·廣采博搜、力求該備、清四庫

地理類卷三　七

全書存目·而提要謂其體例冗雜頗甚、所附諸人亦多牽附云云·然據考東林為宋楊時抱道南來講學之地、逮明顧憲成高攀龍興復其盛、一時名重天下·而明季邑獻之志其事者、縣志藝文門所載、有劉元珍字伯先為萬曆二十三年乙未進士縣志儒林有傳撰東林志一卷、高世泰東林書院志無卷數、嚴㲄字佩之號為名諸生後絕意進取嘗主講東林縣志儒林有傳東林書院志二卷、四按㲄之書、自乾隆禁燬書目載為全燬書、元珍世泰之書、雖具目而無載、然亦同無傳本·幸嵀輩

有此軒録傳宋明諸儒講学勝地，及明季諸賢之
講氣節，抗姦宦而為天下有志者所歸，俱得有所攷，
豈僅一邑徵獻之記載云。

記聽松菴竹爐始末一卷 昭代叢書本

清鄒炳泰撰。炳泰字仲文，號曉屏，乾隆三十七年壬
辰進士，授翰林院編修，擢内閣學士，累官吏部尚
書，加太子少保、協辦大學士。屢掌文衡，力屬清節，人
莫敢干以私。裒橐蕭然，落若寒素。事蹟具縣

志宦望傳。是書記惠山聽松菴竹爐得失之自，暨
圖卷隱題之迹，俾風流韻事，得有所攷。按聽松菴
之竹爐，於明洪武中，湖州竹工為僧性海（性海名普真，延陵人，住惠山寺之矣。性海重建之後，創聽松菴於寺左。縣志釋道有傳）
編竹為之，規制精密，高不盈尺，上
圓下方，類道家乾坤壼。山人王紱為之繪圖賦詩，以
識其盛。永樂間，爐歸潘克誠，後屬楊謨。成化間，
秦夔（字時望，景泰二年辛未進士，縣志宦望有傳）為僧撰疏，募而復之。後盛顒（字舜臣，畫擬雲林，縣志藝術有傳）
之從子虞，嘗倣其制為之。至清初，膺爐

既毀，盛製又壞，而王圖亦亾，顧貞觀吏部製二
爐，攜其一至京師，而侍王圖於納蘭成德所，自是
後歸於菴。至竹爐圖詠卷有四，其第一圖即九
龍山人王紱為真性海上人所製者，第二圖侯奮寫，
第三圖成化丁酉冬吴珵寫，第四圖已佚。乾隆十六年
辛未，高宗南巡，臨幸惠山，親題詩章，並命張宗蒼
補畫之。自前明諸人倡和盈卷，藏之惠山寺中，後寺
僧未能珍護，致錦膘蕉畫，玉鐵損折。乾隆四十

四年己亥，無錫縣令邱漣取入官廨，欲為重裝，值
署西民居失火，延燒及署，是卷竟燬焉。大吏入奏
以聞，高宗復以紱畫親作第一圖，後命皇六子永瑢
補第二圖，且勒宏旿補第三圖，侍郎董誥補第四
圖，御製詩章冠於卷首，於是卷圖復補録明
人序疏詩什，依其原次，以還庵觀。又出内藏王紱溪山
漁隱長卷，仍鄰山僧俾一併藏弆山阁。炳泰紀其始
末，并録前人遺文纂詠，以彰其美。其同年友震澤

楊侯吉采入昭代叢書，称其紀修潔詳明，彷彿唐宋名家文風格云。

慧山記續編三卷 清同治丁卯重刊本

清邵涵初撰。涵初字吟泉，道光五年乙酉拔貢，授阜寧訓導，卓薦調選授南和知縣，未涖任，而引疾歸。工大小篆，邑中勝地名蹟，往往見涵初篆書額。道光二十年庚子續修縣志，涵初分任編纂，縣志藝術有傳。是書輯錄明嘉靖以後事，繼續寶所輯之

地理類卷三　十

慧山記，故名續編。咸豐七年丁巳成書，同縣侯桐為之序。庚申兵燹，其板燬，所載名勝半為瓦礫。同治三年甲子邑城恢復，而涵初遽歿，其孫海嶠有志繼武，蒐拾遺編，請同縣丁培鏊正而重付剞劂，以廣流傳云。

忍草庵志四卷 清光緒丁亥尤氏叢珍本

清劉繼增撰。繼增字石香，號寄漚，光緒間人。少孤，力學，不應試，博通今古，才識兼優，而尤工詩詞，精繪事書法，嘗與韋游荊襄燕趙間，名公鉅卿，爭相引重。常熟翁同龢嘗稱石香江南名士，迺今傾倒如此。光緒庚子拳禍作，繼增先自津門歸，親故過訪，咸謂幸兆此劫，繼增慨然曰：士朝大官僅見肩睫，中原厄運殆無已時。既而復游京津，歸與故舊道庚辛殘破事，曰吾自此不復遠游矣。平生結契皆知名士，而尤與常熟楊沂孫、俞鍾鑾、同縣裴延棨、楊壽柟數輩友善。既歸，杜門不

地理類卷三　十一

出，以著述自娛，故所學益邃而名益高。是書輯錄忍草庵之掌故，以彰文采風流之美。按忍草庵在惠山第一峯之曲，地荒僻，居城市者或不能詳其名。致明清之交，聞人學士羨其地擅清幽之勝，往往結詩社觴詠於此。康熙二十三年甲子，納蘭成德扈駕南巡，抵無錫，訪邑人顧貞觀，止庵中最勝處之貫華閣，嘗於月夜偕從者梯作竟夕談，貞觀故成德所目為忘年交者。繼增惆三百年來嗣響闃寂，乃摭

其舊聞，徵諸載籍，為志四卷，自謂非剏著述，聊存古樸云爾。

泰伯梅里志八卷　清光緒丁酉泰伯廟刊本

清（邑）吴熙纂，劉繼增參訂。熙字玉書，同治十二年癸酉舉人，權知於潜縣事，旣除德清知縣。擅畫，尤精治疔術，濟人無危，不受酬。繼增有忍草菴志，已著録。是書於光緒間，保山吴熙以泰伯後裔權知金匱縣事，延繼增重修本縣。以金匱故無錫分縣，東南境梅里鄉

地理類卷三　十三

實為泰伯肇祥兆基之地，廟巷在焉。熙旣知縣事，覽考文獻，以三讓吴存禮所輯梅里志，體例未當，且多訛謬。於是禮羅鑄繼增，以主重修之事，乃後徵得邑人安超東浦倚桂軒遺稿，綜爲重編，燕存實，釐為八卷。繼鑄增故精考據，於菭草掌故搜采頗確，詳畧切當，殆符地志體例云。

忍山竹爐圖詠四卷補集一卷　縣圖書館繕写本

清劉繼增重録。繼增有忍草菴志，已著録。是書

地理類卷三

重録惠山竹爐圖唱和詩什，以傳其事。按竹爐圖詠，有前後兩刻本，一為乾隆二十七年知無錫縣事吴鉞刻，以第一至第四四圖，依原軸分元亨利貞四集；一為乾隆四十七年知無錫縣事邱漣刻，因原軸被燬，高宗頌詩補圖四軸，及王紱溪山漁隱圖長卷，以還舊觀，並仍藏有王氏真蹟。邱氏亦依式照刊，不標第集，惟於每軸首編摹御題，頓還舊觀。四字咸豐庚申兵燹，前板盡燬，

地理類卷三　十四（八十二）

軸亦無存。繼增乃從春藏家借得吴邱兩刻本影写，合訂成帙，以備覽考。縣圖書館復從劉氏家藏影写本繕録之。蓋自咸豐庚申復毁爐既失，圖卷亦以世之人既不得見其物，則登竹爐山房者，亦茫不知當年文采風流之盛，延及明清兩代而滄桑變遷，竟致湮没無復存矣。按縣志古蹟門載咸豐庚申圖卷皆失，同治初泰緗素始得御筆圖，華巽綸又出所藏王紱畫竹卷，並付黄畢墩借藏焉。而泰恩延亦旋得漁隱卷，乃并歸之云云。顧漁隱卷為霍邱裴大中得之嶺南，而緗素所得御筆圖，巽綸所出畫竹圖，無有傳其失而復得者。大中於光

緒初曾作宰無錫，於邑有雅故，遂以漁隱卷（慨鵝之久）存邑城恒善堂焉。迨民國肇建，而後創辦圖書館，邑人侯鴻鑑任經董，搜羅地方文獻甚力，徵訪得漁隱卷於前恒善堂董事秦郅裴，志其卷歸由邑人周達甫送還大中子景福伯謙。時景福已家邑城西水關馬宅左矣。鴻鑑遂偕縣教育局長蔣士榮、縣教育會副會長秦椎、縣立二高（原名東林學堂）校長華鈴壽聯名致書景福，請其仍歸地方公家寄藏。景福覆稱漁隱卷早由先公遺囑貴縣為地方重寶，今為三小兒攜往津門，容其南旋攜歸，再當奉上。承惠秋水集鎮謝，其墨稿久存敝齋，核與所刻同，以後當一併送奉云云。自知人事代謝，世運遷革，漁隱卷暨秋水集墨稿永無送到，而裴氏後亦淪亡無存，考後函中所稱秋水集縣圖書館為之校刊行世，曾以其書贈之（故云邑之人知新者無多，是附注之以見於末）。邑人侯鴻鑑采入錫山先哲叢刊，以廣流傳。

地理類卷三　十五（十四）

清溪閣志十二卷 民國六年殿珍本

清楊殿奎撰。殿奎字叔賡，亦作鳳根，諸生（咸豐九年己未歲貢），宋楊時二十一世孫，貌豐厚，修髯盈尺，故又號髯叔。同治癸酉，巴江廖綸宰金匱，任觀風，策問頗高，學案賦以高子水居命題，殿奎引高子事實點綴，靖邑繁切，清華不同泛賦，景紉綸激賞之，拔置優等，與學人文一鄉推祭酒（嘲名於時）。光緒初秦緗業重修縣志，殿奎與司分校焉。是書纂錄元倪瓚事蹟，及其遺著並瓚傳銘，編次為十卷。初無刻本，殿後瓚十八世孫城（字大成，號蜇夫，又作質甫，别號棣非子，所著有自得齋詩）得原稿於殿奎子嘉鈺（字嘉秋，錫金公立師範學堂畢業）所，乃刪去元鎮贈詩一卷，增輯元鎮遺文，匯若干雜著，清賢尺牘各一卷，共十二卷。識者謂搜采頗博，而鑒次少精，號名為志，而所輯諸作似有無關考徵者。殿奎亦嘗自謝集中粗分門類，亦識與志書合否。又曰孤陋寡聞，間有體例未協也。又謂十易寒暑，乃克成編云。

地理類卷三　十六（十五）

高子水居志六卷 清宣統己酉殿珍本

清楊殿奎撰。殿奎有清溪閣志，已著錄。是書殿奎以水居（故實）賦為邑宰廖綸所賞拔，因奉命纂輯，即流溯源，廣為搜羅，編次為六卷。因初無刻本，殿後高攀龍十世從孫鏶泉梓行於世，而跋之曰：光緒丙申，許君靜山、薛君叔耘、裴君葆良等相與集貲，將水居恢復，而楊君叔賡夙究心先忠憲之學，至是尤[illegible]心動，爰集水居志六卷，藏於篋，以藉於捐貲，尚未刊行。不意君遽赴道山矣。茲向君哲嗣蕊秋昆仲索此稿本，當即志心鈔謄，遂付剞劂，以慰君未竟之志，並感許君快等後以居之款，藉揚先志，憲感矣於無窮云。

按，卷中所載，蓋殿奎當年既以以居賦為邑宰廖綸所賞識，因受綸所囑，編纂以居志，以備覽考。其後輯錄成帙，殆亦所以不負宿諾耳。

可園十六詠一卷 清光緒乙亥聚珍本

清楊殿奎撰。殿奎有清溯閣志，已著錄。是書慨慕明高攀龍以居之可棲，意遂以所居之園名曰可園，因為篇什十有六，而自引於簡端，謂園在江陂東，離梁溪甚近，地廣一畝許，頗饒花竹。余幼時偕仲兄茂才殿奎（國字，乙未與殿奎同案游庠，諸生，咸豐三）讀書其中。蒙邑尊廖太守綸樗顧，蔡明經廷槐（字蔭庭，諸生，咸豐七年丁巳科恭俊以附貢生工書知名）書跋，項山人繼皋（原籍錫縣，以擅書知名）題小扁，余自為記並詠十六景詩以寄所趣云。

【民國】高子水居志補編四卷 清宣統辛亥聚珍本

【民國】高鍊泉撰。鍊泉字松濤（有夢痕錄要，已著錄），別號蓮仙，明高攀龍十世孫。清學人家所見樸無華，性好徵文考獻，於潛幽未彰，乃盡力闡揚之。是書為有鑒高子水居興替之記文詩歌，而為楊殿奎所未收錄者，乃采編之為四卷，名曰補編云。

【民國】寄暢園志七卷 縣圖書館謄寫本

民國秦國璋撰。國璋字特臣，諸生。清光緒九年癸未科案性好文獻，蒐羅掌故極富，有所得輒記載，而尤善校讎。是書倣志書體例，輯錄寄暢園之景物掌故，分勝概、崇祀、祠、先德、藝文、軼事六目，都七卷。其宗人寶璜為之序。按，惠山之寄暢園於明正德間秦金所得，創憩漚寓，二傳金倂而為園，自是代有建築，景物日新，以其為秦氏私園，故秦園之名聞天下，四百年來未嘗易姓者。國璋此輯，於園之今昔盛衰，庶幾可以睹覽考焉。

附錄 水利

[清]

天下郡縣水利志 無卷數 縣圖書館傳寫本

清唐汝巽撰。汝巽字鷺汀，錢塘人，道光十二年壬辰舉人。博學能文，而尤究心治亂得失之道。與同縣安詩、劉嗣綰、烏程淩鳴喈友善。咸豐三年，洪楊氏據金陵，邑人邀延汝巽，謂無恙，惟庚申年當有變，因條陳戰守事宜，上書當事，不報，後其言果驗。事具縣志文苑傳。是書撰序天下山川形勢，涉及漢唐以來戰守得失之道，以與修水利，而為營屯之策，故名曰天下郡縣水利志。書按卷止所載，畫謂國家承平歲久，生齒日繁，田土不闢，齊民弃本逐末，外游情生焉。欲救民之情，莫若驅諸農，驅之農，必先志山川險要，水土所宜，然後教以耕，教以戰，則利害判然，所謂營屯之策也。其寓兵於農之微旨，蓋如此。又按縣圖書館鄉賢著述書目，稱是編為咸豐郡縣水利志，茲仍從其原名而著錄之云。

地理類卷三　九十八

[民國]

江浙水利聯合會審查員對於太湖局水利工程計劃大綱實地調查報告書三章 梅村陳氏家藏 吳江金氏手注本

民國胡雨人撰。雨人名爾霖，清諸生，光緒十五年己丑歲貢。後以字行。清季遊學日本，習師範，既歸國，曾主辦上海中等商業、京師女子師範等校。入民國，又辦公立江陰南菁中學、無錫私立工商中學、宜興縣立中學，均先後著聲稱。平居究心水利，求知何可免旱潦災患，孜孜矻矻，無倦容。然力主不可偏重自古載籍所序錄，尤須從實地考察，以認識其利害所在，而定其救治之策。故輒當大水時，風雨艱苦，胼手胝足，跋涉山川，以觀江湖間水流之情勢，而圖所以措施之方。其治事力崇樸儉節約，排除一切虛浮矯飾，以提倡艱苦勤勞，切合實際為歸。然其直言激切，無所隱諱，與世輒多齟齬，所事亦難以如其志焉。是書為其任江浙水利聯合會審查員時，對於太湖局水利工程計劃大綱作實地調查，以其所得，具列報告書，以協當事者。其書共分三章，章各分條論列。第一章述太湖局之原計劃切

地理類卷三　九十九

當否。凡三條。第二章述治湖所據之定義，凡十條。第三章述應行之新計劃，凡四十三條。縷述是非，賅備無遺。其時太湖水利局督辦為崇明王清穆，科長則為吳江金天翮。而天翮賅博擅通人，於水利亦夙有研究，乃就兩人報告書所論列者，以為轉有錯誤，逐條辨駁於簡端，及行際注答其端，足備世之究心太湖水利者覽考。按此本為天翮當日手蹟，藏於家。厥後竟飄零吳門街市，乃為邑人陳東絧又字友梅，世居邑東境之梅村鎮，好治子史雜部書，歷任各中學文史教員所得，而珍藏之焉。

民國十年水災後調查報告一卷 梅村陳氏家藏吳江金氏舊藏本

民國胡雨人撰。雨人有江浙水利聯合會審查員對於太湖局水利工程計劃大綱實地調查報告書，已著錄。是書為實地調查民國十年水災後之報告書。書中所列，分三篇論列。而第三篇詰責太湖局頗甚，措辭過於激切，遂致所事未能順利進行耳。此本亦飄零吳門市上，為邑人陳東絧

地理類卷三　壬·二十

所得。卷面有松岑二字。松岑者，金天翮字，故為金氏藏本也。

治湖箴言一卷 梅村陳氏家藏吳江金氏舊藏本

民國胡雨人撰。雨人有江浙水利聯合會審查員對於太湖局水利工程計劃大綱實地調查報告書，已著錄。是書以江浙水利聯合會審查員名義，答覆太湖局督辦王清穆等書諭，所錄凡五通。其再覆王督辦書，言辭慨切，所列各端亦多合實際情勢，具徵雨人於水利，故自有心得耳。是編卷面亦有松岑二字，蓋亦為天翮自書者。卷中行際有墨筆批閱圈點，蓋天翮於雨人所言，固亦多心折也。

地理類卷三　圭　二十一

無錫藝文志長編

共十三册之五

史部四册之四

地理類卷四

地理類卷五

地理類卷六

目錄類卷一

目錄類卷二

政書類

地理類卷四

清

西神叢語一卷 民國三年聚珍本

清黃蛟起撰。蛟起字孝存，號曉岑，諸生。按蛟起入泮殆在康熙二十年庚午，據錫山游庠錄，載康熙二十四年乙丑歲案祇有范晟等五名，然爲本邑志無考。更按吾邑丙寅戊辰兩案皆無考。蛟起生，祖某，字存之，夜夢庭中桂花開。蛟起幼敏慧，祖摩其頂曰：吾幼有五經神童之目，孫其接武乎。稍長，績學能文，與同縣湯萬炳字孔早，康熙六十年辛丑進士、黃天球字肆五，康熙五十年壬辰進士，縣志宦望

地理類卷四 一

有傳，號穀溪三子，而蛟起困於場屋數十年，至雍正元年已屆稀齡，猶赴秋闈，所題號舍詩，有調高無與賞心死，未全灰之句，讀者靡不歎息。是書自漢唐以訖元明，凡邑人士遺聞軼事有關風教者，分別紀錄，多忠孝廉節之行，箴識宏遠之蹟，爲志乘所未載者。舊無刻本，入民國，同縣侯學愈爲之梓行以廣流傳，而序其卷首，稱昔王子馨、子任兩先生同輯錫山文獻二集，歎刻久佚，今得是編，足以收其殘匕，補其闕

地理類卷四

地理類卷一瀛海、江河、輿圖、地形之序
二方志之序
三古蹟山川之序
四方志外紀之序

應改爲胡刻人應刊此卷

吾幼有五經神童之目，孫其接武乎。稍長，績學能文，與同縣湯萬炳字孔早，康熙六十年辛丑進士、黃天球字肆五，康熙五十年壬辰進士，縣志宦望

地理類卷四 一

有傳，號穀溪三子，而蛟起困於場屋數十年，至雍正元年已屆稀齡，猶赴秋闈，所題號舍詩，有調高無與賞心死，未全灰之句，讀者靡不歎息。是書自漢唐以訖元明，凡邑人士遺聞軼事有關風教者，分別紀錄，多忠孝廉節之行，箴識宏遠之蹟，爲志乘所未載者。舊無刻本，入民國，同縣侯學愈爲之梓行以廣流傳，而序其卷首，稱昔王子馨、子任兩先生同輯錫山文獻二集，歎刻久佚，今得是編，足以收其殘匕，補其闕

漏云。

錫金識小錄十二卷 清光緒丙申重刊本

清黃印撰。印字堯咨，乾隆十五年庚午歲貢。為人質直負氣，於學殫精思，獨有所契，不屑蹈前人窠轍，而尤邃於易理。其七世祖正色戍遼陽，在戍所日課一詩，乃貽書唐恢之，具以告。恢之曰：後日課一詩，不如日玩一爻。正色遂閉戶讀易，而印之深於易者，殆猶得諸家學乎。乾隆六年辛酉，應試秋闈，文已中式，既而落之，事具縣志文苑傳。是書采錄縣志所未登掌故，殆縣志之外編耳。其例言謂縣志之體宜簡嚴莊雅，茲則雅俗兼取，奇正並收，意在旁搜，不厭瑣屑，亦其體然也。釐為十卷，題曰錫金識小錄。乾隆間有刻本，後經兵燹，板燬，書亦鮮傳本。光緒丙太湖王念祖知金匱縣事，覽考縣志，見所注引識小錄語，以為有裨考徵，欲觀其全書，不可得。久之得其編鈔本，乃為重梓，而序之曰：是編所載，其大端有裨

地理類卷四　　二

考徵者，已纂入志外，此徵言軼事，窮搜博采，類而列之。取陳歷官此者之賢否，政治之得失，民生之利病，習俗之醇漓，剴切詳盡，洵我炯戒，作者殆有深心乎。大文獻無徵，聖人所慨，得道編而表章之，為邑人士勸，固官斯土者責也。余方懼旨官寡效，虛美之熏心，而吾邑之不盡闡也，特覽是錄以自儆，更尋揣其義，以質邦人士之好古者。而同縣顧奎光原序，亦稱是書人我之見兩忘，防流弊，彰幽隱，勵末俗，端風化，與志相輔並行云。

地理類卷四　　三

錫金志外五卷 縣圖書館傳寫本

清華湛恩撰。湛恩有後漢三公年表，已著錄。是書為湛恩編讀前志，參稽往籍，有應補載者，有應考正者，有訛錯無可查核，列為存疑者，皆一一條記之。考湛恩成書於道光二十三年癸卯，刻在道光二十年庚子，續縣熙之等所輯續志之後，殆鑒前志之闕失而求有所裨補。厥後秦緗業重修光緒志，乃攝引

是書以為考徵，並以校補前志之闕失，而浩恩自序，亦謂事關閭閻疾苦，昔人所未及知，而流弊之極，後之人不可不知之者，其不忍聽其湮沒也，是以補遺、訂譌、存疑、增輯，列而為四，而名之曰志外。然則斯編也，與特有裨修邑志之君子出焉，不以為管窺蠡測之見而鄙弃之，亦可備參攷之一助云。縣圖書館撥付本繕錄，然未備註。

錫山補志稿　無卷數　原草稿本

清錢泳撰。泳字梅溪，國子生。能詩，又喜金石，工分隸，行楷書。客京師，為成邸所知，一見敬禮之，所刻詒晉齋帖，皆泳手定。以布衣歷游楚、豫、浙、閩、燕趙間，為諸侯上客。手書碑版，徧江浙，名重當世。縣志藝術有傳。是書首頁第二行有梅花溪居士錢泳編、十三山人安念祖校。卷中門類，分二十有六，而有目無一字者八餘，多纂錄未成，記載未完，且所記間有錯雜，未及整訂者，如祠墓門尤時亭墓列顧祖禹墓後，其時代先後倒置也。又有考徵留未確者，如壽述門秦

地理類卷四　四

興上生集論為不成書名，而不知上生為興之字也。又有體例未加訂定者，如祠墓門所列某某祠，多用官職或用謚法，而於安希范祠，獨則獨稱安我素公祠，綜觀所錄，則為未成之草稿，殆可概見。論者又謂考卷中所載，似不類泳之筆墨，或者出於安氏手書，但書時秦瀛、畫修嘉慶志方梓行，而謗議叢集，是稿以為補其未備，而待後世修志者參證，與其未而老其用心良勤。未邑人侯鴻鑒珍惜鄉先輩遺著，乃采入錫山先哲叢刊。

地理類卷四　五

錫山游庠錄二卷錫金游庠錄一卷　清光緒戊戌重刊本

清鄒涵初撰。涵初有慧山記續編已著錄。是書自明萬曆三十年壬寅訖清雍正三年乙巳，凡邑人之游庠姓名，分條編次，名錫山游庠錄。雍正四年，析縣境之東為金匱縣，遂别分學額，因自五年丁未至咸豐四年甲寅，分錄兩邑之游庠姓名，編次如其例，名錫金游庠錄。同縣諸士侃後據縣志所列宦望、儒林、文苑、忠節、孝友、行義、耆碩、隱逸、方技諸傳、

並貢舉中科定階世職以及科名佳話累代游庠者咸為詳註条中遇有薦舉或以國子生登乙科者俱附注之而後為之序曰文人自副貢生以上皆得載邑志後人可覽考其終老於学中者則歷久無所考此老師宿儒所為懸此傷心而稽古者亦無由資以考證吟泉大令慼学籍之失傳乃取家藏本校訂之徵序於侃於是侃入学六十有一年矣按侃以乾隆五十八年癸丑游庠咸豐三年癸丑重游泮水回思當年與諸君子擬議於明倫之堂俯仰猶如昨日茲披閱

地理類卷四　六

条人姓名其見存者惟孫職方大令名應毅乾隆六十年乙卯順天舉人官河西知縣咸豐三年癸丑重游泮水五年乙卯重預鹿鳴而已感歲月之不居歷名祿之易沒乃慨然而為之序云而涵初自謂吾邑人文淵藪代有名賢洪武初始定考取儒童之制有司以氏族之業儒者分隸各儒籍吾邑與焉然考家藏舊本僅始於萬曆壬寅而前不無缺脫欲再求之嘉隆之世則遍訪於徵文考獻之家而已不可得矣夫庠序之英為士子進身之始列名学籍既殘而典胥即古史名余為校官每按籍而致感焉

今以茲本付之梓人則可存二百年庠彥之名且使後世者積年增輯則因而傳者可無窮云綜觀是編體例雖係纯此邑之考獻者所不可闕之籍至明萬曆三十年前之游庠者則以秦麗昌之明萬曆壬寅前無錫游庠錄殘冠諸卷首尚可考見其梗概又是編原輯至咸豐四年止自五年至九年諸条殆於光緒四年戊寅編輯續輯特所增補刊者咸豐乙卯原刊本則不可復得矣

錫金考乘十四卷 清光緒初年秦氏原刊本

地理類卷四　七

清周有壬撰有壬字佩安國子生博極羣書而不屑為制舉業才名動大江南北陶澍林則徐皆器之身延為上客有壬既抱用世才橐筆游公卿間者數十年追倦游歸於地方利病鄉邦大夫以中其議而尤究心邑中雖斷碑殘碣靡不窮披前著梁溪文鈔尤為徵獻之名編文獻掌故歷寒暑無所輟錫志文苑有傳是書裒錄邑之廟制学校為有壬所手訂並荷縣志之致徵者是著初定文學直書史成豐庚申抱父遺稿渡江辟亂得免兵火事平梓以行世同縣秦賡

彤跋於後曰：錫金考乘十四卷，外舅周佩章先生著。其次甥芳所刊。甥芳，余婿也。嘗謂余曰：吾父書關兩邑掌故，畢生苦心萃是，盍刊行之？余諾之，以公冗卒卒未果也。還庚午，余主講東林歸，後以是請，無何遘疾革，詒余按先生前蔵私槀與稿本，按之付手民。蓋其必欲傳是書以傳父之名，其志決，其心苦矣。嗟乎！書之傳不傳，固不惟視乎書之刊與不刊，而刊之之心，要即傳之之心。况乎書之必可傳者哉！然則由其稿之傳先兵火，並得以梓行者，昭是真所謂必可傳者乎！

地理類卷四

八

錫金學校重興紀事二卷 清光緒乙巳鉛印本

不著撰人名氏。是書輯錄清光緒三十年甲辰毀學事，分上下二卷。卷首列蔡撫瑞方及楊模照，並竢實、東林、三等諸學堂擊毀，與楊模之房屋被燬圖片。又事定學校復興，端方准錫闢學，親詣竢實、東林兩學堂訓話之歡迎圖，亦並列焉。考楊模蠶盦文存所載毀學始末，華若溪、丁仲祜書謂今大案雖定，凡身在其中者，皆以此次影響甚大，擬款追叙顛末，以垂世識。已嘗雲軒衡之諸君，搜輯前後公牘函電及各報論說，附毀校各圖，即交文明排印云云。外斯編寔是由邑人曹銓（字衡之，諸生。光緒十五年己丑歲貢，性好金石，所羅周秦兩漢以至明清之古泉及碑拓甚富，尤以工篆隸書知名）、丁寶書等輯錄之耳。按：無錫毀學為中國興學史上一大事，其特科舉尚未廢止，而學校方在萌芽，然無錫鄉紳大率鉅大吏嚴厲究辦首禍之人，竭力扶植學校重興，其社會始知學校之必興，子弟入學讀書，則學校果日益興盛焉。斯編所錄，賅備無遺，覽攷其事，識有不禁低徊概想者矣。

地理類卷四

九

錫金科第考六卷 清宣統庚戌聚珍本

民國高鏻泉撰。鏻泉有高子水居志補編，已著錄。是書紀錄有清一代邑人之登甲科、鄉科姓名，按科編次。甲科附記考官姓名、仕履及鼎甲、會元姓名、籍貫；鄉科則先順天，次江南，而考官姓名、籍貫及解元姓名、籍貫亦併記之。同縣朱鑑章（字達夫，同治十年辛未進士，歷署錢塘、餘姚、金華、歸安等縣，有政聲。在任候補知府，家藏書甚富）稱其徵訪邑中科第掌故，詳嚴寒酷暑，不憚劬勞，博采□搜，靡不求詳，而楊壽枏又謂此書有關邑中文獻，足以傳後云。

錫金續游庠錄一卷 民國九年校訂重印本

民國高鏸泉撰。鏸泉有夢鼆錫溪山居志補編，已著錄。是書記自清同治四年乙丑訖光緒三十一年乙巳，邑人游庠姓名，仍倣邵氏游庠錄體例以續之。按光緒三十一年秋，詔廢科舉，而自咸豐十年庚申，錫金兩縣此制暫告停止，至同治四年始以庚申科案補行之。壬戌歲案、癸亥科案、乙丑歲案併於同治

四年補行。鏸泉所續者，既始於同治四年，止於光緒三十一年，其間都三十餘案，完具無闕，誠稀益邑故之籍也。自謂游庠錄一書，為先人手澤，（序云：鏸泉云六世從祖□□公諱祖德，嘗以游庠錄稿授於門人王人月先生，嗣珍藏待梓。咸豐三初邵文莊裔孫吟泉大令自南和移疾歸，向王先生索取，編纂刊行。庚申燬於兵燹，光緒七年趙君伯仁等以修志作歟，特為補刻此游庠錄之淵源也。）不可無所續載，乃竭數年心力，四出搜訪，於姓名下添注字號、官階、科第，亦復詳細列入，俾後之讀是編者，其景慕觀感之情，有不油然而生者乎。按是編於民國九年重梓時，同縣侯學愈重為校訂，於其體例尤純正云。

民國

錫金續識小錄六卷 民國十四年聚珍本

民國竇鎮撰。鎮有名儒言行錄，已著錄。是書紀地方山川名蹟、風俗善舉、災異兵事，以及賢人君子行誼文章，徒黃氏賢不賢識小之義，而名其書曰續識小錄。卷首未列凡例，故其論錄之旨無可推求。惟綜觀卷中所載，凡民十三以前事胥及之，並記今人唐文治於流寓，而徐壽建寅父子、華蘅芳世芳兄弟，鄒

濂泰堅、楊楪壽已故諸人，則不及焉。記齊盧之戰，並及邑城銀錢業大恐，人心惶懼，而清季甲辰毀學，全城罷市；又民八五四學潮，邑城罷市罷學，則似不及焉。卷首未列凡例，其論錄之旨，無可推求耳。但其所錄，有係地方掌故，足備史氏考徵。其同□□生錢禍烱序之，則稱君究心邑故，雖□□不及黃氏，然黃氏拾遺補闕於乾隆志方修之日，而君則蒐潛闡幽於光緒志久不續修之餘，徵□廣聞，以俟百世，有求太簡而不

詩云。

尊賢祠考畧六卷 民國十八年鉛印本

民國侯學愈撰。學愈原名士綸，字伯文，號戩盦，清諸生（光緒十九年癸巳科案）。屢試秋闈不第，入貲以訓導用。居恒致力於詩古文辭，而與陽湖錢振鍠、同縣楊志濂、嵇鏡、凌學紋（原名霄，字伯昇，諸生，光緒七年辛巳科案）、嚴懋功、繆篆相友善。入民國，未幾隱居，不交當世，而究心邑中文獻掌故，雖寒暑無所間。所輯續梁溪詩鈔，尤可見其闡揚潛幽之志焉。是書紀尊賢祠之性質及其沿革諸事。按邑之尊賢祠，舊名陸子祠，唐陸羽，復以劉宋湛挺、唐李紳為配，名三賢堂。繼復增祀為七賢，為十賢，為十二賢，始定名為尊賢，改堂為祠。昔明獻郎寶嘗論定之，以游殁葬名在天下者，方合尊賢資格，後世乃本此旨增祔焉。縣志於祠祀門載其事，無專書紀述。邑人高錦泉舊藏安吉道稿一帙，多紀斯事故實，學愈乃因其本增補編次，有裨邑故之資考徵也。志濂為之序。

地理類卷四　十一

西麓詩鈔甲集一卷乙集二卷 [illegible]行鉛印本

民國胡介昌撰。介昌原名承禧，字茲儔，亦作子壽，別號西麓，清諸生（光緒二十五年己亥科案）。其先世為唐始宗幼子，初生時，遇朱全忠之變，始宗及后同被難，其幼子遂由義人挈之，辟居婺源之胡村，因以為氏。迨十七傳，始遷商丘無錫，遂占籍焉。介昌習舉制業，試古學，江蘇學政瞿鴻禨賞之，拔置第一。（諸事革新）自是兩試秋闈未售，遂絕意進取。民國肇建，而介昌目睹世道人心之非，偕同縣錢福炯、華陳懋頓風俗意見書於縣署公署，知事丁方鎔處稱所陳有關禮教存亡至深且大，應即分別令飭所屬切實執行等詞。居恒既關心地方風教，而復喜吟詠，與四方明輩相唱酬，幾無虛日，終其身無他嗜焉。是書分甲乙二集，甲集於地方事所見所聞，每一變遷詠一絕句，各係注釋，名曰五十年來變遷見聞詩，實掌故之記載，又裨考徵之精也。同縣陶世鳳為之序，稱以太史之直筆，補邑志之未徵，可見推重之至焉。乙集者雖

地理類卷四　十二

有閒居即景、或與朋輩唱酬諸作、並於國事紛紜之際、觸感時傷懷、紀其事以成篇什、殆亦並稗乘考證、綜覈卷中所錄、實與尋常賦詩怡志者不同、用與甲集並列於史部。

【生存著述】

錫山風土竹枝詞一卷 民國二十四年鉛印中箱本

今人秦銘光撰。銘光字仲實、號頌石、清諸生（光緒二十年甲午科案）、嗣後肄業於京師大學堂、既畢業、任保定之高師教習。民國任無錫縣勸學所長、已而任無錫縣視學、周覽察全縣學校、重實際指示、提倡勤苦（質樸）、力排侈靡（浮情）、而以和藹為歸。五十以後、攻治佛學、深有所得、又賞識博學通人、光緒重修縣志（尤以詩古文辭名世）、出其輩者為多。銘光學有淵源、輯存搜采舊聞、以事著述、是書為其編歷縣境時（暇則吟咏成帙、有瑞春軒詩詞待梓）、網羅遺聞軼事、博咨風俗物產、記之篇什、以為稗乘、名曰錫山風土竹枝詞。同縣錢基博採其拾志乘之遺、爾前一邑之掌故、而銘光自記、則謂此諸艸野閒談、敢望不賢識小云爾。

地理類卷五

【清】

隨軺日記一卷 民國十年鉛印本

清蔣大鏞撰。大鏞字和叔、道光二十四年甲辰進士、咸豐三年初知雄縣、既知通州、俱有聲。擢順天府治中、嚴絕請謁、忌者以蜚語中傷、坐落職下獄。獄卒索厚資不設臥具、寒夜撤薪、大大鏞危坐達旦、琅琅誦周易、聞者咋舌。蓋其明辨義利、不以死生禍福動其中如此。尋事白、復官、選奉

天府治中。奉天興旗員錯治、政令歧出、貨賂公行、大鏞劾裁以法度、清望大著。旋隨使者勘事吉林、吉林（覺）將軍壽以庫金寄市、權子母、大鏞運籌幕下、得歸庫金數十萬、將軍以下得減罪論戍、皆感激、出金為賻、大鏞則卻之。後隨赴高麗議邊界、收地博六十里、袤三千里、事具縣志宦望傳。是書隨卑蔭方左司農保赴吉林查辦事要件時途中所記、凡邊隅機要、國勢消長諸情狀、志著諸編、其與同僚倡和諸作、隨

隨時地附入之，而關於山川風俗人情，知流覽所及，亦有記載，
蓋大鏞識畧文學，於斯編可以窺見一斑焉。

正大光明殿覆試日記一卷 墨蹟原稿本

清施熙績撰，熙績字緝庵，考熙績原名熙敬，既為諸生更名熙載，提京兆後改今名。咸豐戊午順天舉人，六年
工應制文，門下者籍數百人，多掇巍科躋仕膴者。熙績
性恬退，淡於榮利，三上春官不第，乃絕意進取，以課
徒終其身，而主講東林書院，諄諄以聖賢之微旨啓
迪後進，學者多感激興起，著述散佚，無專集行世，

地理類卷五 二

人多惜之。是編為提京兆後覆試之作，未經梓行。攷
清制凡登鄉科者原無覆試例，自順治十四年丁酉
科江南鄉試以賄通關節事發覺，特旨覆試，二
次而各省鄉試覆試，始於道光二十四年甲辰科，順天
鄉試覆試則始於道光十五年乙未科，榜既發，即定
期內廷覆試，外省得於明年赴禮闈時覆試，其
因征途稽滯不及與試者，准赴內廷補覆。熙績既
提京兆，未與內廷覆試，明年己未應試春明，詣赴圓

~~績既提京兆未與內廷覆試，明年己未應試春明，~~
詣赴圓明園補覆試正大光明殿者，圓明園四十景
之一，熙績補覆試，即其所也。識者稱斯編有關清
代科舉典制，實為徵考掌故之作，足選詞潔鍊，
華鏡古香，具以文之樂，殆其餘事耳。

星軺便覽一卷 錫縣圖書館寫本

清王緯撰。緯字華欽，同治元年壬戌順天南元，
癸亥聯捷進士，選翰林院庶吉士，改戶部主事。

地理類卷五 三

在部以勤敏著，而文名噪都下，一時問業者甚衆。
光緒二年，簡福建鄉試副考官，所識拔多知名
士，尋丁母憂，亦卒，年未五十，鄉里惜之。與同縣朱
厚基字子山，咸豐十年庚申進士，授兵部主事友善，兩人服官部曹，並
篤鄉誼，有以緩急告，靡弗應。厚基未補官，旋卒，年十而
緯於典試福建後，尋丁母憂，亦卒，年皆未五
十，鄉里惜之。縣志宦望，緯附厚基傳。是編紀赴
福建鄉試副考官任事，向為邑城王氏家藏

之鈔本未經刊行者，縣圖書館即據其本繕録之。卷中分蒞程、入境、闈中、撤棘、歸途、回京諸類，隨事記述，各以類從，故名便覽。其謹慎質樸之氣，時繞筆端，不特可供掌故家之覽考也。

永寧山扈從紀程一卷 清光緒庚〔子〕宦原刊本

清孫鼎烈撰。鼎烈，字〔有四西〕叔和，〔號〕光緒〔乙巳著錄〕，光緒十四年戊子順天舉人，己丑聯捷進士，選翰林院庶吉士，散館以知縣用，分

地理類卷五 四

發浙江，權會稽、太平、臨海三縣，以禮去官。嗣晉階道員，徵入京師禮學館。初，鼎烈以明經官內閣中書，供職十餘年，爲閣長所倚重，而學有根柢，博通世務，頗不喜徵逐，落落寡交游。既登科，選縣令，歷治浙東劇邑，所至有聲。嘗謂士子讀書，得官本非所志，一切毀譽榮辱，窮通得失，視若無與，而濟之以清慎勤明，則自有得。其居官之要蓋如此。是書紀光緒十三年德宗謁西陵，鼎

烈扈駕隨治所事，故曰扈從紀程。江寧端木埰（時任文淵閣校理）序之，稱所著山川脈絡，國家掌故，鳌然秩然，條縷分析，賅而不穢，詳而有體云。

殘本鄧河池日記無卷數 墨跡原稿本

清鄧乃溥撰。乃溥字毓泉，號淵如，一號晏如，別號滄浪老漁，晚號蜀漈漁人，又元鑑知四川鹽識縣。乃溥自少穎異，過常童。八歲值洪楊軍抵江，隨父走川陝，輒手一卷，就樹陰讀不輟。同治

地理類卷五 五

丁卯，丁父艱，服闋，以國子生入貲爲州同知。光緒丁丑，需次湖北，既受彭玉麟檄，辦坪坊鳌稅局，清廉自矢，稅入大盈，叙績補隨州。隨地俗悍民強，有豫產古風池者，隨之桀黠，匿其婦。州同知職，例不理民事，而乃溥意度恢張，不爲文法拘，立提歸之。判詞牘尾曰：縱伊籠鳥遨飛去，比翼平林自在鳴。我抱悲懷地未得，雲天爲爾觸離情。州人傳誦，載州志。尋調沔陽，署州事，

駐新陽，值茅葦段岸，為江流衝刷且殆。謂出自水利捕
盜州同知職也。陳大府，不允，以去就爭之，邑紳靈請指發給
帑興修，方畢工，而洪水暴溢，居民卒免於患。又手捕劇盜
張自新，置諸法，暴容相戒，徙境外，民方感其德，而忽聞
母病，亟歸。去州之人，遮道攀留之，不得也。庚子，赴選吏
部，奉亂，將作宗室載漪、剛毅，肩猜專橫，方倚義和
團以自衛，應和者盈廷，乃溥獨挺起，大聲抗議，力言
義和團必禍國。其持張之洞檄，乃溥駐京師，窺事

地理類卷五　六

變，自日一報寄，皆手自撰著，午夜猶秉燭書，不置答
有勤王之師，擬藉以應敵也。亂既平，揀授河池州同知，
時西林岑春煊總制兩廣，需才亟，而其弟春蓂先布
政湖北，激賞乃溥才，已是以告，乃先春煊，春蓂於是
多倚畀，欲破格擢用。無奈以廉介故，仍以河池州癉瘍
地，終其宦焉。平居殫精書史，工詩詞，又擅十七帖，兼
精繪事，筆致在新羅、白陽間。性內直外莊，無不
可告人語，終身以儉，交友以誠，治家嚴，遇物和，人皆以

是敬之。所著有家訓十二卷。是編自光緒二十四年
戊戌十月六日起，迄三十四年八月十四日止，密行以草書，都中
箱本式四冊。卷中雖按日為記，而斷續闕佚，未能
銜接，蓋飄零不完之殘本也。按乃溥赴選吏部，不一
月，適遭庚子之變，日記中所載群氏諸事，皆當
時實錄，足備史氏考徵。此本於民國三十七年冬，邑人
許同藺得諸古書攤上，送縣圖書館度藏，以垂
久遠。雖殘破之編，尚可得見乃溥筆墨，而同藺留心

地理類卷五　七

文獻之功，尤不可湮沒云。

地理類卷六

明

武林游記一卷 錢塘丁氏武林掌故叢書本

明高攀龍撰。攀龍有周易孔義，已著錄。是編首載庚寅八月余以罪事游嘉湖間，而武林在杖屨中矣。幼時聞長者談其湖山之勝，至此遂擬游焉云云。按庚寅為萬曆十八年，攀龍於是年授禮部，其門人華允誠所為年譜，亦載其事。其子世寧所編之年

地理類卷六　一

譜則載是年八月游武林，此游記之所為而作也。其門人馬世奇書於尾，稱志正氣豪，文采飆發，後來闡淡靜深之基，蓋於此云。

清

臺灣雜記一篇 小方壺齋輿地叢鈔本

清季麒光撰。麒光字聖昭，號蓉洲。康熙十五年丙辰進士，知閩清縣事，移諸羅。後改名嘉義。時臺灣甫入版圖，設郡縣，諸羅以新闢之邑，諸所措置規劃，日無寧晷，嘗條議事宜，以大府定之永遠規制以上大府一郡。類之事，載臺灣志、縣志，宦望有傳。是編多山海經產，並異鳥、大蛇之怪奇，雖條列無多，亦足備覽考。南清河王錫祺采入所輯輿地叢鈔中。

地理類卷六　二

崑崙別記一篇 小方壺齋輿地叢鈔本

清季麒光撰。麒光有臺灣雜記，已著錄。是編所錄多其地風土情事，惟所述四月水色皆黃，色人皆以其地通黃河故也。而麒光則謂黃河發源崑崙，北行入龍門，皆在西徼，今又南注於暹羅之域，豈其地與星宿海相連，而河流由此入海云云。按河道入海之口，彰明較著，決無注於其境者。四月水色黃，蓋其水未源，必有所自耳。南清河王錫祺乃采入輿地叢鈔中。

遊北固山記一篇 小方壺齋輿地叢鈔本

清周鎬撰。鎬字懷西，號犢山。乾隆四十四年己亥恩

科舉人。性恬泊，家世貧，終其身，食不重味。平生所爱（詩有才力，古文宗法韓歐。辛卯載平湖縣志）
才好善，自未髮至晚年，未嘗廢学。累署平陽、瑞
安、常山、餘姚、鄞縣知縣，有治聲。鄞縣西有塘衛
田數萬頃，屢築屢圮，鍋相其形勢，甃以石，遂無水
患，民思之，為名永鎮塘，到今尸祝之。擢同知，署嘉
興府。歲旱，奉檄發粟數萬石至嘉，鍋與一萬（值海寇未靖，羽書絡繹，外揖商旅，内安士庶，民人德之。據道光平湖縣志）嘉祥。旋遷
石。巡撫大怒，鍋曰：嘉民亦之食耳，何不離於產區
而奪嘉之民食乎？巡撫韙之。擢漳州知府，上治漳

地理類卷六　　三

六事，爱民勤政，廉許有為之聲，炯然播中外。
時同縣孫爾準巡撫福建，陛辭日，宣宗謂漳州知
府周鍋有吏治，尚特用，其往觀之。逮爾準至，鍋
以勞瘁卒於官矣。縣志宦望有傳。是編記北
固山之游，年月無考，其於地勢扼塞險要以及
歷史上兵事所聞者，多以綫述之，非遊覽賞玩
狀物寫景而已。有清河王錫祺乃采入所輯之
輿地叢鈔中。

歐游雜録二卷（清光緒間國原刊本）
清徐建寅撰。建寅字仲虎，父壽，研精數理，博
涉多通，以製器尚象為中國倡。建寅生而英明，
剛毅刻苦，有父風，從父精究理化製造之学，日
有所進。時壽方經營上海製造局，並與西士傅
蘭雅、偉烈、金楷理數輩譯西書，遂以建寅畀
凡右，而建寅乃贊劃局中所造，惠吉、操江、測海、澄
慶、馭遠諸船，後從父事譯著，先後成書幾與

地理類卷六　　四

父埒。時辟西学门户，蓋建寅父子之力為多也。既
而調天津製造局，創造强水，建寅故從父精研有
得，以是所製較外貨值廉數倍。時總理衙门方徵
求人才，江蘇巡撫丁日昌馳書建寅，筹論時事，
建寅遂上萬言書。總署得書稱善，因以郎中奏
保，堪充使才。奉旨以出使大臣記名簡放。而山東
巡撫丁寶楨傾其才，調赴總辦山東機器局。建
寅躬自創造，未延用西人，越兩年，始告成功。寶楨以

心思縝密，條理精詳。入告奉旨給資遣部引見，旋又授總德國二等參贊，詔迅速前往，時光緒五年六月也。建寅因歷游德國及英法諸國都會，參觀各著名工廠之制造，而尤留心軍事創設，其得之於心者蓋多也。既歸國，丁父憂。服闋，湖廣總督張之洞奏調總辦湖北全省營務，並教史館武備總教習，後檄督辦保安火藥局，兼辦漢陽鋼藥廠事。廠故製造棉藥，洋工成藥無期，建寅躬自研鍊，遂造成棉質無烟火藥，驗其力，倖外貨方

地理類卷六　五

喜所製之有成，乃復親拭藥房配合藥料，詎藥聲然炸，竟殞命，同殉員弁工人十有六，肢體均裂焉。此光緒二十六年二月十二日事也。之洞痛惜其才，奏照提督陣亡例請邺，奉旨追贈內閣學士，國史館立傳，入祀京師昭忠祠及無錫原籍昭忠祠。是書爲參贊德國使節之日記，自光緒五年九月十一日始，至七年八月初一日止，所記非僅參贊使節，凡游歷考察所得，俱有記載，故以雜錄爲名。綜其所錄，在歐兩

年，凡參觀大小工廠，無慮百所，因而於各廠製造及其設備，並德國大操，以及軍制、砲臺、建築、築等事，記載特詳，且稱爲世考鑑。蓋在歐二年，勤於所事，幾無虛日耳。且建寅偕行合肥李鴻章，面囑訪求鐵甲新式船，卷中附錄鴻章所致李使節原書，又以此事詳詳述之。蓋特方擬興辦海軍，欲制鐵甲船以備海防，故建寅往還德國伏耳鏗廠數次，訂購雷艇二艘，此殆一大使命也。至其

地理類卷六　六

歷程後經香港，志地價日貴，至西貢見開艦工種植，有中國窮民數十萬，而越南土人轉不及其半，法國徵收丁稅且巨，而中國人往墾荒者，相率如歸，俱獲華之，以提警國人，斯可見其用心之所至。及觀新嘉坡礮臺設備，復述英俄有隙，故英國於斯地修戰備，其用心殆可謂無所不至矣。

星存著述

病驥旅行記二十四種　通行鉛印本

今人侯鴻鑑撰。鴻鑑字保三，號病驥，又號驥叟，清諸生（光緒二十四年戊戌歲貢）。中國自光緒庚子喪師而後，列强倡利益均沾說，虎視眈眈，日思侵略以饜其欲。鴻鑑以世變既亟，清廷政治腐朽，士大夫治學非攻之於考據詞章，以競相誇耀者，罔能救國，乃慨然東渡，習師範，圖自教育入。既歸，主辦邑之竢實學堂，著有聲稱。時科舉尚未廢，而海內學者多狃於舊習，獨鴻鑑以為非振興教育無以挽中國之弱。與

地理類卷六　　七

教育必從女學始，乃創辦競志女學於邑城之北禪寺巷，共室冰蘭。江陰夏氏亦喜新學，無閨閣庸渫妖飾（性元豪邁），襄贊鴻鑑事，鴻鑑亦恃之如柱石，而競志以是斐然有成效。光緒乙巳科舉既廢，而無錫於甲辰毀學後，以風氣漸開，地方設學務公所，經辦學校，（於）丙午四春，創辦國初級師範學堂，培養師資，以為次第推廣城鄉之學計。鴻鑑以公立師範一所，殊不足以資一時推廣之用，乃復獨創

速成師範以濟其急，並附設模範小學以資實習。而競志特亦擴其範圍，由小學而加設師範。又嘗附設小學，貧手孳持，規模粗具。日本大正博覽會開幕，鴻鑑往觀之，見會中以我國產品標列臺灣館中，乃糾合同志馳赴公使館，請力爭，必移出，辭氣凜凜然，中外咸知鴻鑑為非常器也。平生主持教育，以誠勇毅為體，以真實勞苦為用，而遠近觀摩者多采以為法。民國肇建，嘗出任江蘇

地理類卷六　　八

省視學，於教育因革，條列諸端，以備采用。在視察時見其聲蹟，為力舉之，無寬假，聲望烨然一時，風動江南北。好壯游，其氣橫溢不可制。嘗先後登五嶽，北歷邊塞，東自榆關內外，西至玉門，南越嶺嶠，以及諸省名山大川，而猶然以為不足。後渡至臺灣，至南洋群島，雖遍周圍極遠不厭也。嘗曰：吾足跡幾遍宇內，然未嘗遊地球，寧匪憾事。乃果復翩翩渡太平洋而至美洲，復由

美洲橫渡大西洋而入歐洲，經地中海紅海，折而入南海歸焉。所至名勝古蹟，必探其奇，尋其幽，予其蒼涼歌詠賦詩，以紀其事而闡其微。於各地教育尤攷察周詳，以深究其得失之道。前紀其實成旅行記都三十有　種。別著詩文稿多散佚，曾刻病驥文存一卷，止錄散文十數首，今亦無傳本。綜計鴻鑑所事，國貽無日不以教育為職志，而於地方新政多鼓吹贊劃。如於有清之季從裘廷梁

地理類卷六　九

等創辦無錫白話報，使全民得閱覽。民國之初，秦毓鎏秉邑政，籌建圖書館，實鴻鑑策畫之力為多。厥後創辦通俗教育館，尤為鴻鑑獨力所經營。任縣教育會會長十數年，竭力籌措教育費，扶助公益，並編錄教育會年刊行於世。其經董圖書館時，雖大收羣籍，而於鄉邦文獻搜羅盡致，爰乃擇其湮沒不傳之編，曰見錫山先哲叢刊，先後梓以問世者凡十一種，計四十有餘卷，表彰幽潛，以廣流播。今雖老耄，而其志猶未嘗少懈。是

書為其旅行各地之記，曰己酉暑假旅行記，壬子三十七日之旅行記，辛亥暑假旅行記，戊午大梁旅行記，第八次燕京旅行記，臺灣旅行記，西秦旅行記，浙東旅行記，南洋旅行記，東三省旅行記，燕晉察哈爾旅行記，病驥癸亥旅行記，甲子稽古旅行記，寰球旅行記，桐廬訪古記，鄭州旅行記，福州旅行記，實山游記，杭湖游記，姑蘇游記，雁蕩山游記，西南漫游記，西北漫游記，日本大阪參觀博覽會記，都二十四種，附烏桓紀行一種，為其寓冰蘭游歷之所記也。綜

地理類卷六　十

觀諸記，凡於游歷攷察賞覽所得，皆隨筆紀錄，而於利病得失，並其事有關國體之榮辱者，尤三致意焉。且後隨筆有詩，隨事有詩，凡所見所聞有動於中者，靡不有詩，古今體歌行不一也。於感慨詠懷、狀物寫景之中，往往與所紀之事相發明。至其足跡於西秦、閩粵，於南洋，彌足以見鴻鑑於紀述出入之際之非偶然矣。

目錄類卷一

〔宋〕

遂初堂書目一卷　常州先哲遺書本

宋尤袤撰。袤字延之，紹興十八年戊辰進士第。知泰興縣。縣故有城，屢毀於寇，袤修築之。金人犯揚州，泰興以有城得全。少從喻樗字子才，號玉泉。其先桐廬人，至樗乃徙居無錫。樗少慕伊洛之學，從楊時游，中建炎三年進士第。縣志儒林有傳。樗墓在邑城東門外延壽司殿前，乾隆麵粉廠牆垣外。清光緒間，金匱知縣廖綸為之修葺，樹石碑以識之，春秋仲丁祭東林書院燕居畢，有代表前往祭掃。游。樗為楊時弟

目錄類卷一　一

子，袤以故得其傳。時在錫講學既十有八年，嫡相傳授。因袤後沈溍闡揚於世，伊洛之學大昌於東南。致仕後卒於家，諡文簡。其仕履政績，具見宋史本傳及縣志儒林傳。是編為其藏書之目。厥後陳振孫推袤所藏為近世冠，文獻通考、欽定四庫全書著錄之。袤好聚書，晚年益酷，著之積至三萬餘卷。取晉孫綽遂初賦之名以自號，光宗書額賜之。信其時盛舉也。此本為武進盛氏校刊常州先哲遺書，據說郛本采收。宣懷跋稱：有毛开序，魏了翁、陸友仁跋，尚是流傳舊本，是可貴也。卷中分經為九門，分史為十八門，分子為十二門，分集為五門，所錄諸書無撰人，無卷數，並無解題。而四庫提要謂疑傳寫者刪削。又謂宋人目錄存於今者，惟此與晁公武志為最古，固考證家所必稽者云。

〔清〕

天一閣見存書目六卷　清光緒己丑薛氏原刊本

清薛福成撰。福成有浙東籌防錄，已著錄。是書為福成

目錄類卷一　二

撫浙寧紹台時，訪古得天一閣，乃輯閣中見存之書，故名。清續文獻通考著錄之。考天一閣者，寧波范欽藏書處。欽字堯卿，明嘉靖十一年進士，知隨州，有治行，遷工部員外郎。性喜藏書，建天一閣，購海內異本，列為四部，尤善收未傳世之孤本，以珍藏之，於是名重天下。清文淵閣輯四庫全書，詔各省督撫采訪遺書進呈，而天一閣後裔范懋柱具呈請，特識願獻，有進呈書目可稽。節錄卷首附載全謝山天一閣藏書記云：是閣肇始於明嘉靖間，而閣中之書不自嘉靖始，固城西豐氏萬卷樓舊物也。豐氏為清敏公之裔，吾鄉南宋四姓之一，而名德以豐為最

清敏之子安常，安常子治，避金揚州，死於金難，高宗賜以恩，鄞治子誼官吏部，有文名。誼子有後，以講學與象山、慈湖最相善，亦官吏部，有後子雲昭，官廣西經略。雲昭子徐，徐子昌傳，並以學行為師表，而雲昭羣從曰芑、曰蓰，皆有名。蓋高氏樓之儲實自元祐以來，歷之自吏部以後，遷居紹興，其後五庚六遷居奉化，庚子茂四遷居定海。茂孫寅，初明建文中官教諭，寅初子慶，懿念先疇，款塲葬父於鄞，而歲久其祖塋無知者，旁皇兩工，或告之曰，城西大卿橋以南紫清觀者，是也。慶乃卜之，適出土之羊，私自喜曰，符吾程矣。是日適讀元延祐四明志曰：紫清觀者，宋豈南書故園也。慶大喜，即呈於觀，請歸之，并為訪觀中舊籍，得其附觀圖地五十餘畝，為鄞邑所據者，盡清出之。遂葬其親，而以其餘治宅，回慶喜三百年故居之無恙也，作十鄙以志之，而於書之元祐以來之圖書，由兩上而紹興，而奉化，而定海者，後歸南工。慶官河南布政，慶子耘，官教授。耘子熙，官學士，即以諫大禮拜杖，遣戍者也。豈氏自清敏後，代有聞人，故其聚書之多，亦莫與比。迨熙子道生晚，得心疾，潦倒於書淫墨癖之中，袁央其家，殆盡。而樓工之書，凡宋槧與寫本，為門生輩竊去者，於十之六，其後又遭大火，所存無幾，芑

目錄類卷一　　三

侍郎欽素好購書，光特嘗從迺生鈔書，而道生耳求其作藏書記，至是以其書存之餘，歸於其同邑，又稍從弇州五鈔以增益之，雖不能復豈氏之舊，然亦雄視浙東矣。咸同之際，遭逢兵亂，閣中藏書多散佚。迨光緒之初，工元宗源瀚守寧波，蒐輯閣書，為目，稿具，成以禮去官。特稿成，荊兵漸東公務之暇，訪古迹閣，既捐廉葺治之，留後以宗繡書目稿本，重加釐訂，歸安錢學嘉任校勘，范氏子姪數人共襄厥役，成書目六卷，而以是存為名。其板藏甬上崇實書院。

〔民國〕鄞金歷訥書目考十二卷　清光緒壬寅黎珍本

〔民國〕高鍊泉撰。鍊泉有夢痕錄，是已著錄。是書裒輯邑中自東漢以來，有關義理、政治、學問及世道人心之著述，既據縣志藝文所載，並復旁及各氏譜牒所錄，彙編成書，俾一邑載籍，無所遺棄。邑所采之編，尚有見存、或已散佚、或僅有存稿未經梓行者，則不記之。綜觀全書，其廣事搜采，囊括三千年來邑獻遺著，信為一邑藝文之故實。惟所采求廣，則殺無雜，又所列著者時代並所錄小傳及書名，間有舛訛，未加考訂，而卷末所附雜錄，殊乏裨益邑故，為考據家所必欲參稽者耳。

目錄類卷一　　四

〔民國〕無錫縣立圖書館書目十六卷　民國十五年鉛印本

民國嚴毓芬撰。毓芬字堯欽，清光緒二十八年壬寅補行庚子辛丑恩正併科經魁，世居邑東北鄉之寨門，以耕讀為業。科舉既廢，毓芬應舉貢考試，取為大使，分發山東。入民國，同縣楊蔚桐簡山東財政廳長，夙知毓芬賢，遂延為秘書。同僚者皆一時賢才知名士，而毓芬號諧旁言，所司箋牘條達疏

暢典雅精審，儕輩無不斂手推服。平生喜讀晉宋以來集部書，端居凝思，矻矻無虛日，以工駢散文有聲士林。同縣錢基博謂吾邑百數十年來人文濟濟，而焯然名世者，有秦小硯之擅古文辭，楊蓉裳之工駢儷體，未有駢散俱佳如我秦欽者。其為傾倒又如此。晚年杜門，究治佛學，戒殺生，出則從二三野老事耕稼，淋漓自適。所著有硯雲齋遺稿，其子同生以字行，秉性恬良，能詩，端方凝靜，有父風，梓行之。是書為毓鈞任縣立圖書館館長時所輯。其稿先由劉書勳編次油印，迨毓鈞任館長，悉照書勳體例，重為編校，加釐訂。而書勳所分部目，又因邑人徐彥寬所定者，其目總為新舊二部，舊部又析為五目，曰經史子集，殿以叢書者，舊部也；曰政事，學文，殿以報章者，新部也。特立鄉賢撰述部，以崇邑獻，又設金石書畫部，以章人文，而它編所列，胥屬舊部五目，而鄉獻所著之屬於舊部者，亦綜合編錄之焉。同縣裘可桴為之序。

目錄類卷一　五

無錫縣立圖書館善本書目二卷 民國十八年鉛印本

民國秦毓鈞撰。毓鈞字平甫，清諸生。光緒二十四年戊戌歲案。光緒之季，嘗留學日本，習師範。歸國，任錫金公立初級師範學堂教員，講授教育、歷史、地理諸科。江蘇督學使者唐景崇蒞錫視察，閱各教員所編教科書，俱稱井井有條，而於教育地理尤許為今世佳構焉。既校任課者名氏，乃同堂長蔡文森字松如，諸生，光緒十八年壬辰歲案，既東渡習師範，歸後組理化學研究會於邑城之東巷，延日人膝田為講師，學成，遂錫金學務處創辦師範學堂，遂聘為堂長。歿後，上海商務印書館編譯所成立，主任張元濟傾其才，聘為編輯員，其館所出新字典、辭源諸書有聲，而文森有尤重。曰：秦教員何自出身乎？曰：以諸生肄業南菁書院，擅史學知名，今自東瀛西學歸，遠近爭相禮聘，羅本堂以桑梓之誼，請聘之。景崇頷首曰：斯正一時之選也。而毓鈞訓導生徒，諄諄以立為教，師者以身作則為本，而又以中國之割讓地、租借地及各國條約所闢諸商埠，為中國莫大之恥辱，以國恥為國民教育重要教材，培養國民雪恥精神，植立國基礎，並闡發中國人種族

目錄類卷一　六

之侵夥隱之鼓吹革命，学者無不感動。入民國，任工務中報館記者有年，既任縣立圖書館館長，自愧無所成就而去。是書就縣圖書館書目所列，選擇善本編目成書，共都二卷。選擇準則：曰舊刻，宋元本既絕，而明本列為舊也；曰精本，雕刻佳、校讐精到也；曰孤本，流傳稀、搜羅艱苦也；曰鈔本，鄉賢遺稿未刻者，或鈔存之，或影寫之，以垂久遠也；曰套本，仿江南第一圖書館、浙江省立圖書館採取重本之例，別為庋藏也。綜合所提，闢一室曰寶藏之庫，分部類以珍藏之焉。

按斯編初為其族弟銘元任編纂，特所錄疏，約重加釐訂，梓行於世。

目錄類卷一 七

無錫縣立圖書館鄉賢部書目一卷 民國九年鉛印本

民國劉書勳撰。書勳，字素訓，性狷介，不樂附阿附。父繼壇，博通今古，常熟翁同龢所稱為江南名士者。藏書甚富，尤好搜羅鄉獻遺著之孤本。書勳繼家學，於所藏書多摩挲涉獵，酣嬉自適。民國肇造，無錫縣圖書館創建成立，邑人侯鴻鑑任經董，延書勳為主任。書勳孜孜編摩，勤劬所事。任事閱十年，館中一切規制胥為其所釐定。任事閱十年，輿論翕然。民廿六冬，邑城淪陷，書勳以家貧，無力遠徙，匿鄉區旬日，苟避其銳，嗣負耗入城，粗室閉門不復出。或問之，曰：我怕見敵人面，而且羞為之禮也。無何遽卒。是書輯錄邑獻已故者之著述，故曰鄉賢書目。按縣圖書館書目所分部類，既由編纂徐彥寬分別釐訂，而書勳乃就國彥寬所謂舊部書目，提取鄉賢撰述都八百餘種，別為著錄，以諸家姓氏筆畫繁簡順次編列，蓋取於檢查之目錄也。無錫自北宋以降，人文蔚興，名賢著述炳炳行世。然人事滄桑，散佚放廢，鴻鑑既蒐羅盡力，而書勳亦孜孜無少懈，地方文獻賴以不墜，厥功偉矣。同縣錢基博序之，語多推重云。

目錄類卷一 八

生存著述

孫氏玉鑑堂藏無錫先哲遺書目一卷 民國三十年鉛印本

今人孫祖基撰。祖基字述貽，東吳大學法學士。民國十八年任無錫縣長，在職曾設縣志局、歷史博物館，編輯錫政年鑑，創建惠山公園，皆其為政之大者。平生篤於地方文獻，與兄祖烈同事徵訪，盡力蒐羅。東寇既熾，無錫淪陷，所得鄉賢遺著珍本數十種，悉付劫灰。以兩避地之滬上，力繼往事，而祖烈仍反抵邑中，極事廣搜。值斯浩劫之餘，所遇故家飄零之籍，珍秘之本，其兄弟無不力置愛護，或躬自就鈔，至廢寢食。其留心文獻之勤如此。是書著錄鄉獻遺著五百九十餘種，故名無錫先哲遺書目。太倉唐文治序之，稱一隅特之碩果，風雨時之君子云。

目錄類卷一 九

目錄類卷二

宋

隸釋二十七卷 上海涵芬樓景印明王雲鷺刊本

宋洪适撰。适字景伯，紹興十二年壬戌與弟遵同中博學鴻詞科，後三年，弟邁亦中選，由是三洪名滿天下。母無錫沈氏，文皓官吳時，沈氏卒，不能歸葬於邑之白茅山。及皓使金，使适等依外家居無錫，舅氏松年（字性仁，大觀三年己丑進士，縣志文苑有傳）教之，各以功名文章顯於當世。适除秘

目錄類卷二 一

書正字，累遷中書舍人、翰林學士，進既而進端明殿學士、簽樞密院事，帝諭三省事與洪适商量，於是東西府始同班奏事，累拜尚書右僕射、同中書門下平章事，奉祠起知紹興府、浙東安撫使，卒，謚文惠。事蹟具宋史本傳及縣志流寓傳。是書取兩漢迄魏初碑碣之類有關於隸書者釋之，為考隸之作。所采漢魏碑十九卷，水經注碑目一卷，歐陽修集古錄二卷，歐陽棐集古目錄一卷，趙明誠金石錄三卷，無名氏天下碑錄

一卷。都二十七卷。清四庫全書著録之。提要稱自有碑刻以来，推是書為最精博云。

[清]

淳化秘閣法帖考正十二卷 上海涵芬樓景印壽縣孫氏小墨妙亭藏原本

清王澍撰。澍有禹貢譜，已著録。是書綜合自宋至清，凡鑑別淳化秘閣法帖諸家之説，衡其當否。四庫全書著録之。其例原列標目，一仍其舊，而援史書辨其是非；次列真偽；末乃詳校書法異同，俾賞鑑家取閣帖對

目録類卷二　　二

觀，易於詳審。原目分十卷，而别為古今法帖考一卷，又自以所得筆法一卷，併附其後。乃自序之曰：宋太宗淳化中，出内府所藏古帖，詔侍書王著釐訂，勒成十卷，名曰淳化秘閣法帖。真偽雜出，錯亂失序，識者病焉。然以刻自天府，臣下不敢妄有訾毁，故自淳化後無人異論。有米元章始以所見創為區别，黄長睿因之，更援史書考其紕繆，所見益精，而字畫譌謬未暇是正。明嘉靖中，上海顧汝和本米、黄未盡之指，細意校勘，雖其板本皴裂，字畫剝食，實亦有異同，並載無有異失。自米、黄閣帖釋文，無有詳到如汝和者。康熙間，義門何太史焯，更以姜白石絳帖平增註其上。同年徐太史葆光又復旁搜博採，益增其為。余於拖疴掩關時，時臨寫，偶有所見，輒復條疏，積今五年，漸以成帙。於是發意博取羣書，詳志考鏡，事辭參錯，為補正之。而字畫譌謬，亦援前規，因為詳訂。於是閣帖十卷，是非同異，皆有據依，名曰淳化秘閣法帖考正。其鄙見所不逮及考索所未備者，闕之以俟

目録類卷二　　三

覽之解人云云。於是賞鑑家取閣帖對觀，則於考正析疑辨譌，易於詳審焉。按其序末行，款署虞庚雍正庚戌書於二泉之聽松菴。時澍方僑寓無錫也。

[民國]

遺篋録古泉圖釋八卷 續釋四卷 清光緒癸卯精刊本 民國十五年精刊本

民國秦寶瓚撰。寶瓚字岐裴，又作郊裴，原字岐臣，號稚雲，晚號積叟，又以字行。清諸生，光緒三年丁丑歲案。候選訓導。無錫於光緒甲辰毀學以後，毀學務處於邑城大夫，遂聘邑

绅之有学識負請望者經董其事，時裘廷梁既董治两年，以疾去，而重興学校，釐訂章則，一切措施，志具規模，綜其所作，殊積極有所舉。寳瓚故邑人士所仰止之者，遂繼廷梁而董学務焉。於所事因革，孜孜研討，備列陳請，大吏可其議。時江南各縣設学務處者，無錫首樹其幟，而其辦学規程，每為各縣取法，若廷梁創制之，而寳瓚實損益之也。邑城故有同仁育嬰恒善三堂，分辦地方善

目錄類卷二　四

舉，寳瓚既為人望所歸，乃先後任三堂經董有年。平生以金石書畫自娱，收藏富，鑒別精，審所作書畫，不拘一格，落筆輒為士林重。詩古文辭，具有法度，而其稿多未梓。以光緒戊子，應京兆天鄉試，既報罷，乃以布衣鬻書畫於京師。而寳瓚書於唐宋外，自三代兩漢六朝金石無不橅；攻畫，則山水花卉飛禽無不作。一時名噪都下。而寳瓚晚年，往往喜寫梅卷以寄其性，曲折橫斜，無所不妥。並於齋庭植梅二本，深秋

葉色濃紅，觀賞自樂，因以晚紅名軒。性又好鶴，嘗年客煙臺東署幕，主人以鶴贈，旅庭褊狹，辭未畜。後歎求之不得也。其孫鼎又如此。父臻，耆古博雅，而尤好畜古泉，寳瓚濡染家学，挹乃父所遺，摩挲考索，至老無厭倦。壽至七十有癸，無疾而終。是書以乃父篋中所遺之古泉，逐一拓示其圖，按圖博稽，賴加考訂注釋圖下，就時代先後編次之，成古泉圖釋八卷，每卷

目錄類卷二　五

各分上下，各以其類相從。以空首錢類及刀錢類為卷之一，三晉錢類及秦楚齊魯宋衛錢類為卷之二，異錢類及圜法錢類為卷之三，秦漢錢類及新莽錢類為卷之四，東漢三國六朝錢類及唐後五代十國錢類為卷之五，宋錢類及遼夏金元錢類為卷之六，明錢類及外國錢類為卷之六，明錢類及外國錢類為卷之七，無攷錢類及厭勝錢類為卷之八。於泉紋及古文字，稽考賅博，注釋詳盡，

堪備考據家之資。自謂雖錄一家之物，與泉匯等集諸家而成書者，畫不可以道里計，惟其間雜得之物，亦有泉匯所不備者，未始不足以補闕云。

續釋寄載前釋所不備，或已載而未考定者，又或同是一錢而後之所考勝於前之所載者，兩編與前釋合觀之，則可見寶瓚考訂之精審矣。其爲卷凡四，而不分類，以空首邑化刀化爲一卷，周秦圜法爲一卷，漢及六朝爲一卷，唐以後爲一卷，而外國貨無考品馬錢厭附之云。

目録類卷二　六

民國

縣畫紀餘十二卷　民國十八年倣宋鉛印本

民國秦潛𡟑撰。潛原名岱源，有中國航政史已著錄。是書輯錄舊藏宋元明清名人畫幀之題辭，編次成帙，堪備考古家之資。按其曾祖炳文，生平最以繪事知名，自明清上溯宋元，得南宗正派。又精鑒賞，家富收藏，並其所存製作，盈如千篋。民國十三年冬，潛丁父艱，讀禮之暇，盡發遺篋所藏，拂拭先世遺跡，擇縣名賢精品，都五百餘件（卷中載畫幀標列圖名及作者名氏，並後錄其）幀，鈔錄作者原題，或鑒賞人跋辭，並炳文題識，短章備加考訂，彙編之得十有二卷。自謂彙錄之以資尋繹，並足備當世好古者之取證。其宗人瑞玠（字晉華，晚清光緒二十三年丁酉優貢，江蘇諮議局議員，以文行著稱）爲之序，語極推重之云。

目録類卷二　七

無錫藝文志長編

史部

政書類

清

國政貿易相關書二卷 江南製造局原刊本

清徐家寶譯述。家寶字　父建寅，督辦漢陽鋼藥廠時，以發明無烟火藥爆炸殞命，詔贈內閣學士。家寶學有淵源，亦有志經世，遂以蔭生有聲。是書為英國富問官法拉所著，傅蘭雅在上海江南製造局口譯，家寶筆述之也。卷中所述貿易為買賣之事，為國政辦理貿易保護眾人性命財產，釐訂各種法律等，以安定貿易，亦即所以保護貿易也，故曰相關。全書分上下二卷，卷各十章。蓋英國貿易早爭勝世界，而其所以致勝者，實國家有以保護之。家寶譯述此書，期當世有以采用之耳。

政書類 一

保富述要十七章 江南製造局原刊本

清徐家寶譯述。家寶有國政貿易相關書已著錄。是書為英國布來德所著，傅蘭雅口譯，家寶筆述之。時任事江南製造局也。卷中所載皆論列理財貿易淵源及流，頗為詳盡。其原序謂應將此種要理訓迪少年子弟，令其深得奧窔，以冀施諸實用。家寶譯述此書，其經世之志可概見焉。

民國

十六國議院典例八章 清光緒二十四年上海商務書館洋裝精校本

政書類 二

民國蔡文森撰。文森字松如，清諸生。光緒十八年壬辰歲杪，無錫自甲辰毀學以後，設學務處於邑城，大吏遴聘邑人裴廷棨為總董，主持全縣學務。廷棨為人公明豁達，信仰新教育。時邑之學者偕文森等集合諸同志，設理化學研究會於邑城北郭外，請日人藤田為教習。適屆兩年期滿，文森等研究理化既告終，遂建議學務處，謂興學之本須有師資，師資之源出自師範，盡辦師範學堂，排城招集有志之士以培養之乎。廷欸嘉許之，遂決定開辦初級師範一所，禮聘文森為校長。文森固辭之不獲，乃承廷欸意，籌設於邑城，名曰錫金公立初級師範學堂。文森故嘗東渡習教育，深知彼邦之勃興，實賴教育以樹其基。為人篤肫，年老成，所事力求切合實際，不尚美言空談。於開学之日，乃慷慨登壇，懇懇焉以詔諸生曰：日本維新以來，百度方興，甲午一戰勝於我，壬寅再戰勝於俄，今一躍而為世界強國矣。推其建國之基，實始於

政書類　三

數十年前開設師範学堂於東京，以植師資。時入学者僅十數人耳，然其所以強國，靡不歸功於小学。今吾校來学者達七十人，則我中國轉弱為強之機，庶幾其在此乎。諸生之任重道遠如此，願勤奮所業。座中多感動。此清光緒三十二年歲次丙午二月朔日也。校中分本科、簡易科。本科三年畢業，簡易科一年畢業。一切規制，志仿兩江優級師範暨江蘇優級師範，而文森手訂章則，具有法度，訓迪学生恒以鍛鍊人格、雪國恥為重。若遇外人凌辱故事，往往怒其髮，至拍案以激陳其詞。江蘇学使者灌陽唐景崇蒞校視察，見学風勤敏肅穆，乃手題志彀成羣以嘉獎之。然文森猶歎然自謂不足，待簡易科初屆畢業，乃竭誠自請告我不善治事，須待賢者以振興之，已則退居海濱習法制。曰：法制之学，人生不可不習，我國人類皆不明乎法，致被外人之侮辱也。時上海商務書館編譯所方延攬海內名人從事編輯書籍，以資学者，而文

政書類　四

森習法制既成，遂應聘焉。自是任事閱十年，所編著諸書，共席之士無不推服，如商務所出之新字典、辭源所載序錄云云，則可見文森之名重士林、学者之向往矣。先是以諸生肄業江陰南菁書院，致力文史。東南士大夫讀南菁課藝者，於文森述作，輒多贊許。其同硯如吳江金天翮、錢崇威、吳縣單鎮，皆數輩人往往歛手歎為不知焉。晚年雖退居邑之蠡湖之畔，以養其疴，而聲光轉彪炳於東海之濱。

自不可掩。至應乃允文鑫銓字秉三，曾主辦九豐麵粉廠，為人純承孝友，偕弟文森、文燕事大母而世若節，鄉里咸稱之之屬，以資治工廠，實慢兄意，非其志也。迨抗戰起，中日軍事囂張，而文森目睹世亂無極，人心日非，所慝肝胃舊疾作，雖值勝利奏凱，國府還都，而其病已不可救矣。遠近聞之，靡不痛悼。是書分組織國會、會期、開始、議長及他事務員、法案及動議、委員會及部會、議事規則、決議、請願等八章論列，每章分十六節，以一國為一節。其所列之國曰奧、匈、比、丹、法、德、意、荷、葡、西、瑞典、那威、瑞士、北美合衆國、英、日等十六國，因名曰十六國議院典例。攷清廷於光緒三十二年下詔預備立憲，並派載澤、端方等五人出洋考察政治，以資施行。文森遂據日本元老院所譯之一千八百八十二年英人迪堪生氏所著歐、美各國議院典例要畧譯著此書，但原書祇有十四國，而英、日兩國議院典例則闕之，文森又搜羅兩國材料補著之，以餉當世有心立憲者之參考，故是書乃於光緒三十四年春二月行世。時不特清季之諮政院以及各省諮議局之組織取法乎此，即民國創建，所定臨時參議院並衆議院、參議院之法規，亦無不以此為鑑。説者謂文森譯此作，有裨當世，殆匪過譽也。

生存

政本論十二卷 民國十七年洋裝精校本

今人薛學濟撰。學濟字毓津，清薛福成長孫，蘇州東吴大学理学士。自幼穎慧，能讀書。其外祖桐城吴汝綸一見稱許，曰：此子庶幾可繩其祖武乎。少長雖從事科学，而孜孜不忘國故，凡經史、周秦諸子及典制諸書皆精讀，而尤沈潛周官，以為荆公嘗謂道之在政事，其貴賤有位，其先後有序，其多寡有數，其遲速有時，法可施於後世，文有見於載籍，莫具乎周官之書。用篤信之，而矻矻不少懈。嘗一膺衆選而為江蘇省議會議員，有所建白，耆宿賢豪，皆

對之贊歎，而將學者蓋勉，搜羅歐美法政經濟名
編，以究討其微旨，且復遊歷環球，若美、若英、若法、比
若瑞士、荷蘭、若德、奧、匈、意、捷克、波蘭及巴爾幹
諸邦，若日本、印度、安南，自朝章政典，以逮鄉約民俗，
無不勤搜博考，以比較異同得失，蓋得之於心驗之
於事，力求其政體原委之所在，匪尋常讀書遊歷
者所可倫比也。時值歐戰初終，蘇俄勞農共產主
義雖撼震西歐，而其國內糾紛擾攘，遂至生產

政書類　七

停頓，平民失業，以為隱憂莫甚。回顧我國，則學生
事業方在萌芽，而勞資畛畫已不復相恤，若非早
為之計，其勢莫可挽救。然時軍閥專政，鬩牆無已，
孰遑顧此而謀及者。學濟獨發憤有為，集合同志
創立太湖水泥公司，謀勞資均利，以立模範，期社會之
平等，使國利民生發揚無所阻。卒以書生本色，不為
世容，垂成致敗，聞者慨惜。惟學濟曾不以此而少損其
志，深知國家興衰、社會隆替，端視乎政治之綱紀，乃鍵

關深居，潛心著述，以為清議何補於事，載籍堪
為世鑑，秉筆十載，無少衰休，煌煌巨著，自足行遠。
其進德修業之堅定如此。是書就其讀書考政所
得，發抒所見，以事撰述，得十有二卷，計十三篇，都三十
萬言，兩閱寒暑而後告成。舉國家社會治制，包括
無遺。關於議論者半，關於行事之方者亦半。首
列中國歷代因革，而考其得失；次述世界各邦成
規，而舉其儀表；終則申述己意，擬為方略，以為

政書類　八

立政程制、經世緯俗，必知是而後可。因名其書曰政本。每
篇舉其要旨，以述其鵠，謂之要略，以識簡端，俾
讀者不待畢其全書，而已知諸篇所列之義焉。桐
城張鴻鼎序之，謂凡政治之矩矱，固隨世運時會
而有所遞嬗，又因疆俗民習而有所異宜者也。逆乎
世運時會，夢想唐虞，謂之妄；忽乎疆俗民習，形
襲歐美，亦謂之愚。毓津博聞慎取，皆因時制宜，
甚少偏激奔到衰意見存其間，必以斬典章文物，折

衷於美善而不悖國情，對於翼民治，均社會，宏教
育，固國防，贍財用，惠農工，正經界，審權量，核名實
諸大端，並與人羣進化之義，尤兢兢焉。其創作之偉
思慮之微，大小精粗，先後本末，秩然粲然，其果鎔
鑄周官者，久不覺淵源有自者乎。邇來議政之士
往往疏於科學，是故義理雖精，而措之行事則多
闊落。毓津固深於科學者，能努力使政事條理
協乎科學方法，其性既謙恂而又堅卓，不立異以沽

名，不徇衆以興曲學。其文亦整飭肅若陳鐘鼎，列俎豆，
浩瀚若長江大河，匯而為海，雖無意為文，亦文章美
質也。亭林顧氏嘗慨古人著作如鑄錢采銅於山，
今人徒買舊錢充鑄。毓津博涉羣書，勤勞
採訪，亦庶幾采山之銅矣。而毓津學潛自述其書要
畧曰：士之為學，亦求仁而已。廓然而大公，以百姓心為心，
蓋一切政化所發滋，而此書綱領亦維在茲。若更為
詳說，斯文之在於政者，其楷式有三：一曰全民政體，二曰

地方自治，三曰產業調制。全民政體者，解其自起於人羣之
束縛也，無一人之專制，無少數人之專制，無多數人之專制，
則見其真平等。地方自治者，解其起於土地之束縛也，上不
害於國家之益，下不害於地方之適，同為國人，利無此處，
則見真自由。產業調制者，解其起於物質之束縛也，
物賤則人貴，民和以不貪為貴，毋或有敵，因於物用轉為殘
賊，則見真博愛。故曰平等、自由、博愛，是三者亦楷式。何
謂楷式？謂有人發姦擿伏之具矣，若猶恐人之勿察也，而必多

為之解，博為之說，故著三十三篇：有本議，有善政，有原治，
有原權，有官人，有原變，有刺議，有制置，有形名，有地治，
有治市，有制衆，有循內，有本兵，有水豫，有國准，有適威，有
制用，有國軌，有錯幣，有權量，有行鹽，有幹壯，有本力，有通
有，有罷郵，有船筴，有貨殖，有墾工，有明農，有士容，有
訂敬，有道隱。諸篇各自為起訖，而於前後諸說多關涉云。
論者稱學潛讀書萬卷，而能貫穿今古，舉凡中外治亂興廢
之道，無不豁然於中，故於其書皆言之有物，持之有徵，其

創製之宏，識亭林顧氏所謂采山之銅也，斯言豈虛譽哉。

政書類　　十一

無錫藝文志長編

共十三冊之六

子部二冊之一

子部目錄

無錫藝文志長編目錄

子部

儒家類卷一

宋

龜山先生語錄四卷 門人及其子彙錄

明

小心齋劄記十六卷 明顧憲成撰

高忠憲公講義一卷 明高攀龍撰

無錫藝文志長編目錄 一

就正錄二卷 明高攀龍撰

正蒙釋四卷 明高攀龍纂輯

程子節錄四卷 明高攀龍編

高子節要十四卷 明高世泰編

錢子存笥稿一卷 明錢爾登撰

清

小學纂註六卷 清高愈撰

身世準繩二卷 清李光迪撰

小學提要六卷 清杜詒潘果同輯

景行錄二卷 清秦震鈞撰

學堂講語一卷 清余治撰

學堂日記故事圖說一卷 清余治撰

身範十三卷 清孫希朱撰

省身格三卷 清孫希朱撰

幼儀輯畧一卷 清孫希朱撰

勸戒贅言二卷 清孫希朱撰

無錫藝文志長編目錄 二

讀書劄記二卷 清孫希朱撰

殘本書堂壁貼一卷 清孫希朱撰

共勉錄一卷 清朱福基撰

高子遺書節鈔十二卷 清許鉦編

儒家類卷二

明

殘本笥齋漫錄三卷 明黃學海撰

清

讀書隨記一卷續記一卷剩語一卷 清王邢采撰

筍莊漫艸三卷 清周永崇撰

殘本鄭河池家訓三四卷 清鄭乃溥撰

民國

楊仁山先生遺著一卷 民國楊道霖撰

對岳雲過漫錄二卷 今人楊騁相撰

道家類

清

老子解一卷 清吳鼐撰

無錫藝文志長編目錄 三

老子別錄一卷 清吳鼐撰

非老一卷 清吳鼐撰

莊子解一卷 清吳峻撰

民國

讀莊窮年錄二卷 民國秦毓鎏撰

出存著述

老

兵家 醫治家類

清

洴澼百金方十四卷 清吳宮桂撰

守望新書四篇 清錢泳撰

籌洋芻議十四篇 清薛福成撰

徐家寶譯述三種 清徐家寶譯述

天文格致 算學製造類

清

徐雪村先生譯述二十六種 清徐壽譯述

無錫藝文志長編目錄 四

行素軒算稿六種 清華蘅芳撰

華若汀先生譯述十二種 清華蘅芳譯述

恒河沙館算艸二種 清華世芳撰

徐仲虎先生譯述七種 清徐建寅譯述

談天十八卷 清徐建寅續筆

徐祝三先生譯述二種 清徐華封譯述

民國

格物探源一卷 民國沈祖約撰

誦芬書屋算稿二卷 民國蔣士棠撰

算学餘譚二卷 民國蔣士棟撰

思兼室算稿四種 民國蔣士棟撰

此前應列醫家類

藝術類

清

殘本四子棋譜無卷數 清過文年撰

樂府釋一卷 清蔣衡撰

拙存堂題跋一卷 清蔣衡撰

小山畫譜二卷 清鄒一桂撰

洋菊譜一卷 清鄒一桂撰

学書筆法精解一卷 清蔣和撰

藝林編一卷 清錢泳撰

桐陰論畫六卷 清秦祖永撰

繪事津梁一卷 清秦祖永撰

怖二雲居畫贊四卷 清顧森書撰

民國

國朝書畫家筆録四卷 民國竇鎮撰

曉紅軒隨筆二卷 民國秦郁裴撰

汀鷺題畫集二卷 民國胡振撰

譜録類

唐

茶經三卷 唐陸羽撰

民國

食品經濟学三編 民國蔡文森

精神衛生論八章 民國秦同培撰

雜家類

晉

古列女傳圖八卷 晉顧愷之圖畫

宋

梁溪漫志十卷 宋費袞撰

容齋隨筆十六卷續筆十六卷三筆十六卷四筆十六卷 五筆十卷 宋洪邁撰

夷堅志五十卷 宋洪邁撰

元

萬柳溪邊舊話一卷 元尤玘撰

遂昌雜録一卷 元鄭元祐撰

明

虚舟集四卷附録二卷 明華悰韡撰

十澗堂閒情彙編五種 明華淑撰

清

午風堂叢談八卷 清鄒炳泰撰

範園筆録二卷 清楊夔生撰

履園叢話二十四卷 清錢泳撰

治蝗全法四卷 清顧彥撰

清原正本經無卷數 清徐澂撰

德國議院章程一卷 清徐建寅譯撰

無錫藝文志長編目録 七

德國合盟紀事本末一卷 清徐建寅譯撰

庸盦筆記六卷 清薛福成撰

民國

杯竹廬隨筆二卷 民國賓鎮撰

滌塵雜記無卷數 民國秦國璋撰

雲外朱樓集二編 民國王蘊章撰

附録 生存

覺花寮雜記四卷 今人楊壽枏撰

附録 國學概論十章 今人錢穆撰

類書類

明

事類賦三十卷 明華麟祥校刊

清

類書纂要二十四卷 清周魯侯吴纂輯

春秋經傳類聯無卷數 清王紀曾撰

紀事珠引釋十卷 清鄒夢明删訂

無錫藝文志長編目録 八

廣事類賦四十卷 清華希閔撰

小說家類

清

金扇舊說八卷 清楊芳燦纂輯

梅溪筆記一卷 清錢泳撰

異録四卷 清劉繼增撰

民國

酒令叢鈔四卷 清俞敦培纂輯

無錫藝文志長編目錄 九

無錫藝文志長編

子部

儒家類卷一

[宋]

龜山先生語錄四卷 上海涵芬樓據常熟瞿氏鐵琴銅劍樓藏宋槧景印本

宋楊時語，其門人延平陳淵、幾叟羅從彥仲素、建安胡大原伯逢及其子迥纂錄，共の卷。陳氏直齋書錄解題所載同。馬氏文獻通考著錄之。

儒家類卷一 一

時字中立，號龜山，將樂人。熙寧九年丙辰中進士第。時河南程顥與弟頤講孔孟絕学，河洛之士翕然師之。時調官不赴，師顥於潁昌，相得甚歡。其歸也，顥目送之曰：吾道南矣。の年而顥死，又見頤於洛。一日頤瞑坐，時與游酢侍立不去。頤既覺，則門外雪深一尺矣。時杜門不仕者十年，起知瀏陽、餘杭、蕭山三縣，皆有惠政。持荊州教授。會有使高麗者，國主問龜山安在，使回以聞。召為秘書郎，遷著作郎，凡所條奏凰元祐熙寧間政事興廢皆有關一代得失。累官至龍圖閣直學士，提舉杭州洞霄宫，已而致仕卒，謚文靖。方時之渡江也，東南學者推為程氏正宗。其講学於無錫者十有八年。今邑城廟東林書院左有道南祠，葬此。考邑城之東林書院，為明顧憲成與弟允成及高攀龍等講学處地，至清季改為学校。迨民國初年，校長辛仲款訪求講学諸賢遺跡，以為其校垂久，乃得允成與薛敷教遺翰，謂愚兄弟閑中無事，邑東北有宋楊龜山先生講学故址，合同志高景逸等四五友，修復時共聆伴商畧，其間差可送日月，文鈔鼓吹一來，亦快舉也云云。則邑城之東林書院為時講学之所，益可徵信。墨蹟仍歸涇里顧氏藏，小辨齋偶存未收録。事蹟具宋史本傳及縣志流寓傳。跋斯編與龜山集中所采錄者（皆時講學語及門弟子筆錄成帙。按）文字相同，惟此本有後錄，皆他家論贊之語云。

儒家類卷一　二

明

小心齋劄記十六卷　舊刻本

明顧憲成撰。憲成有四書講義已著錄。是書始於萬曆二十二年甲午，終於三十九年辛亥，凡體究心性有所得，輒劄記之，手自刪訂，為十六卷。清四庫全書存目。卷首載高攀龍原序，稱先生之学，性学也；遠宗孔聖，不參二氏；近契元公，雖尊洛閩，嘗曰心不踰矩，孔子之心也；心不違仁，顏子之心也。此其学之大旨矣。自孟子以來，得文公千四百年闢一大折衷也；自文公以來，得先生又四百年闢一大折衷也。先生自甲午以來，見理愈微，治事愈卓，充養愈粹，應物愈密，從善如流，徙義如鶩，殆欲無我矣。則憲成之學，其大旨在於斯矣。

儒家類卷一　三

高忠憲公講義一卷　縣圖書館繕寫本

明高攀龍撰。攀龍有周易孔義已著錄。是書為其講学四時之講義，後世纂録之本。按華允誠高忠憲公年譜所錄著書總記，有東林講義、劄記、就正錄，而斯編所錄者，於東林之外，後有毗陵經正堂、荊溪明道書院、金沙志矩堂等講義，在題下注明年代，起戊申，止己未。考戊申為萬曆三十六年，己未為四十七年，所赴各處講学，於斯編可考而知。惜未按年編次，致顛倒参錯耳。

就正錄二卷 縣圖書館繕寫本

明高攀龍撰。攀龍有周易孔義，已著錄。是書分上下卷，卷上經說，卷下語劄記，以闡發理學之微，記為學所得，要旨多用尊德性功夫，題曰就正錄，殆即雞鳴而起，孳孳為善之道，所謂進德修業是也。其主敬存仁之學，又可於斯二字見之。

正蒙釋四卷 明刊本

明高攀龍、徐必達纂輯。攀龍有周易孔義，已著錄。是書

為註釋宋張載正蒙之本。載自謂正蒙一書根本枝葉莫不悉備，門人稱為有六經之所已未載，聖人之所未言者。朱熹曾為訓釋而尚有未盡。攀龍重因其指廣為集註，嘉興徐必達篤好此書，嘗條列所見，謂之發明，而顧允成為之序，稱朱子曰解書不可將大話說，不可將小巧說，讀高存之正蒙集註，及徐德夫發明，平正通達，可謂無二者之病矣。清四庫全書為之存目，提要引其高序，稱徐

德夫以其所發明質疑之說，同者去之，異者存之，異而似失彼得者去之，短長互見者存之云云。蓋謂此書為必達所自定，非攀龍之本耳。按縣志藝文門所載攀龍著述，有正蒙集註，而無正蒙釋，用附著之。

程子節錄四卷 邑人許同藺捐館藏鈔寫本

明高攀龍編。攀龍有周易孔義，已著錄。是書取二程語錄，擇其精粹者輯錄成編，先辨性，次論學，次治事，次釋經，分類各為一卷。清四庫全書存目。卷首載同縣陸楷序，稱其鈔本藏秦松齡家。顧鏊字萬生，年二十六始志於學，習靜三十年，用力猛勇，徹夜忘倦，易簀時猶延顧允培至榻前講學，其勤篤如此。縣志儒林有傳。鏊刻之未果，鏊子棟高踵成之，序為讎校云云。此後殆無重刊之者。邑人許同藺所藏此本，蓋即據顧刻本鈔錄之。按縣志編縣志藝文門漏未記載。

高子節要十四卷 繕寫本

明高世泰編。世泰有三楚文獻錄，已著錄。是書就高子遺書及其未刻稿節錄之本，故曰節要。世泰引言謂高子遺書乃先伯父忠憲公之門人嘉善陳龍亭先生所訂，而相國錢御冷先生爲南宗伯時勒爲部板。今部廢而板失，世之念先公者惜此書不傳，念先公之學者謂此書不可不傳。然而卷帙浩繁，重鋟無力，又有未刻藏稿，尚餘其半，未竊不揣詮次之愚，先公倣朱子近思錄例，以節朱子之語

儒家類卷一　六

爲節要，今謹遵條目，亦列爲十四卷，名爲高子節要。合而編之，凡前賢已指示無取重申，或同志之折衷莫其複說，他如周易孔義、春秋孔義、正蒙集註、四書講義諸另板行世，與應酬諸作之可已者，槩不闌入。節之又節，専於理學之要，遵條獲明，敢就正教於有崇正學大君子，庶幾先公之學可考而知，亦編輯紕謬，望有是正云。

錢子存笥稿四卷（存）清康熙丙寅孫刊本

明錢爾登撰。爾登字叔嘉，號蓉峯，崇禎十六年癸未進士，目睹時事日非，乃遂歸福王。旋授長興知縣，其地阻山瀕湖，羽檄旁午，爾登戢境均徵，民不知兵亂。聞金陵不守，將圖後舉，莫有應者，遂去官。嘗執經問業於高攀龍之門，治尚書，讀周易孔義，恍然有得。攀龍既殉節止水，爾登終日奉遺書精研理學，深求心性之事，以此而釋褐，而筮仕，而解組，志以衛道爲歸。既里居，寢處一小閣，杜

儒家類卷一　七

門潛修，益篤服攀龍之學，雖有敦勸者，不復出，堅卧三年，卒。以高子書爲殉。縣志儒林有傳。是書爲所存語錄稿，以自著以述，并臨革特賦詩十章爲殿，其子洁編錄梓行。卷中首頁第一行所註之年代曰丙戌至戊子，考丙戌爲清順治三年，是亦可徵爾登去官後所存之稿也。其宗弟肅潤序之，稱爾以高子之門人而能學高子之學者，讀錄一編，其在何不可爲道南羽翼之一助云。

清

小學纂註六卷 清同治壬申浙江書局重刊本

清高愈撰。愈有周禮集解，已著錄。是書因明陳選明陳臨海陳選，爲註本，正其謬失，删其繁冗，而其次第章法，力求融貫脉絡貫通，俾學者讀之於朱子集書之旨，曉然盡通焉。四庫全書爲之存目。

身世準繩二卷 清光緒庚子重刊本

儒家類卷一 八

清李廸光撰。廸光字覲文，諸生。康熙二十一年壬戌歲榮 早失母，遇諱日必悲泣。父患病，廸光衣帶不解。父歿，三年不內寢。雅好著述，有四書講義正宗，今無傳本。縣志耆碩有傳。是書博取古昔聖賢格言懿訓，以節其繁而增附己意。上卷言身之所以修，下卷言世之所以涉，裨益風教之著也。同縣王雲錦 字海文，康熙四十五年丙戌進士第一人，授修撰，官陝西學政。據志文苑附父志寧傳 爲之梓行。按斯編(向)刊在雍正間，初刊。道光甲辰海陽余氏爲之重刊。迨光緒庚子，已三刊矣。縣志藝文門則未載。

小學提要六卷 清雍正間原刊本

清杜詔、潘果同輯。詔有讀史論畧，已著錄。果字師仲，號讓村，又號曉滄。雍正元年癸卯科進士。工詩古文辭，尤深易學。與詔爲同學至友，嘗以詩相切磋。前時金壇王澍、蔣衡俱悅罢(?)溪山水，爲寓公客。與詔善，因與得與果倡和往還。

儒家類卷一 九

而罪舉(?)服之，知宜童縣事，聽訟明恕，又擒盜魁置諸法，境內肅然。果施政力主愛民，並求裨益風教，故有善政名。嘗擢永順(?)同知，以秧苗敕被論下於理。六年得出還，而其子穆蜀閩父下獄，亟馳省親，竟至容死。考穆字綠光，聞父下獄，自家馳六千里省父，擬以身代，而至嘔血死長沙。迨父獄解，檢其蓑(?)有艸代父死疏稿，語極酸楚，事載縣志孝友傳。果既解獄歸，閉戶讀書，執經問業者盈於庭。多(圈)至所欲而去。縣志庭望有傳。是書因當時頒行小學，而諸儒訓註要以明臨海陳選集註，最為精簡，乃采取屬本，嚴為校勘，復輯提要，標於卷端，總旨題說，備極精細，而一以陳註為歸。太倉錢鏊字叔尊，舉人，無錫教諭，敦樸有古風。縣志名宦有傳為之序，稱約而不漏，切而不泛，令閱者了然於心云。

景行錄二卷 縣圖書館影寫本

清秦震鈞撰。震鈞有臨清守城記，已著錄。是書彙錄經訓所載、儒林闡發，並其先世嘉言，次為二卷，所以景仰其行而為鏡鑑。其子泳利行而跋於尾，謂先君子之錄是編也，本諸身心性命之微，發諸孝弟忠信之實，其言之誠切，然莫過於是。吾之弟讀之，可以知先人景仰前賢之志，而欲窺聖賢之藩籬，思造其堂嚌其胾者，亦莫是過云。

學堂講話一卷 同治辛未蘇州刊本

清俞治撰。治字翼廷，號蓮村，一號鶴齋，又號寄雲山人，諸生。道光十五年乙未歲案先世於元時避兵自遷無錫青城鄉之浮舟村，因家焉。治自幼識禮義，出為叔父來朝字興賢，號青田，武進李兆洛為之傳後。家貧，年未弱冠，即籍館穀養親，訓童蒙必從孝弟入，里黨翕然敬服之。道光庚子、己酉，江南疊遭水災，青城圩田悉淹沒，治既上書白當事，請振卹，復著水淹鐵淚圖，馳函遠近，以呼籲而應和者相接，全活無算。逮洪楊軍既踞金陵，蘇常人心蠢然欲動，治請當道𣂕保甲，講鄉約，以維治安而已。赴各地宣講，風雨無阻，本勸懲之旨，並用俚語撰歌曲，淺做元人襍劇，采取近事，被之管絃，俾化民易俗而為法戒，隱然有攬轡澄清之志焉。平生究心治亂安危之道，以世道人心為己任，而尤激於義憤，若遇鄉之恃勢橫行以作威福，而不利於齊民者，治必抗顏以折之，雖遇豪紳貴顯不顧也。惻鄉子弟之徵逐酒食，致淫亂罹之，然乃以淺近之言，發聖賢經傳之微，布其說於世，思有以挽救。合肥李鴻章序之，

歎曰：吳中余善人士耳其名久矣。□歎時東南大
夫多采其說，下所屬施行。同治五年，蘇松太道應
寶時撤充上海廣方言館監院，所定教規一以小
學為本，而教以反躬克己之學，以為中流之砥柱。既學者皆翕然。
卒，門人私謚曰孝惠先生。德清俞樾銘其墓，縣
志行義為之傳。是書殆即仕廣方言館監
院時所作，分事親、事長、存心、治家、處世、交友、修稿
七大端，而附以童蒙三戒。自識於卷末，謂子弟規戒

儒家類卷一　十二

之事不一端，總須為師者不憚煩勞，隨時所發，或對
書指點，或借景生情，以期早絕邪心，引歸善路，
則為師之功直可與天地並立。其用心之誠篤可
謂至矣。

學堂日記故事圖說一卷　清同治戊辰原刊本

清余治撰。治有學堂講語，已著錄。是書采善惡果
報彰彰在人耳目，足以動觀感示勸懲者，著於篇，
並繪圖以示之。歸安吳雲道光二十七年官知金匱縣事為之序，而
後自弁之曰：學堂日記者何？為童蒙記問計也。
童蒙記問曷取乎此？讀書以學做好人為第一義，
非僅為識字計也。須學做好人，須照榜樣，是
編所采善者可以勸，惡者可以懲，皆榜樣也。而
且繪圖出之，淺而可信，顯而易明，更足資觀感而
動彝良，是榜樣之最善者也。賢父師欲望子弟
為好人，當無不樂為講說，而責其日記者，當勿以事
迹因果而忽之耳。青雲在望，此即階梯，求我童

儒家類卷一　十三

蒙請以持贈，則其切望子弟進取之心，可謂無微不
至矣。

身範十三卷　清道光丁未禮社薛氏原刊本

清孫希朱撰。希朱字仰睽，自幼好學，年十三時
朱子小學篤好之，乃請父更今名，以聖人為必可學，
一言一動皆取法，是希朱入道始也。嘗大書屏間曰：
志伊尹之所志，學顏子之所學。又書言忠信、行篤
敬二語，藏衣帶中以自勵。初為舉子業，知其陋，遂

弃去，盡讀濂洛關閩書，尤嚴朱陸之辨。平居授徒，必遵小學以為教，又與同志立約會講，手定規則，勤以已誠，感發之誰，戒慕不露體，雖暗室必危坐，雖倉卒無亂步，其制外之以如此。父病食魚致不起，母病忌食魚，不得以是終其身不食魚。先是母病胃，嘗刲臂療之，時希朱僅十有二齡耳。母既卒，廬墓三年，拜跪處艸不為生，其以之義於內者又如此。道光二十年，英吉利倡亂，希朱慨然曰：為臣者死於

儒家類卷一　　十四

忠，為子者死於孝，謟其所至，則聽之於天，與其不義而生，何如順義而死。咸豐六年，歲大旱，邑令徵致，齋壇禱雨，希朱跪誦孝經於赤日中，得感無何得疾卒，年四十有七。縣志孝友有傳。是書哀錄古人格言至以之合於孝弟忠信禮義廉恥，都輯為八卷，要益以聖賢志道力學之事，曰聖學一卷；又學者總論性道之全體、學問之大端、政治之統要、正學異學之途轍，曰緒論四卷；總名之曰身範，而自弁之曰：名范者何也？法所以立身之道也。立身之道安在？曰身範。蓋庶幾自範其身，以與諸同學共範其身，然則斯編也，希朱所以之古人自期，而亦所以教人以古人自期之道也與。

省身格三卷　縣圖書館影寫本

清孫希朱撰。希朱有身範，已著錄。是書本曾子三省之意，説學者所講做人之道，輯錄關於日用常行之事，曰省身格，而自弁之曰：人處天地間，然此七尺軀耳，而乃與天地並稱曰三才，豈矣

儒家類卷一　　十五

身之重也哉！首列白鹿洞學規及人心道心之辨，明標的也；次列省察警戒之言，防間斷也；終列記過諸條自勉，遷改也。願同志之士不嫌其迂，不憚其煩，勉而行之，無少間斷可矣。其勉人為善，三用心，亦至矣哉！

幼儀輯畧一卷　清咸豐辛亥禮社龐氏原刊本

清孫希朱撰。希朱有身範，已著錄。是書取朱子童蒙須知、訓子帖，更增以諸學者之為童子

言者，輯為十則，名曰幼儀輯畧，而自弁之曰：幼学之不講久矣，昔楊文公謂童稚之学不止記誦，養其良知良能，當以先入之言為主，茲者將於課讀之餘，為諸童子講說一二，使之入心記着，責以必行，然後以次漸進小学、近思錄、四書、六經、性理全書，以為由淺入深、由末及本之助云。

勸戒贅言二卷 清咸豐辛亥禮社薛氏原刊本

清孫希朱撰。希朱有身範，已著錄。是書就

儒家類卷一　　夫

六經、四書、小学、近思錄、性理諸書所述之做人要事，輯為二十則，分上下二卷，取勸善規過之義，曰勸戒贅言云。

讀書劄記二卷 縣圖書館鈔寫本

清孫希朱撰。希朱有身範，已著錄。是書為其讀書有得之語，時隨筆記其所得，分上下二卷，綜觀卷中所載，其得力於宋儒者為多，此則希朱之学，於斯編可攷見其所自矣。

殘本書堂壁貼一卷 清咸豐辛亥原刊本

清孫希朱撰。希朱有身範，已著錄。是書據其卷三所載，多古君子修齊之道，與及門弟子講授之本也。課餘時每書一二條於壁，俾出入觀省，以資警惕。原書三卷，縣圖書館所藏殘本，存卷三一卷，其卷一二則未之見。

共勉錄一卷 清光緒丁丑原刊本

清朱福基撰。福基字酉山，同治四年乙丑進士，授

儒家類卷一　　走

翰林院編修，光緒乙亥典試湖北，既而講學山西，以植人才、厚風俗為己任，以正心正己為学者勗，一時士風丕變，兄厚基，以進士授兵部主事，入縣志宦望傳，與弟並知名焉。是書采桂林陳氏養正遺規、訓俗遺規之尤足警黃者，復益以他篇，彙為一卷，而釐其目曰立志、勵学、養蒙、正俗四大綱，卷首列朱子白鹿洞書院揭示，卷末附諸家格言，為督学山西時所著。其用心之勤篤，可概見焉。

高子遺書節鈔十二卷 民國二十年錫山先哲叢刊做宋鉛印本

清許珏編。珏有論語要略，已著錄。是書就高子遺書所節錄者，故名。孜珏服膺義理之學，於明獻高攀龍尤所默契。其子同范所稱一言一動，主於誠敬，多有所作，必起艸端書，雖與子弟亦然一字。邑人侯鑑鴻鑑采入錫山先哲叢刊，以仍於世，而序之曰：先生究性道之學，兢兢業業，篤信頤高，學以而无堅守。高子遺書宦游中外，節鈔若干卷，茲入先哲叢刊。一以存忠憲道學之真，一以表先生精神之寄，並示後世學者以為學之序，入德之門。其有關於今日之世道人心者，非淺鮮云。

儒家類卷一　六

儒家類卷二

明

殘本約齋漫錄三卷 縣圖書館據寄漚書巢藏原刻繕寫本

明黃學海撰。學海字宗于，號思菴。嘉靖四十一年壬戌進士，知內黃縣，入為戶部主事，擢守贛州。時虔雩都以大田事，民甚譁，議者將臨以兵，學海馳驛諭以利害，衆解散。歿後，同里辛丑年贈詩，有三年德政入人深，隣郡猶懷愛戴心之句。事蹟具縣志宦蹟傳。是書據明史及縣志藝文所載，俱稱約齋漫錄十卷，而邑城劉氏寄漚書巢所藏殘本，自卷八至卷十，止三卷。卷八所記多漢魏以來士林藝苑佳話之有關風教者；卷九、卷十各標子目，曰四友齋叢說，曰續蓬底浮談。卷末附錄有心錄、自警編，要以錄近代名臣錄諸篇。邑中故家所藏，竟無全本，僅為斯殘存三卷，藉窺一斑云。

儒家類卷二　一

清

讀書隨記一卷續記一卷剩語一卷 寄漚書巢捐贈舊藏影寫本

清王邦采撰。邦采字貽六，號逸老，亦曰逸人，諸生。康熙三十三年甲戌科中副車，舉子業卓精六經，淹該史學，好為詩古文辭，尤工於畫，跌宕超逸，入古人妙境，擅精別鑑賞，凡南北宋雕鏤版本，吳興賈人接踵，就雅真贋焉。又喜箋注前人遺編，而於離騷尤別有解會，國朝畫識及畫史繪傳並著其名，又號曰掬鹿，事蹟見縣志文苑傳。是書隨記、續記皆討論經史，類宋儒之學，剩語為五七言古詩，間有律賦

及小令詞，前後無撰刻姓名，而卷首自序曰湖上逸人剩語自序，又曰逸老原刻本，如宋人巾箱式，同縣余一鼇得於衢州市上，既攜歸，與劉繼增博稽詳考，定為邦采所著無疑，並書顛末於簡端，不贅焉。

筠莊漫艸二卷 縣圖書館撥寄漚書巢舊藏原稿繕寫本

清周永棠撰。永棠字妧源，出處事蹟無考。是書為同縣劉繼增得諸舊肆，已漫漶磨滅，前後有闕頁，繼增識語謂上半冊所記多雍乾時朝野事，下半冊為雲南輿地紀要上下兩卷，前有統題曰筠莊漫草，梁溪周永棠妧源氏編稿，永棠人不可考，其書中所見，大抵雍乾時人，嘗遊宦於滇者，前半冊題名雖佚，去驗其手筆，蓋出一人，閱十餘稔，始為修整，總題其目曰筠莊漫草三卷，然則斷殘餘之編，幸遇繼增，用以得垂久遠焉。

殘本鄧河池家訓三冊 三卷 墨跡裝拓本

清鄧乃溥撰。乃溥有殘本鄧河池日記，已著錄。

是編為所跋其子樸、樺兄弟輩之書，以原稿編次，裝拓成帙，簡端有其子婦芮氏題簽曰先河池公家訓，卷中所次有自鄂赴京、謁選及自鄂赴粵，抵河池任所，所後寄諸書，時其眷屬盡尚羈旅於鄂耳。按樺所為乃父行述，稱著有家訓十二卷，今此本止三冊，未注卷數，殆每冊為一卷歟，堪徵為僅存之殘本也。為同縣許同藺得之古書攤上，遂存縣圖書館，俾後之人得窺見

其一斑焉。

民國

楊仁山先生遺著一卷 民國三十七年鉛印本

民國楊道霖撰。道霖原名楷，有光緒通商列表已
著錄。是書為其早歲修學時心得，按日所錄之
筆記，以古今體詩為附。其子曾勗字平苗，好學，輯錄有行餘詩
刊行，而弁於簡端，謂先公弃養於壬申之歲，曾勗
守制里居，整理遺書，得日記二冊，始於有清同治十三

儒家類卷二　四

年六月一日，訖於次年光緒元年八月十七日，蓋為先公
兩年間所作也。日記中大抵闡述先聖賢之緒論，於修
身律己處獨多心得，想見先公當日讀書力行之勤。又
謂眉端有廖先生手批，遇事指示，立義精醇，足資啓
發。夫廖先生非特文章道德為世宗師，即其書法
出入魯公之室，早歲成家，人得其片紙隻字，靡不視
同拱璧。眉批字小如蠅頭，不苟點畫，尤所罕覯，其
為寶貴何如。按所稱廖先生名綸，字養泉，巴江人，
究心程朱之學，時知金匱縣事，嘗與邑之學者
會講於東林書院，以正學倡。時道霖好學深思，綸深
器之，而其所以學問宗儒者，殆即肇基於此。詩八章
僅見一斑。抗戰軍興，邑中遭寇，文物飄零，楊氏
藏書散佚，而道霖日記原冊無存矣。幸曾勗錄有副
本，東西南北，無不懷之，以特有覽斯編，從副本繕出梓
行於世。

坐存

儒家類卷二　五

雲邁漫錄二卷 儆宋鉛印精校本

今人楊鄧柯撰。鄧柯有思沖齋文別鈔已著錄。是書輯錄前賢子
部雜記中精粹名論，並其訓子書牘，雜以記載，閱學入德之方，齊家為訓
勉子弟立身行己之本。凡者又稱卷中論列，雖似尋常訓子之語，皆洞
悉物理人情，絕無學究家頭巾氣味。所載幽夢影一書，稱其學
不膏無語不雅，女一展誦，如嚼佳果，如對名花，蓋於鄧柯斷卷無不云
然。卷首載修竹廬主人自序，為其父宋齋 字用舟，諸生，同治四年乙丑補行咸豐庚申
辛酉恩科選拔，溧陽訓導遺著，歷叙平生事蹟之作。鄧柯謂先大夫所著自序

一首，俟君伯文已選入梁溪續文鈔中，今雲邁漫錄印成，乃以此序冠諸簡端，昭示子孫，毋忘彝訓云。

六　　儒家類卷二

道家類

[清]

老子解一卷 昭代叢書本

清吳鼐撰。鼐有周易大衍辨，已著錄。是書爲老子註本，每錄老子道德經原文一則於上，以所解之語錄於其後，都一百二十有六則。吳江沈氏采入昭代叢書中，刊以行於世。

老子別錄一卷 昭代叢書本

道家類　一

清吳鼐撰。鼐有周易大衍辨，已著錄。是書乃於道德經二篇外，集群書中所述老氏之言與其生卒出處，以及後之詮解注釋者，都一卷，曰別錄。吳江沈氏采入昭代叢書，謂其采摭甚備，獨惜列子周穆王篇所載秦氏、逢氏一條則未之及云。

非老一卷 昭代叢書本

清吳鼐撰。鼐有周易大衍辨，已著錄。是書於其所著老子解及老子別錄外，復出其餘論，成非老一卷，吳江沈氏昭代叢書。斷脩亦為采收。考鼎以經學知名，尚書楊名時以經學薦，未授官，本傳中已具。壽之無錫縣志藝文門所錄，鼎著述純無道家之學，而吳江沈氏所采老子解尋三種，其來何自，亦未詳，注附識於此，以待學者考徵。

莊子解一卷 昭代叢書本

清吳峻撰。峻字一峯，亦作擷峯，號蒲仙，乾隆十二年丁卯副貢。淩廣纔倫其為人，蕭淡超邁，於書無所不窺，而尤博通律呂勾股之學。詩兼眾體，上溯漢魏，迄於三唐，皆能見其堂奧，尤以風格音調勝。事具縣志文苑

傳。是書解莊子逍遙遊、齊物論二篇，每篇提原文一段，並後錄其詮解之語，其謂逍遙遊所以釋易，齊物論所以釋詩，亦峻獨得之見。吳江沈氏采入昭代叢書，則四謂以詩解齊物論，不論十五國風，仍以樂律解之，似不及解逍遙遊之精云。斯論有無，單本無考，縣志藝文亦未著錄。

[民國]

讀莊窮年錄二卷 民國六年鉛印本

民國秦毓鎏撰。毓鎏字效魯，又諱培，清光緒二年丙子舉人，負邑望。毓鎏自少懷奇氣，能文而不屑治舉子業。清季東渡留學，憤異族之僭竊，乃陰圖革命，創青年會，倡種族革命說，既復結合同志組軍國民教育會密謀，目時留學志士多響應歸附，而日本警察受中國使臣嗾使，擅捕中國留學生。毓鎏意氣激昂，率眾力爭之。夫俄羅斯既迫日本以遼東半島歸還中國，乃租借旅大以為酬報，於是其

勢浸盛，忽復侵佔中國東北境地，遂致釀成日俄之役。毓鎏與時義憤填膺，益奮發有為，謀募義勇隊以拒之，此實中國革命之萌芽也。既歸國，與黃興、紐永建、趙聲諸密函往還，以圖策劃革命之進行，蓋無時間，與圖用湘獨立。毓鎏與之，易克復東走皖南走粵，欲發舒宿志。毓鎏與之，又易克進，發之洪起義武昌，宣言排滿復漢，而毓鎏獨出作陰指，諸同志組民兵以樹義幟，遂頒軍律以約法三章，曰毋為不義，毋戕

乘機復私仇，女無辜，戕害官吏，燬官舍及文書，部勒既有序，乃督隊攻無錫金匱兩縣署，台縣知縣忠瑚以所徵錢糧志繳，前若自資，即自携去，四境底定，乃門於城之東北曰光復，所以志也。凡所計謀施諸縣政者，其載無錢基博所為無錫光復志中。民國二年，袁世凱叛，興舉兵討之，毓鎏係構織以應，既志其情，乃慨然曰：夫民黨之所以援權袁氏者，所以冀其致忠於中國，俾斯民無流血鮮纖牲也。不謂僭竊陰謀驕

道家類　四

然暴戾，斯可忍，孰不可忍。吾與克強死生出入相共，今克強既就留守之匭，獨樹義幟，為討袁軍總司令矣，吾可弗投袂而起，以樹其幟，期天下之響應乎。時興已馳檄毓鎏，委為糧餉司令，無錫縣知事嚴毅偉以全權交付毓鎏，而是時各地觀望遲無以應，而毓鎏部署倥傯，方圖發展，而然江蘇水上警察廳駐蘇州舉義，且陰與袁氏通，故毓鎏竟被逮入獄，判定有期徒刑九年。袁氏亦且發

兵威脅，興知其勢不可當，已潛匿。迨民國五年，袁氏僭號洪憲，帝制自為，先是，蔡鍔等啓超輩先已起義雲南，聲討袁氏，各省軍情險多響附，而興情益譁然，袁氏知其事不可為，乃取消洪憲，自致其死敗，而毓鎏遂得出獄。自是蓋無復問世意。十六年春，國民革命軍北伐，抵無錫，群衆仍推毓鎏主持之，固辭之，弗獲，乃勉順民意出，無何，以疾歸，乃肆就

道家類　五

故居旁隙地，闢為圃，植雜花異卉，畜猿禽，以自娛怡，而詔其子若孫曰：吾三握邑篆，不敢行一不義之事，取一不義之財，汝輩其識之。晚年，伺聽世事，後潛心佛學，以為救世之道非此無可為。雖臨終，尚誦大悲（大慈）咒，至瞑目，無語而逝。是書乃其獄中所作，就莊子內外各篇，條列原文，而逐條列以己說，為解，次為上下二卷，即以莊子自況其憂，衍窮年之旨，曰讀莊窮年錄云。

兵家類

清

洴澼百金方十四卷　清道光庚子聚珍本

清袁宮桂撰。宮桂字　　諸生。乾隆三十四年己丑歲貢。工篆書，尤究心兵事。縣志藝術附華淞傳。是書述兵家事，不著撰人名氏，自署惠麓酒民，而縣志藝文門著述存目稱袁宮桂著，何所自出，無考。

其自序謂酒民幼好兵家者言，以為七書雖多十三篇盡之矣。及讀諸家說，大抵誇多鬬靡，而精蘊或寡，非揣摩之書也。後於友人處借得鈔本城守書二種，正閏色明而不誇，諸實用者，乃畧為刪節，合而編之，為一十四卷，名曰洴澼百金方，蓋取莊子不龜手藥之意，用之而不封侯者云。

守望新書四篇　清道光壬寅揚州原刊本

清錢泳撰。泳有錫山補志稿，已著錄。是書輯錄防衛鄉土之策，都四篇，曰勸懲，曰備豫，曰守望，曰防衛，而名之曰守望新書，取孟子守望相助之意也。道光間鴉片之役興，英國遣兵艦擾沿海，由粵閩以及兩浙，諸沿海各鄉村均宜自行團練鄉勇，辦練聲勢，上為國家殺賊，下即自衛其身。泳於是抒其所見，撰著斯編，特江蘇巡撫程矞采頗採其說，發經出示，札飭通行。先是，以泳所著保富安民論示令各地遵行，迨斯編既梓，遂以為保護鄉里之寶鑑。按康熙十七年，泳曾祖奉麓以盜賊蠭起，聯合鄉里戒嚴，賊不敢近。所著有守鄉二十六條，既卒，其稿散佚，故泳復為是作，自謂以雪曾祖遇盜之冤，並承曾祖殺賊之志也。

籌洋芻議十四篇　清光緒甲申原刊本

清薛福成撰。福成有浙東籌防錄，已著錄。是書為目擊邊患孔亟，各國耽耽，籌所以應付之道。按光緒五年，日本滅琉球，而勢益鴟張，自是歐西德

意志諸國，方議修約，俄羅斯踞伊犁，索重賂，而
福成目睹其艱孔亟，撰籌防之是，既筆之於
書，合肥李鴻章大韙之，爲達總理各國事務
衙門，以備采擇。一時講時務者，不暇待梓，而多
傳鈔，雖駐外使節，亦必備鈔本，以資鑑攷焉。

兵家類

三

天文格致
算学製造類

清

徐雪村先生譯述二十六種 清光緒初年江南製造局刊本 廿六冊 北鄉祖留墨

清徐壽撰。壽字雪村，五歲喪父，事母宋能盡子道。幼
習舉業，繼以爲無裨實用，遂專究致知格物之學，凡五
行生尅之説、理氣膚淺之言，絶口不道，而嶄之於實事
實證。性好攻金之事，手製儀器甚力，若指南針、象
限儀等，皆自製之。嘗仿墨西哥銀幣，精鏤鋼板爲
模，校準銖兩，鎔銀爲餅，納其中，自高樓懸石
椎一擊而成，頭面紋成，而邊花不易爲，乃幾更修
札之，而邊花亦成，入市，雖老賈莫能辨，祇見其樣
嶄新，以新板目之。其後英人偉烈歸國，從易數枚
以去，置倫敦博物院中，今殆猶存也。能以意製古
樂器，皆協律。咸豐十一年，兩江總督曾國藩措
師祁門，聞壽名，奏舉奇材異能，詔署江蘇巡撫
訪求徐壽，資遣送國藩軍。壽至，議奇字製

天文格致
算学製造類

一

造事，後造成木質輪船一艘，長五十餘尺，每小時能行二十里，國藩激賞之，錫名黃鵠，中國之能造輪船，蓋自壽始也。國藩北征，壽丁母憂歸。已而國藩回任兩江，委辦上海製造局，壽條陳四事，一翻譯西書，二開煉鋼鐵，三自造火炮，四操練輪船水師。國藩深韙其說，而壽在局，遂譯汽機化學等書成數百卷。日本聞之，派柳原前光赴局考訪，載壽譯本以歸。今日本所用化學名詞，間有襲壽本者，人皆以是服其精審云。性澹泊，不求祿仕，諸疆吏論薦，皆力辭，卒以布衣終。其譯述之行於世者，曰西藝知新十卷（英國諾格德撰，傅蘭雅口譯），西藝知新續刻　卷（據錫金四哲事實彙存闕列入，縣圖書館無藏本），汽機發軔九卷（英國美以納、白勞那合撰，偉烈口譯），寶藏興焉十二卷（英國費而奔撰，傅蘭雅口譯），營城揭要二卷（英國儲意比撰，傅蘭雅口譯），測地繪圖　卷（據錫金四哲事實彙存闕列入，縣圖書館無藏本），化學鑑原續編二十四卷（英國蒲陸山撰，傅蘭雅口譯），物體遇熱改易記四卷（英國瓦特斯撰，傅蘭雅口譯），化學求數

天文算學格致製造類　二

十五卷（德國富里西尼烏司撰，英國傅蘭雅口譯），化學考質八卷（德國富里西尼烏司撰，英國傅蘭雅口譯），以上皆江南製造局刊本。而上海富強齋所輯西學富強叢書采入者，又有化學鑑原六卷（英國偉而司撰，傅蘭雅口譯），化學鑑原補編六卷（原著人姓氏缺，英國傅蘭雅口譯），周幕知裁一卷（美國布倫偏撰，英國傅蘭雅口譯），此外復有化學材料中西名目表一卷（是表為譯化學所用名詞中西列表對照），匠誨與規三卷（英國諾格德撰，傅蘭雅口譯），造管之法一卷，回熱爐法一卷，鎔金類鏈一卷，造硫強水法一卷，色相留真一卷，水衣全論一卷，垸髹攷要一卷，製造玻璃二卷，鐵船針向一卷，機動圖說一卷，回特活德鋼礮一卷（以上未書刊撰人姓氏，皆英國傅蘭雅口譯），而化學鑑原續編與營城揭要二種，亦采入焉。夫壽以譯著有裨實用之書，為其素志，嘗謂著書行世，其影響於社會者，較專治一事者尤大云。

行素軒算稿六種（清光緒壬午、乙酉、癸巳華氏及武昌分別刊本）

清華蘅芳撰。蘅芳字若汀，國子生。咸豐間蘅芳隨父翼綸居鄉治團練，兩江總督曾國藩奏

天文算學格致製造類　三

保以縣丞選用，後經歷次奏保，以知府升用，並加運同銜。幼而穎異，即潛心算學，年十四，讀算法統宗，所列飛歸等題，已通解其術，繼求數理精蘊、九章算術等書讀之，所學益進。嗣與同縣鄒安鬯君（字嘏甫，道光三十年庚戌恩貢，縣志文苑有傳）游，得讀秦九韶、李冶、朱世傑諸家之書，遂通天元四元之術。咸豐初，西人開墨海書館於上海，代數、微積、博物之書，漸有譯本，時士大夫鄙不措意，獨衡芳與同縣徐壽，能以是相砥礪，無儀械資

天文算學格致製造類

四

驗，乃斷斷窮日夜，必渙然冰釋而後已。嘗以水晶印章磨成三棱玻璃，以驗分光七色，設立遠近多觜射擊以測視地物織。其好學深思有如此者。而壽以同治元年應曾國藩辟召，衡芳與俱，壽在安慶軍營，創製黃鵠輪船，其繪圖測算，蓋衡芳之力居多。國藩遂以奇材異能奏保焉。已而國藩奏設江南製造局於上海，委衡芳佐壽經始其事。及國藩用壽議，於製造局附設繙譯館，繙譯西書，而衡芳與壽分門認任，壽任化學、機器，

而衡芳則任算學、地質，其後遂各以名家。而衡芳譯本尤文辭明暢，論者謂足兼信達雅三者之長。居上海幾四十年，覃心譯述，成書百數十卷。嘗謂著書之功，勝於講學，蓋講學啟牖僅在同堂一時，而若書則垂之後世，傳之海內，而無窮。然曾教授上海格致書院、湖北自強學堂、兩湖書院及里中竢實學堂，誘掖獎勸，口講指畫，務以淺顯易明之語，達精奧之思。一時承學之士，靡不忻然鼓舞，傾心嚮往焉。接物待人，務崇謙抑，無出一語

天文算學格致製造類

五

抵誹諸儕輩人。同縣楊模稱其為人謙退似老、莊，而論物理尚實驗，似英之倍根；講算術發明新理新例，似英之奈端。其所著書，惟恐人不解，則又似宣城之梅文鼎。與世之作者好為艱深以蘄名高者，用心殊焉。是書為所著之算稿，凡開方及數根各一卷，古義二卷，積較三卷，學算筆談十二卷，算艸叢存八卷，清續文獻通考著錄之。南豐吳嘉善序之，謂今茲游滬上，晤華君時，讀其所著數根術、積較術、開方、古義及筆談等，

皆力追奥窔，數以一意相承，反復披取，至渙然泮然而後已。其造詣之深，用能自樹一幟，卓然成家。海寧李善蘭又稱衡芳創立方根開方法，為空前絶後之作，當世算學專家推重之如此。按清續文獻通考著録是編，稱十二卷，核與此本卷數不符，附記之以備考證。

華氏譯若汀先生譯述十二種 清同光間江南製造局刊本

清華衡芳譯述 衡芳有行素軒算稿，已著録。其譯述之行世者有代數術二十五卷、無錫縣圖書館藏本 三角數理十二卷、英國海麻士著 傅蘭雅口譯 微積溯源八卷、英國華里司著 傅蘭雅口譯 算式解法十四卷、美國好敦司、開奈利同著 英國傅蘭雅口譯 代數難題解法十六卷、英國倫德著 傅蘭雅口譯 地學淺釋三十八卷、英國雷俠兒撰 傅蘭雅口譯 防海新論十八卷、布國希理哈撰 傅蘭雅口譯 御風要術三卷、美國金楷理口譯 縣圖書館無藏本 氣學叢談二卷、原著人名氏缺 英國傅蘭雅口譯 測候叢談四卷、原著人名氏缺 美國金楷理口譯 金石識別十二卷、美國代那著 瑪高溫口譯 以上皆江南製造局梓行。南北花旗戰紀十八卷、布國希理哈著 傅蘭雅口譯 為上海富强齋西學富强叢書所采本，而測候叢談四卷、

六

天文格致 算學製造 類

清續文獻通考著録之，富强叢書又以測候叢談、地學淺釋、金石識別三種采入焉。

恒河沙館算艸二種 清光緒乙酉華氏原刊本

清華世芳撰 世芳有沿海形勢論，已著録。是書為算艸二種，一為答數界限，二為連分數學，其兄衡芳以序之曰：余素喜習算，凡古今疇人之書見輒購之，計家中所藏及行篋中特有攜歸者不下數百卷。余弟於舉業之暇，輒共余所藏之書而披覽之，因得盡窺其奥，而余未之知也。故余自外歸，或十餘日即出，或數十日始出，家庭晤對，未嘗以算學一語於弟，而弟亦未嘗以其中之委曲一詢於余。迨余著積較術，弟始與余論算，余自此始知弟之已精於算，各有算稿，必令弟校之。其誤謬之處，弟為余改正者居多。又曰：黄漱蘭學使聞弟善算名，特調考算學，令入南菁書院肄業，已而遂拔萃於鄉，論者謚之余，謂此何足為余弟喜，惟觀弟之所著，實能

七

天文格致 算學製造 類

闡中西之秘，而發前人所未有之奇，是可喜也。然其所以致此者，豈有他哉？不過多觀算書耳。而自人視之，則以爲命數之也。噫！学算而必待命數，則其所能者必有限矣。弟之算学乃不可限量者也，亦何待命之數也哉！其兄稱說之如此，書亦可見世芳之善算矣。

徐仲虎先生譯述七種 清光緒初年江南製造局刊本

清徐建寅譯述。建寅有歐游雜錄，已著録。其譯述者，有汽機必以十二卷、附一卷，英國蒲爾捺撰，傅蘭雅口譯 汽機新制八卷，英國白爾格撰，傅蘭雅口譯 聲学八卷，英國田大里撰，傅蘭雅口譯 電学十一卷，英國瑙挨德撰，傅蘭雅口譯 器象顯真四卷，英國白力蓋撰，傅蘭雅口譯 水師操練十八卷、附一卷，英國戰船部原書，傅蘭雅口譯 輪船布陣十二卷、附圖四十一幅，英國貴宼倫原書，傅蘭雅口譯，皆江南製造局梓行。而汽機必以、汽機新制、聲学、器象顯真、輪船布陣等四種，上海富強齋所輯西学富強叢書，又皆采入焉。

天文術數算学製造類

八

談天十八卷 清同治甲戌聚珍本

清徐建寅續筆。建寅有歐游雜錄，已著録。是書講地球與五星繞日而行之道，爲英國侯失勒約翰原本，約翰爲英國天学公會之首，父曰維廉，日爾曼之蘭議威人，遷居英國，尋精天学，不假師授，有盛名於咸豐初年刊行，厥後英國偉烈亞力口譯，海寧李善蘭删述，而建寅續筆之，後以聚珍板流行於世。其特士大夫皆治舉業，於行星之学，茫然無以知，迨斯編出，庶几振聾發聵。而上海富強齋又復采入西学富強叢書焉。

天文術數算学製造類

九

徐祝三先生譯述三種 清光緒丁酉西学富強叢書本

清徐華封譯述。華封字祝三，壽三子，壽既挈仲子建寅從事譯述西学書籍於江南製造局，而華封淵源家学，亦能譯述。茲舉西学富強叢書所采輯者，有電学鍍金四卷，原著人姓氏缺，美國金楷理口譯 電学鍍鎳一卷，原著人姓氏缺，美國傅蘭雅口譯 又考楊氏鈞金四指事寳藁存所載華封譯著，有考試司機一卷，縣圖書館無藏本，於是可見徐氏父子子弟弟，皆日致力於格物致知之學矣。

民國

十

格物探源一卷 民國五年鉛印本

民國沈祖約撰。祖約字葆三，清光緒二十三年丁酉舉人。自幼究心宋儒學，繼乃探討王陸之說，而歸宗於佛學。痛江河日下，人心日非，必佛學始足以救之。一時恆集同志三數，講說無倦，一時從游者多。攜鉎學造有將士焉。是書闡發其由儒入釋之所得，以為所以救世者在焉。自謂有所願，願以遯世之人，談濟世之心，願者何，願天地有無盡之壽，如大海水，萬古不竭，願以一瓣香為天地告告。天地之生斯人也，當天地務其寒霜凜冽之場，必有時人碩士，傷心太息，悲天地，悲人民，而人民方況酣嬉戲，不知自悲，必有時人碩士，極其傷懷悲憤之書所為而作。其門下館甥徐鴻逵跋於後曰：吾師沈君葆三究心佛乘，於性相二宗窮源竟委，苦思二十餘年，成此格物探源一書，為全球眾生作苦海之慈航焉。先生以為吾書字字有深意，句句有着落，上採羲文姬孔之精微，而旁羅歐美文明之政治，無一字拾人牙慧，其苦心不可沒也。是可見祖約之所學及其用心之所自矣。天文算學術數遊戲類

十一

誦芬書屋算稿二卷 清光緒庚寅河埒口蔣氏家刊本

民國蔣士棻撰。士棻字仲懷，少負才，落落多奇氣。父汝信，清同治甲子舉人。士棻雖承家學，治舉子業，素然睥睨功名，非其志。嘗偕從兄士棟精於算學，篤好之不厭。時同縣楊模既創辦竢實學堂，延攬邑中具實學而負知名者任教習，士棻以善算，致禮聘，嗣又推為竢實學堂校長。其為人剛毅果敢，治事精審，尚實具條理，以是竢實聲名播遐邇。無錫自光緒甲辰毀學以後，學校重興，江蘇巡撫端方令設學務處於邑城，以管轄全縣學務，邑人裘廷梁、秦寶瓚、華申祺、孫思贊等先後任總董，天文算學術數遊戲類

而士榮既由竢實校長轉任爲邑之師範學堂之長，以游學著聲稱，至是乃復推爲學務總董焉。特學務總董由教育會之員就地士紳推選，再由無錫金匱兩縣會銜呈省委任之。入民國，任縣公署教育科之長。特縣議事會已裁並，審核全縣預算，頗持嚴正之義，而士榮出席議會，亦頗尊重議會之嚴正，但於學務之計劃及所列經費之核實，鄭重說明之，言辭雖激，而座中咸動容，又皆服其公正無私也。民國十年，省令各縣勸學所改設爲教育局，無錫奉令改組，公舉士榮爲局長，由縣市鄉學務委員及各縣立學校之長公舉，再由縣呈省委任之。於是城鄉學務之興革，教育經費之獨立，士榮不憚煩勞，悉心規劃，以奠定基礎。一時江南各縣多取以爲鑑。生性既剛正不阿，所知必直言以贊之，遇地方教育有頹暮之氣，又必竭其力以矯其失，並重鄉邦，人皆敬服。疾卒，闔邑悼惜。同縣鄒璞挽章有十里郊垌都痛哭之句，論者謂風時實錄也。是書爲其演算之稿，曰借根禪例，曰

十二　天文算學數製造類

求諸約數商法都二卷，士棟序之，謂數理推廣，商法取成題，重衍新件，未始不可證一己之學識，啓同志之性靈。讀是編者亦稍知幾何之代之淺深云。

算學餘譚二卷　清光緒己丑河埒口蔣氏家刊本

民國蔣士棟撰。士棟字菊春，大鏞孫，父汝倫，好算學，早卒。士棟少攻舉子業，應試既不售，遂棄去，講求有用之學，尤致力於九數，與從弟士榮閉戶潛修，篤好深思，遇難題，往往窮日夜不休。時同縣華蘅芳、世芳兄弟既以算學知名於世，而士棟兄弟亦以善算繼之崛起，鄉黨播爲美談。嘗先後任竢實、東林兩學堂算學教習，雅著聲譽。清宣統二年，南洋勸業會開幕於南京，士棟嘗應用水平理製表日規，其制用鋼質圓框，磁面，下置四足，爲有螺絲旋轉不活動，上面左右設玻璃管，管之內裝水銀珠，體精緻，名蔣製表日規，曾送會陳列，會中所製表甚多，絕少流播，東林學校藏有是品。

十三　天文算學數製造類

評定有裨明真義，給予金質獎章。出身
訴笨，懷才未用，乃徜徉田間，有終老之意，
抗戰軍興，地方亂離，匪類出沒，而士棟身居陷
區，竟被害，聞者痛惜之。是書專為剔發天元
四元啓迪初學之作。蓋士棟兄弟初學算苦
無善本，從窮究殫思而得。卷中所列，說理切當，
演繹詳明，故士棠序之，謂思所以啓悟初學，使無
以吾兄弟格格不相入之病，而世芳題簡端，亦謂賢

天文術數 算學類

十四

昆玉於中西成法，固已得其會通，復以新解嘉惠
來學，用意至善，而務為淺近，使人易知易從，尤為
得之云。

思棗室算稿四種 清光緒丁酉河埒口蔣氏家刊本

民國蔣士棟撰。士棟有算學，餘詳已著錄之
書。所列曰對數旁通，曰弧矢釋率，曰圜率釋，
董曰微積釋焉，凡四種。同縣華世芳序之，稱
士棟治算，不假師傅，惟偕其從弟仲懷互相
師友，日陳古今算書，閉户靜觀，深造自得，時
有新理，輒筆記而梓傳之。今歲解館，近訂交與
談算理，所詣益深。然後鄰亦近著卷帙無多，
皆能洞見古人立術根源，而有功來學不淺云。

天文術數 算學類

十五

無錫藝文志長編

共十三冊之七

子部二冊之二

藝術類

譜錄類

雜家類

類書類

小説家類

醫家類

藝術類

〔清〕

殘本の子棋譜無卷數　邑人陶守恒捐贈原刊本

清過文年撰。文年字柏齡，性雅馴，有士行，以善弈名，羣推國手。既卒，同縣秦松齡為之傳，事具縣志藝術傳。是書為其所著之棋譜，浸漶殘闕之本，惟卷首目錄所列凡字蹟完全者，曰鎮神頭起手式の十局，共六十六變；曰大壓梁起手式六十局，共一百一十一變；曰倚蓋起手式九十七局，共一百七十八變。其字蹟不完全者曰六の起手式二十三局，以下則殘闕；又後一行列□□起手式□□□局，以下又闕。目錄至此則已終。於目錄之前，後有序文，亦多殘闕。兩葉末以有印章二，上方陽文陸氏求可の字，下方陰文左右並列二字，左為奔字，右已殘破難辨。蓋是編為山陽陸可求訂正者。縣志藝文門亦無考。

拙存堂題跋一卷　清宣統庚戌江浦陳氏重校本

清蔣衡撰。衡原名振生，字湘帆，亦作湘颿，晚年自號拙老人，原籍金壇。初以諸生屢試南北都不利，雍正元年癸卯以歲貢改恩貢，時衡雖年踰五十，遂應卯辰二科順天鄉試，又不售。其困躓場屋如此。工書，與其同縣王澍愛九峯山色，乃先後客居之，所以所為書，競其勝，而衡復工詩古文辭，說者称其詩排奡沈痛，文則空靈宕逸，得龍門筆意。既寓錫山，学者多愛慕，如秦蕙田、杜詔、潘果諸公，或折交，或從游。為人跌宕，自言嘗謂家無恒產，弱冠即鐵驅の方，經燕、秦、楚、越，幾半九州。入秦關，歷覽漢唐古蹟，及雁塔碑洞諸石刻，並訪縉觀魏晉唐宋元明名人墨拓，乃益屏棄举業，專事臨池。雍正五年，寫妙法蓮華經以貽謝濟，謝曰：儒者寫釋氏書不足道，然已書十三經乎。衡領之。於時亦以唐刻十三經為經生貌，龍襲歐虞筆，雜書失校讐，行次不能齊整，因矢志鍾聞國慨然一手重書，雖暑寒陰雨無所擬歷十有二閱歲，始克告成，共八十餘萬言，裝卷三百，四年，越一歲，爲乾隆四年己未，大吏爲之奏呈御覽，諭允送議，以墨刻頒行天下，授衡以國子監學正。乾隆五十年乙巳，刻石立辟雍。雍正時特部選英山教諭，辭不就，歸。兩江總督趙宏恩薦舉鴻博，又辭不赴，其堅信如此。天下賢士大夫識與不識，皆稱之曰拙存先生。縣志流寓有傳。是書爲金石題跋考證，詳核非精於鑒別者不辨。江浦陳洙（字珠泉）重爲校刊，以廣流布，其原刊

藝術類　三

本已不可得矣。縣志藝文門未載。

樂府釋一卷　古今文藝叢書本

清蔣衡撰。衡有拙存堂題跋，已著錄。是編爲解釋樂府與古詩之不同，古今文藝叢書采錄之。縣志藝文門未載。

小山畫譜二卷　昭代叢書本

清鄒一桂撰。一桂字元褒，一字小山，號讓卿。雍正五年丁未進士，授翰林院編修，改御史，歷內閣學士、禮部侍郎，以年老仍調閣學，致仕歸，在籍食俸。卒，贈尚書銜，予祭葬。事蹟具縣志宦望傳。一桂爲毗陵惲氏館甥，性耆繪事，工花卉，所畫得惲壽平之傳，故又以畫知名焉。是書皆論花卉法，清四庫全書著錄之。全書分二卷，上卷首列八法、四知。八法者：章法、筆法、墨法、設色法、點染法、烘暈法、樹石法、苔襯法，皆酌采前人微論。四知者：知天、知地、知人、知物，則前人所未及也。次爲形花分別，凡一百十五種，以詳花葉形色。又

藝術類　四

取用顏色，凡十一條，各詳其製煉之法。下卷摘錄古人畫說，參以己意，凡四十三條，附以膠礬紙絹、畫碟、畫筆用法諸法。震澤楊復吉采入昭代叢書，稱其筆意出入二文敏，題跋間涉繪事家之枕秘云。

洋菊譜一卷　昭代叢書本

清鄒一桂撰。一桂有小山畫譜，已著錄。是書於乾隆二十一年，承詔畫洋菊三十六種，高宗題

詩，其上因記花名品狀，撰為茲譜，以誌崇邑震澤楊氏輯入昭代叢書中，而縣志藝文門無載。

學書筆法精解一卷 古今文藝叢書本

清蔣和撰。和有古篆古義，已著錄。是編首列執筆指法圖，然後逐一解其用法，俾學者得其指南。古今文藝叢書采以之。縣志藝文門無載。

藝能編一卷 古今文藝叢書本

清錢泳撰。泳有錫山補志，已著錄。是書為泳

藝術類 五

所著之小品，卷中所述者，曰書、數、射、投壺、彈琴琵琶、著棋、摹印、刻碑、選毫、製墨、礬紙、硯、銅匠、玉工、周製、刻書、裝潢、成衣、雕工、竹刻、營造、治庭、堆假山、製砂壺、度曲、十番、演戲、雜戲，都二十有九種，通稱之曰藝能編。種各溯源及流，而及其為用之大，堪稱藝林賞鑑之助。古今文藝叢書采以之，而縣志藝文門則未載。

桐陰論畫六卷 清同治丙寅硃墨套印本

清秦祖永撰。祖永字逸芬，諸生，道光三十年庚戌歲薦，官廣東候補鹽大使。善畫，尤以山水知名，與其族人炳文名相埒。説者稱其筆墨超脫，氣味深厚，鎔鑄荊關、董巨、倪黃、吳王，直入四王之室焉。是書著錄生平所賞鑑之品，分三編：初編得百二十家，分三卷，首卷為畫大家十有六，餘二卷為書畫名家百有四，由明季迄清道咸時止，末附畫訣，殆自抒心得也。二編由明季迄清康熙年止，計百二十家。三編由雍正迄道光

藝術類 六

年止，計百二十家，編各二卷。名家所製，又分神、逸、能三品，其宗法何出，造詣何至，皆各加評隲，適如其分。其識解之超，深鑑之卓，足為賞鑑之助。蓟南何基祺跋之，謂我朝二百餘年，善繪事者如林，紀畫之書亦難更僕數，然往往務博采，不免濫竽，剽竊陳言，仍淆鑒別。逮茲此書選擇既精，校衡又確，能發前人未宣之祕，而不囿於人嗜餘識，足為學畫者之津梁，固非第供案頭之把玩已也。其族人緗業序之，亦稱其議論之警闢，固夙昔所習聞於逸

芬者，而筆情淡宕，婉而多風，即以文字論，殆有躋於史公之論贊云。

繪事津梁一卷 清宣統辛亥美術叢書本

清秦祖永撰。祖永有桐陰論畫已著錄。是書為其所撰之畫訣，即附於桐陰論畫初編之尾以梓行者。上海神州國光社編輯美術叢書又采其說以為藝苑之助。蓋世之作畫者，按覽之庶幾可以升其堂而入其室，因名之曰繪事津梁云。

藝術類 七

師二雲居畫贊四卷 清光緒丙午寫印本

清顧森書撰。森書字慶卿，亦作綸卿，同治十二年癸酉拔貢，分省補用知州。文藝品峻，少與同縣秦寶瓚、許珏齊名，久參兩江總督幕、安徽巡撫幕府，司牋奏，為將所重。暇輒娛情書畫，尤工山水，筆意蒼勁，有神致，流播藝林，咸不寶重之。是書述其生平所作與夫眼力之所到者，分摹古、協藝、浪吟、摘景四卷，題曰畫贊，殆仿戴醇士絮禪居畫贊例也。陽湖左運奎為之序。

〔民國〕

國朝書畫家筆錄四卷 清宣統辛亥聚珍本

民國竇鎮撰。鎮有名儒言行錄已著錄。是書著錄有清一代書畫家，無論其為書家為畫家，為書畫兼長家，兼收並蓄，一併錄入，以時代先後編次之。其自序之謂錄中諸

藝術類 八

人於吾邑及同郡采取較詳，吳郡及江北之興化、山陽、徐州次之，浙江之湖郡又次之，他處則從畧，以見聞有限，采取為艱也。間有在人耳目，而此錄竟未列入者，明知罣一漏萬，未免貽大雅之譏，儻有好者同志以是術為藍本，補正缺失，賡續搜葺而增益之，跂予望之云。

晚紅軒隨筆二卷 民國十二年著者手寫精刊本

民國秦鄧裴撰。鄧裴名寶瓚，晚年以字行，有

遺篋錄、古泉圖釋、已著錄、是書選錄平生著述手寫精刊、卷一關於金石之考據、卷二關於經史之考證、皆有確考徵之作、蓋郊裳平生著述雖有關考證、精稿頗富、自序之謂歡持以問世、力有不逮、而來之高瀾、又心有不甘、不得已於全卷揀出數種、以付手民、庶幾有以自慰、他日物力稍充、則匯而刻之、亦無難矣、然則斯編也於郊裳著述、殆猶管中窺豹之一斑耳、所謂匯而刻之者、未見有傳本、論者無不惜之。

汀鷺題畫集二卷 民國十七年鉛印巾箱本

民國胡振撰、振字汀鷺、性恬淡、跌宕自喜、工繪事、所作花鳥、點染如生、師法華新羅、有其秀逸、而豪放過之。山水則初宗唐子畏、後交霍丘裴景福、縱觀其壯陶閣所藏宋元真蹟、畫法為之一變、時邑中善畫者首推吳觀岱、同縣廉泉稱之曰江南老畫師而不名、題振畫有「抗手延陵叟、千秋兩巨然」之句、又稱振工山水、與江南吳布衣觀岱齊名、其為藝重如此、是書為題畫詩詞合一卷、宕逸有致、如其畫、同縣錢基博、秦毓鎏並為之序。

無錫藝文志長編

子部

譜錄類

唐

茶經三卷 姚氏說郛本

唐陸羽撰羽字鴻漸一名疾字季疵竟陵人不知所生或言有僧得之水濱既長以易自筮得蹇之漸曰鴻漸於陸其羽可用為儀乃以陸為氏名字

譜錄類　一

之太守李齊物異之授以書貌侵陋口吃而辯好聞人善多規切與人期雨雪虎狼不避也居苕溪自稱桑苧翁闔門著書或行野中誦詩擊木徘徊不得意或慟哭而歸愛無錫山水清秀嘗寓居焉詔拜太子文學不就職性嗜茶著茶經三篇於是天下知飲茶且尚茶成風焉唐書有傳縣志流寓有傳是書為所著之茶經分上中下三卷言茶之原之法之具尤備竟陵皮日休字襲美一字逸少咸通八年進士第授太常博士嘗寓無錫縣志流寓有傳為之序姚氏所輯說郛曾為采收清四庫全書著錄之

民國

食品經濟學三篇 民國十一年上海商務印書館通行本

民國蔡文森撰文森有十六國議院典例已著錄是書就吾人生活所需之食品分三篇論列曰汎論曰廉價生活之學理曰各種食品之營養價值而篇又各分如干章又有章分如干節者名其書曰食品經濟學

譜錄類　二

所就吾人必須之食物擇其價廉而又富於養分者於第二篇中列表以示使於人之一覽而知之也又於第三篇中分列各表以示價廉各物成分之多寡並吾人所需各物之量而說明其所進多寡之利害人之覽之者便知進食宜慎以增益其健康矣卷首所載例言謂比歲以來生齒既繁華侈益甚益之圜法日壞輕質銅圜充斥輔幣之值暴落物價日騰倍蓰於兩年以前生活程度如累碁為恒中流以下不能仰企此國家之危

事，而經濟學家之憂也。補救之道，宜研究食品之成分、當時之價值及所出之熱量，以相絜度，養分寡而值貴與養分寡而其值雖廉者，皆棄之不取；反是者則取之；養分多而值廉者，則專取之，以資吾人之生活，庶幾一般生活費之負擔，略可抑減矣。蓋文森目擊其時銅圓充作幣值傾跌，遂至物價日益飛漲，而社會一般人之生活不足維持，至堪憂危，因著是編，以資吾人選擇食品之參考，則其用心與力之勤，可概見焉。

譜錄類　三

精神衛生論八章　民國五年上海商務印書館通行本

民國秦同培撰。同培字子卿，清諸生。光緒二十二年丙申科案　無錫自清季甲午庚子而後，學者奮起，競趨新學，以救國相號，風尚為之一變。同培於時以善算聞，江蘇學使者攸縣龍湛霖試童子以古學，同培既精通算學，乃以第一名游於庠。厥後科舉廢，學校興。同培任錫金公立師範學堂暨兩東林兩等小學堂諸校教習。民國肇建，同培又先後任無錫縣立乙種實業學校暨女子師範校長。其為人不尚浮華，以庸言庸行為歸，徒以家境清貧，內心勞苦，中道致疾卒，聞者惜焉。是書就精神上之如何衛生，使精神健康，而後所事得以主宰，而至於有成。此人類之所最重要者，固不僅修言衛生者曰慎飲食、曰時起居、曰多運動、曰講求清潔、曰換空氣、曰浴陽光已也。因參考日本人所著之有關書籍，西洋人所談精神衛生作用，以及我國古今人所傳之實際

譜錄類　四

分八章論列，以急救我國人之精神。蓋時屆民國四年五九國恥而後，我國有志之士，雖群相號召，救國儲金，抵制日貨，以備抵抗，然一般人以為國事不可為，以為亡無日矣。獨同培以為惟一要着，必須先正國人之心理，正心理必振作國人之精神，與相搏戰，猶或可以自救也。若乃群焉頹唐其精神，一若深知其不可為，坐待外侮之至，則外侮信感應而至矣。因著述是編，備列其得失，以救當前國人之精神，而保

其健康，故名其書曰精神衛生論，卷首載其序，言謂吾敢正告國人曰：我而挾不可侮之精神，自不可侮矣；我而挾待侮之精神，斯受侮之技必致，而不可挽矣。禍由自取，福由自招，欲療疾病，必先求藥物；欲療精神上之疾病，尤必先有精神上之藥。雖然，治精神病之藥，即精神自為之云。學者僉稱同塙之為是編也，可徵其用心之勤苦矣。

譜錄類　五

雜家類

[晉]

古列女傳圖八卷　清道光乙酉揚州阮氏影摹南宋刊本

晉顧愷之之圖畫。愷之有啟蒙記，已著錄。是書據漢劉向所編列女傳，為之圖畫，俾之人睹此，殆猶存是古人形容儀法也。此本為清道光間揚州阮氏所刊，阮福跋之，謂明內府藏宋刻列女傳本，為南宋建安余氏所刻，曾藏錢遵王

雜家類　一

王家。乾隆戊申，在元和顧君抱沖家；嘉慶庚辰歸入予家。予嘗見唐宋人臨愷之列女傳圖長卷，其中衣冠人物與此圖皆同，定為晉人之本無疑。宋鄭樵通志圖譜略載有顧愷之列女圖；又案錢遵王讀書敏求記記宋本列女傳曰：卷首標題晉大司馬參軍顧愷之圖畫，卷末一條云：一本永樂二年七月二十五日蘇叔敬買到，當時采訪書籍，必點買人氏名，鄭重不苟如此，內府珍藏流落人間，展轉得

歸於余。今此本以白紙條宛然而在，其此本即錢遵王述古家藏明内府本無疑。然則毛氏此本殆為惜之
所作者，因有所據而刊之云。

宋

梁溪漫志十卷 清咸豐辛酉知不足齋叢書影印巾箱本

宋費袞撰。袞字補之，祖肅，大觀三年己丑進士。
縣志儒望有傳。袞，國子免解進士。淵源家
學，著述甚富。縣志文苑有傳。是書所紀多

雜家類 二

北宋名賢懿行，及典章制度，殊有裨史實。清
四庫全書著録，說郛及知不足齋叢書俱采
收。其自序有空言無補之歎，然開禧二年即
奉國史實録院牒，請以著奏備，是可徵當
時史氏之采擇，而非空言無補之必稽也。

容齋隨筆十六卷 續筆十六卷 三筆十六卷 四筆
十六卷 五筆十卷 上海涵芬樓景宋印宋刊本配北平圖書館藏宋刊本常熟瞿氏藏明宏治本

宋洪邁撰。邁字景盧，鄱陽人。紹興十六年丙寅
進士。初入官，以忤秦檜，出添差教授福州。歷除
樞密檢詳文字。會議欽宗諡，邁曰：淵聖北
狩不返，臣民悲痛，當如楚人立懷王之義，號
懷宗，以係復讎之意。不用。金使來告登位，
且議和，以邁為接伴使。奏更禮數十有四事。
既使後，除起居舍人。歷知贛、婺二州，拜翰林
學士。累遷端明殿學士，致仕。卒，諡文敏。
事蹟見宋史本傳。縣志流寓附兄适傳。是

雜家類 三

書自經史諸子百家，以及醫卜星算之屬，
凡意有所得，即隨筆札記，辨證考據，頗為
精確。首成隨筆十六卷，刻於婺州，淳熙間
傳入禁中，孝宗稱其有議論，邁因重編，
為續筆、三筆、四筆、五筆。續筆有紹熙
三年自序，三筆有慶元二年自序，四筆有慶
元三年自序，亦各十六卷，而五筆止十卷，蓋未成
而邁歿矣。清四庫全書著録之。提要謂

論詩失茲不復贅，而於續集紹熙三年之自序，作隆興三年自序，殆一時失檢耳。

夷堅志五十卷 石印本

宋洪邁撰。邁有容齋隨筆，已著錄。是書所記皆神怪之說，故以列子夷堅事為名。清四庫全書著錄之提要稱其中詩詞之類，往往可資採錄，而遺聞瑣事，亦多足為勸戒，非盡無益於身心云。

雜家類　四

元 萬柳溪邊舊話一卷 清咸豐辛酉知不足齋叢書影印巾箱本

元尤玘撰。玘字君玉，袤六世孫，博學多識，仕元歷官戶部尚書，封魏國郡公，事具縣志文苑傳。是書多述先世遺事，知不足齋叢書采錄之。竝尤氏自袤至玘，金紫未絕，玘曾孫文於明洪武中，後詔徵孝廉，寔登賢書，知南昌郡，當宋代科第三百年，冠裳十世，沐宋恩，迄明代，其子孫尚繼起不衰。玘既致仕歸，架屋於萬柳溪上，日聚親族，談先世以儲閒其事，遂以溪邊舊話為名。書中所錄雖皆尤氏佳話，然足裨益風教。原書完書三卷，遭洪武中寔攝南昌郡篆時刊行，已殘闕，遂併為不分卷。嘉靖中八世孫魯字懋宗，嘉靖十一年壬辰進士，歷官順天府丞，攝尹事，甚著風烈，縣志宦望有傳重刊於家，九世孫瑛字汝白，嘉靖二十二年癸卯解元，甲辰聯捷進士，歷官江西參政，縣志宦望有傳僉事廣東，又刊之憲臺，先後凡三刊。至清乾隆，特藏書家大率傳鈔流布耳。萬柳溪邊今邑中無遺跡，又考尤氏當宋南渡時，自晉江遷居邑之許舍，一傳而至輝紹聖元年甲戌進士，歷官兵部尚書，觀文殿大學士，諡□獻，再遷至邑城東帶河上。逮袤致仕歸，居東帶河弟數步，即出西水關渡梁溪，造圃溪上，吟詠自適。玘架屋萬柳溪上者，殆即其地，今無跡可考云。

雜家類　五

遂昌雜錄一卷 稗海叢書本

元鄭元祐撰。元祐字明德，博覽載籍，文章豪宕，原籍遂昌，而邑大姓徐憲字元度，博學能詩，歷官兵部侍郎，縣志宦望有傳楊宏肇延之於家，故寓無錫，久之，至正中，舉爲平江教授，後遷浙江儒學提舉，皆以儒職，暫赴而歸。元史及縣志流寓俱有傳。是書所紀多宋元之際遺軼庵事，而寓居無錫，所隨聞見所及，具錄之，如載邑人倪昭奎延王仁輔教兩弟子瑛、元鎮學，昭奎歿，子瑛、賤元鎮，不勝州郡之剝，資力耗減，仁輔卒，買油杉棺葬之芙蓉峰旁云云，是堪補縣志所未

雜家類　六

備。蓋元代官司賄削誅求無厭，其書殆隨筆所考，惜所錄故事，皆未著甲子，考徵之士微嫌美中不足耳。按是書，清四庫全書及縣志藝文俱著錄之，而見鮮傳本。明商濬輯錄稗海叢書，采以之，縣圖書館重藏是本，好學之士共覽考焉。

明

憲問集四卷　附錄二卷　清同治壬申貽穀堂重刊本

明華悰韡撰。悰韡字公愷，號夏園，幼警敏，刻志讀書，雖祁寒盛暑不輟，生平好自檢束，雅燕居衣冠必整。元季奉親避居蘇松間，流離顛沛，必得歡心。世平，始歸故里故居，耕田讀書怡然自得。洪武間累徵明經、孝廉、儒士，皆不應，事具縣志隱逸傳。是書以冠婚喪祭之儀可通行於士庶者，斟酌古禮，纂輯如干條，附以古人嘉言善行，總爲一帙，名曰憲問集，清四庫

雜家類　七

全書爲之存目。是本爲同治間所重刊，卷首載萬曆由重刊時同縣高攀龍序，稱夫人之卒然而動，皆欲也，惕然而悉，皆理也，欲動而悉止則得失之分，而安危存亡治亂之幾也，是故先生之訓其子孫者，總其要而示之曰禮，又提其要而示之曰憲，言明諸此心，禮以守之，然自鄉黨自好而上，至爲聖爲賢，率由之云。按嚴劉書勳無錫縣圖書館鄉賢部書目、嚴毓芬無錫縣圖書館書目俱以悰

雜所著列於元代，而縣志隱逸傳列傳雜於明，蔡茂縣志例，亦列於明耳。

十間堂閒情彙編五種 明季原刊本

明華淑撰。淑字聞修，自號閒道人，屏居請暇，以讀書為事，自稱口無臧否，眼無恩怨，風波塵俗不到胸中，有茅屋一楹，有詩詞書數種，焚香晏坐，披對蕭然。淑故有以蘖引文人學士倡和其中，於詩苦心數十年，其於隨

雜家類 八

遂時好之，乃別成杼軸。縣事具縣志文苑傳。是書彙刻其平生所著：一曰書紳要語，長洲陳元素訂；二曰睡方書，溧陽史孜蔭訂；三曰茶寮，晉陵吳鍾巒訂；四曰雨窗隨喜，同縣馬世奇訂；五曰清史，崑山陳懋德訂。而自序之，謂閒中自計，嘗欲擇閒地數弓，搆閒屋一椽，顏曰十閒堂：閒花、閒鳥、閒雲、閒地、閒庭、閒侶、閒編、閒愁、閒辭、閒身。長夏艸廬，隨興拈檢，得古人佳言韻事，復隨意摘錄，適意而止，聊以伴我閒日，命曰閒情。非經非史，非子非集，自成一種閒書而已。然則其人其書，可概見焉。

清

午風堂叢談八卷 清嘉慶乙未原刊本

清鄒炳泰撰。炳泰有紀聽松庵竹爐始末，已著錄。是書倣說部體例之著。蓋炳泰博覽羣籍，究其要旨，故敘述詳論，無不具有根據。其

雜家類 九

自書卷首，謂官翰林，究心掌故，旁及文章藝術，日有所得，輒以記錄。其有不合，時復改定，積十餘年，釐成八卷。紀曉嵐宗伯謂置之宋人說部中，堪與對壘。王述菴侍郎謂其考據精確，似王深寧，記載宏富，似洪容齋，則何敢云然。論務平允，意寓勸戒，亦學人資古之義也。然則炳泰所述，及當世儒林所稱，亦可見其書之微旨矣。

匏園掌錄二卷 清光緒己卯仁和葛氏嘯園巾箱本

清楊菱生撰。菱生，字伯夔，國子生，應童子試不售，以縣丞簡發直隸，宣力河防，補雄縣丞，擢固安令，洊升薊州知州。父芳燦，才藻絕一時，而菱生亦以詩詞知名。《錫志·文苑》附芳燦傳。是書所述，殊多名論。錢塘袁祖志為之序，曰：余髫齡即聞金匱楊君伯夔為先君子詞友，倉山月明，隨園春放，特與之更唱疊和，刻羽引商，致相得也。先君子有七家詞之選，列入《倉山房全集》內，所謂《過雲精舍詞》者，即伯夔作也。伯夔之父蓉裳先生為先大父高足弟子，與先君子唱酬往還，亦極相得，偶見之《捧月樓集》中。忽忽數十年來，人往風微，掩卷增歎。今從嘯園主人處獲睹伯夔所述《匏園掌錄》兩卷，名言卓論，雋語微詞，足以增閱歷，足以啓愚蒙，足以驅睡魔，足以悟物境，非讀破萬卷、深造有得者，不能道隻字。所惜世無刊本，深恐淹沒不傳，爰函慈惠主人付之剞劂，以供同好，並為略綴數行，以徵兩家兩世文字因緣，猶緜緜於百有餘年之後而未已也。然則菱生斯作，殆不可謂非文藝中一種佳構云。

雜家類 十

履園叢話二十四卷 清同治庚午補刊本

清錢泳撰。泳有《錫山補志稿》，已著錄。是書就睹聞所及，著而有得於中，隨筆之，成二十四卷，名曰《叢話》，自謂以此遣愁索笑。《清續文獻通考》著錄之。其總目曰舊聞，識清初軼事，補野乘也；曰閱古，釋所見三代秦漢以來金石磁器，而資考鏡也；曰考索，雜取古書事物疑義，以證心得也；曰水學，列三吳之水利也；曰景賢，勸孝弟，警薄俗也；曰耆舊，思老成，奉楷模也；曰臆論，警頹風也；曰譚詩，正雅音也；曰碑帖，從所好也；曰收藏，慨煙雲之過眼也；曰書畫，示正法眼藏也；曰藝能，即形下以見道也；曰科第，紀人材之盛也；曰祥異，明天地之大也；曰鬼神，曰精怪，究陰陽之變也；曰報應，昭天人

雜家類 十一

之合也、曰古蹟、曰陵墓、曰園林、記雪泥之鴻爪也、曰叢稿、寓莊於諧也、曰夢幻、示實於虛也、而以雜記為殿焉、道光初梓行、昭文孫原湘為之序、稱凡人情物理宇宙間可喜可愕之事、無不備云、

治蝗全法四卷 清光緒戊子皖刻本

清顧彥撰、彥字士美、亦作侍梅、國子生、性康介不苟、負鄉邦重望、咸豐庚申之變、彥經董邑之恒善堂事、誓與俱存亡、竟被留而殁、是書卷一士民治蝗法

雜家類 十二

卷二官司治蝗法、卷三勸人速捕蝗子及掘除蝗種書啟、類錄前人成法、卷四救濟荒歉之法、與治蝗相輔而行者、都四卷、咸豐庚申前曾輯錄、梓行之、考錫志祥異門、載自明崇禎十年丁丑以後、連遭蝗災、至十四年以後、雖有災荒而無蝗害、清咸豐六年丙辰大旱、秋後有蝗、時從江北群至、食禾稼、且生子於地、彥乃刊布昔人成法、以告鄉里、勸民捕治、迨冬季、知地下遺有蝻子、次年必又為害、彥乃復率長子濟輯除根掘子、去蝻捕蝗諸法、凡所施設

胥著於民生、而圖所以救治之道、咸豐庚申之變、板盡燬、其書亦鮮流傳、至光緒戊子、其孫森書重刊於皖、揚州陳彝為之序、

清原正本經無卷數 清同治癸酉刊本

清徐瀓撰、瀓字蘭畦、咸同間人、有志經世、於民情利病、靡不究心、官紹興通判、歷署慈溪知縣、定海同知、時浙江巡撫何桂清奇任其咸所杭嘉湖道王有齡、重征奇斂、措置乖方、瀓乃洋洋具言、大義昭彰、雖忤當道不顧也、

雜家類 十三

遂旨遣使臨訊、褫職逐歸、結廬錫山之巔、曰石泯庵、因更名清澄、自號慎庵、平生篤信釋氏、皈齋大學、每謂釋道宗旨、與儒家一源、嘗膚覽通八卦、乃以所言旁徵曲引、多所論列、而與儒者之說又輒不相符、參悟既深、每晨必捧大學虔拜、自謂獨得秘奥、時士大夫雖不盡仰止之、而其勸世之心、殆一息無少懈、瀓初抵石泯庵、有古梅枯萎久、忽復著花、雪月交輝、與花掩映、說

者以爲奇。是書者其研究所得，謂三教持世、孔子爲宗，孔子之道，惟大學兼綜條貫，無所不通，而復通詩其於易，通於周易，孝經通於中庸之秘奧。又以孔子之道合佛老之旨，三教同參，以成其書，曰清原正本經。書中孟聖諸考於孔子生卒年月，博稽繁徵，貫穿終始，而得真諦，以定孔子爲七十五歲，一掃前代門户之見。同縣劉繼增稱其超出公穀史遷而上，殆自有説。綜其所著，殊

雜家類　　十四

有裨經生考徵。惟説者謂其示人禮拜，雖勸世良善，亦非無可置議耳。同縣秦賡彤、張鴻猷、趙起鵬（字雲九，同治三年副貢，六年丁卯舉人，内閣中書，工書，多楹帖傳世）並爲之序。

德國議院章程一卷（清光緒乙未元和江氏靈鶼閣叢書本）

清徐建寅譯。建寅有歐游雜録，已著録。是書爲德國議院章程之譯本。蓋建寅嘗參贊德國使節，采風問俗，在所留意，此其一也。自序之曰：君與民之情乃固，失則危，大惟上下之闊隔，至遠也。人情之趨嚮，尚至雜也。欲其交而通焉，不亦難哉。蓋非編詢樸論，歷采國人之言，莫收周諮博訪，集思廣益之效，不可也。是以上而國政，下而民事，必皆集衆會議，以期同心同德，乃可訂定施行。然而會集多人，心志莫雜，難免囊言盈庭，無所折衷，築室道謀，莫得一是。甚或箝口結舌，互相推諉，隨衆附和，退有後言，徒有會議之名，仍無會議之實。閒嘗鑑諸古史，徵以時事，深思而玩索之，卒

雜家類　　十五

未得其要領。故於使事之暇，往觀德國議院，知其絶無是弊，心竊異之。是延博稽西籍，覓得是編。見其章程精密，條理秩然，可以通人情，可以交上下，古訓所謂三占從二，善則從衆者，將於此見之。因譯而出之，聊備採風問俗之一云爾。元和江標督學湖南，頗贊新政，所輯靈鶼閣叢書，以刻湘中使院，斯編乃爲采收焉。

德國合盟紀事本末一卷（清光緒閒刊本）

清徐建寅譯撰。建寅有歐游雜錄，已著錄。是書爲參贊德國使節時所譯撰之籍。其自書卷首謂德國爲歐洲中原，聲名文物夙所著聞，其政治沿革之詳，著於簡編者，卷帙繁多，難以殫述。茲編畧叙大概，先述一千八百十五年（即嘉慶二十年）以後之事，次述一千八百六十七年（即同治六年）至七十一年政治之同異沿革云。

十六

庸盦筆記六卷 通行石印本

雜家類

清薛福成撰。福成有浙東籌防錄，已著錄。是書攬脩聞所及，隨筆記載，編次之法，以事類相從，都六卷。卷一二爲史料，卷三爲軼聞，卷四爲述異，卷五六爲幽怪。其凡例謂昌黎諱子有云，誅奸諛於既死，發潛德之幽光，茲編亦頗存此意，雖不過隨時涉筆，而所以挽世道人心者，未嘗不兢兢焉。卷中所書善惡，務得其實，善者則盡力表章，不嫌溢美；惡者則核之又核，亦爲世所共棄者而後加貶，庶幾附善善從長、惡惡從短之義云爾。清續文獻通考著錄之。

民國

怡竹廬隨筆二卷 民國八年聚珍本

民國實鎮撰。鎮有名儒言行錄，已著錄。是書所載多遺聞軼事，有關風教之作，都二卷。同縣楊志濂爲之序。

十七

滌塵雜記無卷數 稿鈔本

雜家類

民國秦國璋撰。國璋有寄暢園志，已著錄。是書所載，關於地方文獻及追懷先德庸事者爲多。凡所見圖籍之佳本，以及金石之考訂，古蹟之題詠，掌故之源流，皆隨手爲書，而無分卷數，要爲有稗考徵之編也。爲未刻稿，首尾亦無序跋。縣圖書館所藏稿鈔本，爲錫邑城大河上秦氏所捐贈者。

雲外朱樓集二編 民國二十四年通行鉛印本

民國王蘊章撰。蘊章字蒓農，號西神，清光緒二十八年壬寅補行庚子辛丑恩正併科副貢，少負才望，未冠入泮，既捷賢書，自是益知名。能書，尤工駢文。客居海上，以鬻書為生，蕭然自放。宣統之季所撰上海民立報、時事新報社論，為時傳誦。入民國，編輯上海商務書館小說月報、婦女雜誌，俱有聲。嗣主講正風文學院，造就者亦多。是書正編皆筆記，類多小品文字，附編為詩詞序跋並誄輓之辭。其濡筆之雋秀峭拔，磊落有致，於斯編亦可見蘊章行文之梗概焉。

雜家類　十八

生存

覺花寮雜記四卷　雲在山房叢書本

今人楊壽枏撰。壽枏有思沖齋文別鈔，已著錄。是編雅徵掌故，指切當世善惡是非，實為清季同光以來之故實。太倉唐文治稱壽枏斯筆，特露其抱負之宏遠，是固近代得失之林也。東吳徐沅序之，謂味雲京卿久宦京朝，就光緒中葉以來聞見所及、事會所經，輯為筆記四卷，所列時政得失、風尚淳漓，旁逮俊流，陶寫勝地，標題及所自為名言十萬，詞可諷可鑑，可愛可傳，咸在焉。聖塗閒燕之談，仲言揮麈之錄，恍若遇之。至其述祖德，誦清芬，則陸放翁家世舊聞、司徒溪邊衝話，蓋駸駸矣。滄流方亟，邪詖競張，求一良言善論，渺不可得。顧華說部再昌，海內方鬧，當有欲然把卷且瞿然奮筆以興者，他日求晚季故實，能不推君為先河云。

附錄

雜家類　十九

國學概論十章　上海商務書館通行本

今人錢穆撰。穆字賓四，博學通才，為當世國學名教授。是書為其講學時隨講隨錄之品，前端載弁言，謂前七章講於江蘇省立第三師範（民國十五年），後三章講於江蘇省立蘇州中學（民國十七年）。書中所列：一、孔子與六經，二、先秦諸子，三、嬴秦之焚書坑儒，四、兩漢經生今古文之爭，五、晚漢之新思潮，六、魏晉清談，七、南北朝隋唐之經學注疏及佛典繙譯，此所謂前七章也；八、宋明理學，九、清代考證學，十、最近期之學術思想，此所謂後三章也。自謂國學一名，前既無承，將來亦恐不立其範圍所及，何者應列國學，何者則否，實難判別，於采梁氏清代學術概論大意分期叙述，使學者得識二千年來本國學術思想界流轉變遷之大勢，以培養其愛國應啟新的機運之能力，而同縣錢基博序之，則謂第九章稱説黃梨洲、顧亭林、王船山、顏習齋，而不及毛奇齡，是叙清學之始，未為周匝也；殿以黃元同、俞蔭甫、孫仲容，而不及陳澧，是叙清學之終，未為其盡也，穆以斯論為加以鍼砭云。

雜家類 二十

類書類

〔明〕

事類賦三十卷 清乾隆間刊本

明華麟祥校刊。麟祥，字時正，諸生，萬曆壬寅入監，選浙江布政司都事，不赴。時諭播殖遂，雄於貲，歲饑粟貴，傾廩賑貸，無所應者。事具縣志行義傳。是書宋博士吴淑撰注，麟祥承郡守趙某字鶯洲之屬校刊行世。無錫縣宰胡倖字居錫進士使麟祥

類書類 一

子雲序之，乃題言之曰：茲非鄙人之盛心哉。聖賢之執森然具存，方策人之才分不同，詣其極則百家之編，節者彙成數在天壤。種種類聚，學士大夫鈎元提要，知類通達，潤吾心體之明，而廓之家國天下，無不利矣。吳氏此編用心孔勤，學者熟覽焉，奇而工之，私是其材分別文辭學術，不患不能倍蓰於昔人，譬之鑿坏丹砂速効，並有之，乃能濟人，故曰公盛心也。胡侯躍然喜曰：茲固可書，遂書簡末。先麟祥之刊以斯編

資來學可以知所自矣。

清

類書纂要二十四卷 清康熙甲辰原刊本

清周魯侯果纂輯。魯字南林，諸生。順治八年辛卯科舉，困於場屋，鬱鬱不得志，因肆力著述，博學好古，平居寢處墳索，出入經史，搜奇討幽，無有遺闕。縣志無載。果字仙德，號霓峰，順治六年己丑進士，知宣平縣。民貧多逋賦，果輸家貲補之，辭牢興供億，未嘗擾民，亦

不廣事。遷禮部主事，擢郎中，改刑部，督九江榷。清慎奉公，志存額外征商旅。德之。縣志宦望有傳。是書分門別類，自古迄今，凡經史稗乘所載，而為世所通曉，事實可傳信者，乃筆之於書，分以類從，為卷二十有四，名曰類書纂要。四庫全書為之存目。武林黃機字次辰，翰林院侍讀學士，纂修實錄，江南正主考為之序，稱是編也，特自上古以迄今代，書自經史以及稗乘，人自皇王以至編齊，事自朝常以逮丘細，包羅六合之內，窺闢六合之外，無平不有，無乎不備，乃博而不繁，簡而能該，采天下古今之書之要，集於一編，開卷燦然，一覽可竟，然則是書體要概可知矣。

春秋經傳類聯無卷數 邑人陶守恒捐贈安氏留耕樓舊藏雍正間原刊本

清王繩曾撰。繩曾字武沂，雍正八年庚戌進士，少受學於舅氏秦道然，講主敬之學，墨守繩尺，言動必於禮。年五十餘，始官揚州府教授。縣志作江寧教諭。罷舉，表既歸，主講東林書院，尤致意於後學。縣志儒林有

傳。是書取春秋經傳之辭，稍加點竄，鎔鑄為對偶，凡三十四類，於二百四十二年之間，所載倫常軍國之大，鳥獸魚蟲之小，皆各從其類，以綴之。四庫全書為之存目。繩曾自謂茲編分類彙集，簡其為言，駢為駢體，以便記誦。寧律不諧，無使句弱，用字不工，無使語俗。若夫一人一事而疊見者，以其類之所分，而各有取義，學者別其指歸，自不嫌於複出。春秋為彰善癉惡之書，而左氏傳特詳其事之始

終本末，衍中類綴諸條，以為指學之助，當亦為聖人彰癢之所不廢，於是可知絕曾所著之徹旨矣。

記事珠引釋十卷 清雍正辛亥原刊本

清鄭夢明刪訂。夢明字震寰，諸生。康熙六十年辛丑歲纂。是書為毘陵張以謙纂記，自帝王公卿將帥，國下至齊民之人倫道德，以及器識秉性，為類五十有一，為條八千有四奇。搜采經史子集、稗官野乘所載，分類輯錄。書分上下兩截，下截編句，

類書類 四

句以四字，而必有韻。上截所載，就下截句中所述，羅列其事，具為標明。凡例因名之曰引釋。所謂句以類統，事以人詞，前輩蒙之記憶，非類苑之以博洽相高者。夢明服膺斯編，而於所列引釋，慮其太煩，滿車過多，學者記憶不易，自謂博攷詳稽，參經狀雪，刪繁就簡，珠貫囊螢，不敢纖毫悉聽，見未嘗一字逞臆。總觀斯編，鈎綴羣書，采擷精要，以便學者記誦，治帖括學者尤為德之，而夢明刪訂，亦具見其用心焉。

廣事類賦四十卷 清乾隆甲中原刊本

清華希閔撰。希閔有金匱縣志，已著錄。是書因其六世祖麟祥校刻宋吳淑事類賦，病其未備，乃增廣之，都四十卷，體裁悉如淑例。四庫全書為之存目。其自序謂大類書之作，捃拾四部，或繁而蕪，或簡而陋，是書差為綜要。又以事隸賦，用便記誦，於初學尤宜云。

類書類 五

小說家類

清

金扇齋說八卷 縣圖書館寫本

清楊芳燦纂輯。芳燦有伏羌紀事詩已著錄。是書輯錄子史雜部所載春秋以來朝野閨閣之工於詩詞篇什，並其有關之作，尤以嗟怨之聲為多。縣志藝文門未予著錄。無錫縣圖書館：長泰婉鈞弁識其端，謂此書首載

小說家類 一

陳雲伯序，有女士系今隋肖一語，知為楊女士所作，無疑。又本館鄉賢部書目閨秀門亦載金扇齋說八卷，清楊芸著。本館鈔本，未刻稿，藏西溪余氏。芸字蕊淵，楊芳燦女，秦承霈室，則與雲伯序文若合符節。然此本卷首又載原本無題名，而下署金匱楊芳燦著，殆原本無撰人名氏而劉前館長為代署與？但此本為劉前館長特繕寫與編錄鄉賢部書目同出一手，何以牴牾若此。及閱此本卷尾心禪室題語，謂書中有蓉裳公親筆，又有數卷為伯夔公手鈔，意者此本為楊氏父女兄妹合璧之作，父詒於前，女續於後，伯夔趨庭之暇，亦曾抽毫助編者。長女蕊淵獨尸其名，雲伯所言非誣。蘭端代署，或臆其朔而存之，可也。茲書之以備後世考徵。

梅溪華記一卷 古今文藝叢書本

清錢泳撰。泳有錫山補志稿已著錄。是書所

小說家類 二

記多乾嘉間故事，為野史稗乘之助，而又足裨風教也。縣志藝文門未載。

箕錄四卷 縣圖書館寫本

清劉繼增撰。繼增有忍草庵志已著錄。是書彙輯子史雜部所載以箕預卜吉凶禍福之故事，名曰箕錄。卷一箕典、箕徵，卷二箕藻、箕藝，卷三箕綺、箕話，卷四箕目、箕孽，都四卷。繼增稱考粵俗於正月十五夜以箕為節

真設酒果以戲題者，投者覺重，便是神來。即跳躑不住，於是可占衆事，以卜未來。且往往隨時可請箕以問休咎，不必於正月十五夜舉之。因追溯其源，尋繹其流，而窮搜博采，編次成帙。又自謂非覽博綜，衛心集穗之參天人之玄理，明二氣之良能，烏能闡厥窈冥，袪茲繁惑云。原稿藏寄漚書巢，未梓行。

酒令叢鈔四卷 清光緒戊寅飛雲軒原刊巾箱本 三

小說家類

清俞敦培纂輯。敦培字芝田，亦作芝怡，道咸間人，知樂平縣事。忠挂冠去，本親僑寓贛之關地，數與時花雜竹以養志，朋從半倒，從聯袂觴詠無虛日。工填詞，兼工繪事，說者稱其有雅人深致焉。是書蓋紀公私讌飲時酒座所用之令，都四卷，故名酒令叢鈔。其凡例謂漢以前人宴樂有類於令者，采而錄之；註至唐宋以迄於明，令日以多，有不解其法，惟存其名者，亦錄之。編爲古令一卷。引經據典，分韻聯吟，當筵搆思者，編爲雅令一卷。其俗不傷雅，不費思索，可以通行者，編爲通令一卷。白香山詩「醉折花枝作酒籌」，所以記飲數，其法良便，且先趙辟荀子所謂探籌投鉤者，所以爲公也，編籌令一卷。至新創之令，其意實過前人者，附於籌令之末。綜觀書中所采經史稗說，極爲繁博，雖不以遊戲，有可觀云。

民國

竹素園叢談一卷 民國十六年雲在山房校印本 四

小說家類

民國顧恩瀚撰。恩瀚字涵若，又字涵宇，亦作涵雨。清諸生（光緒十九年癸巳科案）。院試時，江蘇學政溥良激賞其才，拔置第一，方看謂以練習楷法，精研試帖詩，勉之。曰鼎甲當以楷效奮在律詩，蓋期許之如此。復累試秋闈不售，並仕安徽，得巡撫歷金柱裕、漢內河關長，游擢蕪湖關稅務廳之長，嘗攝蕪湖監督，旋移天津稅務司幫辦。性廉退，雖耳得侯擢，然不肯趨權勢。民國之初，目擊時政大壞，輒俯首歔欷，無意問世，與同孫楊舜耕嘯詠津門，著書閲終老。二人者，論交四十年，相知俱深也。是書擬括耳食覩記所及，隨筆纂錄，不主一格。舜耕序之，謂蒐討國故，則朝野僉載之流；誦述先哲，則家世舊聞之例；敘兵戈浩劫，似汪灝錄之蒼涼；誌神鬼異聞，非諾皋記之荒幻；以及甕牖閒評，騷箋瑣語，考證名物，品藻詩文，詞必歸於雅馴，雅不傷於蹖駁，肖之見記，隨之賅洽，學養之深純云。而舜耕所輯雲在山房叢書，又以是編采入之焉。

小說家類　五

夕陽紅淚錄十二卷　上海新中華圖書館石印本

民國孫靜菴撰。靜菴有續明史，已著錄。是書縣圖書館無藏本，據上海新中華圖書館廣告所揭櫫之介紹辭，稱：自古山河零落，舉目蒼涼，宗社陵夷，傷心禾黍，往往有孤臣遺老之悲吟，時士異人之寃事，足以備史乘之采集。發潛德之幽光者，特吾於搜輯之人，隨夕陽荒草以俱湮，後今予古之士，唏噓感慨，灑數行之紅淚而不能已。無錫孫靜菴先生，抱瑰奇磊落之才，負激揚清濁之志。所著各書既已編次成帙，獨於明季遺聞，窮源竟委，網羅靡遺。凡故老遺民之軼事，以及勞人思婦之詩歌，舉凡可歌可泣之狀況，一以哀艷之筆備載其詳。成夕陽紅淚錄十二卷。凡胡虜之慘酷，淫奸之反覆，種族之禍害，文字之寃獄，靡不搜羅殆遍。隱寓筆削口誅之意，走雷電於紙上，飛霜雪於毫端，使吾民族於二百六十餘年以後，猶得見故老之遺烈，及異族之野心者，其功殆不在續明史、明遺民錄等之著作下也。斯言也，殆皆出於同縣侯鴻鑑序文所述者云。

小說家類　六

棲霞閣野乘無卷數　上海新中華圖書館石印本

民國孫靜菴撰。靜菴有續明史，已著錄。是書縣圖書館無藏本，據新中華圖書館所登出版之介紹辭，稱：自山左之蒲留仙聊齋誌異出，奄有衆長，萃列國之菁英，一爐冶之。而河間紀文達公閱微草堂筆記，原解比事，義蘊畢宣，與聊齋異曲同工，是皆龍門所謂自成一家言也。是書爲無錫孫靜菴先生所著。先生以作史之餘緒，博采舊聞，旁搜遺佚，凡二百六十餘年之間，上自典章法度，下訖動植飛潛，曲狀幽隱，旁通藝術，諸凡人事之短長，世態之變遷，無不具載。其或筆削奸諛，表揚亮節，言情記事，秩然有經緯，完盡世之人情，窮地獄之變相，怪之奇之，聞之見之，皆足以新一時之耳目，拓萬世之心胸。猶其筆墨之謹嚴，搜

羅之宏富，遠駕聊齋閱微草堂之上矣。故知二百六十餘年以來，朝野之掌故，有不可不讀此書，是亦知其書之微旨矣。

剕駝泣血錄八卷 上海新中華圖書館石印本

民國孫靜菴撰。靜菴有續明史，已著錄。是書蘇州圖書館無藏本，據上海新中華圖書館所鋟此啟，介紹解林：是書所載，皆胡虜入關時，慘酷無人理之歷史，亡國之慘，真有令人不忍聞、不忍讀者。先生得鈔本於西漢余氏，出諸何氏，無可稽考，因世無刻本，乃編錄成帙，分八卷：曰福王登極實錄，曰甲申紀聞，曰孤臣哭紀，曰再生紀畧，曰燕都日記，曰北事補遺，曰淮城日記，曰揚州變畧，曰京口變畧，曰一夢緣記，共十種。雖屬稗官野史，而詞旨雅潔，直筆昭垂，洵信史也云云。則其書內容，大概見焉。

醫家類

清

理瘟元鑑二卷 清光緒丙申重刊本

清村懷祖參訂，華曦校正。懷祖字德修，潛心醫學，嘗入都，名噪公卿間。縣志藝術有傳。曦，佚其字，諸生。乾隆十年乙丑歲貢。是書原著人姓氏撥，懷祖序中所述，並諸序所及，俱稱錡石先生，其長子字伯儒，次子字來庵，姓名及里居家事蹟俱無考。懷祖得此書，志心參訂，數為發前人所未發，付梓流傳，以事表彰。曦為校正焉。

瘍科心得集五卷方彙一卷補遺一卷 清嘉慶己巳原刊本

清高秉鈞纂輯（撰）。秉鈞字錦庭，嘉慶間人，積學能醫，而尤工於瘍科。縣志藝術有傳。其書輯其平生所攻治，並經驗有得者，發為論談，都三卷。又以治有成效之方彙為一卷，並補遺一卷殿焉，總名曰心得集。同縣孫爾準為之序。

醫家類 一

民國

華秉麾醫學心傳四集 民國二十一年鉛印本

民國華秉麾撰。秉麾名承謨，晚年以字行。清光緒十九年癸巳恩科舉人，嗣以知縣分發廣東，署遂溪知縣，補在任清鄉有功，超拔以知府用。入民國，曾充迪化警察廳長及中俄學堂提調等職。既歸，隱於醫，及門者多造就。是書輯錄本草分類表、藥性主要歌等為第一集，臟腑虛實論、病源論為第二集，經驗良方、男婦幼科脈案為第三集，改正仲景傷寒方為第四集，總名之曰心傳。同縣侯學愈為之序，稱之與朱丹溪心法大全、汪訒庵醫方集解、陳修園叢書並駕齊驅云。

醫家類 二

無錫藝文志長編

共十三册之八

集部六册之一

集部目録

別集類卷一

無錫藝文志長編目錄

集部目錄

別集類卷一

元

黃楊集三卷補遺一卷 元華幼武撰

華氏黃楊集一卷 元華幼武撰

倪隱君集一卷 元倪瓚撰

倪雲林詩集六卷 元倪瓚撰

無錫藝文志長編集部目錄 一

清閟閣詩集六卷附集二卷 元倪瓚撰

明

浦舍人詩集四卷 明浦源撰

王舍人詩集五卷 明王紱撰

綠苔軒詩集六卷 明錢子正撰

秦敍修集一卷 明秦旭撰

東皋詩集十二卷 明秦播撰

錢山人集一卷 明錢文撰

錢逸人集一卷 明錢百川撰

羅太守集一卷續集一卷 明羅棻撰

秦端敏公集一卷 明秦金撰

莫南沙集一卷 明莫止撰

楊通府集一卷 明楊中撰

顧憲府集一卷 明顧可久撰

清溪莊遺集二卷 明顧可久撰

顧同府集一卷 明顧彥夫撰

無錫藝文志長編集部目錄 二

秦封君集一卷 明秦瀚撰

鄒九峯集一卷 明鄒璧撰

華学士集一卷 明華察撰

巖居稿八卷 明華察撰

姚山人集一卷續集一卷 明姚咨撰

遊陽稿二卷別稿一卷 明黃正色撰

强德州集一卷 明强仕撰

施武陵集一卷 明施漸撰

王斂齋集一卷續集一卷 明王問撰
王仲山先生詩選二卷 明王問撰
華比部集一卷 明華雲撰
清湖集四卷 明秦植撰
施文学集一卷 明施九州撰
陳隱士集一卷 明陳東川撰
趙文学集一卷 明趙綱撰
續傳黄求集一卷 明傳 撰

無錫藝文志長編集部目錄 三

俞繡峯集一卷續集一卷 明俞憲撰
寒螿詩稿一卷 明辛五年撰
高忠憲公詩集八卷 明高攀龍撰
悟秋艸堂詩集十卷 明顧杲撰
滄寧居詩集二卷 明馬世奇撰
十峰詩選七卷 明錢肅潤撰
郄霞偶刻一卷 明陳卯茂撰
高觀民詩一卷 明高世觀撰

清

秋水集十卷 清嚴繩孫撰
蒼峴山人集五卷 清秦松齡撰
顧梁汾先生詩詞集九卷 清顧貞觀撰
纑塘集一卷 清顧貞觀撰
南岑詩艸一卷 清李枚撰
罨畫樓集八卷 清安璿撰
雲川閣集詩十八卷詞四卷 清杜詔撰

無錫藝文志長編集部目錄 四

綠瀛軒詩集一卷 清徐璉撰
借柳軒詩十四卷 清鄒升恒撰
逸軒詩鈔一卷 清杜漢階撰
師善堂詩集十卷 清嵇曾筠撰
錫慶堂詩集八卷 清嵇璜撰
雲逗樓集無卷數 清楊度汪撰
樂阜山堂稿八卷 清王會汾撰
碩邁溪集九卷 清顧奎光撰

吴黼仙詩鈔八卷 清吴峻撰
岵齋詩存二卷 清秦朝釪撰
響泉集二十卷 清顧光旭撰
菰蘆吟四卷 清顧錦春撰
竹外山房詩集二卷 清秦潮撰
寶巖堂詩集四卷 清孫永清撰
午風堂詩集六卷 清鄒炳泰撰
春草軒詩存四卷 清楊掄撰

芙蓉湖棹歌一卷 清楊掄撰
芙蓉山館詩鈔八卷 清楊芳燦撰
桐華吟館詩詞稿八卷 清楊揆撰
綠雲吟館詩稿一卷 清楊英燦撰
玉山閣詩選八卷 清徐鏴慶撰
西莊遺稿一卷 清王顥鋭撰
小峴山人詩集二十六卷 清秦瀛撰
粤山吟草一卷附文無卷數 清秦大受撰

一枝軒稿八卷 清施香撰
十二山人詩草一卷附文稿一卷 清安吉撰
篠綠館吟稿二卷 清周暻撰
蘭巖詩鈔四卷翠屏山房詞草一卷 清安全撰
弟禾吟草一卷 清華蕚撰
涓涓草一卷 清秦若暘撰
自娱草一卷續草一卷 清秦琇撰
洗梅齋詩草一卷京江遊草一卷 清楊紹基撰

蟫香牘鈔一卷 清秦大光撰
漆漁詩存四卷 清秦琦撰
拜石山房集四卷 清顧翰撰
二㮚村莊梅花百絕一卷 清華文模撰
閑吟霞詩鈔六卷 清華文桂撰
左之詩草六卷 清華宜撰
尔人詩草一卷 清華有撰
慎思草堂吟稿一卷 清龔汝直撰

聽鶴山房吟稿一卷 清龔桐撰
壺園集四卷 清徐寶善撰
怨娛齋詩鈔二卷 清章簡撰
真松閣集二卷 清楊夔生撰
金粟峯集二卷 清顧翃撰
樂潜堂集二卷 清趙函撰
城西艸堂詩集四卷 清秦緗武撰
寶素齋詩鈔十卷 清鄒鳴鶴撰
無錫藝文志長編集部目錄 七
經雅堂遺稿三卷 清孫慧良撰
豫從小艸四卷 清鄭繼善撰
華巷書屋詩鈔二卷 清嵇文駿撰
靈蘭館律賦一卷 清王禮甲撰
飛香圃詩集四卷 清吳詩撰
水竹軒詩鈔六卷 清秦煥撰
碧梧桐館詩存一卷 清秦炳文撰
東里艸堂詩艸一卷 清朱壽靖撰

張南湖詩詞存一卷 清張應蘭撰
旅懷小艸一卷 清張應蘭撰
醉墨軒詩鈔四卷 清張步瀛撰
悔餘吟社詩詞稿一卷 清華汝楫撰
杏林吟艸一卷附詞艸 闕 清朱錦英撰
古抒秋館詩草三卷 清侯楨撰
微雲樓詩集五卷 清秦昌煒撰
微雲樓山館詩集一卷 清秦喬華撰
無錫藝文志長編集部目錄 八
怡雲艸堂詩存一卷附詞鈔一卷 清蔣大鏞撰
旅游小艸四卷 清華振撰
抄香居小艸一卷 清孫頲撰
拂珊吟一卷 清陳葉之撰
樫竹齋詩鈔無卷數 清秦濬撰
谷盦髮牘二卷補遺一卷續集一卷 清張鴻猷撰
孟和詩艸二卷 清范鈞撰
自怡軒詩詞存三卷 清顧奎撰

遠觀樓詩艸一卷 清顧寬撰
霜傑齋詩二卷補遺一卷 清秦寶璣撰
吟梅仙館詩詞稿二卷 清蔣汝倜撰
紫櫻仙館詩詞艸僅存一卷 清蔣汝倫撰
延桂軒詩稿一卷 清鄒登瀛撰
靜初山房遺集三卷 清錢鈞伯撰
心禪室詩稿三卷 清俞一鼇撰
劍霜龕吟稿四卷附錄一卷 清秦寶鑑撰
無錫藝文志長編集部目錄 九
寄漚詩鈔四卷附詞一卷 清劉繼增撰
篁韻盦詩稿六卷 清顧森書撰
頌春閣詩稿一卷 清高翊撰
醉春陰軒詩鈔一卷附文一卷 清侯星軿撰

民國

晚紅軒賸稿二卷 民國秦鄴裳撰
小綠天盦詩詞艸五卷 民國竇鎮撰
萬樹梨花館詩稿六卷 民國范廷銓撰
南湖集四卷 民國廉泉撰
夢還集一卷 民國廉泉撰
寒厓集四卷 民國孫道毅撰
環溪艸堂詩稿六卷 民國侯學愈撰
吟鷗水榭詩稿四卷 民國侯學愈撰
庸隱廬詩存二卷 民國張文琮撰
慨翁詩錄一卷 民國孫保圻撰
楊荳孫先生詩集三卷 民國楊壽枬撰
無錫藝文志長編集部目錄 十

生存者述

蕭心劍氣樓詩存一卷 今人孫肇圻撰
漁隱詩鈔續編二卷 今人胥元文撰

別集類卷二

宋

文選註考異一卷 宋尤袤撰

明

杜詩分類集註二十三卷 明邵寶集註 過棟參校

王右丞詩集註十卷 明顧起經撰

辟疆園杜詩注解十七卷 明顧宸撰

選詩補註一卷 明曹巖撰

無錫藝文志長編集部目録 十二

全唐七言律詩注一卷 明曹巖撰

清

宋孫仲益內簡尺牘箋訂十卷 清秦焯蔡龍孫增輯

楚三閭大夫賦箋七篇 清王邦采撰

吳淵穎先生集箋十二卷 清王邦采撰

晁具茨先生詩集箋十五卷 清王邦采撰

讀杜心解六卷 清浦起龍撰

南唐二主詞箋一卷補遺一卷 清劉繼增校箋

陽春集一卷 清劉繼增校評

別集類卷三

宋

盤洲文集八十卷 宋洪适撰

明

華豫庵先生集一卷 明華略直撰

胡蓮渠文集無卷數 明胡濤撰

涇皋藏稿二十二卷 明顧憲成撰

馬文堂集十卷附詩一卷 明黄家舒撰

無錫藝文志長編集部目録 十三

十峰文集一卷 明錢肅潤撰

高景逸先生遺集六卷 明高世泰撰

自潤稿無卷數 明秦汧撰

安大令文集無卷數 明安廣居撰

清

秋水文集二卷 清嚴繩孫撰

蒼峴山人文集六卷 清秦松齡撰

拙存堂文集六卷 清蔣衡撰

類谷居文稾無卷數 清諸洛撰
澹園文集五卷 清華玉淳撰
芙蓉山館志亭存稿一卷 清楊芳燦撰
十二山人文集十二卷 清安吉撰
玉山閣古文選四卷 清徐鏷慶撰
鐵山情響一卷情籟一卷 清陳伯瑞撰
世忠堂文集六卷 清鄒鳴鶴撰
留雲僊館文鈔二卷附詞一卷 清秦樹撰
無錫藝文志長編 集部目錄 十三
飛香園文集四卷 清安詩撰
澹庵文存二卷 清麟塘撰
青瑯玕館遺稿三卷 清顧濟撰
醉墨軒遺文一卷 清張步瀛撰
古柠秋館遺稿文二卷補遺一卷詩一卷 清侯楨撰
恰好處文存二卷 清秦芝青撰
青萍軒文錄二卷附詩錄一卷 清薛福保撰
琰賓齋文稿二卷 清秦賓瑊撰
顨盦集七卷 清鄧濂撰

硯香文集七卷 清涂秉鍔撰
蘭言居遺稿三卷 清榮光世撰
惜分陰齋遺稿二卷 清張彥昭撰
戴寒齋文鈔一卷 清秦堅撰
寄漚文鈔二卷 清劉繼增撰
蟄盦文存二卷 清楊模撰
存敬畏齋文艸一卷 清顧森書撰
望韻盦駢文稿一卷 清顧森書撰
無錫藝文志長編 集部目錄 十四

民國

次哲次齋遺文一卷 民國孫振烈撰
刪亭文集二卷續集二卷 民國周同愈撰
侍史文錄一卷 民國錢福炯撰
心遠天盦文稿二卷 民國竇鎮撰
滌盦文集無卷數 民國秦國璋撰

明

别集類卷四

容春堂前集二十卷後集十四卷續集十八卷別集九卷 明邵寶撰

具茨集五卷補遺一卷文集八卷附錄一卷遺稿一卷 明王立道撰

柗青閣稿二十二卷 明鄒迪光撰

天全堂集四卷 明安希范撰

心遠堂集二十卷 明王永積撰

邯山先生遺稿八卷 明張恂撰

清

蓉洲詩文稿六卷 清季麒光撰

無錫藝文志長編集部目錄 十五

曉滄集二卷 清潘果撰

小峴山人詩文集三十五卷 清秦瀛撰

蓉莊遺稿二卷 清顧鈺撰

尚絅堂集五十六卷 清劉嗣綰撰

紅棠閣詩文鈔十三卷 清王芝林撰

六有齋詩文集三卷 清施建烈撰

荔雨軒詩文集十一卷 清華翼綸撰

孫仰旗先生文集六卷附詩一卷 清孫希朱撰

行素軒詩文存二卷 清華衡芳撰

張瑞甫遺稿二卷 清張岳駿撰

沈楕庚詩文集六卷 清沈鋆撰

蛟河散人詩文稿一卷 清侯昌政撰

冷紅館賸稿四卷補遺二卷詞一卷 清秦臻撰

半讀齋賸稿二卷 清榮汝楫撰

民國

可桴文存七卷附詩一卷 民國裘可桴撰

無錫藝文志長編集部目錄 十六

大浮山房詩文鈔六卷 民國秦毅世撰

殘本詩文翰卷詩文稿無卷數 民國鄒梓撰

庸隱廬詩文存三卷 民國張文藻撰

別集類卷五

宋

龜山集四十二卷 宋楊時撰

梁溪全集一百八十卷附錄六卷 宋李綱撰

梁溪遺稿二卷 宋尤袤撰

元

残本聽雪集七卷 元王賓撰

清閟閣集十二卷 元倪瓚撰

明

王天游集十卷 明王達撰

王峯遺稿二十四卷 明秦夔撰

皇華集類編十卷 明華察撰

孫宗伯集十卷 明孫繼皋撰

顧端文公遺書五十九卷 明顧憲成撰

小辨齋偶存八卷 明顧允成撰

高子遺書十二卷附錄一卷年譜一卷 明高攀龍撰

高子別集八卷 明高攀龍撰

堵文忠公全集十卷 明堵允錫撰

寒香館遺稿十卷 明辛陞撰

清

拖犢山房集六卷 清嵇永仁撰

安孟公遺稿無卷數 清安璿撰

醉經堂集二十卷 清王鑑撰

鐵莊集十一卷 清陸楷撰

延綠閣集十二卷 清華希閔撰

不是集六卷 清浦起龍撰

釀蜜集四卷 清浦起龍撰

積山類稿十三卷 清周鎬撰

雙梧桐館集二十六卷 清楊楷撰

芙蓉山館全集二十卷 清楊芳燦撰

春雲堂集二十五卷 清孫爾準撰

尊小学齋集十卷 清余治撰

變餘遺稿四卷 清竇承烜撰

虹橋老屋遺稿九卷 清秦緗業撰

庸盦全集續編四十七卷 清薛福成撰

實学堂存稿二卷附詩文稿一卷 清陶輔昇撰

丹桂書屋賸稿一卷 清錢福煒撰

四槐寄廬類稿七卷 清孫鼎烈撰
嚴廉訪遺稿十卷 清嚴金清撰
復庵遺集二十四卷 清許珏撰
復庵先生集十卷 清許珏撰
慎齋詩草二卷附錄三種 清包理撰
竇曉湘先生集七卷附曇花吟一卷 清竇士鏞撰
二知齋遺稿三卷 清孫贊堯撰

民國

潛皖偶錄十卷 民國錢麟書撰
訥盦叢稿十二卷 民國顧鳴鳳撰
硯雲齋遺稿三卷 民國嚴毓芬撰
三借廬賸稿五卷 民國鄒弢撰
懸瓠軒叢稿三卷 民國許棫撰

生存著述

雲在山房類稿十五種 卷 今人楊壽枏撰

附錄

明

孫宗伯尺牘一卷 明孫繼皋撰

清

浦二田尺牘二卷 清浦起龍撰
芙蓉山館尺牘十七卷 清楊芳燦撰
芸香閣尺一書二卷 清朱蔭培撰
剪燭錄二卷 清龔禮撰
海棠秋館尺牘無卷數 清裘廷楨撰

生存著述

雲邁書札無卷數 今人楊壽枏撰

總集類卷一

元

荆南倡和詩集一卷　元周砥馬治撰

明

三華集十八卷　明錢子正及弟子義従子仲益合刻詩

錫山遺響十卷　明莫息纂輯

梅花百詠一卷　明王達纂輯

雨花鼓吹五卷、梅花鼓吹二卷　明王化醇纂輯

無錫藝文志長編集部目録　二一

二倪詩集一卷　明倪峻倪敬撰

二俞詩集二卷　明俞泰俞輝撰

二浦詩集一卷　明浦瑾浦應麒撰

残本或明百家詩　俞𢘅綸　明俞憲纂輯

俞二子集一卷續集二卷　明俞淵俞沂撰

類選苑詩秀句十二卷　明顧起綸纂輯

清

聯香集十六卷　清許四美纂輯

積書巖宋詩選二十五卷　清顧貞觀選輯

今詞初集二卷　清顧貞觀選輯

宋詩類選二十四卷　清王史鑑選輯

唐詩䩄叩集十二卷續集三卷　清杜詔選輯

金詩選四卷　清顧奎光選輯

元詩選七卷　清顧奎光選輯

梁溪詩鈔五十八卷　清顧光旭纂輯

荆園唱和集十六卷　清楊芳燦纂輯

無錫藝文志長編集部目録　二二

丁氏喬梓集二卷　清丁芳洲丁彥和撰

辟疆園遺集十卷　清顧敬恒顧徽愉顧敬恂顧騏寫撰合刻詩

錫山秦氏詩鈔十卷　清秦彬纂輯

膠山安氏詩雜集無卷數　清安吉纂輯

華氏金粟山嶺詩存一卷　清華斌纂輯

二梛村莊吟社詩選一卷　清華文彬華文模選輯

慧川園集三卷附湖上紀遊詩一卷　清唐棣唐文潤唐汝翼撰宗刻詩

膠山安氏詩補編二卷　清安念祖纂輯

錫山孫氏詩存四卷 清孫楳孫道洪孫垂勛孫文淵合刻詩
宋元明詩約鈔二卷 清華蘅芳選輯
勤斯堂詩彙編九卷 清顧應春顧翃顧嵘顧淳顧寬顧宏清顧詒成顧楨顧植撰彙刻詩
錫山龔氏遺詩二卷 清龔煋龔鈐撰合刻詩
清詞綜補四十卷 清丁紹儀纂輯
清詞綜補續編十七卷 清丁紹儀纂輯
一家詩詞鈔無卷數 清滕元鑑及子学濂槿膺彙刻詩詞鈔
清朝論詩絕句一卷 清蔣士超選輯
無錫藝文志長編集部目錄 二三
古詩選四卷 清王國楳選輯
二嚴先生詩二卷 清嚴文波嚴文沅合刻詩
聽鴻雜著四卷 清陶恩勛顧潤沐撰

民國

續梁溪詩鈔二十四卷 民國侯学愈纂輯
蘅游芳影集無卷數 民國吳芝瑛纂輯
桐江釣臺集十二卷續集二卷 民國嚴懋功纂輯

見存著述

全漢三國晉南北朝詩五十四卷 今人丁福保纂輯

總集類卷二

明

唐宋六家文畧十二卷 明蔡瀛選輯
文府滑稽十二卷 明鄒迪光選輯
辟疆園宋明文選二十卷 明顧宸選輯

清

錫山文集二十卷 清王史直纂輯
古文眉詮七十九卷 明鄒迪光清浦起龍撰
無錫藝文志長編集部目錄 二三
古文一隅三卷 清朱宗洛選輯
七家文鈔七卷 清薛玉堂選輯
梁溪文鈔四十卷 清周有壬纂輯

民國

錫山秦氏文鈔十二卷六卷 民國秦毓鈞纂輯
梁溪文續鈔 民國侯学愈纂輯

詩文評類

明

國雅品一卷 明顧起綸纂輯

清

詩学指南八卷 清顧龍振纂輯

聽秋聲館詞話二十卷 清丁紹儀撰

生存著述

歷代詩話續編 卷 今人丁福保撰

清詩話 卷 今人丁福保撰

現代中國文学史長編四編 今人钱基博撰

無錫藝文志長編集部目錄 二四

中國文学史 卷 今人钱基博撰

詞曲類卷一

秋水詞三卷 清嚴繩孫撰

微雲詞一卷 清秦松齡撰

滄江草一卷 清華長發撰

澹雪詞一卷兩花詞一卷 清顧岱撰

影樹樓詞一卷 清陳大成撰

畫餘譜一卷 清華胥撰

彈指詞三卷 清顧貞觀撰

陶郁詞一卷 清王元持撰

詞家玉律十六卷 清王一元撰

芙蓉舫歲寒詠物詞一卷 清王一元撰

蕉雨堂課餘偶艸一卷 清王一元撰

籜仙詞稿五卷 清吳寶書撰

春艸軒詩餘四卷 清楊掄撰

聽雨小樓詞稿二卷 清楊芳燦撰

拜石山房詞鈔四卷 清顧翰撰

無錫藝文志長編集部目錄 二五

綠秋草堂詞一卷 清顧翰撰

真松閣詞稿六卷 清楊夔生撰

過雲精舍詞二卷 清楊夔生撰

花間小草無卷數 清祕容撰

亦云詞一卷 清余一鼇撰

覺夢詞一卷 清余一鼇撰

藝雲詞四卷 清俞敦培撰

詞曲類卷二

清

小忽雷傳奇二卷 清顧彩撰

桃花扇傳奇四卷 清顧彩撰

吟風閣傳奇四集 清楊潮觀撰

庶幾堂今樂二十八種 清余治撰

叢書類

清

無錫藝文志長編集部目録 二吳

有福讀書堂叢刻四種 清許珏撰

民國

念劬廬叢刻八種 民國徐彥寬纂輯

生存著述

雲在山房叢書三十一種 今人楊壽枏纂輯

錫山先哲叢刊十一種 今人侯鴻鑑纂輯

無錫藝文志長編

集部

別集類卷一

元

黃楊集三卷補遺一卷 清同治甲戌重刊本

元華幼武撰。幼武字彥清，號栖碧，又號鉉。早卒，母陳以節著。幼武幼與群兒戲，聞母語生平事，輒戲而泣。母聞之，具言痛切。於是母亦泣。及母得旌，構貞節堂，春艸軒以居之。晨夕左右，終其身。工詩，與鄭元祐

陳基輩友善。春艸軒成，四方名流題詠甚富，士大夫競稱之。縣志孝友有傳。是書俱古今體詩，初刻於元至正間，谷陽陳方、吳郡陳謙爲之序。逮洪武丁卯，其子憬緯重梓，俞貞木爲之序。至隆慶戊辰、崇禎辛巳，其裔孫察、允誠相繼重刻，有題識弁言。厥後屢廢屢鋟，殆非一次。至清嘉慶丙辰，其裔孫宏源因廣板已燬，重付剞劂，以廣流傳。迨同治癸酉，其十九世孫巽綸得廣板於宏源子繼埴家

遂爲修補殘缺，以傳於世云爾。

華氏黃楊集一卷 明隆慶間盛明百家詩原刊本

元華幼武撰。幼武有黃楊集，已著錄。是集爲目
俞憲纂輯盛明百家詩所著錄。憲識語稱
刻百家詩，鴻山俞學簡予曰：七世祖栖碧公有遺
黃楊集，明詩選粹，嘗取其七言律數篇，今於
中錄諸體詩百餘首，以備采擇，於是考求搜智
無錫人，其詩善丘綴模擬，尤長詠物，蓋可傳者也

別集類卷一　二

上徐相國武寧王一首，得免於難。今以集中又有寄
卿詩，飛卿乃錫義士正齋先生，予高祖批張氏
自出見之，蓋感念，惡選入梓。集名黃楊者，其師陸
戲題勉令無尼閣云。

倪隱君集一卷 明隆慶間盛明百家詩原刊本

元倪瓚撰。瓚字元鎮，自號雲林，居梅里之祇陀村。
雅潔，敦行孝弟，於宗族故舊，煦煦有恩，尤善周人
急。意氣靄靄，如春陽之和。所居清閟閣，藏書

古鼎彝書畫甚富，名聞外國。使有過者，取一至清閟，
不許，乃再拜去。雖終於明初，而鼎革後所作書畫，不書年
號，但書甲子，蓋陶潛擬之。畫蕭疏，世推爲逸品第
一。既卒，士君子私謚曰清賢。明史有傳，而縣志列傳隱逸。
繫之於元云。是集爲同縣俞憲搜羅所得，入其所纂輯盛明百家詩中，並無單本行世。所著錄。憲識語稱：先大父西溪翁藏有倪雲林手
勤詩藁，言先世與爲友，得此本。雲林生元季，性
獨好潔，行亦如之，尤好吟咏，善畫枯木竹石及山水小幅。

別集類卷一　三

國初，固辭不起。人稱高士，蓋吾邑之先哲也。詩畫特其
餘耳。今閱集間，幽閒清遠，自是隱君子語云。足徵
推重之至焉。按俞氏所采邑獻著述，縣志藝文門多未載，蓋有爲全集所收而無別本，或生存者尚未梓行。

倪雲林詩集六卷 汲古閣原刊本

元倪瓚撰。瓚有倪隱君集，已著錄。是書輯錄其所爲
詩，都六卷，名倪雲林詩集。清四庫全書存目提要稱此本
爲明潘瓚校刊，不及新本之善。按所謂新本者，即上海曹培廉增
補重梓之本。縣圖書館藏汲古閣版本所錄卷數與四庫提要所著

相符，殆即據之刊行。其卷末附錄雜著樂府，亦清閟閣集所采輯，但次序微有不同，四庫提要未及之，而曹氏增補之籍，縣圖書館無藏本，不及校對耳。

清閟閣詩集六卷附集二卷 民國六年倪氏重校聚珍本

元倪瓚撰。瓚有倪隱君集，已著錄。是書為瓚十八世孫城據縣圖書館藏汲古閣本重梓，以廣流傳，題曰清閟閣詩集。同縣侯鴻鑑為之序，謂近歲網羅文獻，搜集鄉先賢遺著，儲於邑圖書館，得先生詩

別集類卷一　　四

集於泥潰，重值市肆，敬藏館中，所以葆邑後進讀之，藉以矯幽貪婪，且可增進道德之旅，涵養文字之心也。倪君哲夫家藏屬籍而殘佚焉，入館手錄以補其闕，將付梓人，問序於鑑，爰弁一言於簡端曰：是集也有益於人心世道風俗道義，非尠也。是識

~~雜林~~

~~附集分上下二卷，皆瓚後裔所為詩，所采自明清民~~

~~初男女都二十有二家，同縣諸祖德字念修，諸生，光緒三十年甲辰歲貢，為之編~~

改絃易轍也，豈淺鮮云。

附集分上下二卷，皆瓚後裔所為詩，所采自明清迄民初，男女都二十有二家，同縣諸祖德字念修，諸生，光緒三十年甲辰歲貢，為之編次，以附於後。按縣圖書館所藏汲古閣刊本名倪雲詩集，是編既據以重梓，似不宜更易其名。又附集二卷所錄有二十二種之多，髣髴雲林後裔彙刻詩，雖云附先德以顯，然類似總集，不免有傷體例耳。

別集類卷一 明　　五

浦舍人詩集四卷 錫山先哲叢刊 做宋鉛字聚珍本

明浦源撰。源字長源，別號東海生，少負異才，工詩。洪武六年應求賢科，授高廟第三子晉王府引禮舍人。時閩人林鴻以薦至京師，應試賦龍池春色詩，名動京師，既歸，從者如雲。源聞其名，往見之，鴻不出，使弟子周玄、黃玄往見之，問來意，曰：欲為詩耳。因出所作，二玄讀之，至「雲邊路繞巴山色，樹裏河流漢水聲」，驚曰：此吾家詩也。因白鴻，遂邀入社，辟所居舍之。又善畫山水竹石，得倪瓚筆意，世所稱

雲林弟子浦長源是也。洪武十二年、出使秦中、渡淮河、風濤大作、左右皆勸止、源叱之曰、君命也、敢爲手。已中流、風濤益急、乃疾聲大呼曰、負君命矣。遂覆舟死於王事、年三十有六。明史附林鴻傳、縣志文苑有傳。是書原爲邑人丁福保所藏舊鈔本、名浦舍人詩集。攷源所著有東海生集、嘉靖中俞憲選刻盛明百家詩、僅得四十首、其集殆已湮沒難覓。今丁氏藏本爲徐𤊹編刊、𤊹序言、謂采輯諸選、併先輩雜鈔、共百五十首、視俞本已增其三。縣志藝文門載舍人

集十卷、又注或作東海生集四卷。其詩已不可復得。縣圖書館藏盛明百家詩殘本舍人詩集、亦闕佚無存矣。侯鴻鑑輯錫山先哲叢刊、即據丁氏藏本梓行、以廣其傳。

王舍人詩集五卷 民國十二年錫山先哲叢刊倣宋鉛字聚珍本

明王紱撰。紱字孟端、別號友石生、又號九龍山人。洪武中就徵、尋坐累戍朔州。永樂初、用薦以善書供事文淵閣、久之除中書舍人、卒於官。章昞如官徵事部中書舍人所爲紱行狀、謂永樂初、詔求天下文章之士、洎善書者凡二十八人登文淵閣、公首被薦、以此堪備正史所未及也。紱於書法、動以古人自期。畫不苟作、游覽之頃、酒酣握筆、長廊素壁、淋漓霑灑、有投金幣購片楮者、輒拂袖起、弗顧也。事蹟具明史及縣志文苑傳。是書爲其子默所編、清四庫全書著錄、提要云、紱博學工書、寫山水竹石、風韻瀟灑、妙絕一時、說者謂可繼其鄉倪瓚之後。其詩雖結體稍弱、而清雅有餘、蓋其人品既高、故雖長篇短什、隨意揮灑、不盡計工拙、而擺落塵氛、自然合度。鄒永謀稱其詩極疎爽、有松石間意、

庶幾得其實矣。溯自明初以來、相去數百年、邑中故家、竟鮮藏本。侯鴻鑑輯錫山先哲叢刊、遂據四庫全書著錄之本鈔錄付梓。於是紱之詩、得使後之人共見之。

綠苔軒詩集六卷 江安傅氏雙鑑樓鈔本

明錢子正撰。子正名蒙、以字行。洪武三年庚戌、聯捷進士、知諸城縣。與弟子義、猶子仲益、俱以詩名、並稱爲三華。縣志文苑附見其名於仲益傳。是書爲其子叔達及仲益纂次、於正統間梓行、同縣王達爲之序。江安傅氏藏

有舊寫本，據正統間原刻本繕出。斯本復從舊寫本繕出者。孜子正、子義、仲益三人初各自有集。秀水朱彝尊裒輯《明詩綜》，於仲益詩稱其詩格爽朗，惜遺詩罕傳，自謂予從秦對巖前輩覯得，亟錄八首，猶未盡其蘊。子正詩不載，蓋未見其集。然則斯編於明清之際已為罕覯之本，故傅增湘跋之，謂舊寫本密行細字，且多有闕文，審為從正統原刊本繕出者，洵罕見珍，寧不足珍重。則斯本復從傅氏所藏

别集類卷一　八

舊寫本繕出，亦不可謂非珍貴矣。又按高氏《錫金列朝書目考》，繫子正於元，所著有《錢公叔文集》。縣志藝文門亦載《錢公叔文集》，錢繇著。但子正雖生元明之際，然於洪武中登科，似應列為明人。而是書卷二有挽公叔詩，知孫死任所，則公叔又為其猶子甥可知。舊志異同，尚待考證。

秦毅修敬集一卷　明隆慶間盛明百家詩原刊本

明秦旭撰。旭字景暘，號修敬。工詩，結吟社惠山之麓，曰碧山吟社，與李庶、陳履、陸勉、高直、黃祿、楊理、陳公懋、施庸、潘緒輩觴詠其中，號碧山十老。旭齒德俱尊，故為十老之首。以子夔貴，封承德郎、南京兵部主事、武昌知府。而旭則退然謙約，老享大年。既卒，友人私諡曰貞靖先生。縣志隱逸有傳。是編為同縣俞憲搜羅所致，采入所纂《盛明百家詩》中，無單本。憲稱吾錫秦氏出宋國史院編修淮海之裔，今方伯虹洲君按虹洲秦梁字，嘗以時方布政江西高大父修敬公詩貽予，予輯之如右。近今秦氏裔以旭與秦金、秦瀚詩彙刻之，曰秦氏三府君集

東皋詩集十二卷　縣圖書館鈔寫本

明秦瑨撰。瑨字景美，以所居地曰東皋，因以為號。當英年銳氣

别集類卷一　九

秀發，而尤肆力於詩。時吳下風氣多宗高季迪、楊孟載、浦長源，瑨則獨宗三百篇及漢魏，旁及唐之李杜韋柳、宋之王部陳陸，亦非盲目取法，而一歸正人心、息邪說而已。子用中。縣志文苑有傳，瑨附見焉。是書為古今體詩都十有二卷，毘陵王偀題詩其端，曰：一卷南湖集，淵然治世音，有才能擬古，無匹見斯今。臨川聶大年又謂：余閱人多矣，以詩章來求余評者亦不少，而景美之詩把玩終日，不能釋手。余老矣，後稱作手，非景美其誰云。

錢山人集一卷　明隆慶間盛明百家詩原刊本

明錢文撰。文字章靖，號希鶴，又自號鶴叟，諸生。游庠錄無考成化宏治間人，仕益商孫。應試既不售，遂弃去，脫屣世故，不問家人生產，隱居樂自樂，說者稱其有所託而逃者。與同縣邵寶善，寶嘗序其詩，謂不離理道，不忘用世，自成一家言。縣志文苑有傳。是集為同縣俞憲輯，入盛明百家詩（采而成編，輯入其所著錄中），憲稱撮其知命知義，善藏用善用者，蓋取其與寶叙言相允合云。

錢逸人集一卷 明隆慶間盛明百家詩原刊本

別集類卷一 十一

明錢百川撰。百川字東之，號逸人，文子。少以家蕩不羈，資稟聰慧，弱冠學琵琶，半日度四十曲，人以為神解。既長好讀書，不習舉業。縣志文苑附父傳。是集為同縣俞憲（據四庫所傳輯入）輯入盛明百家詩中，無單本。憲識語稱逸人詞賦雖多，佚不傳，今本無傳晚宗陳白沙氏，嘗自選寒齋狂稿。予從鄒華比部游，因識其人云。

羅太守集一卷續集一卷 明隆慶間盛明百家詩原刊本

明羅來撰。來字文徵，號弦齋，宏治三年庚戌進士，歷官戶部郎中，出知建寧府，特流賊剽略，人情洶洶，來抵身捍之，賊從他道去，為要強頑失官事，遂拂衣歸，林泉詩酒，不問世事。來素性簡闊，以是獲濟以終其身。縣志宦望有傳。是集為其孫應祖汲汲搜輯，故為同縣俞憲纂輯，盛明百家詩所采，無單本流傳。憲謂其詩隨歲月而進，造詣不同也。

秦端敏公集一卷 明隆慶間盛明百家詩原刊本

明秦金撰。金字國聲，號鳳山，宏治六年癸丑進士，歷

別集類卷一 十三

三朝，嘗官兩京五部尚書，悍禦與廉有聲。卒，謚端敏。筮仕二曹，與杭世卿兄弟及王守仁輩結吟會於京師，時稱才子。及為河南學政，名益著。其勳績具明史本傳。縣志列傳宦望。是集為同縣俞憲纂輯，盛明百家詩所著錄，無單本。憲稱先生詩文多不存，今止得其詩集，采而刻之，前輩風流於此可概見云。

莫蘭沙集一卷 明隆慶間盛明百家詩原刊本

明莫止撰。止字知山，諸生。明萬曆前游庠錄無考平生篤學勵行，

與同縣鄒寶相友善。早歲有聲庠序，工詩，如天淵一擧，蜚鴈孤平，千里獨歸，舟風孜孜，脩然出所傳誦者。嘉靖中，以善詩徵，年八十餘，卒。縣志列傳文苑。是集為所遺五七言古今體詩九十有三首，蓋為殘闕不全本。同縣俞憲蒐輯，載明百家詩，搜羅詩之，遂為著錄，刊行。無單本。憲稱其詩格律音韻與鄒寶相似云。

楊通府集一卷　明隆慶間載明百家詩原刊本

十三

別集類卷一

明楊中撰。中字致行，號檢齋。正德二年丁卯舉人，署安陸州教官，擢南京國子監博士，以饒州府通判歸田。孝友誠信，守廉清貧，通邑稱為古君子焉。是集為同孫俞憲搜羅詩之為輯，載明百家詩。所著錄，無單本。憲識語稱男母王程醫訓君賓，翁嗣子，嘗拾翁遺稿示憲曰：此稿僅存什一，倘獲收錄，亦不負翁苦心，且使尚論者可以考見其為人也。憲既憶翁平生，又念其男孝思之切，亟為入梓，其庶乎楊氏子若孫，有所式云。

顧憲府集一卷　明隆慶間載明百家詩原刊本

明顧可久撰。可久字與新，號洞陽。正德九年甲戌進士，授行人，歷官廣東按察副使，放歸，買田清溪，優游卒歲。平生不肯依附苟合，以人時嘗諫武宗南巡，嘗時嘗議大禮，忤旨，兩遭廷杖。與同縣黃正色、楊淮、張選搜傳之稱錫谷四諫。縣志忠節有傳。是集為同縣俞憲為著錄，載明百家詩。憲識語稱吾錫洞陽顧君與予素不相能，至於吟咏詩篇，每謂古文集則屢贈焉

楊淮字東川，正德十二年丁丑進士，授戶部主事，歷郎中。在官以勤廉稱。抗疏諫，奏治杖於庭，病創卒。明史及縣志忠節有傳。
張選字舜舉，嘉靖八年己丑進士，知蕭山縣，稱循良，擢戶科給事中。抗疏諫伏闕下，帝怒，廷杖八十，幾死，削籍歸。世宗大漸，遺詔復原官。隆慶中追贈朝列大夫。明史及縣志忠節有傳。

十四

別集類卷一

問，雖屢不答，而問愈勤也。余集明詩，以為錫中有若人，其用心亦既勤矣，詎可無載。及見其集，經數載不得。今始得之，乃為彙采輯成卷云。

清溪莊遺集二卷　民國八年顧氏藝堂鉛印本

明顧可久撰。可久有顧憲府集，已著錄。是書為其十三世孫玉書因載明百家詩本，益以梁溪詩鈔所載，合為二卷，刊以為單本以世。按晉江王慎中所撰可久傳，稱所著有詩集若干卷，余嘗為之序云。而今

書於此本跋尾。又稱公著有洞陽詩集十二卷，家藏刻本亂後蕩然無存，嗣聞天一閣藏有公詩集，託人鈔錄，而索價奇昂，遂延未果云云。然考薛福成天一閣見存書目，又未載是書，則玉書所聞必在清咸豐兵燹以後，閣中何從有藏本乎？於以知古人詩集慎中所序本亦遂佚無存也。

頤同府集一卷　明隆慶間盛明百家詩原刊本

明顧彥夫撰。彥夫字酌美，正德五年庚午舉人，歷曹州，官南太常典簿。居三年，清苦甚，乃累遷寧波同知，以不獲上官心，憤懣疽發背卒。平生樂道人善，好汲引後進，方署慈谿，邑之人為築清清堂以仰之。縣志宦望有傳。是集為同縣俞憲盛明百家詩所輯錄。無單本。憲序其所激賞延譽推挽之者，而憲稱其詩，謂時出新見，不蹈沿襲，存之，亦足以格物理、啟人情，述作家所不廢云。

秦封君集一卷　明隆慶間盛明百家詩原刊本

明秦瀚撰。瀚先字會洋，號丈齋，後易字叔度，號從川。諸生。明萬曆前游庠錄無考。嘗修復碧山吟社，於社中齒最尊。子梁，嘉靖二十六年丁未進士，以江西右布政致仕。瀚既饒廩，嗣以子貴封通政司參議。初為其姑後於吳，往來定省無間，後復姓。縣志孝友附父鍾傳。是集為同縣俞憲纂輯盛明百家詩所著錄。無單本。憲稱其詩知止知足，得達士之體云。

鄒九峯集一卷　明隆慶間盛明百家詩原刊本

明鄒璧撰。璧字辰甫，自號九峯山人。正德、嘉靖間人。能詩，好與當世聞人交，以是頗知名。嘗詣闕上書，為同縣秦金所抑，不告歸。是集為同縣俞憲盛明百家詩所采輯。無單本。憲稱璧為宋道鄉鄒忠公浩裔孫。浩有道鄉集行世。今讀其詞，想其人，識可觀感而興起矣。九峯之作，似猶勝之。況抉一藝，又韋布老人，固不可無傳。茲采拾其贈予大父及贈貽予者數篇，先為摹端，俟他續詮補，以存一家之藝云。

華學士集一卷 明隆慶間鈔明百家詩原刊本

明華察撰。察字子潛，號鴻山。嘉靖五年丙戌進士，授翰林院侍讀，預修實訓實錄。十七年戊戌充會試同考官，既而又主應天鄉試。事蹟具縣志文苑傳。是集為同縣俞憲蒐輯搜羅附之，載明百家詩。所為著錄，無專本。憲稱余擢第時，公為同考，又世姻也，故傳其詩為多。其詩佳處，竊黃、泰泉、王遵巖二公叙論已詳，茲不復贅云。

別集類卷一 十七

巖居稿八卷 清光緒乙亥東亭華氏金粟嶺刊本

明華察撰。察有華學士集，已著錄。是書卷一五言古詩，卷二七言古詩，卷三五言律詩，卷四七言律詩，卷五五言排律，卷六七言排律，卷七五言絕句，卷八七言絕句。名巖居稿，示歸田後所作也。其門人翁大立稱其詩，在翰林典雅莊重，歸家則沖澹沉鬱，斯言殆足以盡之。嘉靖中初刊，有香江王慎中、泰泉人黃佐、松滋王其勤並為之序。~~時其勤知無錫縣事~~迨光緒初，其十世孫登瀛鋤錡重梓流傳，同縣楊殿奎為之序。

姚山人集一卷續集一卷 明隆慶間鈔明百家詩原刊本

明姚咨撰。咨字舜咨，號潛坤，少治舉子業，未就，隱居教授鄉間。工詩賦，與同縣俞憲、施漸、華察等交遊，倡和不絕。縣志文苑華察傳，咨附焉。憲蒐錄明百家詩，遂輯錄咨詩刊行，而識於端曰：姚山人潛坤，為吾錫山澤之臞也。交余三十年，晚館家塾，乃益賡和，講求以詩

別集類卷一 十八

為樂，其詩篇體遣趣，窮而彌工，今刻二百二十三篇，名姚山人集。又曰：既梓其詩，而篇章往來猶不絕也，恐其散佚無傳，復綴錄續集。時山人年七十有三云。按是編無專本。

遼陽稿二卷外稿一卷 縣圖書館鈔寫本

明黃正色撰。正色字士尚，號主南。嘉靖八年己丑進士，知仁和縣，補香山，移南海。其產主霍韜家，南海諸霍喜，請令必底於法，及有犯者一繩以法，諸霍怨，馳書於韜，並率自敘載。擢南道監察御史，工疏論劾張瓚、郭勛、崔

元及尚書温仁和太監鮑忠恬寵黷貨，世宗大怒，將窮
治其事，諸人懼，誣臣邑於梓宮前乘馬揮扇，逮詔獄
將殺之，以霍韜力救得廷杖戍遼東瀋陽衛。臣邑即
日因服慷慨荷戈趨戍所，自是百折不回，講明吟詩，二
十年如一日。遼東士人多樂就之。穆宗即位，詔以原
官擢大理寺丞，歷少卿，進南太僕寺卿，致仕事見明
史與張選合傳及縣志忠節傳。是書舊有刻本，後
板燬，書亦散佚無傳。民國之初，其裔孫龍驤字渼如，諸生，清光緒二十八年壬寅科舉從宗譜附刊者錄出，曰遼陽稿，分上下二卷，
皆古今體詩，末附詩餘九闋。其又別稿一卷，蓋合
錄出塞前後所作古今體詩，略見梗概，前後無
序跋。第尤屬刻本，則不可復得矣。

別集類卷一　加

張德州集一卷　明隆慶間盛明百家詩原刊本

明張仕撰。仕字甫登，號綺隴，嘉靖十年辛卯舉人，授廣昌尹，擢
德州守，歸隱於市。是集為同縣俞憲纂輯盛明百家詩所著
錄，無單本。憲稱其嗜詩學，嘗結會碧山吟社，今刻百餘篇，平生擇有家食

編，考槃寤歌多載集中云。

施武陵集一卷　明隆慶間盛明百家詩原刊本

明施漸撰。漸字子羽，號武陵，嘉靖十三年甲午歲貢，
授海鹽縣丞，尋罷去，歸老蠡川田舍。其自述云：「築
秋日收香艸門傍寒江市，白魚羹畢生不過
以恬退終。」工詩，與同縣華察、王問齊名，時人稱之曰
三傑。縣志文苑華察傳，漸附焉。是集為同縣俞憲纂
輯盛明百家詩所著錄，無單本。憲識語稱其詩盛有名稱

別集類卷一　十九

今讀之，果不羣於時輩。或曰武陵學不騖博而尽
比肩情才，不騁華而茂擇合則，蓋苦心考索，蹈力磨
洗而後工者。大都精雅閑遠，絕類王孟，至於趣味悠深，
聲調雋特，又在彝鄉錢郎間，蓋卓乎可傳矣。予
聞以為知言，并錄簡首云。按縣志藝文門載武陵詩選，無傳本。

王僉憲集一卷續集一卷　明隆慶間盛明百家詩原刊本

明王問撰。問字子裕，號仲山，嘉靖十七年戊戌進士，少
從同縣邵寶游，以學行稱。歷官南京兵部正郎，擢廣

東僉憲，抵桐江，徘徊不欲去，筮得井節之卦，遂致仕居家，事親養志，不復出。工詩，善書畫。卒年八十，門人私謚曰文靜先生。明史附郁圜寶傳，縣志列傳儒林。是集為同縣俞憲纂輯盛明百家詩所著錄。（無單本）憲既錄其詩入前編，謂此刻乃生平所嘗選予者。後續輯其詩入後編，曰仲山先詩，其稿別成集者四年餘矣。所積稿又盈帙，予得而請益焉，乃續刻之。集中諸體咸備，皆其所自定之云。

別集類卷一　二十

王仲山先生詩選二卷　清光緒戊子重編聚珍本

明王問撰。問有王僉憲集，已著錄。是書為其十三世孫炳麟重編本。按縣志藝文載問所著有王仲山詩選八卷，遠清光緒間遺板無存，書亦鮮流傳。時炳麟搜羅遺論，得殘本數卷，因重加釐訂，分上下二卷，而於卷下末附錄雜記二十二首，梓以行世。問事親孝，既致仕歸隱，居不出垂三十年，而記述湖濱寶界山最久，樓有光為之記。此集中所錄侍親及山居諸作之所自也。炳麟跋之，稱於建安以下，鍛句鍊字之工，既不屑與人爭巧，而清疏淵澹，又非如白香山止向老嫗索解。人為其淵微靜穆之致，流露於字裏行間，所謂不戾於古而亦不背於今云。

華比部集一卷　明隆慶間盛明百家詩原刊本

明華雲撰。雲字從龍，錦補庵。嘉靖二十年辛丑進士，除戶部主事，歷攺南京兵部，稍遷刑部郎中。工文辭，好與當世賢士大夫遊，往來翰墨之間，黃甲江左

別集類卷一　二十一

事蹟具縣志文苑傳。是集為同縣俞憲纂輯盛明百家詩所著錄。（無單本）憲識語稱：先生與予無朋功之服，而有譚公之親，無及門之情，而有侯芭之雅，無分金之誼，而有鮑叔之知。平生篤好詞賦，篇帙甚多，茲但即其攺南還山二稿，采摘成集。公攺南還山時，予方依違宦轍，故不及有所增選，而素嘗稱選者，又不及洗刻也。其高風懿行，前載志傳，當有全集行世，亦不及辞云。

清湖集四卷　縣圖書館據山陰傳氏盧鉞原稿鈔寫本

明秦柱撰。柱原名鳳竹，字子培，號濟虹，布衣。嘉靖間人。為人清癯雅淡，有山澤之標，為古文辭，好用奇字。詩則甫華修潔，在晉唐之間。與兄濟源同以詩名。嘗客晉藩，晉安王之邸，雅為推重。其書無刻本，為山陰傅華於清光緒間得之吳門書肆，跋於尾曰：清湖集原稿署梁溪布衣秦柱子培甫著，計兩卷，共古今體詩七百四十四首，避諱字皆不缺筆，知為明鈔稿本無傳僅此。詩宗少陵，兼擅劍南，賸馥蓋明時梁溪耆舊

別集類卷一　三三

所作也。此稿係屬孤本，暇當謀付剞劂，以廣流傳。嗟乎！華生既晚，沒世無聞，表彰前修，責在後學，輩而過之，其可謨然置之云云。國按舊錫圖書館館鈔本，作四卷，知何不符，無考。

陸文學集一卷　明隆慶間盛明百家詩原刊本

明陸九州撰。九州字一之，號修吉，又自號具區子。諸生。（萬曆前修庠錄無考）為人倜儻壞慨，尤善書畫，既饒廩，將貢，以疾卒於家，年四十有七。是集為同縣俞憲纂輯盛明百家詩所著錄。（無單本。）憲稱其詩頗似李長吉，亦似今宗方城所以不享壽考也。予亦嘗與為友不數年，君捐館矣。惜夫！今刻遺詩六十餘首云。

陳隱士集一卷　明隆慶間盛明百家詩原刊本

明陳東川撰。東川字朝宗，自號近愚子。家貧，假館自給。少年治舉子業，既不就，遂不復求進，平生平易簡素，恬淡自守。嘗慕陸龜蒙善隱，僦星居一屋以終，是集為同縣俞憲纂輯盛明百家詩所著錄。（無單本。）憲稱其

別集類卷一　三三

平生吟哦之外，惟攜山看花，執一劉飲而已，誠隱士也。嘗館予家，歿，值屢空，予為經理喪事，以終拄劍之義。遂刻明詩，最後附全集於其子，乃為采入後編云。

趙文學集一卷　明隆慶間盛明百家詩原刊本

明趙綱撰。綱字希大，號省吾。諸生。（萬曆前遊庠錄無考）世家邑城南市，相傳宋宗室。幼聰穎，累試秋闈不第。平生好交游，急人之難，而尤喜飲酒，能詩。卒年二十九，士大夫多惜

之。是集爲同縣俞憲纂輯，載明百家詩所著錄，憲稱（無單本）其詩宗錢仲文、劉長卿，所寄洛陽李秀才二十字，黄勉之見而歎曰：混入唐人中，不可辨也。其爲時輩推許如此。此飛山人舜咨貽予之言，文學詩之可傳，概可見云。

續圓夢、傅夢求集一卷　明隆慶間載明百家詩原刊本

明傅　撰。出處事蹟，具載俞憲載明百家詩前編，而縣圖書館所藏前編殘本，則是集闕佚，無

別集類卷一

卅四

可稽攷。憲續纂後編，復揖錄是集，而識於端曰：先师有言，君子不以人廢言。予梓傅君集，不獨以其鄉人爾也。梓後，友人有以遺稿見遺者，又爲刻於續編。共詩賦五十三首云。按傅氏着，無單本流傳。

俞鏽峯集一卷續集一卷　明隆慶間載明百家詩原刊本

明俞宸撰。宸字汝立，別號鏽峯，俞憲弟。生平尚氣節，於世蔑之無所者。（是集爲未刊單本。）憲纂載明百家詩，（所采。）獨輯錄（其詩）爲詩，而識於端曰：余母弟鏽峯，喜詩篇，與人賡酬不倦。然每時業所牽，不自滿惬，竟其志不止。兹刻五爾也。予好學篤，以凡七聘於鄉而不遇，志可知已。既而憲復纂百家詩後編，又曰：予弟性以不羣爲尚，至今之嫉詩文者，亦若羣焉，多厭棄弗肯。予刻所詩後編，迺謂曰：刻後編而無汝集可乎？日月易邁，慶事多端，即日濡翰可也。乃復得此，然亦止三十餘篇，列爲續集，觀者毋可見其志云。

寒螿詩稿一卷　民國五年辛氏鈔珍本

別集類卷一

卅五

明辛丑年撰。丑年字左峯。曾祖銘，宏治五年壬子舉人，選處州推官，以年老不就，改平湖教授。性孝友，以清正著，縣志宦望有傳。丑年淵源家學，博涉經史，後学推爲師表，一時負笈者庭屨且滿，有祖孫三世受業者。同里顧学憲（父世祐，南野先生）延爲憲及兄弟師，及往課之，大驚曰：吾恐以慢公子，公子大悦也。嘗曰：吾市人，但詩酒市肆酒帳足矣。丑年盛德，然不爲覓名，師張原洛代之。歸則閉户請修正卷不休，天啓甲子卒，年九十有三。縣志未載。是書存

古今體詩二十四首。共十世從孫孝廉乃騫字仰周，嗜古精鑒賞，好書畫，具收羅金石書畫珍藏。從宗譜中錄出，（同錫蒲簡世風為之序。）刊單本，乃世無此三百年，邑之人始得見其書矣。癸丑年同縣鄭孝胥見之，稱其端黃侍御諸成、遠陽及顧涇凡、周諫議默諸詩，整而各節正氣凜然，詩之風骨，亦與相稱云。

高忠憲公詩集八卷 清同治癸酉重刊本

明高攀龍撰。攀龍有周易孔義，已著錄。是書皆古今體詩，都八卷，明刻本。其門人同縣馬世奇、嘉善陳

別集類卷一　　卖

龍正並為之序，世無傳本。至清雍正十有二年，重付剞劂，王澍為之序，謂余初寓梁溪，夢儀觀偉然者崇書殉節池三字，夢中意言此公先生，因書高忠憲公殉節池七字以歸，某二而揭於池上。至同治癸酉重刊，同縣秦賡彤為之序。四庫全書提要稱其詩意冲淡，旨不出自立云。

悟秋草堂詩集十卷 清光緒乙亥聚珍本，存三卷，補鈔全

明顧杲撰。杲字子方，號邇人，諸生。天啟三年癸亥科舉。杲從祖憲成、允成，並以理學氣節著于世。父與決，萬曆三十四年丙午舉人。兄杲，崇禎十年丁丑進士。杲濡染家學，於書無所不窺。性豪放倜儻，英姿，古文詩歌雄深跌宕，又善草書，家輩稱饒奇氣。與同縣鄒德基有瑜亮之目。時憲成沒，而東林之名滿天下，杲既知名，故得與綴交海內賢豪俊傑，與餘姚黃宗羲、宜興陳貞慧、吳應箕為復社，聲勢甚盛，而奄黨阮大鋮削籍居南都。崇禎丙子，流寇警京師，大鋮招四方游俠，覬以邊才召，而南都

別集類卷一　　走

防亂公揭，杲首列名，曰大鋮吾祖之罪人也，吾儕當為揭首以討之。甲申，福藩立，大鋮起用，揭中自杲以下俱被逮。南都既破，同縣王玉汝與（崇禎甲戌進士）前御史劉光斗通密書，納款，杲得出獄，即白衣冠，橫劍慟哭於里中，聚壯士數百人，起義於江上。時江陰閻應元方死守城不下，（典史）杲謂壯士曰：吾等死必死明故土，其從我赴江陰乎？於是數百人者仗劍從之去。翌日過砂山，猝遇亂兵，戕焉。子杲、應蒸，皆從死，數百人者無一脫。錫金識小錄云：砂山東氏寓杲款社傍種

竟一夕有盗假果名劫其岁及果玉反疑為偽設宴延欵遂為所害明史卒祖德傳附之。縣志忠節有傳。是書原板既燬，遂無流傳。清光緒初，其八世孫釗於台州徐都轉寓得翻刻本，重梓以世，同縣王緯為之序，稱其詩孤峻幽潔，如明月滿地，涼風作來，知空山無人，怪鳥獨啼，而卷端凌有果自撰原序，謂余性好愁，好哭，好怨，故余之詩愁心溢於毫紙，哭志浮於筆端，怨氣奔騰於尺幅，直欲青山供余之痛哭，白石助我之狂呼。善詩者以

溫柔遺余，謝不能也。刻其詩之峭奇，可從斯序求之。

澹寧居詩集二卷 小萬柳堂精寫本校印

明馬世奇撰。世奇字君常，崇禎四年辛未進士，授編修，擢左庶子。甲申三月，京城陷，殉難，贈禮部右侍郎，謚文忠。清順治十年，賜謚文肅，乾隆四十一年，改謚忠肅。其立朝大節，及為人廉義，具明史本傳及縣志忠節傳。是書為小萬柳堂寫定本。按世奇詩集，

為其門人王永積所刻。至清乾隆二十一年，有周子京原溥重校刊本，榮氏大公圖書館藏有此本此僅見之本。邑中藏者殆無其二。光緒間，邑人廉泉得詩集三卷，記於卷尾云：澹寧居詩集原分三卷，都古今體詩九百九十三首，為其門人王崇嚴、永積刻於順治甲午，迄今已歷二百四十有二年矣。庚申之厄，邑中藏本盡付劫灰。鄙許先生得是集於中州，錄副寄示，敬重刻以永其傳。王刻誤字多，未校正，今手自寫定，併為上下二卷，分部次第，悉從

其舊。頤侯鴻鑑纂刻錫山先哲叢刊，即采錄此本，陶守恒校刊記云：澹寧居詩集由廉子南湖將手寫本，捐存縣圖書館。茲因侯子病瞑，鈔錄此本，刊入先哲叢刊第二輯中，恒恐有魯亥之誤，即向大公圖書館所藏乾隆丙子周子京原溥重校刊本，取而校之，周刊本為文集十卷，詩集三卷，岌將十，校正六十一字，其餘疑有闕之，古今所謂刻書易，校書難，信然。此錫山先哲叢刊所輯錄澹寧居詩集二卷之所自也。南端刊有

承蔭題辭，謂吾師詩歌近體特偶一爲之，要亦自寫性靈，自運機軸，不襲晉魏，不擬三唐，惟率其興會之所至，所謂温柔厚和平，最得風人遺意，又皆風以不工自然成文，不求工而自工者。吾師獨能特標風骨，浩氣壯未上下，早已一切都捐，獨自訂詩文共十二冊，不忍釋手，緘寄長君壬五名山國門，聽後人自爲之。乃天不可問，長君以壯采盛年，負奇淪落，早赴修文之召，則遺文剥蝕，豈非後死之責。予因識之。同庵徐子（名調元，崇禎丁丑進士，錫志有傳）止頤

別集類卷一　三十

予共肩其任，先將詩稿互相校閱，釐爲十二部，分爲上中下三卷，即壽之梓，以永其傳。而文稿浩漫，尚與同人商酌，校閱行續出焉。予豈綸也，風雅一燈，於茲乎在，凡天下有眼人各能相遇於意言之外，固非游夏所能贊一詞也。至其文集何時刊行，則無可稽考。又按乾隆禁燬書目，載澹寧居集列入全燬，而王刻者爲詩集，周氏重校者爲詩文集，於周氏重校前，必有詩文合刻之集行世，則所謂全燬者，蓋舉詩文而言之乎？附記之以待好古者考證。

十峰詩選七卷　縣圖書館鈔本

明錢肅潤撰。肅潤字季霖，一字礎日，號十峰，諸生。崇禎十年丁丑歲貢。幼特受業同縣鄒期相（字公寅，從游東林，崇禎中御史張鐵曹薦舉賢良方正，縣志儒林附見）之門。期相故爲高攀龍弟子，肅潤因受靜坐法，頗有得。期相深器之，且曰：異時道南一脈，端屬此人。肅潤從學後，凡自龜山宋楊時以下，爲道南學統者，輒綴集之，於是有正學編之纂輯（其書已佚）。鼎革後，隱居教授，歷主東林及雲間、暨陽諸講席，才名聲動，著大江南北。當事見其衣冠有異，執而笞之，折一脛，因自號跛足生。清康熙十八年己未，詔舉博學鴻詞，長洲宋，亦以肅潤薦，肅潤以足疾辭，未赴。平生知交滿天下，學者尊爲東林老都講。錫志儒林有傳。是書卷一五古，卷二七古，卷三五律，卷四七律，卷五五言排律，卷六五絶，卷七七絶。自謂於詩所好不一，始好澹逸，繼好激烈，繼好工麗，最後惟真之是好。就同人評選者，彙爲一集，以授之梓。三韓吳興祚、慈谿姜宸英等爲之序。按是書原刻本已散佚

別集類卷一　三十一

縣圖書館所藏此本，據何家藏本繕出，未注明，困無稽考。

節霞偶刻一卷　清順治間原刊本

明陳卿茂撰。卿茂字頎符，號節霞，又自號霞叟，明季人，諸生。梁溪詩鈔陳秀才卿茂小傳稱諸生，游庠錄無考。以詩名，與同縣顧樞、顧杲相友善。縣志文苑為之傳。是編皆近體詩，自序之謂作詩至萬首，人無有不笑者，非笑其多，笑其多而必不好也。其數愈多，愈不免世

別集類卷一

人之笑。杜陵云文章千古事，得失寸心知，明乎世人之笑，無關詩也。然使一生吾吟之句，悶悶饟中，世亦何所據而定其好醜，偶刻二十四首，與世之能詩者略一相通，知深山窮巷，無名無貌之物，忽然出世，驚愕怪駭，千百為羣，然不有一二好事者考圖經，徵博雅，及問山樵澤笠，嚴僧漁叟，得其名貌而稱之，亦萬一之事也。其所言如此，則所以刻此詩者可知矣。按梁溪詩鈔卿茂小傳，稱字頎符，與弟本符並以詩名，所謂二符者。又陳本符小傳稱逸其名，本符其字，號節霞，頎符弟也，而是編名節霞偶刻，署錫山東里陳卿茂著，又卷中所錄節霞山房畫齋並署孟公索畫節霞圖諸詩，是可知節霞卿茂號，並非其弟本符之號也。

高觀民詩一卷　清順治間原刊本　邑人許同藺捐贈

明高世觀撰。世觀字觀民，生丁明季，隱居不出家，以詩自怡，蓋其牢騷歷落之氣，特觸物之憤志寓於詩。是書所錄五言古十七首，七言古十首，五言律十

別集類卷一

七首，七言律十六首，都一卷。同縣曹荃字元宰，崇禎元年戊辰進士，補建副使，縣志宦蹟有傳輯其遺稿，梓行於世。荃謂余與觀民交自己丑迄乙未垂七年。按己丑，清順治六年，乙未為十二年，蓋荃數勸鄭之龍舉兵勤王而不從所言，早投劾歸隱矣。世觀雖終於清初，而與荃往還其志可知，顧氏梁溪詩鈔列世觀於清，尚茲改繫於明，以副其遺民之志云。

清

秋水集十卷 民國六年縣圖書館授刊本

清嚴繩孫撰。繩孫有康熙無錫縣志，已著錄。是書詩八卷，爲邑人丁福保所藏之秋水詩鈔本；詞二卷，爲縣圖書館所藏之秋水詞鈔本。二者合刻之，曰秋水集。繩孫著述宏富，名佈寰宇，而二百年來棗梨[illegible]版本無存。邑人侯鴻鑑授集鄉先賢遺著，以圖表彰文獻，於彙而重刊，以廣流傳。簡端錄有慈谿姜宸英原序，謂余往在吳門，見有所謂秋水集者，其詩宗黃初、建安以還五七言近體，特出入於溫李之調，蔚茂而婉麗，卓乎然自成家者也。因喜而讀之，不忍釋，特未知其作者誰氏。已而遇嚴子蓀友，見其人蕭散沖挹，意氣浩然，有國士之風，知其必能爲詩，而詩則必不爲於浮薄者。嚴子果出其詩以示余，則前之所謂秋水集者也。余既喜得嚴子，又喜嚴子之能爲是詩，而嚴子過余，亦把臂懽志。念當別去，無以喻吾兩人之相得者，於是屬余序其詩云。

別集類卷一

無錫藝文志長編

共十三册之九

集部六册之二

別集類卷一（續）

蒼峴山人集五卷　縣圖書館鈔寫本

清秦松齡撰。松齡有毛詩日箋，已著錄。是集為古今體詩，編次五卷，曰碧山集、寄阮集、竺竹集、得樹軒集、碧山後集。卷尾附撒雲集，為詩餘二十八首。清續文獻通考著錄之。其門人王之樞謂夫子才名播海宇，而士無問知不知，咸鐘敬而俎豆之。蓋其於聲七音之學，自就外傅時已皆通曉。世祖召試詠鶴，有高鳴常向月，善舞不迎人之句，大加獎異，館僚至今傳誦。

別集類卷一　三五

近有刊成毛詩日箋一書，援据典核，商丘宋犖家宰敘之頗詳，余故不論。惟是吾師少即以詩名，遇知當宁，而根柢沈深，篤於至性，發為冲夷大雅，春風霽如之音，使天下後世之學詩者，溯流探源，庶乎窺見吾師之性情，而後可興讀吾師之詩也云。

纑塘集一卷　清光緒間雲□校本　此書應列於梁溪先生詩詞集後

清顧貞觀撰。貞觀有瑶峯淵源錄，已著錄之。編為五言古體詩二十七首，貞觀手定本。纑塘者，其曾祖憲成祠畔之蠡池名，貞觀曾構積書巖於塘之上，歸老其中，故以名集。論者謂詩極古淡，味在酸鹹之外，而能一洗綺靡之習云。

顧梁汾先生詩詞集九卷　民國二十二年雲在山房精校本

清顧貞觀撰。貞觀有瑶峯淵源錄，已著錄。按貞觀所著之行於世者，僅纑塘集、彈指詞二種，全集絕少流傳。是書卷一至卷二曰楚頌亭集，皆古今體詩，卷三曰庋集，卷四曰清平遠訓，皆七言絕詩，卷五曰纑塘集，為

別集類卷一　三六

五言古體詩，卷六至卷八曰彈指詞，卷九曰彈指詞補遺，皆長短句。初為江陰夏孫桐所得，除纑塘集為刊本外，皆係書齋帙，紙墨未修之鈔本，此諸雖氏無考。時同縣楊壽枏重建惠山貫華閣，古貞觀與納蘭成德梯玩月處地，私淑於貞觀甚殷，孫桐遂以相贈，而壽枏為之校刊，俾貞觀所著詩詞全豹得廣流傳。別三百年垂湮之編，至此始得表彰於世，物之晦顯殆有特與。

南園草詩艸一卷　縣圖書館據斗山亭氏尚志堂藏原稿繕寫本

清李枚撰。枚字卜臣，國子生，康熙間人，少游京師，依其舅氏某得保舉供奉内廷，未幾告假歸，游汴洛十餘年，應舉不第，後往來淮揚間，無所展布卒。是書皆古今體詩，附詞十五闋，爲未刻稿本，以年代先後編次之，首尾無序跋，原稿藏斗山王氏兩忘室，縣圖書館即據斯本繕寫之。

疊畫樓集八卷 傳寫本

清安璿撰。璿字孟公，號蒼涵，諸生。順治八年辛卯科舉。廣居子。能詩，兼工書畫，世以其畫配姜商原書，又以其書配鄒蓉着畫。縣志文苑有傳。是書爲古今體詩，分類編次，都八卷，殆爲後人鈔存本，間有訛字，未訂正。前武陵吳本泰爲之序，稱昔人謂摩詰詩中有畫，畫中有詩，嘗試以畫評安氏父子詩，無殊如吳興苕霅，山水清遠，孟公如九疑瀟湘，泓崢秀絶，是父是子，俱長在世云。按縣圖書館鄉賢著述書目，此本稱不在茲集，而卷首第一序則用其名，題紀卷俱稱疊畫樓，又攷氏梁溪詩鈔璿小傳，所引徵之著述，亦稱疊畫樓，（縣志藝文著錄同，）而不在茲集之名，則無考。茲亦以疊畫樓名其集云。

雲川閣集詩十四卷詞四卷 清雍正乙巳原刊本

清杜詔撰。詔有讀史論略已著錄。是書首爲古今體詩，自康熙三十二年癸酉至雍正九年辛亥，按年編次，都十有四卷；次爲詞，都四卷。四庫全書存目著，爲殘本雲川閣集九卷，起於卷三終於卷十二，未窺是書全豹也。其門人同縣王會汾序其詩，稱先生自幼侍嚴中允藕漁指授，遂被恩遇，成進士，官庶常，尋引退林居，放浪山水間，肆力乎詩古文詞。而詩尤益工，且富。吾邑自有明三百年來，作者林立，惟藕漁先生秋水一集，爲風雅之宗，而先生是集足以繼之，則原本西崑，後復出入少陵，及高岑王孟，集其成一家言。餘姚樓儼序其詞，則謂雲川以填詞受知於上，自康熙乙酉應召入都，即命修歷代詞譜，己丑詞譜之後，亦以孫學士松坪師薦，因與雲川同修之。蓋雲川生長錫山，幼時即得顧典籍梁汾、嚴中允藕漁指授，故於今詞最工。

既深得其秘，冥乎倚聲之学冠絕當世也。余觀兩序，知諒以詩詞知名，其学自有淵源，盖非偶然也。

綠瀛軒詩集一卷 清康熙丙戌精刊本

清徐琟撰。琟字子長，又字紫長，號南臺。康熙四十二年癸未春，聖祖南巡，琟以布衣獻賦迎鑾，召見行間，選燕園翰教習。凡所撰著，輒合上意，於是受寵眷者先後二十年。自謂艸澤小臣之榮無有萬幸如今日者。改為外吏，坎壈不得志。事具縣志文苑傳。是集錄其題年迎鑾之作，海寧

別集類卷一　先

查昇序之，謂子長以一布衣為天子所賞識，出入禁苑，侍奏於叢於玉几黼扆之前，身雖未經祿仕，而其遭遇之奇，有什佰於世之已仕者。冥子長所為，戴高履厚而不能以一息忘者也。乞余文以志殊寵。余前員侍從，嘗目睹之，以羨其遇且紀述休美，以彰國家樂育人材之盛，所不敢辭云。此本刻既精，而書法猶秀可愛，誠難得之籍。

借梛軒詩十四卷 清乾隆癸亥精刊本

清鄒升恒撰。升恒原名此升，既為諸生，改其名，字泰和，號慎齋。康熙五十七年戊戌進士，選庶吉士，館試第一，授編修，歷官侍講学士。事蹟具縣志文苑傳。是書為古今體詩，起雍正七年己酉，訖乾隆七年壬戌，按年編次，都十四卷。嘉定張鵬翀為之序，稱先生少承家学，兄弟並以文行著稱。其於詩也，視世之攢簇餖飣，矜奇炫博者，舉不屑為，惟其志之所之，蘊於中而觸發於外，和平樂易，一寫其性情之真。未嘗規規模擬，而於古人之矩矱無弗合也，精蘊無弗融也。

別集類卷一　罕

平生所為詩，半多散佚，今所存借梛軒稿，盡十數年來京華倡酬之作居多，而余所分題而賡韻者，蓋及十之二三。先生每成一篇，必遣僮持示，或立索和章，遇所得意，手自鈔錄，攜訪僚友，寓懷樂善，既非恒情所擬，而同志倡酬之雅，亦人間所罕覯。觀斯序，則亦以知是編要旨及升恒之為人矣。

逸軒詩鈔一卷 縣圖書館藏寫本

清杜漢階撰。漢階字紫僊，號瀛槎，諸生。雍正六年戊申科案

世醫，尤精外科。是書有梁溪竹枝詞七絶百首，足裨地方掌故。考徵其末首詩詠錫金分修縣志，有總志句，吳開府片壤，何妨依舊說梁溪之語，同縣秦毓鈞識稱自金匱分縣後，華徵君希閔先修金志，次修錫志，各自成編。~~溪陽湖詩~~溪陽此詩偶載儀，歷修嘉慶光緒兩志均錫金合修，此殆其嚆矢云。

師善堂詩集十卷 清乾隆初年精刊本 四

別集類卷一

清嵇曾筠撰。曾筠有浙江通志，已著錄。是書皆古今體詩，始自康熙四十五年丙戌，訖乾隆三年戊午，次為十卷，乃自書於簡端曰：曾筠生四歲，先君子應范忠貞公聘，館於制府幕中。次年遭耿氏之變，幽囚三載，作為苦吟，如解事手未停批點。曾學攜書到父處，又與身若遭沉淪死為與寒家子而看，曾念筠之詩也。筠時以煢煢孤稚，不能讀父書，遭少長，來蒙奉先太君慈訓，從師學為舉子業，時藝且不能工，安能以其餘力學詩耶。筠三十有七，始舉春闈，館選，乃從事詞章，而語氣未馴，格律未細，而何謂之詩耶。迄雍正癸丑季冬，先太君見背，歸里經營喪葬，每念先太君六十年苦節教子，一旦音容長謝，心如劍割刀刺，不能自解，哀痛迫切，流露於詩，而句既意蹙，散仰越先君子當與憂憂乎其難哉。然則曾筠斯語，不僅述其為詩所自，而追思其父之死，其母之節，實有不能自已者。卷中所錄，雖及御賜珍貴之榮，而尤多感懷先德之思，實有稗益風教之作，非尋常詩詞之娛怡而已。按縣圖書館所藏乾隆精刊本，為邑人許修直捐贈，邑中難覓之本也。

四

別集類卷一

錫慶堂詩集八卷 清咸豐己未原刊本

清嵇璜撰。璜字尚佐，號拙修，雍正七年己酉欽賜舉人，八年庚戌進士，授編修，累官至文淵閣大學士。乾隆五十五年庚戌，重與瓊林宴。習經世之務，尤善治河，著有聲績，卒謚文恭，事蹟具縣志宦望傳。是書爲其孫文駿捡拾遺稿，得古今體詩若干首，彙錄之，得八卷。初蹟曾手定應制詩一卷，顏曰錫慶堂詩鈔，至是文駿既彙爲編次，仍以錫慶堂名之。卷中有之詩無題者，又有字句不全而仍其闕如者，文駿謂未敢以私臆增損之耳。

别集類卷一　卌一

雲逗樓集無卷數　清光緒庚辰重刊本

清楊度汪撰。度汪字若千，號易齋。雍正六年戊申拔貢，以制舉業名江南北，聲望卓著。乾隆元年丙辰，由蜀書任蘭枝薦，舉博學鴻詞，授庶吉士。改德興知縣，客京師，與山陰胡天游、天台齊召南輩交游，學益進。縣志列傳文苑。是書分賦、雅頌、古今體詩四類，而未注卷數。其門人同縣顧奎光爲之序。

樂阜山堂稿八卷　精寫本

清王會汾撰。會汾字藻儀，號香川。乾隆元年丙辰，以拔貢生由江蘇巡撫高其倬薦，舉博學鴻詞，報罷。遂舉順天鄉試。時會汾年甫弱冠耳。翌年丁巳成進士，授編修，御試翰詹第一，擢侍讀學士，歷官吏部侍郎，終大理寺卿。居官以廉潔著，而文名重天下。曾充明史綱目副總裁，以刪訂綱目前編，釐正體裁，進呈御覽，高宗稱善。事蹟具縣志文苑傳。是書全部分賡紀集、初集、二集、雲槎集、庚午稿、尋山集、塞垣集、補遺集等八卷，皆古今體詩。同縣杜詔爲之序。其門人錢唐梁同書識於集尾。

别集類卷二　卌二

謂：乾隆丁卯，同書受知於香川先生之門，奉教之日甚淺，著述詩文，曾未一字寓目。及吾師歸道山，轍懷門三世兄僦居武林，讀書寒舍，詢之篋中，卒無所有。直至數年前，吾師文孫字青上者，始抱遺集八卷，索予序言。予皇然遜謝，受而讀之，其中謬字誤筆之處尚多。奈年來家難糾紛，意緒乖迕，不克悉心校勘，期於完善。自念桑榆日迫，久爲棗工，或至遺失，則取戾滋重，因爲述前後離

合之故，俯仰感慨之情，仍封還之，知我罪我，殆無所解
免者已。按此本為精寫未刻稿，同書識尾，又為手書
墨跡，堪稱至寶。侯鴻鑑輯《錫山先哲叢刊》，曾為
采錄，以廣流傳。又華山李氏尚志堂亦藏有此書，
其精寫字跡與此本同出一手，但同書識語，鈔錄附後，
不識知誰擬此本繕寫者。而李氏子有富居邑城，其書
隨者寓所，民卅六冬，寓遭寇火，書燬焉。附書於此，
以告邑人。

別集類卷一　罣

顧嫂溪集九卷　清光緒乙未聚珍精校本

清顧奎光撰。奎光有《春秋隨筆》，已著錄。是書為古
今體詩八卷，詞一卷。其故友陶金諧（知漵浦、江華等縣）手錄，蓋就
奎光所著而刪存，始自乾隆四年己未，訖於二十九年甲申。按
二十年編次者。奎光於十年乙丑登科，是編輯錄自己未，尚
在奎光登科之前。原刊本經咸豐兵燹，殆無存者。同縣
余一鼇得諸闤闠，方謀重刊，病殁，而奎光五世族孫森
書與書銘書，踵而成之。金諧原序云：君天賦高才，
喜讀書，詩清遠無凡語，五言高於七言，古體勝於
近體。嘗譬之新月出林，殘雪在地，松風澗水，悠然
意遠，性恬淡，稱心而言，未嘗規橅蘇州，而意象自合。
其於杜韓之法律精嚴，開闔動盪，固已得之，而排
奡沉鬱，或少遜焉。匪其才弗逮也，蓋興遇年使然矣。
是殆深知奎光詩者。

別集類卷一　巽

吳鵷仙詩鈔八卷　孫氏玉鑑堂藏舊寫本

清吳峻撰。峻有《莊子解》，已著錄。是書為孫氏玉
鑑堂藏舊寫本，其主人祖烈題記，謂已經批校，朱筆
燦然，無刻本以照，堪為鄉先賢之秘籍云云。同縣孫爾
準嘗覓其遺稿不得，因嘆文獻之凋殘。卷首
有顧奎光原序，又稱吳子自經史子集及音律、算數、琴
弈諸藝，皆能旁通。其詩自漢魏以來，搜擇融冶，
不專一格，其為當時士林所推重如此。

古山齋詩存二卷　縣圖書館寫本

清秦朝釪撰。朝釪字大樽，乾隆十三年戊辰進士。

由禮部郎中出為楚雄知府。為人吶於口，丙午歲
峻厲，人不可干以私。一日巡撫過境，韜紆方讀書廨
中之山亭，迨終卷出城，不及趨謁，巡撫聞其賢，亦不
怪也。工詩，同縣顧光旭嘗刻其集，尤善古文辭，文
可傳者。縣志文苑有傳。是書為古今體詩，其壻顧
永之編訂，外孫顧鑄校刊，前無序，跋光旭所撰者。
貽郎 無錫縣圖書館據何本繕寫，家藏，未備注。

響泉集二十卷 清宣統庚戌顧氏重刊本

四

別集類卷一

清顧光旭撰。光旭有響泉年譜，已著錄。是書於
光緒間其裔孫搜采增補重梓之本，清續文獻通考作名響泉集致
著錄之。其原刊本經咸豐兵燹，罕有流傳，而同縣朱鑑甫
藏其書，光緒共五世族孫鳴鳳乞歸寫副本，併輯其遺佚者，補於
篇。共詩十七卷，以雜文一卷、詞一卷輯入之，都廿卷，因重付剞劂，以
廣傳播。其編次之詩，曰泉上小藁一卷，半日讀書齋餘稿
三卷，可耕餘藁一卷，風中行廬二卷，吮馭小藁二卷，
戎箭小藁一卷，吳船小藁一卷，錦樹園藁一卷，

由禮部郎中出為楚雄知府。為人吶於口，丙午歲
峻厲，人不可干以私。一日巡撫過境，韜紆方讀書廨
中之山亭，迨終卷出城，不及趨謁，巡撫聞其賢，亦不
怪也。工詩，同縣顧光旭嘗刻其集，尤善古文辭，文

顧永之 光旭子，乾隆四十二年丁酉順天舉人，性伉直，知保昌縣，挑黃河，南決獄平恕有聲。縣志宦迹附父傳

顧鑄 光旭孫，永之子，諸生，乾隆五十六年辛亥科案

響泉集二十卷 清宣統庚戌顧氏重刊本

四

別集類卷一

清顧光旭撰。光旭有響泉年譜，已著錄。是書於
光緒間其裔孫搜采增補重梓之本，清續文獻通考作名響泉集致
著錄之。其原刊本經咸豐兵燹，罕有流傳，而同縣朱鑑甫
藏其書，光緒共五世族孫鳴鳳乞歸寫副本，併輯其遺佚者，補於
篇。共詩十七卷，以雜文一卷、詞一卷輯入之，都廿卷，因重付剞劂，以
廣傳播。其編次之詩，曰泉上小藁一卷，半日讀書齋餘稿
三卷，可耕餘藁一卷，風中行廬二卷，吮馭小藁二卷，
戎箭小藁一卷，吳船小藁一卷，錦樹園藁一卷，

吾廬漫藁二卷、松風閣藁一卷，都十六卷，為光旭自訂者。按光旭於乾隆十二年壬申登科，授官禮部。半日讀書齋詩藁起壬申，即服官之始之作。其自序謂歲月坐失，用深自惕，吾名吾齋，日計蓋猶不足，而言動語默，即物即事，往往以詩記之，自是每易一境，即以名藁云云。故其錦樹園藁、吾廬漫藁、松風閣藁皆歸田後作。而松風閣藁止甲辰，歲為乾隆四十九年也。全藁按年編次，貫穿無間，首尾完具，冠以衆工小藁者，光旭弱冠

別集類卷一

罢

讀書慧山，用以名其藁。自卷十七以下，增輯遺佚耳。平湖張誠後序謂：讀先生蜀游詩，似李而有雜捷海岳驅走風霆之勢，似杜而具蘭苕翡翠、鯨魚碧海之觀。又謂：先生論詩，以為漢魏迄唐代有作者，而昌黎獨尊李杜，學詩不為李杜，猶學道不本程朱，將何以底於聖賢之域。其說既美，而登第特達，鼓吹休明，及為諫官，論民疾苦，上允其請，奉使甸宣德意，而隴而蜀，仰體聖旨，其拊循斯民之心，又可概見。又所錄如安韓文公祠、甚哭諸詩，使人悲愴

之地，油油然不能自已。既歸田，後得詩四卷，如錦樹園藁，園鯉庭學詩遺訓；吾廬漫藁，悲深陟岵，以風人蓼莪之痛。今太恭人在堂，板輿色養，老而彌篤。松風閣藁，將以雅所為是用作歌，將母來諗者乎？青夫子之教學詩也，原本忠孝，與觀鳥獸艸木，皆忠孝之發揮旁通也。故必推本於宗之事父遠之事君，蓋三百篇之宗旨，盡於此矣。所論光旭詩，亦至矣哉。

菰蘆吟四卷 清乾嘉間原刊本

別集類卷一

罕

清致錦春撰。錦春字韻陽，諸生。乾隆二十九年甲申刊本。是書皆古今體詩，首尾無序跋，卷首又無總目，第四卷末頁最後一行適為一詩之終結，是否為卷四之終，無可推測。又是書總為若干卷，亦無可稽考。按書中卷二所錄諸詩，有嶺南之行，經錢塘入贛，度經南昌，出度大嶺至粵。卷三所錄有武昌之作，湖江而上，以至其地。卷四所錄，又抵襄陽。詩皆溫柔，亦今體諸作，尤具唐人風致。縣志藝文门是

書未載。

寶嚴堂詩集四卷 孫叔梅精寫本

清孫永清撰。永清字宏度，號春臺，別號寶巖，晚又號絜齋。乾隆三十三年戊子恩科舉人，授內閣中書，尋直入軍機處，性警敏，諳曉時事，累擢都察院左副都御史，出為貴州布政使，擢廣西巡撫，積勞成疾卒。事具縣志宦望傳。是書為古今體詩，都四卷。咸豐兵燹後，板片既燬，印本亦鮮流傳。邑光緒庚子，其後裔其業偶得初印本，奉為家寶。縣圖書館所藏寫本，其裔叔梅即據此本繕寫，揆均為之校勘。卷首有錄餘挹郎晉濤原序，稱其詩本以愷和，揉以忠愛，使讀者如見其律躬之嚴、志澤之周，臨大事之堅，以假此其為廉直勁臣莊誠之音歟，寬裕肉好順成和動之音歟，其為諸中聲而宮商相應者歟。蓋永清邑過鐵，故郎氏以為其詩所以合於中聲者耳。

寶嚴堂詩集前應缺五十七頁 竹外山房詩集移附於此

別集類卷一

午風堂詩集六卷 清嘉慶己未刊本

清鄒炳泰撰。炳泰有紀聽松菴竹爐始末，已著錄。是書為古今體詩，青浦王昶為之序，稱今閣學曉屏先生天下英特，以博聞彊記之學，務實俊逸之志，發而為詩，必本於古之作者。今春在京師，因得盡讀其集，深然以清，雄然以和，有時酣嬉淋漓而不乖於法，蓋風雅之傳在是矣。先生清修亮節，海內所稱，列卿岳牧當如江漢之朝，其於文章為國朝詩家大宗，無疑也。其為推服如此。

別集類卷一

春艸軒詩存四卷 縣圖書館繕寫本

清楊掄撰。掄字芳叔，號蓮踐。乾隆四十三年戊戌進士，知太平、天台縣，治聲卓然，與從弟芳燦、揆輩並著文譽，縣志文苑有傳。是書為古今體詩，曰行行草一卷、和草一卷、非蓮小草一卷，都四卷。芳燦為之序。縣圖書館據邑城西溪俞氏所藏未刻稿繕寫之。

芙蓉湖櫂歌一卷 清光緒甲申芙蓉堂原刊本

清楊掄撰。掄有春艸軒詩存已著録。是編爲掄寓居芙蓉湖邑城外之濱，春恣風物，徘徊景光所作，時將謌選入鄰也。同縣孫爾準爲之序，稱楊君（？）跌宕居湖濱鄒氏之樓，湖濱名江尖，多鄒氏聚族所居帆檣魚鳥，日近軒戶，即其戲詠爲斷句百首。自謂倣朱竹垞鴛鴦湖櫂歌之作，故名之曰芙蓉湖櫂歌。天真爛漫中，音調諧婉，憑紀靈蹟，旁及里俗賽會游戲，徵選以至謠諺謎語，無不具在，讀者可想見一時風會之繁。昔竹垞多傳

別集類卷一 壹

軼事，而質樸自合體裁，猶或遜此。有謂推重至夫湖爲邑之勝地，而掄斯作因地爲紀，附事爲述，於人情風土，殊裨後來，有攷邑爾準所序，可謂推重至矣。

芙蓉山館詩鈔八卷 清同治間重刊本

清楊芳燦撰。芳燦有伏羲紀事詩已著録。是書係所謂關中定本重刊之本，按芙蓉山館全集卷首載同縣劉繼增序，謂芳燦所著詩文及身刊行，先後有三本。自少至謝選爲真率齋初稿詩十卷，詞二卷，至仕甘肅，訖戶曹，爲芙蓉山館詩稿十六卷，詞四卷。罷官後，主講關中書院，即前兩本刪併之，益以續得刊詩六卷，補一卷，詞二卷，集句詞一卷，統以芙蓉山館名集，不曰稿而曰鈔。是爲晚年手定之本，世又鈔並行。及□遭兵燹，諸版盡毀，流傳日希。遂依關中定本重刊，以世□本□□附刊芳燦遺像並陳文述所爲傳，而未載梓行年月。迨光緒初，彙刊全集，則是編依

別集類卷一 壹

武善原序附載其端，稱芳燦詩善學杜，并善學義山山谷也。

桐華吟館詩詞稿八卷 清乾隆壬子原刊本

清楊揆撰。揆字荔裳，乾隆四十五年庚子南巡召試，欽賜舉人，授內閣中書，入直軍機處，隨大將軍福康安征廓爾喀，以功累擢內閣侍讀，出爲川北道，擢甘肅按察使，轉布政使，調四川，時教匪爲逆，揆練兵籌餉，以勞卒官，贈太常卿，事具縣志宦望傳。揆少工詩

文與兄芳燦並負才望，而芳燦著績巖疆，揆則以碉門而外出塞數千里，與前代文人簪毫佩玉雍華要者不同，故世目為二難者，殆不僅為並工詩文耳。其書為古今體詩六卷，詞二卷，首尾無序跋，而蒲褐山房詩話稱其兄弟所著，凡窮荒戰地，自嘉州昌黎之後，紀載無多，天或借翰墨以發其奇，而君遇際洵非偶然，宜閱者如游絕域，如讀異書也。是可見藝林之推重矣。

卅四

綠雲吟館詩稿一卷　縣圖書館鈔寫本

清楊英燦撰。英燦字文叔，號蘿裳，國子生，納粟知安縣，調成都，俱著治聲。能詩，與兄芳燦、揆，有三楊之目。縣志宦望附兄揆傳。是編為邑城西溪余氏所藏稿，未梓行於世。縣圖書館即據其稿繕出者。同縣余一鼇為英燦外孫，簡端識語謂公所作詩，有顧兼塘表丈選本，燬於兵燹，幸此稿尚獲保全。按稿中眉端注選字者，殆即兼文所選錄。茲將兼文所選及紫梨花詩四首，附刊家譜藝文拾遺內。距兼文選詩時，垂三十年矣。論者謂芳燦、揆皆工詩詞，而英燦相從兩兄於筆硯之間，雖不能詩，亦必有所受矣。

玉山閣詩選八卷　清道光庚子重刊本

清徐鏷慶撰。鏷慶原名嵩，字閬齋，原籍崑山，以金匱籍中乾隆五十一年丙午舉人，官蘄州知州，總督畢沅激賞之。會湖北有兵事，委鏷慶主奏記。高祖

卅五

芣，字立齋，與兄乾學並以學問著天下，為佳話。父虎臣，贅無錫顧氏，其從祖德宗圖為乾學孫婿於無錫秦氏，縣志流寓有傳，鏷慶附焉。是書為古今體詩，始自乾隆三十九年甲午，迄嘉慶六年辛酉，按年編次，都八卷，儀徵阮元選定之，同縣顧敏恆為之序。集中寄贈游賞惜別諸作，所交如孫星衍、錢泳、秦瀛、袁枚、錢伯坰輩，皆博學通儒，為當世名人，則鏷慶道義文章，概可知矣。

西莊遺稿一卷 梅卷石詠本

清王穎銳撰。穎銳字秉成，號瓶城，又號西莊，國子生，達十四世孫，乾隆間人。少勤舉業，能文章，而性尤仁厚友愛。父歿，家累萬金，積十餘年，清其逋，而所事舉業遂輟焉。是編爲古今體詩，同縣顧光旭爲之序，稱陽明王子謂予美太白有造道之資，而不能入於聖賢者，詞章綺靡之習有以羈縻之，綺靡之悞天下後世者若是，則不爲所悞者過人遠矣。西莊不自以爲詩人，而詩不廢，不自以爲詩人之詩，而詩以傳，是書之人所謂以餘事作詩人者也，綺靡云乎哉。其爲推重如此。

小峴山人詩集二十六卷 清嘉慶間原刊本

清秦瀛撰。瀛有康熙己未詞科錄已著錄，是書爲全集中別出之本，所輯錄古今體詩及卷數，視全集無出入，鐫刻版本亦無差異。歸安吳蘭庭原序稱先生被官中書，談說縱橫，旁及詩古文辭，波瀾雲疊，時亦提衿擁鼻，而詠益纚纚不止。其後先生出爲監司，余間倚敧入謁，先生掃榻延客，問無恙已，而曰：子久不見吾詩，今已成如干卷矣。出使卒讀，問曰：子視吾詩在本朝可誰比者。余謂先生之詩變化馳驟，而神味愈足，如雷雨之動蕩盈，而百穀草木皆甲坼也，此殆於唐人中求之，不能其論也。先生曰：戁有是，雖然，子爲我序之。余曰何敢哉，雖然得附名卷末幸也。觀斯序，是可考證見瀛之詩矣。

別集類卷二

竹外山房詩集二卷 清乾隆乙卯精刊本

竹外山房詩集應移在五十頁寶嚴堂詩集之前

清秦潮撰。潮字步皋，號端崖，乾隆三十年乙酉高宗南巡召試列一等，特賜舉人，授內閣中書，翌年丙戌成進士，授編修，視學安徽，充庚子年有請名典試河南、陝西、雲南，分校禮闈，皆稱得士。官國子監司業，士多造就，平生以文字結主知，蓋矣。公慎人，翕然無間言。縣志宦望附文鑠傳。是書皆古今體詩，其門人歙縣程昌期爲之編纂爲二卷，弁於簡首，謂名章秀句，更僕難數，出平昔常誦之什，多未存錄，故於是編僅見潮所著之一斑耳。

粵中吟草無卷數 無錫縣圖書館鈔寫本

清秦大受撰。大受字可逸，號心孩，諸生。乾隆四年乙未歲貢工舉業，尤邃於性理易學諸書，兼爲文，深入理窟。一時從游者衆。縣志文苑有傳。是書爲古今體詩，分全編次，而不分卷數。自嘉慶十年乙丑迄十六年辛未，爲游粵六年之作，故名粵中吟草。其門人丁汝保錄存之，而識於簡端。其詩不多作，而自然清麗，晚年尤喜趙雲松，格爲一變云。

別集類叁一

一枝軒稿八卷 嘉慶丁丑原刊本

清施晉撰。晉字錫蕃，亦作雪飄，諸生。乾隆四十年乙未歲貢。性高曠，於世無所迎。工詩，初盡力於六朝諸集，後以老杜爲宗，格調神韻，獨擅一時。縣志文苑有傳。是書卷一至卷六爲古今體詩，卷七長短調，卷八雜文。陽湖惲敬序其詩，謂雪飄老矣，而能飲酒，尋山水，其生平所交，文章巨公，不使有一字入其集。其胸中爲何如，是可想見晉之風格矣。

十二山人詩草一卷附文稿一卷 原稿本

清安吉撰。吉有友時孜已著錄。是編爲古今體詩，原稿一卷，末附文稿，猶爲原本，惟其末錄以存多文集中所未述錄者。吉手書於詩草之首，謂山人自愧不能效法古昔聖賢，惟讀書不倦，求毛詩之古韻，作韻徵，辨尚書之本篇，述其祖尚書讀法表彰，及正閏泰月令，秋葬周官，著夏時考，攷經學字學，而獨不愛吟詩，偶

別集類叁一

一爲之。自乾隆戊戌至嘉慶己巳三十年中，僅得詩百餘首，非其所好可知也。哀詞象贊亦附其中，同爲韻語也。山人不工詩，而長於辨韻，謂今體用今韻，古體用古韻，故其古詩皆不拘今韻，然與世俗叶韻之陋習，叶其所不可叶，通其所不可通，山人不爲也。吉所見天下名山頗多，時自謂詩稿或存或軼，卷中所錄，略見其蹤跡所至，後世讀古詩者又可究討其所用古韻耳。

十二山人詩草 後未捧入故未注頁數

蘭巖詩鈔前應以七十五頁笛條絲館吟賸稿移列於此

蘭巖詩鈔四卷 翠屏山房詞草一卷 縣圖書館舊寫本

清安全撰。全字三勛，號蘭巖，瑨曾孫，國子生。乾嘉時人。是編卷一曰吳門紀遊詩，卷二曰容與草，卷三曰秋崖草，卷四曰冰雪草，都四卷。末附翠屏山房詞草一卷，前後無序跋，據何本鐫出無考。惟卷四冰雪草，有十二山人自序，按吉自號十二山人，並以名其詩文集，而何以全亦以是爲別

別集類卷 五九

別號乎。附記之，以待攷證。又考錫山安氏詩補編全小傳，稱所著有經笥樓詩草，而他著不與焉。是編所錄，獨經笥樓詩草則不與，似編校闕，俱無稽考。

弟禾吟草一卷 縣圖書館舊寫本

清華萼撰。萼字香蓀，號麗旭，乾嘉時人。世居鵝湖之濱，爲人恂恂退讓，性恬曠，足迹不入城市。閒居好吟咏，又寫山水花鳥，超然絕畦町。同縣孫爾準謂聆其言，讓讓然若喬柯振風，有塵外遠致焉。是編爲古今體詩，都百二十八首。同縣蕩邨侯學隱人尤鶴沼稱其行年老大，猶日孜孜，必有自適其適者，而以菊禾名編，其謙退爲何如云。是編所據鐫鈔之原稿藏鵝湖華氏。

消閒草一卷 清嘉慶辛未原刊本

清秦若暘撰。若暘字旭昇，號逸溪，國子生。乾

別集類卷一 六十

嘉間人，性恬淡，好吟詠，不慕榮利。居邑東北白擢山國麓之小渠，其堂曰半山草堂，同縣錢福燁題其壁，有卜築山家半迴環，渠占全屏開雲外嶺，人坐鏡中天之句，而安吉又稱若暘飲碧林泉，山水之清暉，秋月春花之佳景焉。是書爲古今體詩，其子孫輯錄刊行，吉及華守謨並爲之序。卷中有同縣顧光旭、秦瀛輩題識，語極推重，而附錄楊逢春題贈詩云：風雅紹家傳，格兼唐宋賢，閒

情太傅句，邑興放前牖，是可以見其詩格矣。

自娛艸一卷續艸一卷 清嘉慶間子原刊本

清秦琦撰。琦字建封，號半俗，若驕子，嘉慶間人。琦少承家學，能詩，所作守法律，絕特超邈，鄉居韜晦，有乃父風焉。是書皆古今體詩，其及門諸人為之刊行。錢郎霖為之序，說者稱其詩有絕似唐韻者，亦有逼肖蘇詩。而顧光旭又亟賞之，曰超渾，曰清渾云。

別集類卷一　空

晲梅齋詩艸一卷京江游艸一卷 清咸豐甲寅原刊本

清楊紹基撰。紹基字桂巖，諸生。嘉慶元年生，少孤，刻苦力學，嘗受業同縣孫爾準之門，為文真摯，灑灑內外，詩文跌宕有奇氣。官蘇州府學教授，丹徒訓導，士多造就。惜屈於科名，未竟其用。縣志文苑有傳。是書皆古今體詩，同縣侯桐為之序，稱其為人真氣灑落，出乎塵埃之外，惜扼於科名，未竟其用。其著述較富，與所之，獨抒心得，而自合古大家之風範。惜其文多散佚，而詩之高朓絕俗，則似乎其文，而又似乎其人，是可見推重之至矣。

楞香膹鈔一卷 錫縣圖書館寫本

清秦大光撰。大光字麗中，嘉慶二年丁巳舉人。少年文名籍甚，歷官雅州知州，有政聲。秦瀛重修縣志，獨大光贊劃。縣志文苑附見大受傳。是編皆古今體詩，首尾無序跋。縣圖書館據秦氏所藏舊鈔本轉錄之。

別集類卷一　空

濤漁詩存四卷 錫縣圖書館寫本

清秦琦撰。琦更名琳，字濤漁。嘉慶九年甲子順天舉人，知范縣，會啟匪李文成滋事，東明長垣間寇盜充斥，已戕嚴琳籌畫儲備，夜宿堞樓，匝月不解甲。武弁藉端需索，琳裁抑之，聞安計代者未至，琳寢苦從事，卒賴安堵。事具縣志宦望傳。是編為古今體詩，都四卷，前後無序跋，有無刻本無考。據何本鐫出亦未有注。其卷三矣吟含艸所錄梁溪棹歌一百首、惠山竹枝詞一百首、芙蓉湖曲十首，自景物以及風土人情，廣爲蒐訪，極事摹寫。又卷四燕吟含艸，所錄燕山詠古詩一百首，感慨推遷，考古頗博，二者堪補史氏考徵。惟孫爾準泰雲堂集載有秦瀛序吳吟含艸序，則是編卷三所錄者殆有單本行世歟，特記之以備徵訪。

拜石山房集四卷 清道光己丑南城曾氏同刻五家詩鈔精刊本

清顧翰撰。翰字蒹塘，又作簡塘，嘉慶十五年庚午舉

別集類卷一　室

人，知金山江寺縣。祖奎光，父敏恒，皆負文章盛名。翰少承家學，詩才清絕，人品猶潔如其詩。儀徵阮元嘗謂荼與蒹塘兄弟文高，莫逆其名，望震動天下，固曾當世推重，不以想見。咸豐庚申之變，翰時主講東林書院，其版被燬，而縣志文苑有傳。是集爲南城曾燠所輯同芬五家詩鈔之一，刊行時翰尚存。燠仰五子才華，用纂其詩，翰雖登賢書，出爲縣宰，而燠嘗爲之歎惜，謂未稱其才。譚獻亦稱蒹塘先生偃蹇乙科，沈淪下僚，卒以閒書中更議，憔悴於晚歲，僅乃得歸，竟死於亂，有識者惜之。而羣雅集又稱翰古詩瀏灕渾脫，近體清麗娟逸云。

二樹村莊梅花百絶一卷 刻本

清華文模撰。文模字仲修，又字瘦吟，錫邑圖諸生。嘉慶十六年辛未歲暮資州之夫目，性雅逸，抒吟詠。所居鵝湖之二樹村莊，無塵市喧，因偕兄文彬輩朋輩結吟社，頗知名於時。是書爲詠梅花七絶詩百首，跋

別集類卷一　畜

君文模於嘉慶二十六年辛巳春，植梅屋旁，因有感而作。自梅之種類、形態，以及佈植、灌溉、折供、嚼蕊，甚至掃葬、憶憩、夢哭，無不畢詠，而以梅癡悟爲終結，殆所以抒其懷抱感慨與。

閑吟齋詩鈔六卷 清道光乙未原刊本

清華文桂撰。文桂字景直，一字子開，國子生，議叙從九品。道閒人，性醇篤，事親孝，弱冠習時藝，應試數不售，遂自謂拙才不可強，乃專攻詩，絶意進取，忘既

而病咯血，畏塵囂，父命為同功名事，因棄去，自歸竹里閑人。其九世祖西樓隱居求志，長洲文徵明、祝允明於臺北敘舊，雅相推重。而文桂既以閑人自號，名其所居曰閑吟室，以詩遣岑寂，又善鼓琴，蓄古琴甚夥，旁通琵琶，著譜行於世。時鶴湖結二柳吟社，文稚興兄文采曾為主盟，嗣從朋儕勸，赴京銓選，卒於寓所。是書為古今體詩，自嘉慶乙亥至道光甲午，編次為六卷。長洲陳蔭庭韋光黻、同縣侯桐並為之序。按是書又有道光壬辰刊本，為四卷，時文桂尚存，故是本卷五為壬辰、癸巳之作，卷六為甲午之作，蓋文桂詩盡於此矣。

左之詩艸六卷 縣圖書館據鵝湖華氏藏原稿繕寫本

清華宜撰。宜字左之，又字白隱，於詩里宜承家學，詩文夙有名，為制舉業，屢試不售，而家貧親老，需事養，遂躬耕自給，市有友愛無間，既殁，哭之以詩，悱惻動人，士林傳誦之。是書卷一二為古體詩，卷三至卷五為今體詩，卷六為外集，據鵝湖華氏所藏原稿繕出。卷首錄原序，有張爾旦稱其五言淡遠，多見道語，七言亦能鍊句選聲，不趨時尚，古詩樂府，駸駸入室，將一鳴其高山流水之音矣。常熟翁同龢亦謂觀其所作，獨能沖淡，猶不失溫厚和平之旨，且屢以安分知命為言，此非觀道之久，養氣之深，實有得於中，其能及此耶。綜觀所序，則其詩其人，俱可知矣。

亦人詩艸一卷 縣圖書館據鵝湖華氏藏原稿繕寫本

清華有撰。有字右之，號亦人，又號白先，宜並工詩，有既相從其間，所詣亦深，於其父子兄弟更唱迭和，一門風雅，為時稱頌。年二十七卒，聞者惜之。是編為古今體詩，據其卷稿本迻繕出者。卷尾自識謂君將去年今春所作攙和錄呈秋嵒大叔教正，並博味初、次谷二兄一粲，殆所錄諸稿以就正者。按秋嵒文彬號，味初、次谷無考。

慎思艸堂吟稿一卷 邑城龔斜橋龔氏捐贈家藏舊寫本

清龔汝直撰。汝直字際園，州目。嘉慶間人，爲邑城龔氏開拱之祖。是書爲古今體詩，都四十五首，無刻本，以此爲稿，爲其裔志遠(字海塘，雅好收藏，性誠篤)所藏寫本也。

聽鶴山房吟稿一卷 邑城斜橋龔氏捐贈家藏舊寫本

清龔桐撰。桐字蔭嘉，號小梧，諸生。嘉慶四年己未歲貢。嘉慶十八年癸酉順天鄉試挑取謄錄，議叙州吏目，分發雲南補臨南州吏目，居官以廉潔著。道光十二年壬辰解組歸，年八十矣。父汝直爲人方正，士皆推重之。桐濡家學，性方嚴，治家有法度，子孫爲守家法，世承弗替。縣志耆碩有傳。是書爲未刻稿本，其裔志遠家藏之，分五七言古詩、五七言律詩、五七言絶句，彙爲一卷。首端錄同縣顧翰語，稱其神似東野。又卷首載同縣薛玉堂識語，謂之下以有用之才，宜善爲儲待，勿以一藝自囿。昌黎云：餘事作詩人，韋有味乎其言。可見桐之才爲士林所稱說，豈僅以詩爲靈耶。

別集類卷一

六七

壺園集四卷 清道光己丑南城寶氏同岑五家詩鈔精刊本

清徐寶善撰。寶善原名三寶，字廉峰，又作蓮峰，嗣出繼同族後丘錫藉。嘉慶二十五年庚辰進士，選庶常，授編修，改監察御史，上疏言事切實，仍授編修。道光十四年甲午典試浙江，十八年戊戌分校會試。工詩文詞，與顧翰、顧翊、趙函、楊夔生齊名，號同岑五子。父鐐，廣縣志流寓附傳。祖德宗傳，寶善附。道光續志鐐廣入文苑傳，寶善亦附焉。是集爲南城寶樸所輯同岑五家詩鈔之四。原序謂廉峰以翁作之才，得與清華之選，餘則詩書鞅掌，冷笈飄蕭，蓋稱寶善名足以副其實，而才又足以當其用焉。

思娛齋詩鈔二卷 清光緒庚子原刊本

清華翁間撰。翁間原名程，字芝楣，道光元年辛巳舉人，自少家貧而勤於學，善畫書，鈔後得館泰志田故弟，讀其所藏書，於編故博雅冠一時，工辭賦駢體，抑華扎華，善弈，游公卿間，往往以弈接其交君。縣志文苑有傳。是書爲古今

別集類卷一

六八

體詩，都二卷。其孫鈞刊行於世。同縣秦寶瓚爲之序，謂其以能詩善弈聞。工詩辭，傾長安貴人，顧累舉不第，卒老於諸侯賓，而詩則多可傳者云。

真松閣集二卷 清道光己丑南城曹氏同岑五家詩鈔精刊本

清楊夔生撰。夔生有麓園掌錄，已著錄。是集爲南城曹璵所采輯同岑五家詩鈔之五，而亦欲惜夔生爲詩壽執掌，冷笈飄蕭者耳。

金粟庵集二卷 清道光己丑南城曹氏同岑五家詩鈔精刊本

清顧翃撰。翃有道光無錫金匱縣續志，已著錄。是集爲南城曹璵所輯同岑五家詩鈔之三。顧爲璵所環叢事業，並有千秋著。按勤斯堂詩彙編所錄金粟庵殘詩艸卷末附其館甥江夏王積懋跋，稱翃平生著作等身，嘗自定爲金粟庵集，盡付一炬，今喆嗣珠川昆季搜集遺稿而不可得。

其族孫森書亦謂翃自編金粟庵集，被兵燬失。但考是集刊於道光己丑，時翃尚存，蓋其自編之稿選錄，抑或翃自編之本無可稽考，而璵輯錄於同岑五家詩中，俾學者獲睹翃壯年所作，斯亦可感也已。惟勤斯堂詩彙編付刊在光緒丙申，特殆未見是集歟，故附刊翃小傳行誼與是集所錄亦有出入，附著於此，尚待考徵。

樂潛堂集二卷 清道光己丑南城曹氏同岑五家詩鈔精刊本

清趙函撰。函字元止，號艮甫，諸生。原籍震澤，既僑寓於錫之邑城，與顧翃相友善。時楊夔生、徐寶善以相世舊，時往來顧氏。函故工詩，而交游其間，遂益以文采著聲稱，並與同岑五子之目，事具縣志孫寶傳。是集爲南城曹璵所輯同岑五家詩鈔之一。璵謂昆陵擅五湖之腴，表攬三江之雄奇，惟土厚而水深，故地靈而人傑。五家之作，或才華騰舉，鏗鏘音於巨鐘哉，詞旨淵深，寓情於觴詠，擬其藻采，則溫李之後身；論其精到，亦韓蘇之宗子。雖絃匏弗奏，而均響於律；雖江漢異流，而同趨於海。昔郭景純云：及爾臭味，異苔同岑。信乎氣數之孚，自然馨逸，性情之契，不求差池，是可見其推挹之旨矣。（五子並許韓）

城西艸堂詩集四卷 清咸豐戊午秦氏家刊本

清秦緗武撰。緗武字省吾，國子生。父瀛，以古學峻以爲東南人士望。緗武官江西知縣，前後權十餘縣事，所任彭澤，著有聲稱，彭澤人愛慕之，爲傳循吏事蹟，見縣志宦蹟傳。是書爲秦氏家刻，流傳同縣顧翰爲之序，稱吾邑自前明華子潛、鄒顯吉而後，稱詩者多，而門才之盛，莫如秦氏。入本朝，蒼峴山人始以詩受知聖祖，數傳而小峴少司寇以詩古文鏗鏘於乾嘉之間，哲嗣省吾爲江西循吏二十餘年，以政事發聞，雅不欲以詩自見。今觀其詩，清蒼雅健，風格若王孟韋柳，蓋受詩法於少司寇而出以和平恬愉，不大聲色，由是知君之爲善政爲循吏，得於性情者深也。然則讀緗武詩者，亦知其淵源之所自矣。

別集類卷一　圭

寶素齋詩鈔十卷 鄒氏家刻本

清鄒鳴鶴撰。鳴鶴有道南淵源錄，已著錄。是書皆古今體詩，其子觀皋校刊，以此卷首目錄曰卷一公車集，卷二豫游集，卷三河上集，卷四返沐集，卷五戊巳集，卷六滄桑集，卷七三五集，卷八轉漕集，卷九赴台集，卷十粵西集，附錄絕命詞二首。前後無序跋。書中卷十無詩，於卷九終結後別以書附錄四首，而所附錄者爲壬子生辰臚唱西鄉賜家感賦，又與卷中目錄所列卷十粵西集無關。至其絕命詞，即附於此四首之後，則其卷十之詩殆僅有其目乎。既爲其子校刊，何以目錄所列與書中不符，姑記之以俟考徵。

經雅堂遺稿三卷 清光緒庚辰華氏刊本

別集類卷一　圭

清孫慧良撰。慧良字衲琴，諸生。道光六年丙戌歲貢。幼穎悟，讀書十數行下。於漢魏以降詩學源流，罔不探討有得。時震澤趙函流寓邑城，以詩鳴當世，慧良竊效之，然駕乎其上。性放滑稽，狎侮人，人畏之而敬遠。慧良乃慨然出游，初依其從叔爾準於閩。爾準愛其才，而弗任以事，慧良乃不樂。游汴游燕，以記室為諸侯上客，然囊盡罄，貧如故。繼乃頹頓敗衰而卒。是書為古今體詩，其甥同縣華翼綸編次刊以行世。集中所錄曰餘生草，為中老年之作；曰簏中草，為早年之作；曰汴游草，為中年所作，都三卷。按餘生草者，慧良於同治四年自燕京顛頓南歸，時邑經兵燹，室廬盡燬，所作多滄桑之感。簏中草者，慧良寄居蕩口鎮華氏時，年甫弱冠所作篇什，未嘗捨棄，厥後在華氏故簏中得之。汴游草者，為客汴梁代同縣鄒綸所作，翼綸搜羅得之云。

別集類叁

豫游小草四卷 邑城狹山河侯氏捐贈 國庫藏原稿本

清鄭繼善撰。繼善字承家，諸生。道光九年己丑歲貢。自少天姿穎敏，從同縣侯桐治舉子業，兼習詞章，為桐所激賞。既躓南闈，復從桐游京師，刻自鍛厲，學益進。應京兆試，再薦俱不售。自是橐筆游豫，為諸侯上客。嘗主昆陽書院講席廿有餘載，文風蔚起，諸生造就者尤多。是書為繼善游豫所作，故名。自道光十四年甲午，迄同治六年丁卯，其間三十有四年，按年編次，都四卷。卷端朋儕題詩十餘家，俱極推服。而同縣周劼識語謂：清詞麗句，正雅居宗，不規規以尺寸自合，而風格調度，遙躋中晚唐，情淳沉冷，幕淹滯閒曹，或者天將老其材以待用，和聲鳴盛，猶可於是集卜之。則繼善詩及其身世可概見焉。按此稿舊為邑人侯祖述所藏，而侯學愈續梁溪詩鈔，繼善之詩竟未收錄。

筆花書巢詩鈔二卷 清同治三年原刊本

清嵇文駿撰。文駿字步雲，號春原。道光十二年壬辰順

別集類叁

天業人，璜孫，父承韋，知東昌府事，廉峻有聲，齮齕於當意，憤卒。宋肖文駿時以國子生棄筆出游，肖遠薦主濟南書院講席，以後秀主講前此所僅見也。文駿學乃益粹，士林仰之。既而登賢書，七上春官不第，大挑教職，以士子挽留不應選，主講席其誠三十年，而執業門下者多擬高弟，致通顯。既卒，門人請於書院建祠奉祀。是書為古今體詩，分上下二卷，其子有慶編次刊行，同縣朱益陰培洪潤益

別集類卷一　芏

文溪所為山東濟南書院之祠堂記，因附刊於簡端焉。

篠綠館吟稿二卷　孫氏玉鑑堂藏原稿本

篠綠館吟稿應移列五十九頁嘉慶世廠諸鈔前

清周騄撰。騄字篠綠，號掄仙，諸生。既不得志，弃為詩，晚乃興，當人往來，有妻子不受養，終於佛寺中。縣志文苑有傳。是書為古今體詩，同縣鄒發三借盧堂記，謂未經刊行於世。卷首錄弃薛湘所為篠綠詩鈔序，稱其弟子華亮、衡諸生，道光七年丁亥科舉人錄稿成帙，屬族人本壎攜至都，將乞弃言刊之，未行。又注本壎已於粵西付梓，然則斷編曾有刊本耶？但卷中於題上有刻硃也，以圈或硃色選字，殆未梓全稿，而選刻其一部分乎？故所錄湘作曰詩鈔序也。而湘稱其詩多枯槁抑塞語，然有法度，異於世之外藻飾而內淺薄者，又謂倪元鎮以亮節伏一世，為有元人物冠，而其風格峻遠，榮利外，形骸以為高，隱遁世外，殆亦慕其風者。是蓋足推重之至矣。

別集類卷一　芺

靈蘭館律賦一卷　秦氏謄寫評註原本

清王禮甲撰。禮甲字晴耕，道光十五年乙未貢生。工詞賦，性落拓不羈，論詩善談，諸閒者繞侍士林，鄭傳其故事焉。縣志文苑附見姚傳。是編為秦氏所選錄，都十有四首，其門人秦樹錚評註為之評註，蓋衣缽之傳本也。而無刻本以世。按縣志藝文門載禮甲著有靈蘭館詩鈔，今亦不傳。

飛香閣詩集四卷 安氏家刻本

清安詩撰。詩字芝慶，號仲依，道光十三年癸巳進士，官吏科給事中。明安希范裔孫。與同縣秦瀛、武進劉嗣綰、陽湖莊眉叔諸名輩相友善，倡和往還，一時稱盛。縣志文苑附章簡傳。侯氏續梁溪詩鈔詩小傳未及之。是書為古今體詩四卷，前後無序跋，刊印年月亦無考。

冰竹軒詩鈔六卷 民國十六年做宋鉛印精校本

別集類卷一 壹

清秦煥撰。煥有梓里錄，已著錄。煥居恒輒喜為詩，興到以吟，不自雕斲，而自成篇什。是編為其手定詩稿，曰摹燕集、澤濱集、逗工集、翠苑集、衛源集、句曲集，詩六卷，藏於家。其子同培（字子卿，諸生，光緒二十二年丙申科案）梓行，以廣流傳。同縣裴可揆為之序，其孫毓鎏後跋於後，同：先大父自定詩稿，藏之家塾。于卿七叔懼歲遠年湮，遺稿散佚，謀付剞劂，以垂久遠，命毓鎏為之跋。毓鎏侍先大父之日淺，未能窺見高深，於先大父之詩，更不敢贊一詞。惟讀哀江頭諸篇，三徵當日太平華草莽人民，失道寡助，宜其致敗。至於綱常名教，奉隨時勢為變遷，此一時，彼一時，不能強古今人而一致也。毓鎏以能無似，不足以顯揚先人，惟信仰革命事業，始終不渝，憂志能更發激於死三擬篆逑樹，毫無惟不敢以一不義之事，取一不義之財，則尤兢兢焉秉先大父之遺教也云。

碧梧桐館詩存一卷 民國二十一年做宋鉛印精校本

別集類卷一 美

清秦炳文撰。炳文原名煒，字誼亭，一號研雲。道光二十年庚子舉人，大挑二等，選吳江教諭，擢國子監學正，授戶部主事。工繪事，尤精鑒賞，又富收藏。雅慕山水，輒為之目圖。既官京曹，當世士大夫咸樂與交游，而畫詣益進，此者庭戶屨常滿。朝鮮使臣入貢，款附其縑素以歸，世之藝苑紀載往往推重炳文畫焉。尤寄情詩酒，觴詠流連，老而彌篤。治家嚴肅，一門孝謹，說者稱其有萬石家風。是書爲其六孫潛綸錄鐫行於世，以句子匹縣志文苑附六父永年傳。

璧，字皖卿。所爲詩曰皖卿詩存，母附諸簡後。南海

關賡麟爲之序，其族姪瑞珩後爲之跋，曰：族

父誼亭公生當嘉道間，以名孝廉司鐸松陵，陞

戶部。工詩，善畫，而詩名爲畫所掩，遺集又未刊行，

晚作亦多散佚，所存僅百六十首，顏曰碧梧桐館詩

存，蓋因公王父雪舫先生有碧梧桐館詩鈔，而以名

其詩用彰句替。今雪舫先生之詩不傳，而公之詩

別集類卷 七七

幸有後賢善爲繼述，九原當堪少慰。公生平所交游，

於同邑詞人沈晴庚先生尤深相契，晴庚先生贈

公詩云：「王盧並傑無餘子，淮海論交第一人。」足見其

交誼。其詩境矣。公少子皖卿先生爲晴庚先生婿，又

少從受業，既承庭訓，兼善師資，學有淵源，故雖

不自命爲詩人，而偶有吟詠，深得溫柔敦厚之旨。性

孝友，童時割臂愈母疾。父晚病中風口喑，動止不良，衣

不解帶者兩載，處中衣匯溺器，志親親之事，凡獲

亦恭謹唯諾，如事父母，同以篤摯着此，是又不獨其詩

之可傳也已。然炳文父子之知名，殆匪偶然也。

東里草堂詩草一卷 縣圖書館藏寫本

清朱壽清撰。壽清字萍香，諸生。道光十三年癸巳拔貢。家

貧，舌耕自給，性剛正不阿。是編爲古今體詩，

前後無序跋，無刻本行世，據傳本謄出，無考。

張南湖詩詞存一卷 民國七年鉛印本

清張應蘭撰。應蘭原名蘭階，字佩之，一字南湖，

別集類卷 七八

道光二十三年癸卯舉人，候選知縣。幼慧，深於情，能

體詩及儷偶文字，中年盡棄所作，治樸學，邑之賢

豪長者多樂與之交游，論說時事，慷慨激昂，英

氣奇鋭。嘗客河南某守所，意氣不相中，作詩責

之，傳誦京洛。咸豐間洪楊軍進逼畿輔，刑部郎中何

桂清以兵備道赴天津軍營，奇應蘭才，請與偕。

而臨清危嶽，應蘭往佐守禦，遂死於兵事，具縣

志忠節傳。是書爲其外孫女夫張鑑刊行，同縣

錢基博序之，謂南湖所著，清雄高拔，不作靡曼語，大率類其爲人云。

旅懷小草一卷 民國十年鉛印本

清張應蘭撰。應蘭有張南湖詩詞存已著錄。是書詩一卷，補遺文三首附於末。張鑑所刊，以貽同縣秦銘光，序之，謂銘光以時聞大父崖風公談往事無忘倦，而尤樂聞諸先執之遺聞軼事，至今思之，尚約略可記也。南湖張公，與大父夙好，慷慨尚意氣，尤工詩。洪楊事起，邑之縉紳先生以死事聞者，公最烈。大父述當時事，欷歔吁嗟之，故聞之較稔。顧以不獲一睹其詩爲憾。歲丁巳，牧叟張君梓公詩見贈，全詩無多，而大父之名凡再見，回憶曩時，恍見其爲人。今年秋，牧叟續得張公旅懷小草，以公與大父契誼相示，兼以序言屬。銘光不文，何敢序公詩，謹以童時習聞於大父者，略述一二，以歸諸牧叟云。

別集類卷一

醉墨軒詩鈔四卷 邑人孫寰鏡捐贈 縣館藏錢啓盦手寫本

清張步瀛撰。步瀛字蓮洲，道光二十四年甲辰副貢。詩賦及制舉文爲邑名師。治經通曆算，嘗謂有清經學直接漢，唐宋以後所不逮；算學直接三代，又漢唐所不逮也。晚年專心六書，病畢沅釋名疏證瀏略，因作重箋，又爲釋名求音，未竟而卒。錫志文苑有傳。是書爲古今體詩，按年編次，起道光七年丁亥，訖十七年丁酉，都四卷。同縣顧翰跋語，謂味如諫果，若幽蘭，與近時作手馳騁詞壇者迥別，此不過於時者之所爲也。然無寒儉不遇之感，而有儒生自得之樂，非真有所得，能若是乎？又曰：先生古文經說詩賦箋牘遺稿尚多，以俟後人有力者再行續刻云云。然則是編殆有刻本乎。

別集類卷一

悔餘吟社詩詞稿一卷 縣圖書館藏寫本

清華汝楫撰。汝楫字協庵，諸生。道光三十年庚戌歲案，幕游燕豫齊皖，爲諸侯上客，後官浙江補用道大使。是書爲其所著之詩詞稿，無刊本。縣圖書館撰其稿本繕出，但侯氏續梁溪詩鈔不稱攺撰者梅修吟艸四卷並存不以前徵訪。

杏林吟艸一卷附詞艸 縣圖書館繕寫本

清朱錦英撰。錦英字瘦梅，道光間人，世居邑之鵝湖，工於吟咏，兼善岐黃，有蕭然出世外之思。是編為古今體詩，卷末附詞。無錫縣圖書館據其家藏稿本繕出，其同里文模稱氣息清曠，非吾儕，常可比。

古杼秋館詩草三卷 清侯楨手書影印本 全

別集類卷一

清侯楨撰。楨有禹貢古今注通釋，已著錄。是編為楨手書真蹟，卷端有同縣秦昌煜、顧曾煦、含山張奕承壽跋語及題詩，皆墨蹟。又有侯桂瀛及勛題詩，亦墨蹟。勛未列姓，及桂瀛籍貫俱無考。蓋為侯氏珍藏本。民國四年，其外孫吳日新徵訪得之，遂影印以世，從孫侯學愈序之，謂先生生當仁廟，於時芙蓉山館、辟疆園之風雨熾，學者群焉景附，競以妃青麗白為工，詩亦不宗飛卿，即宗玉溪，獨先生受古文義法於梅郎中曾亮，所為詩，胎漢魏，武晉宋，徑高岑，躋杜陵，頡頏昌谷，驂靳山谷，人以二谷稱之，一洗世俗浮麗側艷之習，不為風氣所移，品誼概可見矣。而顧曾煦題語，又謂楨近體亦從入唐人奧窔，非時人所能及云。

徵雲樓詩集五卷 清光緒戊子原刊本 全

別集類卷一

清秦昌焯撰。昌焯字雪樵，國子生，道光間人。居恒講究敦厚忠孝，循循無所執。但生有足疾，早歲即棄舉子業，而致力於詩。說者稱其幽雅秀絕，要往往非人所及。是編為古今體詩，其子璇編次之，為五卷。其後秦煥為之序，稱其詩氣清神遠，有高世之風。至於抒寫性情，一往而深，則尤使人恭和之心油然自生云。

徵雲山館詩集一卷 縣圖書館繕寫本

清秦喬章撰。喬章字補蘭，道咸間人，信陽

州楊家塘巡檢，工八分書，能詩。是編為古今體詩，
其宗人崇以侯學愈續梁溪詩鈔采錄，百不及一，故復
擇尤錄之，以質風人云。

怡雲艸堂詩存一卷附詞鈔一卷 民國十七年鉛印本
清蔣大鏞撰。大鏞有隨軺日記，已著錄。是書古今
體詩一卷，附詞一卷。其詩編次不分，為三，首為思
親懷舊所作，次為隨使高麗所作，次為隨軺吉
林所作。同縣許同莘為之序，稱其詩和平溫厚，抒

別集類卷一 仝

情性，道得失，盡庶幾風人之遺。由是知達於政事者，必長
於詩，匪獨義理之相通，乃情性之無因云。

旅游小艸四卷 清光緒丙子原刊本
清華振撰。振字芸谷，亦作雲閣，道咸間人。少負不
羈才，於書無所不覽，擅詩古文辭，累試不售，游幕
大梁，以性介特，所之多不合。振泊如也，而跌宕奇逸之
氣，輒發之以詩，懷才不遇，君子惜之。是編為古
今體詩，自道光三十年庚戌至光緒二年丙子，皆
因地因人，言事言情之作，共得詩二百七十首，編
次為四卷，振手定本也。其及門人同縣林祖述字訒齋，同治七年戊辰進士為之序，謂振既不置身通顯，為朝廷黼
黻，銘勳鐘鼎，而陶寫羈緒，繼韻風騷，烏知不傳諸
後世，垂為不朽之文。按此本為同縣侯鴻鑑得之燕
京，贈與縣圖書館度藏，與邑人士共登之。

妙香居小艸一卷 民國四年鉛印本
清孫顥撰。顥字昂三，諸生咸豐三年癸丑歲案，擅詩書畫，

別集類卷一 仝

三絕，兼通六壬、遁甲諸術數，襟懷沖淡，志趣
高遠，嘗應試南闈，以風雨不入院，時人高之。縣志謂僑浙有誠，並存之，以待考徵閒居，往往以枯筆作山水，隨意推灑，林
巒雲物，盤鬱飛動，藝苑稱為神品。縣志藝術有
傳。是書為古今體詩，附詞一闋，於咸豐庚申前後，辟亂
鄉居之作。卒後三十年，其子恩贊字仲襄，諸生，光緒十八年壬辰歲案，有學行，清季任無錫勸學所總董，入民國任無錫縣視學，有聲於時刊行於世。其館甥同縣[illegible]字月度，光緒己丑恩科舉人
為之序，稱其悃幅才高，信口閒吟，亦足之

見流水鳴琴，脩然出塵之致。植初撰均又稱最似
倒看，如遠村云夜火亂明星，出尾山望湖云湖光生
曉寒，此二語，雖唐人絕到處，不是過也云。

搨珊吟一卷 縣圖書館鐵寫本

清陳彝之撰。彝之字春谷，自號梁溪釣徒。咸豐九年舉
人。生有奇氣，嘗以詞人品卓絕一時，事母以孝聞。平居不求聞
達，著書自娛。值兵燹亂離，稿多散佚，僅存印鴻壺
倚靜軒古賦詩詞都若干卷，得未梓行。是編亦無刻本。

別集類卷一　　金

自識自道光十三年癸巳迄咸豐十年庚申，刪存古今體詩
三百餘首，分卷中所錄者，其未登賢書前所著為多。

樫竹齋詩鈔無卷數 縣圖書館鐵寫本

清蔡濬撰。濬字燮堂，號夢夫，諸生（咸豐九年己未歲案）。
少孤，從同縣王恩緩游，刻苦如成人。及冠，文采清
麗，為欽翰所賞，嗣客戎幕，補彰德府經歷，授
徒自給，及門稱盛。性好繪事，人物花鳥點染如
生。卒於官，年未五十。是編皆古今體詩詞鈔，附於後，首尾
無序跋。縣圖書館據其稿本鐵出。

谷盦燹賸二卷補遺一卷續集一卷 清光緒間家刻本

清張鴻猷撰。鴻猷字辰遠，號筱亭。咸豐十年庚
申恩貢生（張氏續梁溪詩鈔鴻猷小傳稱國子生，誤），就職直隸州州判。詠
詩所交多海內賢俊，而與同縣錢勗施、達烈、秦緗
業輩尤稱莫逆。後更亂離，家業蕩然，憔悴不
措意，可以想見其沖挹焉。是書分寓譜集、更名集
二卷，又補遺一卷，續集一卷。燹賸者，咸豐兵燹所
賸詩也。其孫曹懋刊行之，同縣楊模為之序，謂風格
遒緊，出入坡谷間，而華亭衡秀又追懷往事，以識於
其尾。

別集類卷一　　癸

孟和詩艸二卷 清光緒己丑聚珍本

清范鈞撰。鈞字孟和，諸生（同治[illegible]乙丑補[illegible]）。自少志行
卓偉，壯務抑縮，布衣蔬食，非其義，雖一毫
不敢犯。性與簡，有晨禽風豪於飲。與同縣秦
寶璐、張[illegible]以詩古文辭相切磋，楊模所目為

勾吳三君子者，阮塞淵落，未竟厥志，殆三人相同。光緒初，秦緗業纂修縣志，鈞任分纂焉。是書為古今體詩，分上下二卷，撲為歎息梓行，秦同縣秦寶璣為之序。

自怡軒詩詞存三卷 民國二十一年鉛印本

清顧奎撰。奎字春巖，諸生。同治五年丙寅併行元年壬戌歲案 明敏，為憲成九世孫，父鳳何，咸豐二年壬子進士。奎既食廩餼，累試秋闈，不售，與修安徽通志，以訓導用。時鳳何方家居病

別集類卷一 全

痱，奎以事之，無須臾離，不復以功名仕進為念。值咸豐庚申，奎既奉親避亂，而後劍列祖遺象於背，懷憲成闈卷墨蹟，極遺次缺沛，固守不敢放。居恒沖和恬退，與物無忤，而足履不履長吏之庭。邑令知其賢，往往屏騶從造廬諮詢，奎知無不言，言輒敢可以。邑里之豪暴嚴憚之，其所交鄉望甚知。是書為所存詩詞稿，其子寶珽字蘊生，諸生，光緒二十四年戊戌歲案、寶琛字樾生，民國初江蘇省議士其詩壽梓行於世。同縣孫肇圻序之，謂規唐做宋，無背於

溫柔敦厚之旨，而嚴氣壽稱其詩舒究浸於其先德，與諸人璞指詞復上湖梅郵、玉田、白石、艸窗諸家，擷其芳馨云。

建觀樓詩艸一卷 民國十三年聚珍本

清顧寬撰。寬字彥夫，諸生。同治七年戊辰歲案 性靜默，操修明。咸豐庚申，寬奉親避鄉，怙恃相繼失，兩兄遇亂離散，不能自存，乃集手張晏化與其地士大夫賦詩酬答，寫憂憤以寄其慨，閱者憫之，而又欽其才。時寬尚未冠也。事平

別集類卷一 公

歸，始為學官弟子，授經虹橋周宗家，歷十載，未嘗主論者稱其識焉。有過人者。是書先由其族孫森書采入勤斯堂叢輯別見壽鄉，至是其子倬倬原名裕昆，字述之，光緒癸巳年科案。清季留學日本，習師範，歸國主辦邑城東林兩等小學堂，著有聲譽。既而奉令創辦江蘇省立第三師範學校，入民國後任校長，閱十餘年，培植師資，學風樸肅，聲望著大江南北復刊單本以廣流傳。同縣寶鎮秦爾霖並為之序。卷末附刊風木吟，極盡蓼莪之痛，具見倬至性焉。

霜傑齋詩二卷補遺一卷 清光緒戊寅原刊本

清秦寶璣撰。寶璣字潛叔，號梳臣，清同治九年庚午副榜貢，性至孝，館穀所入，奉親外不自私，親故有急，多方助之，而自奉則儉約。欲儲金集資為二老采蘭侍養之所，未成也。平生檢束，一出儒者，人無間言。弱冠辟地海上，則肆力於詩，壯歲治科舉業，覃精粹思，迥軼儕輩。光緒之初，山西學使者同縣朱福基（同治四年乙丑進士，翰林院編修）延聘襄校文卷，歸佐秦緗業修縣志，繼秦緗業，寶璣任分纂。將緗業以道員需次兩浙，而以纂修事委寶璣，於是廣徵博訪，重加編次，以總其成。無何，合肥張樹聲總制兩廣，羅致四方賢俊，延聘寶璣入幕府，而寶璣以體弱不任風濤，加以嶺南炎蒸，暑溫致疾卒，年甫四十。鄉里惜焉。是編為手訂古今體詩，嚴汰約收，得百數十首，按年編次。其已散佚所在，可據以為考也。既歿，緗業復葺其賸稿為補遺一卷，武進馮光勛序之，謂潛叔辟亂居海上，年甫逾冠，既世事一不可問，則畢致力

別集類卷一　八九

於詩，方其縱情孤往，劌露天骨，有睥睨一代之概。非世所謂窮而後工者也。亂後還鄉里，乃肆力治經史古文，屢試不得志，則橐筆游晉齊燕豫之郊，嘗陵東嶽，跨太行，絕河濟汾漳，雄關阨塞，越數千里，古昔賢哲豪傑之所經營，風人韻士之所躊躇而詠歎，凡有所得，一寓之於詩，故尤雄放不可束縛，間出諷喻，以吐其奇。而潛叔之詩乃一變矣。逾三年，歸而忽忽不怡。後赴粵督張公之招，粵東故人材藪，而潛叔之意，泊然若無所營，詩亦頹然自放，間乃一作，初不知饑頓之譽，千百世之名，足以動其豪末也。所論寶璣詩，可謂至矣。

吟梅仙館詩詞稿二卷　民國九年鉛印本

清蔣汝僩撰。汝僩字毅甫，周先閭人。父大鏞，官奉天府治中，治行具縣志宦望傳。汝僩以國子生七試省闈，未售，泊如也。事親孝，母病，晰夕不離側，親操作，雖溲溺弗辭。父既卒，營葬盡禮，盡其弟兄。既在官，雅不欲以家庭事分其心也。嘗應山西學政同縣朱福基之聘，同幕亦疾

別集類卷一　九十

亟去家數千里，敬致其家，則無及，而汝倜獨先其喪返其櫬，間關遠道，至海，抬其家迎之去，其孝友於家，信義於朋友，脩坐成欽，手推服之。是書為其子士松（字遇春，光緒十年甲申科舉人，候選訓導）輯錄詩詞遺稿，刊以行世。同縣陶世鳳、陸士奎（字耀蒼，光緒二十年甲午恩科進士，選庶吉士，改知縣，歷署桐城、宣城、懷寧、鳳陽、蒙城、壽縣事）並為之序。其館甥侯鴻鑑又稱汝倜平生風義廉潔，名利不足以動其懷，窮貴不能屈其操，而藹然仁者之言，凜然骨鯁之概，又時時見於字裏行間，足以鐵砭後世競權奪利之徒云。~~可謂能讀其父書者矣~~

別集類卷一　㙭

紫櫻仙館詩詞草存一卷　民國十八年鉛印本

清蔣汝倫撰。汝倫字振甫，大鏞季子，國子生，同光間人。少負異敏才，大鏞精研經學，以所得授汝倫，而汝倫於所讀毛詩、左傳，銓解註釋，盈簡端。[illegible]麗唱和，殆其餘事耳。嗣咯血卒，年三十有四。懷才未成，聞者惜焉。是編為其子士棟輯錄遺稿，刊以行世。同縣侯鴻鑑為之序。

溲桂軒詩稿一卷　原稿本

清鄧登瀛撰。登瀛字筱洲，號秋泉，別號槐蔭，國子生，同光間人。援例入貲得補縣丞，歷署鄭縣、江巡檢、清泉場鹽大使，又炳燗宮平羅、燉煌、壽知縣，所至有聲。是編皆近體詩，卷末附詩餘，為未加詮次之稿本也。

別集類卷一　㙭

靜妙山房遺集三卷　清光緒庚寅夏氏校刊本

清錢鈞伯撰。鈞伯原名名振，字訥蘆，諸生。同治十三年甲戌歲援例入貲得知縣，加同知銜。少負才，隨父讀請官嶺南，讀書窮日夜不輟，尤熹治史部書，嘗謂通鑑紀古今治亂得失，通考備歷代典章制度，能熟復二書，庶幾可謂有用之學。禍人廣座，每發一言，無不饜人之意。其議論天下事，又往往中其節。既困名場，銳氣漸減，乃肆力於詩，於是抑鬱牢愁，盡發之焉。是書為其自定稿，都二卷，末附補遺一卷。其妻兄秦達夏敬中梓以行世。吳縣潘為之序，稱其懷古諸什，平心論事，喜怒無偏，感時觸事諸作，慷慨悲歌，則又婉而多諷云。

劍霜龕龍吟稿前，應以後文心禪室詩稿移列之

劍霜龕龍吟稿四卷附錄一卷 清宣統元年鉛印精校本

清秦寶鑑撰。寶鑑字懋貽，諸生。光緒二十八年壬寅科案，性聰敏，喜讀書，少時即流覽經史百家言，而能會通大義，及長，偶事制舉，而專肆力於詩詞，然負有大志，憤國勢之不張，民德之不齊，輒思研求新學，冀盡匹夫興亡之責，而懷才早世，聞者惜焉。是編為其平生所作詩

別集類卷一

詞稿，其宗人銘博序之，謂其憂民撥亂之識，鬱而為偃蹇無聊之志，因有遺世絕俗之思，故其詩詞清絕，而多哀感之作云。

心禪室詩稿應在九十三頁劍霜龕龍吟稿之前

心禪室詩稿三卷 縣圖書館藏寫本

清余一鼇撰。一鼇字成之，號心禪，同光間人。候選通判，家富藏書，熹表彰文獻，搜求鄉先輩遺著尤勤。與同縣顧翰有雅故，兩顧氏與楊芳燦、英燦、揆昆弟四為姻通世好，而楊氏又為一鼇外家，故於顧楊之學，篤

別集類卷一

好不厭，染濡者彌深。同縣丁紹儀所輯清詞綜補續編，以垂老無成，乃付一鼇，蓋珍藏叢殘，意尤屬焉。所校刊行世者，顧氏則有蘖鏸園遺集、碧溪集、拜石山房詞，楊氏則有楊蓉裳先生年譜、真松閣詞，又欲纂輯楊氏花萼集，未成而卒。是編為其所著之詩詞，卷一曰心禪室詩稿，始自同治九年庚午，迄十三年甲戌；卷二曰心禪吟艸，始自光緒十一年乙酉，迄十八年辛卯，俱按年編次。卷

別集類卷一

三曰憐香詞，都三卷，無刻本行世。

寄漚詩鈔四卷附詞一卷 民國十年縣圖書館傚宋精校本

清劉繼增撰。繼增有忍艸庵志，已著錄。是編為其子書勳任縣圖書館館長時刊行，常熟俞鍾穎序之，謂寄漚栖遲九龍振翠之區，吐納二泉噴玉之潔，驅毫敖活，摘藻俱馨，雖天生斯才，未竟其用，而淵懷沖抱，其詩存則其人有不可磨滅者。吾知他日梁溪詩鈔繼續編輯，必將揀金之腴，採玉之潤，有足傳寄漚於不朽云。

篁韻盦詩稿六卷　清光緒丙午聚珍本

清顧森書撰。森書有師二雲居畫贅已著錄，是書爲其手訂詩稿。曰《粘蘇小艸》，自咸豐十年庚申冬迄同治十二年癸酉春作，時值粵亂，流轉江淮，歸里如再生矣；曰《淹楚之旅吟》，自光緒元年乙亥秋至四年戊寅，羈杪所爲稿。按於癸酉夏遭父喪，乙亥秋服闋，是後始作楚游耳；曰《轉蓬類稿》，自光緒五年己卯以及庚辰、辛巳至壬午半年所作，其間南浮湘水，北上燕京，湖海大觀，俱見諸詩；曰《瞻岵初編》，自壬午秋入皖撫幕後所作，皖爲其父服官地也；曰《止甌吏艸》，合壬、癸、甲年所作，其紀蹤跡所在；曰《望雲飛藁》，以爲皖有年，而白雲親舍，睽隔在遠，因多思親之作。編次爲六卷，同縣秦敦世爲之序。

別集類卷一　堇

頌芬詩稿一卷　民國七年縣圖書館聚珍本

清高翊撰。翊字仲安，亦作頌芬，兄翔，光緒十九年癸巳恩科舉人。翊自幼穎悟，能詩，與同縣侯鴻鑑、丁福保友善，懷才未布，早卒。是書爲所遺詩稿，鴻鑑所藏，乃爲刪定，印行於世，前端有同縣丁福保序，福保識語，顧書望及鴻鑑誄詞、祭文，多嘆惜悼痛之詞。

醉花陰軒詩鈔一卷附文　民國十年鉛印本

清侯星聯撰。星聯字雅辰，號辰奎，自少聰慧，能詞章，而氣概豪邁，不可一世。既肄業天津北洋大學堂，光緒庚子之變，散學南歸。無何，復考取京師譯學館，畢業，派赴英國留學，習法政理財科，得學士位，游歷全歐，以疾卒於瑞士。學成而未爲世用，聞者惜焉。是書皆古今體詩，附文六首。其婦　氏守節撫孤，不忍其夫之沒世無稱，遂輯錄付梓。德清俞陛雲字階青，光緒戊戌進士，三授翰林院編修爲之序，稱其詩清婉溫厚，佳處頗似宋賢，覽其遺篇，想見其人有粹然閒雅之志。爲甄錄若干首，非特存其人而慰其婦，更冀其孤之克自樹立，繼父之志，以昌其門。雖一卷殘詩，固侯氏

別集類卷一　奭

傳家之集云。

民國

晚晚紅軒賸稿二卷 民國十二年著者手寫影印本

民國秦郊裴撰。郊裴名寶瓚，晚年以字行。有遂園錄、吉宗圖釋，已著錄。是書手輯辛亥以後今體詩，親以楷精寫，影印以行世。自序云：「嘗讀漁洋山人感舊集，因見斯時作者之多，欲其詩亦不必盡讀，而其人亦必盡知名，由是知詩固不足以傳人，而傳者要別有在。若僅以詩傳，則其詩定非凡響，而其聲譽亦早已籠蓋當世，一代祇有數人，蓋難乎難矣。夫黃鐘大呂之音，世不多作，其他候蟲時鳥，自鳴自已，世不能禁其不鳴。僕年老矣，五十以前諸稿經半散佚，後來之作亦復無多，彙而錄之，都為二卷，付之石印，以比候蟲時鳥云爾。」其自述云云，雖多虛懷之辭，然斷編要非所以為郊裴重與。

別集類卷一

小緑天盦詩詞草五卷 民國八年聚珍本

民國實鎮撰。鎮有名儒言行錄，已著錄。是書卷一至卷四為古今體詩，考卷中所書歲月，自清同治癸酉至民國初元，凡五十年所作，編次為四卷，詞一卷為附。同縣陸銘雲為之序，稱先生弱冠應童子試，為邑侯侍醴蘭槎光先拔取第一人，工書善詩，名噪一邑一時，欽慕者因亦推為鳳閣鳳才、玉堂清品云。

蒿樹梨花館詩稿六卷 民國十八年鉛印精校本

別集類卷一

民國范廷銓撰。廷銓字衡伯，清諸生。光緒六年庚辰科案五試秋闈，三薦未售。文名籍甚，因執贄者日眾。志心教授，偉器成材，而中歲南浮江湘，北之燕趙，與當世賢豪纜纓掀轂，角逐壇坫者二十年。既不得志，歸老湖山，又二十年。雖有憤鬱之懷，然浩然不為物所累，說者謂其沖襟雅量，為致壽之原。是書為年届七十手定本，都六卷。卷首刊有江陰章宗祚、同縣楊壽楠、鄧楫、錢海岳諸家之序，所稱多褒揚，獨後鴻鑑謂其往游漢臯，所游名勝古蹟，一一記之於詩，山川助其氣概，景物瀹其胸懷，所為詩無不氣象崢嶸，光輝璀璨。又往游北都，飽吸泰岱津沽春明之古蹟勝景，一一載之於詩。歸隱後，汲水澆花，伸紙揮毫，得句於詩中見其襟懷。於匡銓生平所至，該備親切，後之覽者，自可放匡銓詩矣。

九九

南湖集四卷 民國十三年鉛印殷宗精校本

別集類卷二

民國廉泉撰。泉字惠清，又字惠卿，自號南湖居士。清光緒二十年甲午舉人，應禮闈試，報罷，援例入貲為戶部郎中。工詩，有豪氣，勇於任事，嘗曰：吾不為誰為之者。與其室吳縣芝瑛並好畜書，既自備見遠於世，乃築小萬柳堂於上海之曹家渡，並別建南湖精舍於杭州之西湖，偕芝瑛閑居賦詩，以見其志。武強賀濤稱其蟬蛻垢穢，蕩滌煩醒，若列禦寇、莊周之所稱述，非嘗有激於中而託以逃者耶。雖無所遇合，然未嘗少自暇逸。~~詩又稱其~~始釋念所謂汲汲若不可及者。著書合南湖東游草之甲寅（民國三年）、乙卯、丙辰為第一卷，丁巳（民國六年）、戊午、己未為第二卷，招花集及潭柘紀游詩（在燕京西七十里，古有龍潭柘林，有寺曰潭柘，泉劣養病於此）並前削淞出影集中之五十一首為第三卷，此皆有單本行世者。又招花集未刻之本並壬戌（民國十一年）自甲子八月，都一百六十二首，為第四卷，統名之曰南湖集。其至友孫道毅為之編訂，排行於世。芝瑛書於東游草總目後云：南湖四度東

一百

別集類卷二

游之作，每默誦一過，輒有哀動於中而不能自已者。雖宴朋酬燕之篇，山水登臨之賦，極佳麗之文藻，悲涼之概，余獨怪南湖年來遠世之想日高，而憂時之懷愈烈，不能於國內有所展布，獨遠遊海與彼邦所稱謹貴者頡頏上下其議論，以詩酒相往還，南湖之隱豈如是也。寒厓先生題詞曰：坐隅忽作無聲哭，恐乎抑何能將南湖之心大寫真如是。又書於五度東游之作總目後云：詩

窮方五某不之信、今讀此詩、堅苦悲鬱、其獨到之處、有過三閭大夫澤畔吟也。南湖自呼世外人、久矣、奈何顛頷踽踽若不可終日如是。蓋國（夫）泉之襟懷、盡發之詩、豈是璞斯語之藐可蔣之矣。

夢還集一卷 民國十七年李蓬盧楷書影印本

民國康泉撰。泉有南湖集已著錄。是書記甲子民國十三年殘臘迄戊辰民國十七年六月存詩一百九十六首、名曰夢還集。其寄是璞詩、有夢裏還鄉聞鼓鞶之句也。

寒厓集四卷 民國十三年鉛印做宋精校本

民國孫道毅撰。道毅原名揆均、字叔方、清光緒二十年甲午優貢、本科鄉試中式舉人、應禮闈試報罷、援例入貲為內閣中書、既而大挑知縣、與武進吳敬恒同縣康泉俞復、高翔丁寶書、福保兄弟數輩善、每日夕、必聚於市間茶舍、名春源、者雜談訓詁詞章、而以漢滿不平事、鼓吹革命事為歸。其器甚、輒引鄰座驚怪、時江陰

五

南菁書院為東南講學所著、道毅又嘗偕春源茶話諸人應選入南菁、究經史務實學、上下古今、攻討不厭、而國自甲午喪師、國勢日蹙、士大夫罔不憤發、咸知國事非可以考據記誦詞章了之。而道毅亦於壬寅與敬恒東渡赴日本、治西學、不二月、乃有上海吳蕙良賓慶蔡鍔等欲以自資入成城軍校、公使蔡鈞持例格不與、道而道毅遂偕敬恒率同游學生長二十餘人同造使署堅請、晝夜奔走不肯休、鈞同喉懼、日政府仍將害治安之

四

罪、罪道毅敬恒兩人捕去東京獄、流遞返國、而道毅慨然乃易今名、亦有任重天下意也。入民國、軍閥轉張、秉政、而道毅憤鬱莫如何、迄十七年、曾一任江陰縣長、以康敏著。自幼能詩、而與泉為摯友、平居以詩相切磋、既復自傷抱任重之志、而終支大廈之傾、用輒以詩發之。而敬恒則謂道毅與泉名德碩望、清才閎學、僅僅使以詩與後人相見、在國家為大不幸、誠有慨焉。是書為古今體詩、泉編輯之、

石寒屋集。寒屋者，邑人殺自號，在孤山放鶴亭後石壁陡絕，曰歲寒屋，邑人殺喜得其地營生壙，其下用以自號。家編錄其詩，並以名集。其詩按年編次，起自丁未（光緒三十三年），訖乎辛酉（民國十年），都四卷，徵恒為之序。

別集類卷一 二三三

環溪艸堂詩稿八卷 民國十六年鉛印本

民國侯學愈撰。學愈有專賢祠考，君已著錄。是書輯錄六十以前所為古今體詩，都一千一十四首，分卷所別，以年月編次。

同縣楊志濂為之序，曰：孟東野，唐之工詩者也，昌黎謂之不平之鳴；梅宛陵，宋之工詩者也，盧陵謂其窮而後工。二子詩固窮者藉以鳴其不平者耶。戴盦詩自言取法袁簡齋史太史，然太史當全盛時，早登科，入玉堂，出宰大邑，以詩酒主東南壇坫者數十年。戴盦累舉孝廉不第，入貲以教職待銓，會丁滄桑之變，抱道抗節，守正不阿，日以表彰忠孝、扶植綱常為己任。而情辭肫摯，才思縱橫，如集中懷念故君，愴懷師友，悼亡哭弟，弔古傷今諸作，纏綿悱惻，得風人遺旨。其他古體長篇，尤有浩氣流行、獨往獨來之概。使得遇際明時，出其汲古之蘊，以潤色鴻業，上匹兩周魯頌之作者，下與當世學士文人黃揚詞藻，蔚成一代雅製，詎不甚偉。乃徒以詩見志，同於東野之鳴其不平，宛陵之窮而後工，此固昌黎、盧陵所深惜焉。尋繹君詩，知其痛心於吾道之窮，抱其千古不平之氣，要豈小倉山房所有者耶。然則學愈詩，其源流得失盡於此矣。

別集類卷一 二三四

吟鷗水榭詩稿四卷 民國二十三年鉛印本

民國侯學愈撰。學愈有專賢祠考，君已著錄。是書所錄古今體詩三百七十六首，其編次之法與環溪艸堂詩稿同。前有自題四絕句云：編詩僅句四卷成，雕蟲事業可憐生。親顏手付麻沙本，一任千秋月旦明。平生低首倉山叟，絕代風流是我師。度出金針得妙解，性靈以外更無詩。無端根觸總傷時，杜牧羅言君似之。吹皺一池春水綠，干卿底事淚如絲。憑他褒譏與燒薪，敢希千金其日苦多來日少，枉拋心力作詞人。讀之，則其詩其人，當有以自得之矣。

庸隱盧詩存二卷 民國十六年鉛印本

民國張文藻撰。文藻字子忠，清光緒廿三年丁酉副貢。嘗一試秋闈，未售，其艱厄如此。平生不樂阿附，以教讀為生涯，嘗歷大江南北及京津間，參與者壇坫。工詩，自謂弱冠於事吟哦，四十年無所間，力求不矜才，不使氣，志出塵。雖嘗一登塞外，非無感時撫事之慨，然不露劍拔弩張之態，斯可概見其性情焉。是書為年屆周甲，乃輯其塞外浪吟，以及歷年存稿，而自名之曰覆瓿吟草，並梓行之，總名之曰庸隱盧詩存。淮安季蹇元稱欲覘其人，以觀之邪正，性情之厚薄，悉可於是見之。所謂詩如其人，而又始終一轍者云。

慨翁詩錄一卷 民國三十五年精寫影印巾箱本

民國孫保圻撰。保圻字審懿，號希俠，晚年自號慨翁。清諸生，光緒二十一年乙未歲貢。自少有志用世，辛亥革命無

別集類卷一　一五五

錫光復，秦毓鎏樹赤幟，而保圻實與其事。雖極罕表褒，中年不求仕進，乃終不願得一官。晚年雖窮，身陷寇中，卒不稍屈降志，蓋其襟懷操履有屹然不可奪者。是編為保圻所著古今體詩，其門人同縣孫伯亮手書影印以行於世。保圻存詩有四百餘首，其姊婿番禺葉恭綽選采約三之一，并跋於後，謂希俠保圻雖流離困頓，目覩所親之誅夷，而不之悔改，其豈尋常人之所能及。今誦其詩，猶可想見其為人云。

楊楚孫先生詩集三卷 民國三十六年精寫影印巾箱本

民國楊壽枬撰。壽枬字味雲，號苓泉，孫又號蘅意，清諸生，光緒二十七年辛丑歲貢。擅詩，弱冠應童子府試，毘陵竹枝詞獲冠軍，詩名籍甚。清季東渡留學，與三島詩人結社唱酬，又為同社所推重。歸國後從事新聞事業，入民國，創無錫報社，殆傾其力以主持之。既以報人自居，雖有援擢者，然提及終不獲有所展布焉。是書首古

別集類卷一　一五六

今體詩，共門人同縣孫伯亮搜羅遺作，得詩六百二十首，編次爲三卷，手自繕寫，爲之影印，以廣流傳。同縣孫肇圻爲之序，稱壽枬天才高人一等，不傍門戶，不拘繩墨，興之所至，筆亦隨之，故所得尤勝，梁溪多詩人，近數十年來無與抗手焉。推重

蕭心劍氣樓詩存四卷（民國九年鉛印本）

今人孫肇圻撰。肇圻字北議，號頌陀，清宣統元年己酉拔貢，殿試列二等，引見，掣部以提法司經歷分發山東補用。入民國，嘗任本縣設立之師範講習所所長，時民國肇造，地方教育亟謀推廣，而師資頗感缺乏，肇圻志心規劃，籌力造就之，以應所需。江蘇省議會於時召集，而肇圻又膺選爲省議士，持正議，侃侃論談，抑勸其座，省長韓國鈞激賞其才，保送以縣知事試用。肇圻感世變日亟，乃浩然無用世意，寄黃海以詩酒自娛，淋漓跌宕，無一語及當世。有

別集類卷一　頁

時伸紙作四宋元人山水，題詩詞補空，往往抒憤懣，刺譏？負懷才未用，論者惜焉。是書爲肇圻手定本，同
蕭心劍氣樓詩存，同縣嚴毓芬、錢基博並爲之序。

別集類卷一　頁

漁隱詩鈔續編二卷　著者手定待梓本

今人秦允文撰。允文字夢漁，世居邑東北鄉之查家橋鎮，以醫傳家，有隱德。允文方弱冠，以諸生（清光緒二十二年丙申科案）肄業京師大學堂習史地科，有聲士林。適清季常州府中學堂建立，郡城校長屠元博延攬郡中知名之士，允敬明、允文亦禮聘之。入民國，又任京師女子師範大學講席，教授文史地科，蓋學有專長，乃益有所闡發。聲光於以炳然。自是有登進之機，而允文無心宦途，仍以商業為主。既歷幽燕，復越嶺嶠，覽山川之幽勝，與其賢豪隱逸者交游，而所懷遂沖和靜淡，所為詩歌乃古秀雍容，有風致。厥後雖置身部曹，而薄書鞅掌，蓋亦非其志也。抗戰軍興，允文由金陵入贛湘，經澧醴陵而武漢，後隨番蜀道阻，遂轉由浙贛路抵金華，繞道永嘉，浮海歸歙浦，時閱一年。允弟妻子離散，且當寇

別集類卷一　一覓

氣倡狂於黃海之日，其賢助作古於江北，時允文雖痛山河破碎，室家散亡，而堅持其商業，以待乾坤之大定。說者稱其恂恂端靜，不動聲氣，有古之隱君子風焉。是書輯錄自戊寅（民國二十七年）迄戊子（民國三十七年），共所作古今體詩，按年編次，都二卷。名漁隱詩鈔續編。允文手訂稿本，與文其子曾祐為之梓行者也。先是以丁丑以前所為詩，刪為一卷，與其妹慎予（曾任京師女子師範教員，著聲譽）病梅庵詩兩卷，季弟成章詩一卷，彙刻為吞粵集，故以續編名焉。同縣孫肇圻序之，稱先生弱冠時以第一人遊庠，文名噪甚，但不溺於科舉文字，養親課弟外，以吟咏自娛。十六歲時已從劉石香先生學詩，早具根柢，故能抒寫性靈，不依傍門戶，而自具法度，與漢多詩人一時無與抗手云。

別集類卷一　一覓

無錫藝文志長編

共十三册之十

集部 六册之三

別集類卷二

別集類卷三

別集類卷四

別集類卷二

宋

文選註考異一卷 清光緒丙申武進盛氏常州先哲遺書本

宋尤袤撰。袤有遂初堂書目，已著錄。按文選有李善注本，有五臣注本，兩本字句間有不同，袤專據善本，五臣異字別為考異一卷，而不加論定，誤讀者自得之。袤為池州倉使，議刻文選，池守袁說友助之，費閱一歲有半而後成，時淳熙辛丑也。常

別集類卷二 一

熟瞿氏鐵琴銅劍樓藏有此宋本，武進盛氏彙刻常州先哲遺書，即據其書影鈔而采錄之耳。

明

杜詩分類集註二十三卷 明刊本

明邵寶集註，過棟參箋。寶有容春堂集，已著錄。棟字邦直，號汝器，又號最木，嘉靖五年丙申貢生，謁選，授臨川縣丞，以練達著。年老乞休歸，事親孝，藏書文富，優游桑野，輒攜數帙隨。嘗舉鄉飲，辭未赴，鄉之人以是高之。是書為杜詩分類註本，前後無序跋，所註每詩先述一篇之大指，次及賦詩之時期，以見所以賦此之由，然後博采羣書以盡其義，而極其釋辭益字，嘗厥功要識耶。

別集類卷二 二

辟疆園杜詩注解十七卷 清初原刊本

明顧宸撰。宸字脩遠，崇禎十二年己卯舉人，操文場選柄數十年，家辟疆園，藏書出一懸書林，不脛而徧海內。為詩文豐蔚典贍，當世士林稱欽焉。李兆縣志文苑傳。是書為杜詩五七律註本，都五言律十六卷，七言律五卷，卷首列杜氏年譜，以資稽考。同縣黃家舒為之序，稱宸博極羣書，況耐風雅，其為是注也，經之以史，緯之以譜，核之比物連類之典，而以溫厚和平之性情，出以慧心，擇以獨見，疑遇者析，繆者芟，淺者深，散者合，支離顛倒破碎者有所定正，而李贄元又稱之曰：自有此詩，未有此註，既有此註，乃益

信此詩之無一字無來歷，無一句無妥帖，無一音無韋法絶律。竊怪自唐而五代、而宋、而元、而明，何無一人能細闡其意義，詳疏其設施，博稽其使事之出與，確見其寓興之深微，至今及千年，澤修遠而不美之面目於後生，精神於大燦，豈非綜觀所序列宸之注，可知當日儒林推重之至矣。

王右丞詩集註十卷 孫氏玉鑑堂藏明刊本　三

明顧起經撰。起經字長濟，更字元緯，爲其從父可學使，浸淫墳典，崖可學宦京師，嚴嵩知其才，要置直廬，爲應制之文。起經遜避，謝不就。其事蹟具錫志文苑傳。是書爲孫氏玉鑑堂所藏明顧氏祇洹館刊本，未見。其主人祖烈題記稱：此集箋注詳備，是爲右丞詩集功臣。清初趙殿成鈔襲顧注，詭爲己名，雕板行世，頗傳海内，而顧本反杳然無聞，書之傳否亦有幸有不幸歟！又謂此本楷墨精好，書腦

信此詩之無一字無來歷，無一句無妥帖，無一音無韋法絶律。竊怪自唐而五代、而宋、而元、而明，何無一人能細闡其意義，詳疏其設施，博稽其使事之出與，確見其寓興之深微，至今及千年，澤修遠

精神於大燦，豈非綜觀所序

儒林推重之至矣。

王右丞詩集註 孫氏玉鑑堂藏明刊本　三

移在第二頁

辟疆園杜詩註解之前

長濟，更字元緯，爲其從父可學使，浸淫墳典，崖可學宦京師，嚴嵩知其才，要置直廬，爲應制之文。起經遜避，謝不就。其事蹟具錫志文苑傳。是書爲孫氏玉鑑堂所藏明顧氏祇洹館刊本，未見。其主人祖烈題記稱：此集箋注詳備，是爲右丞詩集功臣。清初趙殿成鈔襲顧注，詭爲己名，雕板行世，頗傳海内，而顧本反杳然無聞，書之傳否亦有幸有不幸歟！又謂此本楷墨精好，書腦

及天地寬大裳漢古雅云。按，是書清四庫全書集部別集類存目。

選詩補註一卷 邑人曹銓捐 原稿本

明曹巖撰。巖字梅洲，自號西園兩峰，生平事蹟無考。是書從文選中所錄之詩，分漢魏晉宋四代，各采數家，家各錄數首，於原注外再為注解，故云補注。蓋其攻治選詩所得之稿本也，未經刊行於世。

別集類卷二 四

全唐七言律詩注一卷 邑人曹銓捐 原稿本

明曹巖撰。巖有選詩補註已著錄。是書輯錄唐人七言律詩，都二十七家，分加箋釋，蓋治唐人七律詩所得之稿本也，未經刊行於世。

清

宋孫仲益內簡尺牘箋增訂十卷 清乾隆丁卯寫刻本

清蔡焯、蔡龍孫增輯。焯字敦□，龍孫字初篁，乾隆間人。家富藏書，讀書好古，風尚為時所稱。是書為宋孫覿撰。覿字仲益，晉陵人，五歲為蘇軾所器。大觀三年己丑進士，五歲為蘇軾所器。靖康間嘗以詩文字得罪，所著鴻慶集已佚。尺牘十卷，其門人李祖堯編注，尚為錯訛，為世所重。明中葉曾再三刊行於世，至乾隆間焯、龍孫得明刊本，就原注增訂校刊行世。同縣浦起龍為之序。

楚三閭大夫賦箋七篇 清康熙壬寅精校本

別集類卷二 五

清王邦采撰。邦采有讀書隨記已著錄。是書為離騷、九歌、天問、九章、遠遊、卜居、漁父注本。惟屈原精神之凝聚，學問之歸宿，胥於離騷發之，外此則皆其散見之文，故邦采之箋離騷，視他篇較博。所采王逸、洪興祖、朱熹、徐煥龍、林雲銘、朱冀六家之說，羅列於前，而以己見附錄於後。所箋他篇，則雖有采諸他家者，然重加芟錄，參以己見。其書正文之後，概不備載所采者姓氏。自序之謂諸家評註，於三閭大夫意指所在，尚多紕繆，其文今從而拙筆之請，是取而訂之，雖不敢信茲編之無遺憾，竊謂頗費苦衷，學者能熟玩而神會焉，則遠追天閫諸篇，自可迎刃而解云。

吳淵穎先生集箋十二卷 清康熙辛丑精刊本

清王邦采、王繩曾撰。邦采有讀書隨記，已著錄。繩曾，字武沂，雍正八年庚戌進士。少受學於舅氏秦道然，講主敬之學，墨守繩尺，言動必於禮。年五十餘始登第，官揚州府教授。既歸，主講東林書院，尤能造就後學，及門如顧奎光、秦朝釪，皆以學著。錫志儒林有傳。是書爲吳淵穎詩集注本。按淵穎先生名萊，元末人。其文雄深卓絕，頗類先秦兩漢間作者。其詩才氣縱橫，與卓思冶煉者迥殊。王士禎論詩絕句所謂淵穎歌行格儘奇者，所選七言古詩錄淵穎詩頗多，可知推崇之深。及門之士以其經義玄深而文辭奧敏也，私謚曰淵穎先生。邦采、繩曾同箋是編，搜采經傳子史雜部書，所引該博，足資學者

別集類卷二　六

綱黄云。

晁具茨先生詩集箋十五卷 三槐堂精刊巾箱本

清王邦采撰。邦采有讀書隨記，已著錄。是書爲宋晁具茨先生詩注本。卷首末載邦采名，而跋尾注亮周書於一卷一勺之間，而亮周是否邦采别號，亦無可稽考。惟一卷一勺，確爲王氏世有齋名。在邑城小河上王宅又錫圖書館鄉賢著述書目，及孫氏玉鑑堂藏鄉賢著述目錄，俱稱是書爲邦采所撰耳。所箋搜羅富，考索勤，其跋語所謂讀者庶可藉以尋其義之所在云爾。孫氏玉鑑堂題記稱是書爲康熙雕刻巾箱本，流傳頗少。書估有其書，跋僞充宋元槧者。此事曾聞諸江陰繆荃蓀云。

讀杜心解六卷 清雍正甲辰浦氏靜寄東軒本

清浦起龍撰。起龍有乾隆無錫縣志，已著錄。是書爲唐杜甫詩注本。總爲六卷，而卷首分上下二册，不入卷數。卷一分子卷六，卷二分子卷三，卷三分子卷六，卷四分子卷二，

別集類卷二　七

卷五分子卷五卷六分子卷二實二十六卷也。四庫全書為之存目，其提要所論列，似多然解，而起龍自謂一生足證癖嗜讀書，歲月既多，謬成簡帙，前所著讀杜心解一時許為未窺子美藩籬，不期上達宸聰，御選唐宋詩醇，竟叨采錄，螢光爝火，得依日月之華。自敘何人，際此隆遇。上雲黃對筆尸（書載不在集中）蓋起龍之編與史通之釋，擬於南巡未遂，一併在惠山接駕時進呈者。而四庫提要謂好學深思之士不能善用其長是可見者述之難矣。

八

別集類卷二

南唐二主詞箋一卷補遺一卷 民國七年無錫圖書館石印本

清劉繼增校箋。繼增有思忡庵志已著錄，是書有明萬歷間常熟吕氏刻本，康熙間有邑人侯文燦（字亦蔚，諸生，康熙元年壬寅舉人）刻名家詞十種本，繼增盡得之，厥後復得汲古閣鈔本，校其異同而為之箋，凡校箋皆逐行夾寫，其原有校箋者，單行別作之，幾行則冠原注二字，別為補遺，以附於後，同縣徐彥寬為之跋，稱石香先生此箋，鉤稽甚勤，於鶩寺大師父子，極為有功，調板早就，遲未印行，旋歸惠山於嗣書勳，因檢所藏當日紅印樣本，重付鑄鉛，誠先生遺著之卓然可傳者，則是箋之為學者所重可概見焉。

陽春集一卷 清光緒甲午原刊朱印本

清劉繼增校評。繼增有思忡庵志已著錄，是編為南唐馮延巳所撰詞，繼增得汲古閣鈔本於常熟之書賈，卷首有嘉祐戊戌陳世修序，原無目錄，依次補之，凡詞一百一十九闋，闋前後復得邑人侯文燦所刻名家詞集本，校注異同，別附補遺，刊行於世，自謂南唐君臣無足取，第為倚聲家別集之始，沿波討源，終不可廢，故於箋校二主詞，竟連類及之云。

九

別集類卷二

別集類卷三

宋

盤洲文集八十卷 上海涵芬樓景印宋刊本

宋洪适撰。适有隸釋已著錄。是書爲上海涵芬樓所藏宋槧孤本，影印流傳。海鹽張元濟校勘記稱今世傳本並從此出。清四庫全書著錄者爲毛氏汲古閣所藏從宋刻影寫之本，其提要所稱末卷拾遺云云，殆與此本相同。所謂古本之僅存者矣。按适

适以詞科起家，工於儷偶，然於金石之學頗爲留意，如集中跋歐書皇甫府君碑、跋歐書丹州刺史碑、跋歐書唐瑾碑諸篇，皆能援據原刻，訂北史、唐書之謬。即隋唐碑誌亦多辨正異聞。至其內外之制、記序誌傳之文，以及表啓疏狀諸篇，四庫提要稱其尚存元祐之法度，爲南宋之錚錚者。又云此編足與宋史參稽，不僅取其文字之工。凡所論列，並足以有裨後世考證家焉。

明

華豫庵先生集一卷 清宣統辛亥聚珍本

明華啓直撰。啓直字禮文，號豫庵。嘉靖四十年壬戌進士，補順天教授，丕振士風。御史薦爲遵德文華弟一，後累官至四川布政使司參政。同縣顧憲成官銓曹時，有毀啓直者，冢宰召憲成問曰：子之鄉有華某者，何如人耶？憲成曰：君子人也。曰：何以不理於人口？憲成曰：世好圓，華某以方；世好飾，華某以樸；世

好佞，華某以直；世好繁，華某以簡。既與世相左，世安得不與華某相左？冢宰曰：如此，洵乎其爲君子也。官刑部主事時，力護海瑞；官貴州副使時，撫諭苗民，事具縣志宦蹟傳。是書於清雍正初，其七世孫爾行培元編輯，向無刻本。至宣統辛亥，其九世族孫鴻模梓行。卷端有五世從孫希閔題辭，稱讀理皐藏稿得所爲公傳，亟稱公節行高卓，不愧古君子。讀公遺集，穆然以靜，沖然以和，不大聲色而

義理自勝，於國計民生惓惓焉，而尤篤於宗姻師友。其文如是，則公之爲人益可知云。

胡蓮渠文集無卷數 劉氏寄漚書巢捐贈舊藏精寫本

明胡濚撰。濚字原荊，號蓮渠。嘉靖四十四年乙丑進士，知永豐縣，移安福，擢御史。萬曆初，建言觸帝怒，斥爲民，事具縣志忠節傳，明史附陳吾德傳。是書序記十首，傳錄七首，題跋六首，奏疏二首，分類編錄，前後無序跋。寄漚書

別集類卷三

巢舊藏此本，根據何本鈔出，無考。按縣志藝文門載有采真堂集，胡濚著，然其書已無傳本，與是編有無出入，無可考徵矣。

涇皋藏稿二十二卷

明顧憲成撰。憲成有四書講義已著錄。是書集其平生所著奏疏記序傳志諸文，詳加刪訂，手自編次，都二十二卷，清四庫全書著錄之。其門人同縣馬世奇原序，稱吾邑自明興二百年，文爲東南鄒魯，讀文莊集，

詞約而理該，令人作天根月窟之思。讀忠憲集，旨深而味深，令人作金聲玉色之思。而先生兼有其美，於文莊不忝爲滄海，於忠憲亦不忝爲先河，山水英靈，鍾諸先生，猶夫二泉九龍之錢乎程朱云。

馬文堂集十卷附詩一卷 縣圖書館據斗山李氏尚志堂藏原本繕寫本

明黃家舒撰。家舒字漢臣，諸生。萬曆四十六年戊午科舉馬世奇弟子，以文章氣節自砥礪。天啓時，與同縣華時亨（字仲通，高攀龍弟子，隱逸）衛靖寺結文會，號曰聽社，其名與幾社復社遙相應和。

別集類卷三

崇禎甲申之變，世奇既以完節聞，而家舒以母在，幅巾野服，依東林故墟，謝絕交遊，郡邑大夫式廬造請，扃扉辟匿。縣志隱逸有傳（康熙志入文苑傳，嘉慶志列入隱逸傳，光緒志從其例）。是書文十卷，詩一卷，其門人馬翀梓行之。按家舒以布衣負士林望，一時著述家每乞一言爲弁，故每一文出，傳誦藝賞，而家舒第遜不肯用名，其集曰馬文，同縣秦松齡爲之序。

十峯文集一卷 縣圖書館繕寫本

詞約而理該，今人作文根月而月之思。讀忠憲集，旨深而味深，今人作金聲玉色之思，而先生兼有其美，於文莊不忝爲滄海，於忠憲亦不忝爲先河，山川英靈，鍾諸先〻〻伯〻一二三〻〻也〻〻錢孚程朱云。

□□則一卷 縣圖書館據斗山李氏尚志堂藏原集繕寫本

鈔，字澹臣，諸生，萬曆四十六年戊午科舉。馬世奇（字仲遇，高攀龍弟子，錫志隱逸）弟子，以文章氣節自砥礪。天啓時，與同縣華時亨倡寺結文會，號曰聽社，其名與幾社、復社鼎足相應和。

馬𦍩 字雲翔，世奇孫，壬玉子，有異才（康熙十一年壬子舉人，邑志文苑有傳）

~~甲申之~~崇禎甲申之變，世奇既以完節聞，而家鈔以母在，悟中野服，依東林故墟，謝絕交游，郡邑大夫式廬造請，扃扉辟匿。縣志隱逸有傳。（康熙志入文苑傳，嘉慶志始入隱逸傳，光緒志從其例）是書文十卷，詩一卷，其門人馬𦍩梓行之。按家鈔以布衣負士林望，一時著述家爭馬一言爲弁，故每一文出，傳誦稱賞，而家鈔弟然不屑用名其集，曰馬文。同縣秦松齡爲之序。

十峰文集一卷 縣圖書館繕寫本

明錢肅潤撰。肅潤有十峰詩選，已著錄。是書原目二百有九首，而周氏梁溪文鈔著錄者都十有六首，爲茲編所未收錄者。卷中有當時文學之士識語，卷首冠以同縣張夏所撰傳，而無序跋。縣圖書館據徐氏家藏本繕錄無考。

高彙旃先生遺集六卷 縣圖書館繕寫本

明高世泰撰。世泰有三楚文獻錄，已著錄。是集爲其裔孫汝琳（字印川，清光緒二十年甲午副貢，直隸州州判）援高氏家講東林書院志所載世泰遺文著錄之，整定爲六卷。而世泰生平著作之可考見者，殆彙於此矣。同縣錢基博書於簡端，謂集中講學之作，主於明理；記事之作，主於傳信，不復以詞采爲工。然有物之言，篤實切明，雖字句間涉俚俗，固不以辭害意也。先生之學，近守忠憲遺宗朱子，而尤以朱子大學格物補傳爲聖賢切實要領工夫，蓋力學躬行，不欲以文章自炫暴，而文章之傳不傳，初無與於先生輕重。而二三百年來，以遺文滅沒，而後生小子，亟不能舉其名姓者，往往有焉。邑志論先生之學乎？然則吾人所致以學先生者，舍遺文奚所究心焉。盡世春魚遺集流傳，三百年後，猶由汝琳掇錄斷編，以窺見一斑耳。

別集類卷三

六

自閑稿無卷數 縣圖書館 鈔寫本

明秦汧撰。汧字吉生，崇禎十六年癸未進士，授兵部職方司主事。高攀龍外孫。汧於十二年己卯，與登賢書，父欽翼亦以武順天舉人，邑中父子同年捷鄉闈。明代季二甲申之變，汧竄身披剃，棲跡五南走，得生還。自是隱居惠麓，既而就邑城戴氏廢樂園地築池上草堂，倘徉終老焉。是編縣圖書館據何本繕出無考，而又別藏稿本一種，秦鋼甄的贈。按原藏寫本，惟所錄文四十四首，而稿本所錄文三十一首，盡為寫本所收，殆後世別錄汧文以藏者。寫本中並錄當世名人識語數則推重。同縣秦松齡稱其沈酣先秦及古注疏之文，其為文辭瀏古雄勁，無一筆類近人所為，記與柳州相頡頏。部緒廣又稱用筆高古處，與檀弓、考工記相上下。云錫金歷朝書目考載汧所著尚有書經箋、杜詩注、閑已什，俱不傳。縣志藝文詳其編亦未著錄。

別集類卷三

七

安大令文集無卷數 原稿本

明安廣居撰。廣居字無曠，崇禎六年癸酉順天舉人，十六年癸未會試，以特用出身，應得縣令，自免歸。父希范，以伉伉嘗世亂，既削籍歸，講學東林，尤與高攀龍善，故廣居，攀龍壻也。方攀龍赴止水死，家禍且不測，廣居力護持之。甲申春，京師陷，慟哭乞死，及秋卒。縣志儒林附父傳。是編皆壽啓數拾，自崇禎七年甲戌訖十一年戊寅，殆其後人鈔存集中壽敘之本。首列後趙君一簡，論希范入鄉賢祠事，謂確守庭訓，生前不欲友朋濫舉鄉飲，殁後不欲子孫濫從鄉賢，人貴自勵，旨緣于道，所不為也。則廣居道義自可見其淵源矣。

秋水文集二卷 闕 舊寫本

清嚴繩孫撰。繩孫有康熙無錫縣志已著錄。是書爲舊寫本，出自何家所藏無考。侯鴻鑑輯入錫山先哲叢刊中，以廣其傳。所錄壽以朱彝尊原序，謂錫山之泉居水品第二，其人多蘭秀自好，所為詩文，每以真意取勝，無凌厲叫囂之習，信夫山水之足以益人情性也。處士嚴蓀友生於其鄉，以工詩聞，書畫兼臻其妙。來游京師，公卿薦紳，爭爲延譽，予特愛其古文辭，淳至而平易，端而和，雍容紆徐而不迫，庶幾可入古人之域，視世之鏤琢字句以眩人耳目者遠矣。蓀友聞余言，歉然不足，既而曰：子曷為我序之，曰吾之以秋水名集也，何所取諸。取諸有源也，與石激之而鳴，風盪之而怒，水豈有意為奇變哉，決之不得不趨，鼓之不得不作，亦隨所遇而已。文之有源者，無畔於經，無窒於理，本於自得，抒中心所欲言，固不在襲古人以為同，離古人以自異也。蓀友其可與言文也矣。所序云云，是可見推服之旨焉。按彝尊並與繩孫以布衣與選博學鴻詞。繩孫卒，後爲銘其墓云。

蒼峴山人文集六卷 清嘉慶丁巳原刊本

清秦松齡撰。松齡有毛詩日箋，已著錄。是書以文體編次，其元孫瀛梓以行世，而序諸簡端，曰：瀛年二十餘，先大夫手先高祖宮諭公文稾授瀛，瀛受而讀之，藏之，今已二十餘年。公之文稿猶藏篋中，而先大夫之歿久矣。今年反出而讀焉，因與吳君昱宗共事校讎，而付之梓。公少入翰林，既而歸隱，又以薦入制科，學問精洽，見推於當時鉅公。蓋公於講學則交雎州湯文正公，於詩則交王新城尚書，於古文辭則交長洲汪鈍翁、慈谿姜西溟，而先生所著毛詩日箋及詩集，早有刻本傳世，而文稾至今於刻，先大夫志也，然是書有刻本自瀛始。

拙存堂文集六卷 民國三年梁溪蔣氏重刊本

清蔣衡撰。衡有拙存堂題跋，已著錄。是書以文體分類編次，為六卷。初刻於乾隆，再刻於道光，

別集類卷三

四十

暨經桑海，流傳漸稀。至民國之初，其七世孫同趙里字萬獲斯集於巴陵方氏，遂謀重鋟，以廣流布。錄傳狀並乾隆初刊時諸家同之序文於卷首，附錄有關先世記載於卷末。吳江柳棄疾為之序，稱湘驥先生以名父之子，淵源家學，師事王崑繩氏，為勺亭再傳弟子，與望溪有雅素，得饜聞其緒論，故其文沈實警爽，幾幾乎方駕桐城，而揮灑自如，絕無滯跡，一出於至情至性，如勺堂諸子之遺云。

類谷居文稾無卷數 縣圖書館藏寫本

清諸洛撰。洛字杏程，號類谷，諸生。雍正九年辛亥科舉。少學古文於秦道然、顧棟高，既而與交同縣徐流方，得桐城方氏義法，文益進。流方故師事方苞者。嘗遊京師，名著公卿間。乾隆五十六年辛亥，重游泮水。縣志文苑有傳。是書皆古文辭，以文體彙錄成編，但傳、表、誌、銘、序、跋、書牘，又多錯訛無序，

別集類卷三

四十一

殆未加詮次，抑後人傳鈔竄亂歟？集中如秦潢、滁詩序、工部主事吳君傳、國子監祭酒俊初錢先生墓表諸文，皆有關當世文獻，而同縣秦蕙田尤稱吳君傳，有本末，有體裁，有氣脈，真史筆云。

澹園文集五卷 縣圖書館 舊寫本

清華玉淳撰。玉淳字帥道，號澹園。諸生。雍正十一年癸丑歲貢。爲學窮研經史，務究根柢。顧棟高著春秋大事表，輒資玉淳商訂之。浦起龍讀杜心解成，玉淳亦致書，多所辨正者數條，撰述入書，以補三通所未備。歲而殁。其古文亦有義法，不苟作。事蹟具縣志文苑傳。是編原無刻本，而首尾完具，無序跋卷數。常熟俞鍾鑾得甬鈔本於書賈，識語稱爲後內孫本也。集中所錄，有答顧俊初先生東都八通，皆商榷訂論春秋大事表事，與浦二田教授書，書亦據地理志以示讀杜心解所義之誤。蘭端有嘉慶時竇山李保泰序，稱其文宗本歐曾，家法，涵茹經訓，考訂詳核，一洗俗學空疏之陋云。按縣志藝文載是書十一卷，而鍾鑾所得鈔本，未分卷數，常熟宗汝剛既於俞氏處見之，乃次爲五卷，與俞氏共寶之。厥後邑人劉繼增寄書所之藏，以歸縣圖書館，即據其本重行繕出，而後得傳於地方焉。

別集類卷三　四十二

芙蓉山館志序存稿一卷 清光緒丁亥聚珍本

清楊芳燦撰。芳燦有伏羌紀事詩，已著錄。是書爲其纂修四川通志時所撰各門之序例，文集中所未錄者。其從外孫同縣余一鰲既藏斯稿，懼遺散佚，遂爲排印以垂之。卷中所錄於四川通志門序例外，復有甯溪縣志序例若干篇。一鰲題記謂公纂修四川通志於時，又州縣並有修志之舉，以公爲宗匠，皆就正焉。歲公手稿一卷，壽行詮跋甚酌盡善，彙而訂之，附其宗譜以存云。

別集類卷三　四十三

十二山人文集十二卷 縣圖書館據北鄉方郁橋方寶儉堂藏舊刊本繕寫

清安吉撰。吉有友時考，已著錄。是書就文章體類端次，都十二卷，子念祖刊以行之。嵩縣呂棻為之序，稱其考證以精確勝，辯論以奇瀾勝，記敘傳誌以超逸勝，雜說詩歌以恣肆奥衍勝云。

玉山澗古文選四卷 清道光庚寅重刊本

清徐鏶慶撰。鏶慶有玉山澗詩選，已著錄。是書皆古文辭，為選定本，前後無序跋，卷三所錄書啓，多講究民隱利病、山川形勢之作。其文清婉流轉，樸雅無華藻氣，意與宋人為近云。

鐵山情響一卷情籟一卷 嘉慶時刊本

清陳倘璃撰。倘璃字宗器，號鐵山野耆，乾嘉間人，居鴻山左之南岱巷，平生講究正心修身之學，而以忠信不欺為本。與同縣安吉善，吉稱其克己頗至。是書情響所錄者文，情籟間附詩詞，為刊本，似少詮次。自跋云：大凡動人易而入人深者

別集類卷三 十四

莫先乎言，莫切乎情，未有言出而不應，情至而不感者。所著亦不過如風之響，如鳥之鳴，知男女之為情，瑣細鄙陋，不足浼大人君子之目，竊惟於初學子弟，庶可感發其好學深思之一助云。

世忠堂文集六卷 清同治癸亥原刊本

清鄒鳴鶴撰。鳴鶴有道南淵源錄，已著錄。是書為其子觀颿、觀儀、觀辰等輯錄所為文六卷，刊行於世。卷首附錄諸家題跋，多其同年生。同郡洪符孫稱是編可以考其廉惠寬平之政，可以鑑其深知民隱之微，要為其至性發學所結而成之治譜，是貫之以真而無乎不通云。按卷六附列許梁守城紀畧，事屬大河決口，所關頗巨，文章為其餘事，既刊單本行世，似不復采入文集中矣。

蔚雲僊館文鈔二卷附詞一卷 縣圖書館繕寫本

清秦樹撰。樹字右青，號硯樵，諸生。道光九年己丑歲秦大受

別集類卷三 十五

子，同縣王禮甲以文采知名，樹受業其門，禮甲器賞之。是書文二卷，駢散文俱錄之，末附詩餘一卷，首尾無序跋。縣圖書館據秦氏家藏鈔本轉錄之。

飛青閣文集四卷 縣圖書館繕寫本

清安詩撰。詩有飛青閣詩集，已著錄。是書所錄皆文，分體類編次，都四卷，前後無序跋。而縣志文苑傳稱詩館侍郎秦瀛家，詩文得瀛法云。按此集當否刊行，無考。縣圖書館據何本繕寫，亦未注明。

別集類卷三 十六

澹庵文存二卷 縣圖書館精寫本

清朱蔭培撰。蔭培字熙芝，號澹庵，諸生。道光十八年戊戌補禀。應江南鄉試不售，即弃去，去蒙章句業，默默不自得，學為古文辭，快其議論，及質王元梅曾亮，於識宗派，遂取前作盡火之，閉戶覃思，不苟作。與同縣侯楨善，以文章道義相切磋，雖窮窶，自樂也。是編無刻本，首錄縣志文苑附杜友棠傳為時存之文稿。有梅曾亮、何紹基、朱琦、殷壽彭、秦賡彤諸家之識語，而潘曾瑩為之序，稱理正氣清，嚴於義法，於近代作者，震川、望溪為近，而闡揚忠孝，扶植人倫，尤惓惓云。

青琅玕館遺稿三卷 清光緒乙未刊本

清顧濟撰。濟字作舟，諸生。道光二十四年甲辰補禀。五試南北闈，俱未售。咸豐間，東南軍事亟，當路需才，濟乃上書曾國藩於南昌軍次，國藩器之，遂羅致幕下。旋參皖南軍事，論功保至徽同知。是書文一卷，又詩詞各一卷。桐城方昌翰為之序，稱其文質而簡，言淺而意深，其詩詞發乎情，肖乎物，稱心而出，絕無纖佻靡曼之音。其子森書跋於尾，謂先府君碩以清操自有聲聞之外，其精遺編以傳，然心血所寄，實在於此，況其間寓書致箴之辭，皆可為垂誡子孫之訓，課耀日之數，佚用付剞劂，以藏於家，翦於先澤，庶延恪守弗墜云。

醉墨軒遺文一卷 縣圖書館繕寫本

清張步瀛撰。步瀛有醉墨軒詩鈔，已著錄。是編文十有九首，前後無序跋。縣圖書館據何本繕錄，無考。

別集類卷三 十七

古杼秋館遺稿文二卷補遺一卷詩一卷（民國四年增訂重印本）

清侯楨撰。楨有禹貢古今注通釋，已著錄。是書刻爲其從孫虞虁（字蔭庭，國子生）所藏未刊稿本。同治十二年癸酉，其甥吳景堂初以聚珍印行。至光緒二十三年丁酉，景堂季弟鍾夫（字俊）乃校其譌奪，錄諸頁木。於是楨之書流布少廣。迨民國四年，鍾子日永（上海約翰大學畢業，例授文學士）又增訂遺文五首，乃爲重印流傳。其同年執友秦緗業原序，謂道光己亥庚子間游京師，識上元梅郎中伯言先生，聞以所作就正，始知古文義法。蓋先生皖姚氏之晚年高弟也。姚氏之門，西有陳侍郎石士、管孝廉異之，先後逝世，而梅先生乃獨得姚氏之傳。時若朱侍御伯韓、余戶部以坡、邵舍人位西、陳工舍藝叔、曾閣學滌生、王戶部少鶴、馮刑部魯川，皆好爲古文，而多以伯言爲歸。毋少瑜、桐城姚媛，吾邑則有張君瑞甫、侯君子勤，先後著錄，稱弟子二君。初余濡染乾嘉時習，及從梅先生游，乃盡弃其平日所爲詩若文，而別有心得焉。余亦相與砥礪，毅然以斯文自任。梅先生既先卒，伯韓、位西同時殉難，以坡、藝叔諸君亦無一在者，惟曾公名位日高，勳業日隆，卒戡定東南之亂，俾吾吳民復安衽席，而子勤亦已不及見。子勤秉梅先生之教，文固宗桐城，詩亦在義山、山谷之間，去乾嘉時習遠矣。然則讀是楨之書，其源流得失可於斯序得之。

別集類卷三　　十八

恰杼霽文存二卷（縣圖書館鈔寫本）

清秦芝清撰。芝清字梅修，諸生（咸豐元年既辛亥科案），以附貢生選訓導。居邑之東鄉水渠。其學以儒學爲歸。是書皆散文，都二卷，名曰恰杼霽文存。雖注明撰著時年代，然尚未加詮次，蓋自集其所爲之稿以彙存之耳。其自序，謂東坡嘗言，文無定質，如行雲流水，常行於所當行，止於所不可不止。又曰辭達而已矣，辭至於達，文不可勝用矣。某少不知學，四十後，始學爲文，又無若三之師資，無從質正，奉此語爲師。又曰予年近五十，始讀理學書，自期力踐躬

別集類卷三　　十九

行不涉影響，故不敢妄有論說。張子云，學者有所得，且記之，常改之，改一字，即進一字也。其所言如此，則知其所學之歸，及乃文之有所自矣。

青萍軒文錄二卷附詩錄一卷　清光緒壬午刊本

清薛福保撰。福保字季懷，諸生。咸豐六年丙辰歲案咸豐庚申之變，與福保舉家避亂寶應，兄弟數人，益以讀書取志相砥礪，而福保年最幼，天才英茂，識界往往過諸兄，尤與福成立論聖賢微言奧旨，古今治亂得失要最，有不合，忍斷斷辨難。同治四年，福成既佐幕曾國藩於淮上軍次，詢以江北交游中有佳士乎。曰，有弟福保，學識并優，特出所知殆無其儔。國藩曰，可與偕來。福成所挈福保入。時閻敬銘巡撫山東，從國藩求士。國藩知敬銘與其父湘同年擢禮闈，有雅故，乃薦福保往。既而敬銘移疾歸，薦布政使丁寶楨代己職，並薦福保掌箋奏，而寶楨之任，目擊捻勢熾，亟圖翦平，福保居幕，力為畫策，

別集類卷三　二十

於是得駕馭諸客將法，較以定其亂。嗣以太監安得海出都門，巨艦聯鏕，蔽津沽，達海而南，聲威烜赫，寶楨聞之，怒且甚，未幾越山東境，乃馳騎蒐兵追之。叢左右相顧驚愕，以為危，獨福保贊為佈置，志必審計，密且果，而得海竟伏誅。天下既交口稱頌，而後詔褒寶楨忠於國，故寶楨深服福保膽識，跨越尋常萬萬，嘗密疏薦福保學博以高，器略冠時，可屬大事。詔徵赴部引見，以同知直隸州分發浙江。光緒丙子，寶楨擢四川總督，事銳意興革，所施當吏多不便，嗾言官摭款嚴劾之，致鐫職，暫權總督事。乃復始奏福保，請入蜀贊佐理。福保既至，揆情揣勢，乃力為旋轉，匹何寶楨復職矣。嘗曰，吾數日不見季懷，輒不聞讜論，警骨儳不宜遠耶。其為寶楨傾心折節，不欲須臾離如此。庚辰，應詔求賢，仍以福保居首。明年，以福保知府留四川，將應吏部檄入都，晚道

別集類卷三　二十一

追里，以疾卒，年四十有二，論者惜之。是編稱保既卒，稱叔痛惜其才未及大用，因乃為序以刊行。蓋其時國藩求賢之法，一以文為之的，故其幕府獨多魁閎瓌偉能文之士。稱保既隨稱叔入於講明途徑，而為之益勤，又從叢銘遊，飫聞東野寧物切實之論，而識益精，文亦日益進。稱成稿為瓏閎幽狹，高辭微旨，脩然塵壒之外，而又嗟嘆其所蘊之底於文者百不逮一，而天賦嗇之年，且曰亦所以憂吾道之孤，不僅感骨肉之私悲云爾。

瑛賓齋文稿二卷 清光緒戊子刊本

清秦寶璣撰。寶璣有霜傑齋詩，已著錄。寶璣既工詩，復致力於古文辭。其從祖緗業稱寶璣詩文皆成家，惜年未四十以歿，於其綜理其文將之篇，遂付之梓，顏曰瑛賓齋文稿。其執友楊模以序之曰：嗟乎！君之學問文章，豈盡於此而已哉。潛叔為古文閎博超健，年近四十，始漸入於沖夷，然不欲以文自名，嘗為模曰：人傳文者偉也，文傳人者細也，故其文不多作，偶一涉筆，如排鯢哇，匣獨抒胸臆，未嘗少既偉於光一日之知，而卒乃益可貴焉。夫以潛叔之學識，令天假之年，發昌其蘊，將一意著述，浸淫而入深微幽渺之域，其精進正未可量，顧乃僅止於是，此則天實為之，而非潛叔所能知也。其乃雖一家一邑無間言，即世之賢士大夫亦多知之者。區區之文，當不足為潛叔重輕，即文以求之觀者，固將其庶幾焉。如舉陳國璋又稱其治經有根柢，不涉於腐，論事有識而不鄰於刻，稱引學術，議道明毅，油然藹然，有引人於道之趣，然年歲不永，大業中阻，然其德性之純粹，與學之堅定，為可識也。士林之所稱寶璣者如是之，斯則以文傳人者與，抑以人傳文者與。

騤廬集七卷 民國二十一年寫宋體字石印精校本

清鄧濂撰。濂字似周，號石瞿，又號騤廬。諸生。同治十三年甲戌科案首。嗣以廩貢生候銓訓導。弱冠已知名，時同縣秦緗業治古文，講義法，主持壇坫，隱然為東南文獻所寄。濂為緗業弟子，為人倜儻有奇氣，與農退梁溪實瑛琨昆弟數輩以文章道義相切磋，而緗業書宏獎善賞音，作梁溪七子吟，期不隳邑之學統，故與濂同游者皆與焉。濂工駢儷，並能古文，緗業所稱志之高，才藻出語早驚眾，起衰思有轉志，華實兼收綜者。濂既負才名，游幕吳越江淮間，公卿皆賓禮之，家貧奔走，憂患自傷，無經濟才，著述叢殘多未

别集類卷三　二十四

寫定，晚後奄忽，志委良蜉，引為一生之大恨，是書前四卷為杭縣諸氏所錫以仁編次，同縣康泉詩之蓋以遺詩補一卷，誅待世未果，而泉卒，泉方病危，乃以寫定之本囑付託裴可梓邑梁（年自號）號可梓，乃與常熟宗子戴同縣丁禍保，後蓋以遺詩續補二卷。文皆散佚，泉蒐求之，得十篇，不得後增五篇，別為卷附於末，零篇斷墨，搜羅不易，不擇遴為序之以梓焉。

硯香文集七卷　邑城涂氏家藏原稿本

清涂康鍔撰。康鍔字硯香，光緒二年丙子恩科進士，授翰林院檢討，充國史館協修，事親孝。咸豐庚申之變，奉父間關渡江，避蹄濟泗，淶餒交迫之餘，跬手皸足，蕭然以安，事親為志。時同縣侯綰（其孫鴻鑑云：綰字雲庄，與獄山東臬司署中，有康名保薦以知縣用，辭不就，辭以軍功保匯同銜，封贈三代，以示優異）典獄山東臬司署中，與康鍔世有雅故，遂薦入。康鍔既得舍館，而事親之暇，輒治文史，無所間，綰命

别集類卷三　二十五

子士環（字象五）從子士匀珏（字雲孫）相與切磋。康鍔幼故聰慧，讀書過目成誦，至是好學深思，而文章亦益進。事平，奉親歸，乃以所學應試，果登科第，遂官京師，律己嚴，守介不羣，所交多一時俊秀，尤與吳縣徐炳熙（字緝圃，康鍔丙子同年生，綰館甥也）友善，而文名籍甚，晚年假歸，主講東林書院，成進多士，默而知名者，是也。為其子幼香所藏原稿，未經梓行，縣圖書館無藏本，故未獲見，但據邑人侯鴻鑑謂曾慶讀其書，分數編輯，曰言論、文牘、疏

注、傳贊、敘言、書翰、雜著，都爲卷，並錄錢熺陳季彤序言，謂不佞既欽其人之忠信誠篤，又佩其文之精金寶燦，所謂言以立之，以模範於後生小子者非淺鮮云。

惜分陰齋遺稿應移列二十一頁蘭言居遺稿後

惜分陰齋遺稿二卷 民國二十三年傚宋鉛印本

清張彥昭撰。彥昭字笠臣，光緒十一年乙酉舉人，由大挑宦知縣，教諭，嗣以知縣需次湖北，遭世變，棄官歸，自是不復有用世志矣。秉鐸如皋，嚴立教規，士林感奮。是書爲其遺著，女浣芳適同縣榮氏，嘗以私資創辦榮氏女學於邑城，著有聲譽，梓行之。太倉唐文治稱其究心經世之學，爲文務關國計民生，而不競競於文藝之短長，平生不自收拾，既歿，家人檢其遺稿，僅得十之二，篇皆卓犖可存，而尤以工賑、改院二議，爲足以救今日之病源，於此見君雖屏居山野，而閭閻之疾苦，民生之利害，國家之安危，未嘗一日去諸懷也。晚歲歷游秦鄂，考其風俗之變遷，惜詩文稿今都無存者，然吉光片羽，已足炤耀於人世云。

別集類卷三　二十六

蘭言居遺稿三卷 民國二十二年鉛印本

清榮光世撰。光世字概堂，號詠敔，光緒二年丙子恩科舉進士，授工部都水司主事，澹於榮利，而事親孝，既受職，以母春秋高，告歸省親，經歲不赴部，杜門侍養，愛慕如孺子。時兄光宇馭家政，事無鉅細，必稟白而行。既卒，同縣華鴻模引其師友戚族皆歔欷，後榮汝楫輓之詞曰：同行可質聖賢，外言無間兄弟，儒林孝友，斯人合有千秋，而爲之傳，則光世爲人概可知已。縣志孝友有傳。是書爲其子熺彥（字子俊，國學生，性恬淡，有父風）編輯遺稿，梓以於世，同縣錢基博爲之序。

別集類卷三　二十七

戢寒齋文鈔一卷 繕寫本

清秦堅撰。堅字叔固，號畏磷，光緒十四年戊子舉人，三試春闈，得三薦，不第，遂不屑屑於詞章記誦之功，慨爲於禮教之衰替，因好治儀禮學，歎致其先世味經窩之業，集同志箋釋其中，以淺

蘭言居遺稿三卷 民國二十三年鉛印本

蘭言居遺稿序 孝機室號詠叔，光緒二年丙子

移刊前頁 硯香大集後 部都水司主事。澹於榮利，而

事親孝，既學取以女春秋高告歸省親，經歲不

赴部，杜門侍養，愛慕如孺子。時兄光宇執家政，

事無鉅細必稟白而行。既卒，同縣華鴻模引其師 師友戚族皆歡慶

榮汝楫懷熙之詞曰：內行可質聖賢，外言無間兄

弟。儒林孝友，斯人合有千秋，而爲之傳，則光世爲人

別集類卷三 圖二十七

概可知已。縣志孝友有傳。是書爲其子嬉彥編 字子俊，國學生，性恬淡，有父風

輯遺稿，梓以於世，同縣錢基博爲之序。

戩寒齋文鈔一卷 鈔寫本

青來堅撰。堅字秋圃，號畏磷，光緒十四年戊子舉

人，三試春闈，得三薦，不第，遂不屑屑於詞章記

誦之功。慨爲於禮教之衰替，因好治儀禮學，歆

致其先世味經窩之業，集同志窮經其中，以後

五子讀經之會（味經窩者，秦蕙田治經之室，舊有五子讀經會）而未果也。其

族兄寶琛、同縣楊模並以文章有聲，其族祖湘

素、梁溪七子吟所稱東吾宗秀詞賦傳祖庭，慨

爲禮教衰，恒思繼味經者。時湘素已被聘重

修杭州府志，乃延堅任分纂，而湘素未果以遂

卒。無何，堅亦卒，享壽不永，鄉里惜之。是書錄其

平生所爲文十首，又有目無文者一，原藏於家而未

梓也。鑒堅之文，以於斯編亦可窺見一斑焉。

別集類卷三 圖二十八

寄漚文鈔二卷 民國十二年縣圖書館鉛印本

清劉繼增撰。繼增有心巢庵志已著錄。是書與

詩鈔並特由縣圖書館校刊而行，同縣俞復（清光緒二十年甲午舉人，民國元年任無錫縣民政長，十六年再任無錫縣長，以公正廉明著，工書，邑城光復門、西成門及圖書館額皆其書）

爲之序，謂卷中所錄文三十六首，係先生手稿，其

引徵故實，必條貫縷析，詳述其源流派別，不苟

爲空言。其書以東記所云好讀書，家貧不能具，輒

借讀之，讀已即還，蓋其博覽而且能精取自其年

少時已然積學既富，故左右逢源，一涉筆即如宿之自然充沛耳。學人之文樸實詳該，寧拙毋浮，弄聲調者同日語哉，彼淺見者烏足以知之云。

蟄盦文存二卷 清宣統辛亥鉛印本

清楊模撰。模有錫金四哲事實彙存已著錄。按模弱冠（早歲）以優貢客兩廣總督張樹聲幕，著書甚鉅，厥後任北洋武備學堂教習，成書極盛，然罕見流傳。是書多纂輯三十以後之作，自謂壯年時勤嫻駢語，既後馳騁古文組織之餘，時加薰炙，積三十餘年，篇幅日富，歲增月益，大致完成。是篇匡居循誦，然綜觀所輯，實多闡揚潛德，並有關當代掌故，詩失之林，匪獨以文字鳴於世者。卷上第二首編纂國民讀本說帖所條列要義，內除適用君主時代者外，餘皆具有卓識，堪樹國民根本。卷末所附七洲洋賦，模以是登拔萃，亦以是可以見其文章經濟焉。

別集類卷三

圖 二十九

存敬畏齋文艸一卷 縣圖書館藏鈔本

清顧森書撰。森書有怀二雲居畫贅已著錄。是書錄其所為散文都三十有六首，為未刻稿本。曾希文識語稱理樸而氣茂，辭潔而旨遠，敘簡約而彌肆，蓋辭秀而歸方，神明而變化之者云。此本縣圖書館據顧氏邑城百歲坊巷顧氏家藏稿錄出。

篁韻盦駢文稿一卷 縣圖書館鈔寫本

別集類卷三

圖 三十

清顧森書撰。森書有怀二雲居畫贅已著錄。是書為駢文，編有尾無序跋，為邑城百歲坊巷顧氏家藏稿。縣圖書館據以鈔錄，厥後復有聚珍本行世。

民國

次哲次齋遺文一卷 民國八年鉛印本

民國孫振烈撰。振烈有次哲次齋年譜已著錄。是編為詩古文辭，其子肇圻、肖圻、圻壽編次。

刊行。其外甥同縣錢基博爲之序，曰：「青賢論紀文達公，謂吳人而兼狡獪。有一詩，輒自矜創獲，而不知皆古人所已言，或爲其所已聞。公胸有千秋，故不輕著書，而作以著書之心自託於小說稗官之列。所著閱微草堂筆記七種，中多見道之言，傳者誦爲美談。今主人肥遯樂道，仕隱之迹若殊，然其胸有千秋，不輕著書，正何必讓紀公獨擅佳話也耶。讀主人書者，苟勿以鄙言爲刺謬云。」

別集類卷三 圖三十一

刪亭文集二卷續集二卷 民國二十四年聚珍精校本

民國周同愈撰。同愈有重譯中等東洋史，已著錄。是書爲其手訂本。吳昌碩稱其文辭古拙，用筆簡潔，如空山老樹，孤秀自馨。吳增祺又謂蒼古遒勁，實直入昌黎之室。二者雖皆獎飾之詞，然殆未爲過譽。而同愈亦自謂於退之破空而來，以突取勢之法，致力頗深，其自信亦頗篤。但於退之幅過狹之由，言之深切有故，殆又頗具自知之明者歟。按是書初刊於清光緒三十三年，至民國三年，又手訂續集，未刊而卒。逮民國二十四年，其子厚坤（清宣統三年由清華大學考取爲美學生，入麻省理工大學習造船工程，得碩士學位）始合梓之。

別集類卷三 圖三十二

倚叟文錄一卷 民國三十七年倣宋鉛印本

民國錢福炯撰。福炯字祖耆，清諸生。同治七年戊辰歲，光緒戊子應秋闈，主試者擬元，副主者謂光緒青不足之元，未興。性剛，不善標榜聲華。既卒，唐文治銘其墓，稱其齊眾也，知仁勇皆全，而其立教也，則惟以孝爲本。是書其子基博、基厚校錄遺著，措之付梓。其孫鍾漢跋於尾，謂事里卷尋常，而語不離經理，能析微云。

小綠天盦文稿二卷 民國八年聚珍本

民國竇鎮撰。鎮有名儒言行錄，已著錄。是書裒集所爲文，釐爲上下二卷。卷上以傳記序記爲多，卷下以題跋爲多。同縣杜學謙爲之序，謂大者纂述舊聞，遠揭風節，蓋多依乎古君子立言之指，即題識書畫，亦能標示心得，鑒別精審云。

滌廬文集無卷數 無錫縣圖書館藏寫本

民國秦國璋撰。國璋有寄暢園志，已著錄。是編賦一首，經解三首，論一首，殘碣三首，攷四首，序跋十三首，傳狀三首，哀誄三首，無分卷數，首尾無序跋，蓋未經梓行者。縣圖書館據邑城大河上秦氏宮保尚書第所藏稿本繕錄之。

別集類卷四

明

容春堂前集二十卷後集十四卷續集十八卷別集九卷 前集清初翻刻本，後集、續集、別集錫圖書館精寫本

明邵寶撰。寶有泉齋簡端錄，已著錄。是書爲寶平生所撰詩文。清四庫全書著錄之。長沙李東陽序其前集，稱出入經史，蒐羅傳記，該括情事，摹寫景物，以極其所欲言，而無冗字長語，辛苦不怡之色，若欲追於古之人者。按寶舉鄉試出李東陽之門，故詩文雅度，當宗法東陽，東陽於其詩文亦極推獎，且以歐陽修之知蘇軾爲比，其相契如此。惟東陽所見祇前集，其後集、續集、別集，未及觀也。四庫提要稱，統觀四集，其文邊幅少狹，而高簡有法，典重和雅，要無愧於醇正之目，而原本經術，粹然一出於正，詩清和澹泊，尤能抒寫性靈云。

具茨集五卷、補遺一卷、文集八卷、附錄一卷、遺稿一卷 縣圖書館據清四庫全書繕寫本

明王立道撰。立道字懋中，嘉靖十四年乙未進士，官翰林院編修，有羸疾，鍵戶讀書，不事交謁，為詩文博贍婉切。縣志文苑附父表傳。是書邑中竟無傳本，縣圖書館據清四庫所著錄者繕出。其提要載原目詩集五卷，文集七卷，附錄一卷。今詩集之末後載補遺二十餘首，文集七卷之後亦增論表壽十餘篇，為一卷，載於附錄之前，而附錄後又別載遺稿一卷，蓋其後人掇拾而成，要是續入，故與原目不相應耳。今為更定其次云云。然據是本所次，文集為八卷，殆卷七後之補遺論表壽十餘篇即次為第八卷，故書此所載亦無補遺，而四庫著錄既載文集八卷，後載補遺一卷，殆更定其次時之誤。惟是本前後無序跋，何時梓行，無可攷徵。四庫提要稱其詩沖融淡宕，不為奇險之語，取法在中唐錢劉之間，但微嫌婉弱，文則規摹自喜，頗於歸有光為近云。

別集類卷四　四二

枯青閣稿二十二卷 明天啓辛酉原刊本

明鄒廸光撰。廸光有愚公谷乘，已著錄。是書為輯錄其詩文都二十二卷，自序，謂初、詩学曹劉，文学司馬遷，而十不得五六，已而詩学少陵，文学滄溟，而十不得三四，已而又此所棄，一弃古之詩学李義山，文学蘇長公，而十不得二三，近且忘置諸氏不問，而專與己周旋矣。所謂曹劉司馬少陵滄溟義山長公，耳目口鼻，盡已忘卻，覺己之是而人之非矣。我逾諸氏，諸氏逾我，不能自辨，而須人辨之，此是集之所由出也。其自述詩文之潛進若此，是亦可攷其源流得失之所在矣。

天全堂集四卷 清乾隆辛丑重刊本

明安希范撰。希范有葬錄，已著錄。是書卷一至卷三皆古文辭，卷四為古今體詩，卷末附

別集類卷四　四三

錄墓銘傳誌，並以高攀龍祭告楊時文一併采錄。按東林書院東有道南祠，祀宋楊時，初以羅從彥、胡珵、喻樗、尤袤、李祥、蔣重珍、邵寶七人爲配。天啓時黨禍作，詔毀天下書院，而東林居其首，道南祠亦未及之。攀龍遂以顧憲成、允成、錢一本、薛玄臺、劉元珍及希范祔祀，世稱東林六君子。其孫璿編輯，六世孫鈺傳校錄之。迨清乾隆乙亥，其裔孫吉甫梓行世，北平翁方綱爲之序。時方綱典試江南，而吉登賢書，既表章幽光，闡揚先世撰述，故序中所稱君子之澤，必昌其子孫云。

心遠堂集二十卷 邑城王氏家藏鈔寫本

四

明王永積撰。永積有錫山景物略，已著錄。是書文十四卷，詩六卷，末附詩餘四闋，都二十卷。前後無序跋。清四庫存目卷數相符。舊板既燬，書亦鮮傳本。其裔孫鑾字百藏、勷字克循、素字守其，尋搜訪之，志浙江圖書館藏舊刊本逸，擬以繕錄，藏之於家。今經方書錄全部，贈縣圖書館寫。

郇山先生遺稿八卷 縣圖書館鈔寫本

明張愉撰。愉字郇山，崇禎十六年癸未進士，官富陽知縣。去邑西五牧不一里有張氏邃廟，爲愉啟族所居，愉始世居於此。是書卷一四言詩，卷二五言古詩，卷三七言古詩，卷四五言律詩，卷五七言律詩，卷六五言絕詩，卷七七言絕詩，卷八文存。前後無序跋，有無刻本，無考。縣圖書館據何本繕出，亦未備注。

清

蓉洲詩文稿六卷 舊鈔本

清季麒光撰。麒光有臺灣雜記，已著錄。是書爲同縣秦毓鈞任縣圖書館館長時得之海上。其

五

識語稱此其殘稿也。文自卷一至卷三，詩自卷四至卷六，有近體而無古風，俱非全璧。末附三國史論十數則，殆所謂蓉洲小品與，因並存之，以見先輩典型云云。蓋麒光所著，故有蓉洲小品已刊，而是編卷首有蔡其聰序，稱讀其文，真往奔放之氣，如天馬行空，不可羈靮，如譙將軍使酒罵座，人爲辟易，咄咄狂奴故態復爾。若乃記臺灣，記番俗，說劍說月諸作，則又所謂經天地民物廣大淵微之理於其胸中云。

曉滄集二卷 邑人丁福保捐贈 珍藏舊寫本

清潘果撰。果有小學提要，已著錄。是書輯錄果所為詩文各一卷。舊寫本，原為邑人丁福保所藏。有無刊本，無考。按果之詩古文辭，與同縣陸龍岡、華杰、光郁、張飛、劉于根、吳岵瞻稱九峰六子。同縣杜詔嘗裒六子詩，鋟板行之。今邑中故家殆無有藏其書者。而是編卷首冠以杜詔九峰六子詩序，稱六子者負瑰偉之才，有矯世絶俗之致，所為詩體製互異，而各自成家。並稱果魄力弘放者也。又載其將集題辭云：余未數過梁溪，至即訪潘子師仲。壬寅秋，師仲將北行，命題其曉滄集。曰：人有真性情而後恬淡，怨不請於世。既讀曉滄集，且此可以見世未知子，或知詩；既知詩，必不負子，又何妨哉。性情而後面目爲，西時翔筆相推挹其詩如此。又考果，雍正元年癸卯恩科順天舉人，候選知縣。壬寅者，乃其前一歲。是編殆其時將應試北上，已有刊本與。

小峴山人詩文集三十五卷 清嘉慶丁丑城西艸堂刊本

清秦瀛撰。瀛有康熙己未詞科錄，已著錄。是書所輯古今體詩二十六卷，古文辭六卷，續集二卷，補編一卷，皆瀛手自寫定。清續文獻通考著錄之。其門人馬程凌鳴喈爲之序曰：吾師少司寇秦小峴先生以詩文名垂四十年，海內誦其詩文，每錄而刻之。頃先生歛然不自足，今年七十有五，始自編次目錄。先生詩於宗獻廬，繼泛濫於蘇陸諸家，渾渾浩浩，無所不有，而要歸於性情敦厚，風格高迥。其文出入韓歐，大約於震川爲近，而義法尚嚴，則得之望溪方氏。先生研究於經史，學術既正，而又仕宦數十年，多歷事變，舉凡立身行己之方，謀國治民之術，俱見之於其文。湘陰周半帆錫溥、桐城胡雒君虔嘗曰：先生詩文一代大家之詩文也，而君並深於學。世之讀先生詩文者，當兼以兩君爲知言。然則瀛之書，其源流將殆可從斯序得之。

蓉莊遺稿二卷 民國八年勤斯堂鉛印精校本

清顧鈺撰。鈺字式度，號蓉莊。乾隆五十二年丁未進士選翰林院庶吉士，改禮部主事，擢吏部郎中，授福建道監察御史，卒於官。會試以第一人置於首，殿試卷呈高宗覽，賞之曰元氣淋漓，可謂得人矣。讀書力持義利之辨，心究治亂之因，器以抗疏亢直，泊然寡營。著京師，既踐諫垣，以無負耳目喉舌之職為自期。時和珅方攬朝柄，勢熾張，欲招致之，而鈺不一詣，鄉里故老多樂道其節。縣志宦望有傳。是書為其族孫與壽搜羅而得之稿，遂梓行於世。森壽跋之，謂公詩文集八卷，自遭寇

別集類卷四　　八

亂，歿之久而無所獲。今叔弟與壽得公此冊，郵寄來皖，署檢旬侍御詩文稿，鈐有西林二字印章。是考族兄建叔孟晉齋詩，有酬和明府吳西林戚棣諸作，此則是冊也，蓋為吳氏西林就建叔選錄，鈐此印而藏之者。乃越數十祀，而復歸吾家，雖為桔蘭殘編，而非靈爽式憑，疑持於烽火風霖之地，亦何由流轉而不失其傳與？而況萬學之心，敦本之意，論事之識，拔俗之操，即此桔蘭殘編中，已可大見，非特遂語繳言，堪為世道人心所維繫云。

尚絅堂集五十六卷　清同治己巳重刊本

清劉嗣綰撰。嗣綰字醇甫，號芙初。嘉慶十三年戊辰會試第一，殿試改庶吉士，散館授編修。原籍陽湖，寓邑城之錦樹里，自少穎異，識量過人，早歲游京師，已知名。性疏懶，落落寡合，掄元時年且五十矣，以不工小楷，未獲奉使衡文，論者謂嗣綰生平，窮而達，達而窮者。縣志流寓有傳。是書古今體詩五十二卷，詞二卷，駢文二卷，都為五十六卷，以其郡中舊居之尚絅堂為名。志所

別集類卷四　　九

自也。嘉慶丁卯，先有手定家叔詩四十二卷，通籍後，續侍詩十二卷，皆按年編次。道光丙戌，其子延和併以詞二卷、文二卷合梓行世。後經兵燹板燬，同治己巳其孫曾撰重刊之，即今本。卷首載法式善原序，稱其詩少作明豔居多，肄業太學以後刻沈博，放浪江湖以後不排奡，晚更清遒駿邁，以扶屬之華，達幽隱之思云。

紅蕉閣詩文鈔十三卷　清光緒丁亥駿珍本

清王芸林撰。芸林字人月，號仲拾，又號莎村。嘉慶十八年癸酉

拔貢，以親老不赴廷試。大父穎銳，能文章，與同縣顧光旭善。光旭與其大父所論翰墨之林，必從旁觀聽。光旭亟賞之，因執贄請業，遂得指歸。工詩古文辭，尤以小篆、八分、楷草有聲士林。縣志列傳藝術焉。其書卷一至卷七為古今體詩，餘為古文辭，都十三卷。詩鈔中載哭顧晴沙師二律，於春風賓錄中，又寓同學之感。文鈔中所錄序、記、傳、碣，亦多感懷故舊、闡揚幽潛之作，而自序其詩，謂株守鄉廬，未馳騁於四方，凡天下名山大川，目不能覽，而足不能歷，知交零落，無讌集之唱酬。昔楊蓉裳先生語余曰：年將老矣，宜保守才華，使殘月如秋月，斯真有才有學者之言。余無學無才，言所發言，則亦適成其為山林迂老之鄙言。既乃自序其文，則又謂天之不工無異乎詩，亦何足存，特甚因人因事之作，不未忍使之泯沒不存云爾。

六有齋詩文集三卷 稿寫本

清施建烈撰。建烈有無錫紀縣城失守克復本末，已

著錄。是編別錄其所著詩文稿，都三卷，未經梓行。前後無序跋，卷首附錄同邑秦學毅所為傳。按建烈博學通才，曠放不羈，將為縣異之行，佐李鴻章戎幕，鴻章能優容之，而辭財若浼，鴻章尤敬禮之。子承堅早殞，自是沈酣於酒，以寄其慨，因寫所著詩文集若干卷，名曰獨翁集，以志喪明之痛。其徒嘉定寥氏得而藏之，乃為所佚，後二十餘年，其從子承基因又別得其詩文稿，編錄之為三卷，即此本，蓋皆建烈自輯之稿所未收者，其生平傑作多不與。邑人君子，莫不惜焉。

荔雨軒詩文集十一卷 清光緒初年華氏原刊本

清華翼綸撰。翼綸字贊卿，號篴秋。道光二十四年甲辰順天舉人，自少卓犖不羈，慨然有當世之志。咸豐初，同縣鄒鳴鶴巡撫廣西，知翼綸才，傲之往，既至，授致經略策，屢多當選，示新知縣，精察吏事，宿獄一掃絕。嗣以藩職歸，復辦團防，後宦無以精力衰無復

用世志矣。為人伉直，敢任事，居鄉非公事未嘗入城里，鄉有事無鉅細，冀論斷之，皆不得其意去。性勁，學雖老益孜孜無倦，所為文及詩畫皆新穎，有奇氣，同縣秦緗業尤賞之，謂非今之世所有。既卒，薛福成為之傳，稱為才氣雄邁，偉然近古豪傑士也。是書詩集三卷，文集六卷，又續集二卷。自序其詩，謂自壯至老歷三十數，不編年而隱寓編年意，無絲毫文飾，存其實焉而已。同縣秦緗業序其文，謂論辨原本諸子，折衷宋儒，其理奧以精，其文閎而肆矣。紀粵中山水，憶筆行之險，極探討之勝，亦雅近柳州。所為諸將傳，皆得之身歷目睹，足為史氏張本，而樵神寫貌，酷似太史公。至善述家常，不嫌瑣屑，則又伯仲歸震川、姜熙甫，得之天趣也。而名之曰蒻雨軒詩文集，蒻雨軒者，君所居之書室也。有記存集中云。

別集類叢

四十二

孫仰晙先生文集六卷附詩一卷　清同治辛未聚珍本

清孫希朱撰。希朱有身範，已著錄。是書文六卷，詩一卷。其門人薛鎰（鎰字賓于，錫志孝友希朱傳，鎰篤行之士）輯次刊行，同縣余治為之序。

行素軒詩文存二卷　華氏家刊本

清華衡芳撰。衡芳有行素軒算稿，已著錄。是書為其所著之詩文，前後無序跋，所錄文存多譯述諸籍之自序，及其他各書之弁言，足備考證之資。又古今體詩六十五首，內古體詩多感慨噴薄之作，似可見其才氣橫溢焉。

別集類叢

四十三

張瑞甫遺稿二卷　錫圖書館繕寫本

清張岳駿撰。岳駿字瑞甫，諸生，（錫金游庠錄無考）少工詞章，雅喜倒鹽，後以廩貢赴京師，從王元梅學詩，古文義法，自是志益堅。其所為數年學益進，世競職柯段於旅舍，享年未永，聞者惜之。事具縣志文苑傳。是書上卷古今體詩四十二首，下卷文三首，所有少作並衍人之詞，蓋芟弃略盡矣。其丢國友同縣侯楨秦緗業編次梓行，秀亮爲之序，謂以生之才而可見者止此，人不可以無年也，乃知丢夫其言外之慟。髮芳羈可得之云。按是編梓行後事經滄桑，板本間有闕蝕，目縣吳日永復以聚珍印行，藉廣流傳。國縣圖書館藏本殆據侯秦二氏初刻本繕錄之。

別集類卷四

四十四

沈晴庚詩文集六卷 民國二十年秦氏鉛印本

清 沈鎣撰。鎣原名然，字秋白，晴庚其自號，諸生。道光十二年壬辰歲貢。家貧力學，工詩賦，兼精八法。嘗客袁浦蔡氏，喜從仁和龔自珍、元和戈載、吳江郭麐游，遂工倚聲。性孝，又喜推究曲意承順，或甚拂，必長跪俟怒解乃起。值庚申之變，急歸挈眷屬避鄉，適長妻女憂傷得疾卒。無子。光緒初，秦緗業重修縣志，既立傳文苑，復別爲小傳以詳其事。是書爲其外曾孫秦岱源潛復易名，輯其遺稿編次，曰吹劍集、雕蔭乞食草、雞肋集、爲漚吟館詞草、懷舊錄、漢甸日劄，都六卷，付之剞劂，以廣流傳。同縣范廷銓序其詩詞，稱其才氣飛騰，聲情激越。詩則出入唐宋，時多流露性真之言。詞則宗武蘇辛，特具慷慨悲歌之氣。尤桐序其懷舊錄，稱錄中所懷舊兩凡四十有七人，其籍隸吾錫者猶香陳壽之作益都耆舊傳；其不籍隸吾錫者猶魏五年氏之作汝海耆舊傳。許國風序其漢甸日劄，稱於邑中掌故，覽劍尤精，大足以徵文考獻，小足以敘性怡情，無語不爲，無字不雅。陶世鳳總序之，則謂沈先生有千秋百世之思，絕不忌身後之稿，所作自多散佚，而所遺數種，寧刻於其外曾孫秦岱源之手也。諸家之稱頌如此，則鎣之遺著得以流布，豈偶然哉。按鎣所爲詞，元和江標讀而好之，遂爲梓行，所謂爲漚吟館詞存者也。是編所錄吹劍集、並雞肋集，又名七二青芙蓉館詩。縣圖書館據其原稿，繕有草本。

別集類卷四

四十五

蛟河散人詩文稿一卷 清邑城映山河侯氏家藏 清光緒初年刊本

清侯政撰。政字紀之，自號蛟河散人。政世居映山河，河之舊籍宛平。道光五年乙酉順天舉人，大挑二等，授沭陽教諭，務整飭學風，嘗謂士生世不為循吏，斷不當為俗吏，慕文翁所措施，此可務外乎？學者翕然翕服。嗣以江蘇巡撫陸建瀛保薦，以知縣用，分發浙江，值江寧告陷，政論事侃侃，巡撫黃宗漢深器之，檄署建德及安吉事，所至俱有治聲。咸豐戊午充浙江鄉試同考官，得士皆知名。嘆向仕宦由廣文而縣令，而司馬，而分校，向所自命為良吏者，驗之今而也

別集類卷四 十六

士民無怨言，而有歌思，抱負略見一斑，差堪自慰。知足不辱，知止不殆，蓋歸休乎？撤棘後，請道差，歸里無復有問世之意矣。其道區有麦。縣志有傳。

知。是書為其所著詩文稿，縣圖書館無藏本，僅其家藏有原刊本，蓋鮮流傳。卷中所錄建德記事、安吉記事二首，皆癸丑作，軍時實錄。如建德假命案之查覆嚴究，當事人及書役咸皆乙卯之冬，乃便服詣大堂，慰語災民，數婦而免滋鬧；隨時延見紳耆，詢問利弊，無敢以私為干；赴鄉驗勘，不帶隨從人員，以省供應需索之累；如安吉鄉民索賑，與扈任鬧事，閉閉大堂，能飲食者，竟日，遂致去職。政乃邀請生監耆民十人，曉以利害，鄉民環而聽者不下二千人，各唯唯聽命，化大為小，保全甚大，而此案遂結。綜觀與其著作，其事事所列，殆無愧良吏者與。

冷紅館賸稿四卷補遺二卷詞一卷 民國九年聚珍本

清秦臻撰。臻字蓮風，咸豐八年戊午順天舉人。咸豐年與合肥李鴻章皆佐上海鋼精客，直幕僚。湖倪宗軒字哉薦臻理餉，堪勝任，鴻章檄任之。

別集類卷四 十七

嗣蘇州、無錫相繼克復，設善後局於縣城，遂改委臻辦善後事宜。時縣令措施，悉以臻婦，而臻以籌餉功累保知縣，加運同銜，掄選到班，親故勸看引見，而臻性恬退，未果也。晚歲應聘主講東林書院，多所成就。臻力學有時，早歲已知名，陝西學政祝桂孝延聘入幕，襄校試卷；既又客直隸學政程庭桂幕，多所倚重。時嫌陶未登賢書也。少嘗學佛，自稱味禪。既壯，性好金石，羅致周秦以

降古泉及兩漢六朝碑本，畜之盈篋，摩挲鑒賞，攷訂書源流，殆無虛日。事親孝，母沈氏病歿於商溧陽史氏安金陵寓所。豫迎柩歸，經黃天蕩，風浪搏天，舟將覆，豫叩頭涕禱，風忽反，送舟入棲霞口，舟既入，風仍轉如前，舟人咸謂至誠所感也。平生喜吟詠，嘗手訂冷紅館吟稿八卷，文稿二卷，詞稿一卷，付上海文明書局印行，會遭兵燹，聞者靡不惜之。是書皆其手訂本所散弃精

別集類卷四　四十八

到之作，殆無有存者，故曰賸稿。其孫銘光、子寶賢、敦世，蒐篋中所遺，編次成帙，以發珍印以於世。湘潭袁思永序之，謂其詩邃於禪理，淵然以清，大都伏處邱園，孤仲寡和，博綜百氏，浩瀚自憙。又稱其所為古今體諸篇，於昌谷、飛卿、東坡、劍南為近，而尤愛其粱溪絕句、晚晴絕句諸篇，曲盡詞阿之樂，善自寫其生平云。然則斯論也，雖非豫精品，亦可窺見一斑矣。

半讀齋賸稿二卷　無錫縣圖書館寫本

清崇沅撰。沅字作舟，世居邑西鄉之崇巷鎮。咸豐十一年辛酉拔貢生，就職教諭。工制舉文，及門多造就，一時稱名師。是書古今體詩一卷，文一卷，其從子棣輝編錄，同縣錢基博為之詮次，稱其詩清逸拔俗，而甚有坟文，亦條達疏暢，無艱難苦氣，酒語盡之，悉要自有不可燹者云。

民國　可桴文存七卷附詩六卷　民國三十五年鉛印精校本

別集類卷四　四十九

民國裘可桴撰。可桴原名廷梁，字葆良，別字可桴。入民國，以別字行，原名廢不用。清光緒十一年乙酉舉人，未冠，從邑同縣龔其履純遊，治經術性理考據學，而得其指歸。履純故精數理及漢儒宋人說，而尤服膺顧高之理學。可桴少長，治古文辭，謂桐方不足學，乃精究三禮、周秦諸子、史漢書。時同縣秦緗業以古文名當世，嘉賓獎見可桴作，激賞之，謂溪七子吟所稱，亦亦醇乎醇，千萬卷儲後首也而可

梓遂乃究心西洋各國政治之道，及我聖哲創造文明之大
道，倡新學，與桐城吳汝綸、侯官嚴復、新會梁啓超相響
應。拒國恥日增之痛，懷大廈將傾之懼，欲轉移漢後
二千年崇文學輕工程之習，謂我國文字艱深，非全
民所能讀，欲灌輸全民以新知識，必先改革文字。因集
邑中志同道合諸士，創辦白話報，期全民得閱覽，為
當世倡。邑人士競尚新學之風，實肇於此。嗣邑城
竢實學堂、東林學堂三等學堂相繼開設，可梓力贊

別集類卷四　二十

助。清光緒三十年甲辰，邑城興學，事具錫金學校重興紀事中。後設
錫金學務處，大吏檄可梓任總董。可梓既之任，乃於
事之因革，必精詳考核，遠法異國，近徵鄰邦，力
求洽與情，切實際，而後已。辛亥革命軍起，驅邑宰，
眾以可梓負重望，公推長縣政，凡三數日，挂冠去。
性不習官，强必債事，舉俞復自代，已即襆被走海
上，任良廉以居，遂以可梓為名，亦不復預時事，然遇地
方公益事，如創造圖書館，闢公園，仍力助之，以使

其成。可梓於學，既無所不窺，而尤好獎掖後進，邑人士
有造請，而指示語默，必誠必摯。嘗謂：挽近社會，
惟不能袪私，二三其志，必趨於敗裂。二三之習既熾，則服
官者必貪，經商者必姦，務農者必吝，治學者必僻。
其所見之大，所論之明切，概如此。既慨學術之不切實
用也，因作國粹論萬餘言，以揭俗學之無裨於民族
言論，本采隱出，動詞野。迨日寇侵陵，京滬淪
陷，乃後大肆其淫威，奴役吾人民，勢如完旅，不可密述。可梓睹聞所

別集類卷四　二十一

及，憤慨莫如何。既而曰：中日事必解決，而我中國
必不亡。民國三十二年十二月日，卒於滬寓，年八十有七。
是書為可梓手訂本。武進吳敬恒序之，謂先
生制行之卓越，治學之淵博，祿祿為現代之文中
子，雅崇或尚未至，決非過當。蓋自有史以來，凡有變
革，皆必有先知先覺隱為天下倡，而後變革
以起。今日我所覺知者，有孔子之大同，附益以可梓文存，
存或將與戴記禮運大同章，並作最大變革之

先知先覺，或其為淑世之瓌寶，即以言文，其生平著述宏富，十百倍於今之文存，先生以為文存以外之文，皆近於韓子起八代之衰，未能平立宗旨，故概棄諸高閣，僅取今之文存，獨抒胸臆，許與世人相見。在淺士藐忽視之，以為無多崇論宏議，且舉超積短簡，亦羼雜其中，而不知此正先生於作止語默，及俟致意於世人正人類自今以往，人人能倚重於形下之器，而於工之道，反欲使之麗於形而僅存淺近言之，先生以為科學工藝之外，吾人將可無餘事，今世人士多有能隨聲附和者，惟無先生文存之堅決信仰，反復述說，取譬而喻，寓近三兩字達十五萬字，以形下成器勉人於不疲，此吾所謂以可擇文存，附益戴記禮運大同章，必並為千萬年淑世之瓌寶，得最大變革，以達於大同，較之文中子之中論，謂可工接論語春秋，仍盤旋於小康之中，大不相侔云云，是可見當世推崇之旨矣。

別集類卷四

二十二

大浮山房詩文鈔六卷 鉛印精校本（民國二十年）

民國秦毅世撰。毅世原名寶珉，字湘臣，號湘丞，又號大浮山人。清光緒十一年乙酉舉人。自少穎異，未冠已知名，尤以詩為秦緗業所激賞，其梁溪七子吟所稱杜詩而韓筆，力敵追古人者。生有至性，母病，月餘盲，毅世清晨起，必舐之，數月竟復明。既登賢書，例授工部實衔司郎中，工部既裁，改官吏部考功司郎中。自是服官京曹十年，絕不稍朝貴門，所交皆通儒碩彥，所游在幾地，在燕薊，出塞外，而蒼古博雅，又精熟歷朝掌故。民國肇造，教育部設歷史博物館，延毅世為主任，所羅古器千百，博稽考訂，參定真贗，標識燦然，識者服其博洽。嗣清史館聘充協修，而毅世慨然曰：置身史職，古柱下史也，纂紀一代政治得失，在乎是矣。遂諾焉。其書手輯，平生所為詩四卷，文二卷，其妻弟王元宗舜年序其

別集類卷四

二十三

詩，稱其意度聲采之壯，歲時之早，藏天國維
之使大雨中，藏國於至事，意志蹋寒，故存詩止
此。又謂集中辛亥後多歌筵投贈之什，悽愴鬱
蒼涼，知同漸離之筑，玉溪生云楚之雨，含情俱
有託。正為湘至言之，讀者或失其旨趣也。桐城
葉玉麟序其文，謂其大諱墓表、題記、通議，
公若仍並執弟子禮甚恭，風義若此，使人敬。
其續修秦氏宗譜序，記先世賢達，代興，溯
源淮海，閱宋元明而大昌於清，歷順康雍乾
嘉五朝，兄弟鼎甲，祖孫詞林，蔚世澤之遠。
又若錫山秦氏文鈔序，記寄暢園變樺，溯
隋唐古刹，虹橋老屋，合二十九代先像，使人興故
家喬木之思焉。綜觀數世所稱錄之文，不僅
有關一家之故實，及（且減舊）殿故之文，以（資考）錄有涉於邑
之文獻，備資，皆有功於教樺鄉林，堪備考證之
資。蓋其文之雅潔，偉（秀）疏宕有致，殆猶餘事耳。

別集類卷四 二十四

殘本韌菴詩文稿 無卷數 墨跡原稿本

民國鄧樺撰。樺字傅若，號韌菴，又乃溥。王
詩詞，兼擅書畫，名噪甚。宦隨州、泗陽州同
知，有政聲。樺行次生未百日，即喪其母，稍長，從
舅氏江陰繆荃蓀遊，好學深思，有父風。性
純厚，工詞章，擅書，兼長目錄學。欽慕隨父
之鄂，客張之洞幕，之洞器其才，保薦以道員
用。尋丁父艱，杜門不面客，服闋，教授鄉里，造
就者尤多。入民國，嘗棄舉進浙東，雖居低當
世，而不習俯仰，遂決然歸。閒居書畫自娛，具瀟
灑神韻之妙，蓋淵源家學者為深也。公且而多
病，魚所長布，論者惜之。是編為同縣許同藺
（朱）手書，擬工筆縣圖書館庋藏，篋中存古今
體詩若干首，多投贈酬應之作，散文二首，為其
考批行述，漫漶蠹蝕之餘，僅窺見樺所著之一
斑耳。其卒後數年，抗戰軍興，邑之城廟、志遺

別集類卷四 二十五

寇，大甚，未大者無一免於劫掠。文獻凋殘，悍然莫極。揮所著詩文稿得與世人相見者止此，飄零街市，誰與頓及，幸爲同觀得之也。

庸隱廬詩文存三卷 民國二十七年鉛印本

民國張文濂撰。文濂有庸隱廬詩存已著錄。是書爲其門人唐宗郭裒集存稿，梓行出於同縣楊鍾珏爲之序。

別集類卷四　　及二十六

無錫藝文志長編

共十三册之十一

集部六册之四

別集類卷五

别集類卷五

[宋]

龜山集四十二卷 清初刊本

宋楊時撰。時有龜山先生語錄，已著錄。是書凡書奏、劄、講義各一卷，辯二卷，經解、史論各一卷，語錄四卷，答問、策問各一卷，書七卷，記、序、跋各一卷，雜著一卷，哀辭、祭文一卷，狀述一卷，志銘八卷，詩五卷，都四十二卷。按：清四庫全書著錄四十二卷本，其提要稱舊板散佚，明宏治壬戌將樂知縣李熙重刊，併爲十六卷。後常州東林書院刊本分爲三十六卷，宜興刊本又併爲三十五卷。萬曆辛卯，將樂知縣林熙春重刊，定爲四十二卷，此本爲順治庚寅時裔孫令聞所刊，其卷帙一仍熙春之舊云云。今縣圖書館所藏本卷數與此相符，雖各卷編次略有出入，而所刻字式尚有古意，頗爲清初刊本無疑也。

梁溪全集一百八十卷附錄六卷 清康雍間刊本

宋李綱撰。綱有靖康傳信錄，已著錄。是書賦四卷，詩二十八卷，雜文一百三十八卷，而以靖康傳信錄三卷、建炎進退志四卷、建炎時政記三卷俱編入集中，又以年譜行狀之類六卷附焉。清四庫全書著錄之，稱所載卷數門類與此本相符。惟晁公武讀書志則作一百五十卷，陳振孫書錄解題則作一百二十卷，二家所錄與此本均不符，則此本殆非宋本之舊。四庫提要謂蓋後人續以詩文合編，互有分併耳。綱人品經濟，炳蔚史冊，千古共仰之。故四庫提要又稱其詩文雄深雅健，磊落光明，非尋常文士所及，徒以喜談禪理，遂致南宋諸儒不肯稱之，殆如顏真卿精忠勁節，與日月爭光，因書西京多寶塔，作撫州麻姑壇記，遂減其文章聲價云云。所論雖自有識。然綱之功業，自足千秋，非僅以文章名世也。

梁溪遺稾二卷 清光緒間盛氏常州先哲遺書本

宋尤袤撰。袤有遂初堂書目已著録。是編卷一詩，卷二文，清四庫全書附著録之。按袤所著有遂初小稾六十卷、内外制三十卷，見宋史本傳；有梁谿集五十卷，見陳振孫書録解題、文獻通考，即據陳氏書著録之。明文淵閣書目即未著録，可見明初已佚。迨清康熙中，其十八世孫長洲尤侗因裒輯遺詩，得詩四十七首，文二十六首，釐爲二卷。秀水朱彝尊爲之序，殆即此本。所存止百之一，一百餘年後人罔知慎守，板又散亡。道光初，其二十三世孫興詩於光澤，就澄畫堂心傳處重鐫，以貽久遠。武進盛氏刻常州先哲遺書，即采取此本。四庫提要稱南宋詩家推尤楊范陸，稱中興四將。論者稱誠齋時出奇峭，放翁善爲悲壯，延之石湖，冠冕佩玉，端莊婉雅，蓋袤在當時，本與楊萬里、陸游、范成大並駕齊驅。今三家之集，皆有完本，獨袤集所存止此。而四庫提要稱即今所存諸詩觀之，殘章斷簡，尚足與三家抗行，以少見珍，彌增寶惜云。

別集類卷五　三

元

殘本聽雪齋集七卷 傳寫本

元王寔撰。寔字安節，號聽雪，舉明經。至正初，以薛台官臨江同知，有惠政。博學工詩。子師道，號敬德，明洪武中以明經仕都官員外郎。孫亨，字仲理，洪武中，舉秀才，以刑部郎擢四川按察司僉事，在任殉職，縣志忠節有傳。二首附見寔爲。是書爲傳寫本，存卷五、六、卷十一至十五，凡七卷。卷五爲雜著，餘皆詩。邑人楊壽枏曾蒐錫方文獻，與同年生傅增湘以此本掃之，增湘家由其友日人田中自東京郵至。若按是集爲寔之孫宥編次，宥爲亨之孫，卷末附通判尹瑤後華梅心簡，稱宥爲賢子孫，能守，則是集編次殆其時與。又稱安節先生大名在宇宙，不可泯滅，

別集類卷五　四

而卷六末又有崇禎四年仲春十二世孫以毅拜錄一行，則寔必有聲於時，子孫信能世守，此本或即崇禎初繕寫之耳。殘簡飄零，易世之人殆鮮知有是編者。今增湘以共和友日人所贈者歸壽耕，壽耕則以歸縣圖書館度藏，俾異世之人相見。物罕見珍，彌足貴重，而歸自海外，尤誇至寶。增湘跋之，所謂頤氏元詩選三集，每集所錄皆百人，癸酉所補更多至二千餘人，而安節之名不與焉。以秀野之淹覽博聞，而茲集竟未能寓目，則其流傳之罕祕，藏本之珍奇，蓋可知矣。則此卷雖斷殘編，又寧不足貴邪。按縣志藝文門載寔所著又有靈峯樵唱一名東吳小稿，而增湘考證謂東吳小稿，疑別刻單行，遂宵編次，必已合併於聽雪集中。又師道所著有聽雪子集三卷，□亭所著有秋林集，俱佚。

清閟閣集十二卷　清光緒乙未武進盛氏常州先哲遺書本

元倪瓚撰。瓚有倪隱君集已著錄。是書名清閟閣集，清四庫全書著錄之，其提要謂明天順間宜興蹇曦朝陽有刻本，至萬曆中，其八世孫珵重為彙刻，凡十五卷，歲久漫漶。惟毛晉所刊十元人集本傳世。國朝康熙癸巳，上海曹培廉重為編定，校勘付梓，多所增補。蹇本原非足本，故培廉更為蒐輯也。凡詩八卷，雜文二卷，外紀二卷。外紀者，上卷列遺事、傳銘，並贈答哀輓之作，下卷專載諸家品題詩畫語。毛晉嘗刊雲林遺事，於集外別行，培廉則裒為一編，瓚之指未備，列與遺聞云云。武進盛宣懷江陰繆荃孫陽湖汪洵壽念郡志藝文所著錄者，自經兵燹，遺編散佚，蒸梓是徵，俾學之士更商搉攷訂，蒐輯往代遺編數十種，題曰常州先哲遺書。所錄瓚清閟閣集，即四庫所著錄之本。爲識梗概，以備攷鑒。

明

王天游集十卷　補 清光緒初年據道光原刊重梓本

明王達撰。達字達善，號耐軒。苦志力學，究極羣書，（金華宋濂嘉其器之）貞才卓越，淵源精微之學。洪武中，舉明經，爲本縣訓導，遷大同府學，入爲國子助教。永樂初，擢翰林編修，預修高祖實錄，進侍讀學士，充編纂總裁，有盛名。與解縉、王偁、王璲輩稱東南五子。事具縣志文苑傳。是書卷一至卷六曰詩古文辭，卷七曰景仰撮書，卷八曰雜說，卷九至卷十曰筆疇。其門人瞿厚重爲增補編次之本。卷末附錄曰天游碑金。清康熙間，其裔孫[redacted]顗銳，因達遺著散佚，乃蒐得雜著數種重梓行世。同縣鄒一桂題記，謂晉人稱謝太傅文曰碑金，因取以弁其端。乾隆壬寅，其裔孫宗得秀水朱氏曝書亭藏明正統庚申瞿厚所編刊本，道光辛丑，其十五世孫芝林重刊，乃以天游碑金附於後。是本即據道光本所重梓者。卷首載厚後序，謂先生著作甚多，迺載山陽門人王孚序中，惜所采者如諸子雜及館閣鉅製，咸未見錄，然則斯編爲厚所重定者，非孚之舊本矣。清四庫全書爲之存目，集中所錄景仰撮書及筆疇，俱有別本行世，四庫全書又於子部雜家類作爲之存目。今縣圖書館無藏斯單本，故不別予著錄焉。

別集類卷五　七

五峯遺稿二十四卷　縣圖書館鈔寫本

明秦夔撰。夔字廷韶，號中齋。天順四年庚辰進士，授南京兵部主事，歷郎中，出知武昌、建昌兩府，所至有殊績，一時頌其神明。歷遷江西右布政使，致仕歸。事具縣志名宦傳。是書卷一至卷十二爲古今體詩，卷十三詞，卷十四至卷二十一爲古文辭，卷二十二雜著，卷二十三附錄詩，卷二十四附錄文，都二十四卷。縣圖書館據何家藏本鈔錄，無考。卷首載同縣邵寶序，稱其詩馳騖中唐，之詩

別集類卷五　八

其風格，既而學杜，後參之蘇、黃，以下，故所就如此。按夔
孜仕歸，築艸堂於龍山第五峯下，故以名其書云。

皇華集類編十卷 清光緒丁丑華氏自怡小築重刊本

明華察撰。察有華學士集，已著錄。是書當嘉靖己亥，察出使朝鮮時所作。時皇太子誕生，詔諭朝鮮，薦察使往，至境，宣布威德，國王率世子郊迎，設十里還，後郊送，如前儀。贈遺珍寶，未不受，王乃疏謝，稱察文學操履，風動夷服，於是世宗益知察之為

别集類卷五　九

人矣。綜其所作，釐為十卷，卷一至卷七皆古今體詩，分體編次，分以類從，卷八詞，卷九卷十，箴銘記序書啓及雜文。嘉靖中，初刊於朝鮮，流播中外，為世所稱。歷歲既久，遂鮮傳本，迨清光緒初，其裔孫叠瀛、品瀛、鎬、錡先後訪求，遂獲舊本，爰付重梓，得廣流傳。又考是書，清四庫全書並未收采，而登瀛等跋語，謂四庫收錄云云，殆為懸揣之詞，附記於此，以備考證。

孫宗伯集十卷 邑人許修直捐贈明崇禎原刊初印本

明孫繼皋撰。繼皋字以德，號柏潭。萬曆二年甲戌進士第一，除翰林院修撰，遷少詹事，拜禮部右侍郎，改吏部左侍郎。時選臺臣二十三人，繼皋奏言人材難得，言路宜重，今一例廢黜，尤駭觀聽，不報。方閣部以大國本廣置，繼皋列款疏陳。會孝安皇太后梓宮發引，帝稱疾不送，又上疏極諫，謂陛下即艱於步，猶可扶掖而行，奈何即一時之安，以虧大體，而蒙天下萬世之譏議。疏章

别集類卷五　十

上，帝大不懌。會有論其遂乞骸骨，歸卒，贈禮部尚書。事具明史列傳及縣志宦蹟傳。是書凡雜文九卷，詩一卷，名宗伯集，從所贈官也。其與陳懿典、會稽劉毅、川沈淙為之梓行。第二卷末有其子源文跋語，稱其父生平不敢自居於名，以故諫艸都焚，篋中只存辭疏十八，又求得其三，其為中者無從覓矣。即其他著述亦多不存，今所刻碑銘誌傳之文，皆搜羅得之。其子若孫，暨杯鎸數篇，興以於世者云。按是編清四庫全書著錄之，提

要稱徒舉之時，士習佻巧，而文體亦敝，而徒舉詩文獨雍容恬雅，有承平臺閣之遺風，亦可謂不移於俗云。

顧端文公遺書十九卷 清光緒丁丑涇里顧氏重刊本

明顧憲成撰。憲成有四書講義，已著錄。按憲成晚年有十書之刻，附其曾孫貞觀，乃彙刻遺書。清四庫全書存目者，殆即貞觀彙刻本。是書首為小心齋劄記十八卷，次東林會約一卷，次東林商語一卷，次虞山商語一卷，次仁文商語一卷，次南岳商語一卷，次經正堂商語一卷，次

別集類卷五　十一

志矩堂商語一卷，次當下繹一卷，次證性編六卷，次還經錄一卷，次自反錄一卷，次涇皋藏稿二十二卷，與四庫存目之本間有出入，而編次先後亦有異同。光緒初重梓，何人彙刻，首尾無識語，無可稽考。末附年譜四卷，為其孫樞所述，曾孫貞觀訂補，別具史部，著錄。

小辨齋偶存八卷 清光緒丙申武進盛氏常州先哲遺書本

明顧允成撰。允成字季時，號涇凡，萬曆十四年丙戌進士，官禮部主事，謫光州州判。嘗廷試對策，即陳內寵將盛，舉小將退語侵貴妃，乃抑置末第。平生重設廟交訌，其重非受業師。辛丑年，會又忠允成報饒贈懸問。性耿介，與叔兄憲成以名節自厲。自光州歸田，講學東林，兄弟並負重望。事蹟具明史本傳及縣志儒林傳。是書為武進盛氏彙刻常州先哲遺書本，首為策，次為疏，次為劄記，次為講說義，次為書簡，次為雜文，次為詩。卷末附錄明史列傳、縣志儒林傳、臨

別集類卷五　十二

川湯顯祖小辨齋記、沈珣題語等。盛氏所據采輯者為萬曆刊本，與清四庫著錄者所載附錄不同。但四庫提要所稱允成文皆講學論詩之語，書簡居十之九，直抒胸臆，不事修飾，詩為擊壤集派，亦不入格。然大節凜然，其對策奏疏皆真氣流溢，發於忠愛之忱，其不朽千古者固在此不在彼云。

高子遺書十二卷附錄一卷年譜一卷 清光緒丙子東林書院重刊本

明高攀龍撰。攀龍有周易孔義，已著錄。是書為其

門人嘉善陳龍正編定，從子世泰訂正，都十有二卷。卷末附錄碑誌、行狀、祭文，並以其門人華允誠所輯年譜殿焉。清《四庫全書》著錄之。初有明刻本，龍正爲之序，今鮮流傳。東林圖書館藏有明刻本，爲邑人丁福保轉讓，於陳州著日寇侵佔，此本散佚。迨清康熙二十九年重刊，長洲汪琬、崑山徐秉義、同縣秦松齡並爲之序。倚本既稀，板亦無存。光緒二年東林書院重刊，四庫即據其本以付梓也。《四庫提要》稱其講學之語類多切近篤實，闡發周密，詩意沖淡，文格清遒，

別集類卷五　　十三

亦均無明末纖詭之習。蓋攀龍雖亦聚徒講學，不免漸染於風氣，然嚴氣正性，卓然自立，實非標榜門戶之流。故立朝大節，不愧古人，發爲文章，亦不事詞藻，而品格自高。此集之所以異於僞與，而琬亦稱少聞先生之風，壯誦先生之書，慨然想見其爲人，煌煌乎若日星之麗天也，浩浩乎若江河之行地也，巍巍乎若嵩岱之與兩間並峙也云。願學之士其覽致焉。

高子別集八卷　民國二十五年太倉陸氏刊本

明高攀龍撰。攀龍有《周易孔義》，已著錄。是書所輯，多攀龍所著之未刻稿，與陳龍正所輯本頗有出入。太倉唐文治序之，謂高忠憲未刻稿八卷，吾師沈子封先生得自河南書肆。文治以袁亭先生所刻本校之，其中間有出入，大抵袁亭本詳於論學，而此本則多關朝政，不諱當時。袁亭先生未見此本歟，抑爲其所芟薙歟。原書無序跋，遂不可致。又謂高子別集原名高子未刻稿，余作序後越十餘年，遷居無錫，

別集類卷五　　十四

得晤忠憲公裔孫映川君，亦藏有未刻稿，互相校對，頗多出入。因僭擬映川君所藏本爲續集，而以是編爲別集。甲子歲太倉陸君勤之創設理學社，捐款先將是編付梓云。

堵文忠公全集十卷　清道光戊申堵氏靜日軒重刊本

明堵允錫撰。允錫字仲緘，崇禎十年丁丑進士。原籍宜興，後徙居無錫，以錫籍登科。春昌時應童子試，縣府俱著錄，而院試黜，馬世奇

見其忠憤激發之，允錫因執弟子禮。三年，學大進，家貧，躬耕為生，然跌宕自喜，過酒酣，輒意氣噴薄，慨然負用世志。崇禎甲申五月，王南都，謁史可法、袁繼咸，共以國士見許，委監軍長沙。福王即位，授湖廣按察副使，提督學政，而僉請於武昌學宮，以深究理學，砥礪名節，勖諸生，然訓兵講武，未嘗撤也。乙酉五月，南都潰，唐王即位於福州，允錫巡撫廣東。丙戌九月，閩都潰，永明王即

位於肇慶，允錫官兵部侍郎，總督軍務。既陞尚書，圖恢復常德、辰州，不獲，乃拔劍欲自刎，左右急挽之。允錫釋劍，因大哭，諸將亦哭，三軍皆哭，咸請效死，乃率衆剋日出戰，戰三日，竟盡復焉。嗣復衡州，復湘潭，所向皆克。己丑六月，擢吏部尚書，兼兵部尚書，總督諸營，圖恢復江楚之，將請兵數以書諭和議，允錫峻拒之，既復以天時人事之說進，允錫哭拒之。而允錫督師六年，將與大敵角，勞悴篤

狀，值馬吉翔、李元允用事，凡有奏請，動見掣肘，諸營多觀望不進，辰布益難，遂發憤嘔血卒。時己丑十一月二十六日，歿。為清順治六年。其馳驅王事，始終以氣節著於世。著有蕭載奏議中，明史有傳。縣志忠節有傳。是書為其所著之稿，類錄之為十卷（別以年譜一卷附於後）。道光間，其後裔重鐫本，郭陽祁寯藻序之，謂古來有真識量者，有真氣節，識量氣節，成於磨練，覽文忠集而得其道也。迹其

平生所載，家素貧之，而發憤自雄，謂非天之磨練斯人耶？斯人也，斯文也，氣節之真也，識量之真也。然則允錫氣節堅貞，震鑠天地，千古皆仰之，固不必以文字為重云。按縣志藝文門，漏未著錄。

寒香館遺稿十卷 民國五年辛巳孝友堂聚珍室

明章陛撰。陛字地書，號克明，諸生。天啟元年辛酉社案初從顧憲成游，講實學，尚氣節，憲成歎為可教。憲成歿後受業於無錫（號白蛉萬曆三十四年丙午舉人）之門，無錫憲成從子也。

善規訓獎借，相期特深，使子棻、杲等深交之。時涇里文會盛，陸於孝廉茂才宿學名流中往往名出其上。至大會東林，又輒列前茅，東林諸賢以是深器之。陸既以文章有聲，所交多賢豪俊秀，於棻兄弟外，尤與同縣錢胡之鉉、錢振先字其若，崇禎四年辛未進士，歷官金華知府，宏光間起兵湖州，清兵至，投苕溪死，縣志忠節有傳、徐謂元、鄭應皋字元生，清順治四年丁亥進士數輩友善之。鉉、振先既登科，而謂陸曰：「劉士貞下第，我輩羞死。」謂元知金華，應皋除建德，嘗

别集類卷五 十七

先後甫車乘招之往，不赴。應皋復以子陵山水之高潔邀之遊，陸乃登臨眺覽而返。崇禎甲申，明社既墟，陸自號逋人，不再應試。清順治四年丁亥，江蘇學使者蘇銓字次公，交河人，崇禎十年丁丑進士徵之起，檄三下，陸力辭之，不赴。南冠閉戶，以飲酒著述自怡，不用當世年號，但記甲子而已。出則野服荷鋤，栽梅種竹，顛倒於場圃間。雖窮餓瀕危，一若忘其憂戚者。目睹故國淪及忠憤之士慷慨就義，輒筆之於書，其激切沸鬱之懷，

盡忠悍敵之痛，於楮墨間髣髴可得之也。卒，遺命以明諸生服爲殮。是書爲其所遺之稿，其子五調字聖俞，號子調，性好學，抱負不凡，而困於場屋，無所成就，卒手錄之，藏於家。歷時且三百年，無刻本流傳。入民國，其九世孫孝達、十世孫玲爲之論次，成十卷，以陸隱居之室爲名，曰寒香館遺稿。臨川李瑞清、衡陽曾熙並書其端，同縣錢基博爲之序，自是始有傳本，而陸之名姓乃得見於世。天下賢士大夫讀其書，多

别集類卷五 十六

賦詩以歌頌之。而杭縣吳士鑑稱所著慰言五十餘則，於晚明弊政痛切言之，蓋僅杜牧罪言之比，直陸士衡辨亡論也。宏光後能作此文者，殆無第二人。如皋冒廣生又稱陸以一諸生遭際鼎革，而能抱道自重，歲寒後凋，此所謂能從好先生江陰李應昇被逮，過業師吳鍾巒家，鍾巒慰之，應昇乃以好先生目鍾巒，引此以稱陸之能從頤窓成也者云。

〔清〕

抱犢山房集六卷 清同治初年長洲抄本

清稽永仁撰。永仁字留山，號匡侯，別號抱犢山農。先世常熟人，父匡周明季官中書舍人，僑居白下，永仁少游無錫，樂其山水，因奉父家焉。補蘇州府學生，懷經世材，慷慨有大節，東南賢豪咸欽服。雅推服之。福建總督范承謨延至幕府。康熙十三年，耿精忠幽承謨別室，脅永仁降，不屈，因錮之獄。既而聞承謨被害，遂自經死。事具縣志、沈寓傳。是集為其子曾筠（按曾筠遺著）編次梓行。四庫全書著

別集類卷五

廿九

錄之。曾筠初於雍正中，疏求永仁遺稿，久之，有同縣陳樁在福州，林佶任賢有殘詩，裁句錄以寄示，謂此身若遂，沈淪死岡與寒家子弟看。曾筠捧讀號慟，後數求全稿，乃親至閩，於博士潘宗跡家盡得所著曰吉吉吟，曰百苦吟，為獄中與承謨及同難諸人唱和詩，曰和淚譜，則為同難諸人所作小傳，即集中前三卷是也。第四卷曰葭秋集，第五卷曰竹林集，乃其舊刻。第六卷附錄同難會稽王龍光、華亭沈天成二人之詩文，後以填詞附焉。并以詔敕及諭祭文弁於卷首。按永仁以諸生佐幕，雖未授官，而抗節殞身，四庫提要稱其爭光日月，允矣。所為詩文皆當時實錄，獄中無筆墨，以炭畫四壁，閩人重其節義，錄而傳之，得存於世。而曾筠跋語謂潘博士者，林佶任館甥，蓋佶任采錄而轉以付託者，追述往事，悲痛之懷，於字裏行間，緊緊可掬之云。

別集類卷五

卅

安孟公遺稿無卷數 原稿本

清安璿撰。璿有蠧畫樓集，已著錄。是書為原稿，未加詮次之本。所存諸題記，關於金石文獻之作，皆有稗考證。卷末有六十自敘一首，所載其父廣居於崇禎甲申殉節，璿時年十有六，越四十四年，則屆六十，自慨為人祖肉，饗飲之餘，祇存皮骨，天人交迫之軀，而竟忽杖於鄉云云。則順康之際世事人情之劇，可概見矣。按顧氏梁溪詩鈔以璿傳

鐵莊集十一卷 清光緒乙未曹氏樂善堂聚珍本

清陸楷撰。楷字紫宸，亦作子宸，號鐵莊。幼孤露，讀書雞棲豚柵旁，性奇穎，自力於學而不治舉業。喜古代諸大家文章，遂工古文辭。年四十，足尚不出閭巷。同縣朱旂見楷所作，延譽於其座師秦松齡，因得縱觀秦氏藏書，而文益進。時同縣黃瑚、劉齊以古文知名，而儒林遂以楷與之並稱為三家。自是北走燕趙，南踰閩嶠，名動公卿間。事具縣志文苑傳。是

別集類卷五

卅二

書原無刻本。光緒中，有曹楨，字棫卿，諸生，光緒七年辛巳科，案世為名醫。先世出陸氏。楨九世祖鈁高攀龍門人，楷大父也。楷父渭之弟洙，楨八世祖，以醫為名家，師曹氏無子，遂從師氏為姓。目睹先澤湮沒，乃蒐羅各本傳鈔之本，彙錄之為詩文集八卷，縣志藝文門作六卷。疏快軒詩二卷，是本無軒字，縣志藝文所載有軒字，茲從其名，但縣志作一卷。詩餘一卷，共十一卷，梓以行世。同縣劉繼增謂是編急欲成書，無暇論定體例，中間雜以駢文，如重刻，當別出之，庶幾盡善云。

延綠閣集十二卷 清光緒丙申吉水宦廨重刊本

祥手輯先賢語錄，而子遠書以補天全堂集，而其稿中亦載有關於劉本儒、仔儒兄弟事，謂仔翁不歸，誦言行不大表章，皆從來著述家疏漏之過。致其家乘為萬行君子，貽禮遺容為哉。然遺範輯先賢語錄，亦可慨歎，如璠有先賢語錄之輯，可謂信而有徵。其書佚而無傳，附記於此以備徵訪。

醉經堂集二十卷 縣圖書館鈔本

別集類卷五

卅三

清王鑑撰。鑑有碧橋小志，已著錄。是書分經解、論辨、序跋、傳狀、書啓、雜著、記，編次為二十卷。同縣華希閔為之序，稱其文神明於規矩之中，乃能以平其所當行，止乎其所當止矣。可測其規矩之迹，並醞釀經史，推波助瀾，又其餘事。又謂讀集中義門何先生遺集序，觸緒分來，有俟邑同字之感，而長洲沈德潛亦稱鑑特立獨行，當世之豪傑之士，所為古文足以不朽云。

鐵莊集十一卷 清光緒乙未曹氏無善堂聚珍本

清陸楷撰。楷字紫宸，亦作子宸，號鐵莊。幼孤露，讀書難樓脉栅旁，性奇穎，自力於學而不治舉業。喜古代諸大家文章，遂工古文辭。年四十，名尚不出閭其座師朱旂（旂字大占，康熙二十三年甲子順天舉人，父早卒，旂跬步不違母側，故不常與計偕。甲戌母遣之以祇京考授中書，還歸，母卒不勝哀，亦卒。縣志孝友有傳）、松齡因得從湖劉齊以古文，自是北走燕趙，角除閩嶠，名動公卿間。事具縣志文苑傳。

别集類卷五

書原無刻本。光緒中，有曹楨（字棫卿，諸生，光緒七年辛巳科，業世為名醫）先世出陸氏。楨九世祖鈁，高攀龍門人，楷大父也。楷父渭之弟洙，楨八世祖，以醫聞名家，師曹氏，無子，遂從師氏為姓。目楷先澤湮然，乃蒐羅各傳鈔之本，彙錄之，得文集八卷（縣志藝文門作六卷）、疏快軒詩二卷（是本無軒字，縣志藝文所載有軒字，茲從其名，但縣志作一卷）、詩餘一卷，共十一卷，梓以行世。同縣劉繼增謂是編急欲成書，無暇論定體例，中間雜以駢文，如重刻，當別出之，庶幾盡善云。

延綠閣集十二卷 清光緒丙申吉水官廨重刊本

清華希閔撰。希閔有金匱縣志，已著錄。是書卷一經說，卷二講義，卷三史論，卷四、卷五對策，卷六至卷八序記，卷九至議，卷十傳誌，卷十一雜著，卷十二古今體詩。同縣嵇曾筠原序，稱華子篤於經，其為說莛括旁魄，搜擇融貫，如丹黄銅轇轕立解，如磁引針，纖隱畢露，所謂不苟同亦不苟異者也。所著碑銘序記皆登作者之堂，嘗欲刪成宋史，作宋史贅疑一編，問世人尤服其精識，奈不概論之。其說經之大云。按是書原刊本世鮮流布，其裔孫文雁（字海初，同治十二年癸酉舉人，知瑞金、吉水縣事）官吉水知縣，復重梓之以廣流傳。

别集類卷五

不是集六卷 寫本 邑人丁福保捐贈 我齋藏稿本

清浦起龍撰。起龍有乾隆無錫縣志，已著錄。是書有無刻本無可考，徵縣圖書館所藏稿本，有雲輪閣荃孫壽朱印，為邑人丁福保所捐贈者。全書分六卷，曰卷一書，卷二詩，卷三序記，卷四雜著（知又說萬里程呈葉山録疏），卷五傳、啟、讚、引、題跋，卷六墓志、祭文，前後無序跋。其族裔霖稱讀公所著讀杜心解、古文眉詮、史通通釋不是集，美不別開生面，前人所未有，又非炫異矜奇，而適得廬山真面云。

釀蜜集四卷 清光緒辛丑浦氏靜寄東軒原刊本

清浦起龍撰。起龍有説，陸無錫縣志已著錄。是書多雜説經史異同得失，學術派別，山川源流，以及名物典章，聲音訓詁，考覈之作，於考據義理皆有裨益。原為未刻稿本也，其五世孫錫齡持原稿於兵火之餘，斷爛譌敗，幾不可讀，用董理編次為

別集類卷五 卅四

四卷刊行之，以廣傳布。長洲陳開縣序之，謂先生博聞多識，綜貫古今，於攷據致精微，於誼理宗純正。溯是書命名之指，則先生之於學，猶蜂之於華，擷青英，去糟粕，醞釀既深厚，然後吐而為蜜。其勤篤如此云。

犢山類稿十三卷 清光緒甲申重刊本

清周鎬撰。鎬有北固山遊記，已著錄。是書文六卷，古今體詩四卷，課兒商一卷，讀書雜記一卷，隨筆雜記一卷。初有刻本，後經兵燹，板燬。至光緒甲申，國史館采訪各縣自康熙以來賢人君子事蹟及遺書，邑人士僉以鎬循卓聲宜並類稿上之。其同里蔡汝楫集合同志為之重刊，以廣流傳。桐城姚瑩銘其墓，稱一時名公卿咸重其詩古文辭，及為吏政聲大著，乃反為所掩，蓋鎬本以詩古文辭知名於時者。而太平戚學標原序謂其學本源深邃，究極天人，與夫古今治亂得失，具見

別集類卷五 卅五

於課兒讀書及隨筆雜記，而所謂經為之體，史為之用，又貫通之以時務，故其為言，諳物理，合人情，深切著明，可見於事，非徒喋喋以口舌勝人者云。

梭梧桐館集二十六卷 清嘉慶乙丑原刊本

清楊揆撰。揆有菊溪即相除邪紀畧，已著錄。是書為揆手定本，其弟芳燦為之序，而周氏梁溪文鈔載揆自序一文，曰：少壯時銳意科名，區區小慧，半耗於帖括間，十赴省試不遇，乃捐金

爲千夫長，昔相知以貲爲郎，子雲瘦於執戟，彼以此始，吾以此終，悲夫。早知窮達有命，捐棄故技，更覺要道，其所成就，寧弟止是。茲春秋五十有五矣，兩子先後殁，一孫稚弱，寂寂身後事概可知。丁敬禮云：文之佳惡，吾自知之，後世誰相知定吾文者耶。斯纤觸之言，合古今而一慨，爰摟遺稿所積，汰存十之四，匯爲若干卷，狂象埋禾，時而省視，飢然鼫掌，報後自甘，結習難忘，人鶴溪判矣。讀斯序，則揣之身世可概見焉。

別集類卷五

美蓉山館全集二十卷 清光緒辛卯嚴玲重印本

清楊芳燦撰。芳燦有伏羌紀事詩，已著錄。是書撰晚年手定，開中本重印之，以廣流傳，同縣劉繼增爲之序。按芳燦所著詩文，初刊者爲真率齋初稿，原序青浦王昶。續刻者爲美蓉山館詩稿，原序同縣顧敏恒作。所謂序爲法式善作，所謂甘肅刊本也。迄主講開中書院而後刊者，即以前兩本刪併之，並益以續得，名美蓉山館集，所謂開中刊本也。茲編所輯，一依開中定本，無所移易，惟文鈔原未分卷，茲釐爲八卷，綜名全集，其兩本刪存者不與焉。而同縣蔡一麟謂於洪楊事平，搜訪其先後所刊之三本，尚獲其一，並謂所得開中刊本爲阮元弟某之藏本，云今聞余氏藏書已易其主，經斯亂後，文字凋殘，不知所謂先後刊本三種，尚有愛惜之者以珍藏之乎。

別集類卷五

泰雲堂集二十五卷 邑人許同莘捐贈家藏 道光間福建原刊本

清孫爾準撰。爾準字平叔，嘉慶十年乙丑進士，父永清，巡撫廣西。爾準童髫隨侍官舍，讀書一目十行，舉止端重，器局英亮。年三十作自壽詞云：但說文章能報國，愁蒼蒼未盡生才。蓋其不屑以文人自居，於此見矣。既通籍翰林，兄院中制詞典冊，悉以委爾準，時雖索承明，而好究心朝章國政，務經世之學，及出知汀州，累擢巡撫總督，擁節旄十餘載，章奏文檄，皆自屬艸，遇事可否是非，一言立剖，施之軍國，靡不洞中竅會。其籌饋槍數閒，雖從容鎮靜，而酷暑嚴寒，往往籌筆徹宵，鬚髮為之頓白。有勸以愛惜精神者，曰：我受國恩，此身豈尚為我有耶。以瘁卒於官，贈太子太傅，謚文靖。事蹟具縣志、宦望傳。是書文集二卷，駢體文集二卷，詩集十八卷，詞集三卷，首尾無序跋，初刊於閩中，迨光緒間，後有發珍本以世，卷末附錄福州陳壽祺所為墓志銘，謂爾華天性孝友，規摹閎達，知人明而用之能盡其才，任事勇而以之不知其艱勤，具文武之畧而不學孫吳者。蓋爾華周歷以詩文名於世，然其駢散文集所載闡揚潛幽諸作，殊有裨後世徵文考獻之資，詩集以紀以事，分類編次，考其平生所歷，則可鑑其志事之所在，要其集自足為世所重云。

別集類卷五

三八

尊小學齋集十卷 清光緒癸未蘇州刊本

清余治撰。治有學堂日記，已著錄。是書文六卷，詩詞二卷，家訓一卷，其門人薛景清編纂校，末附年譜一卷，門人吳師澄編次。都十卷。德清俞樾謂集中有上當道書，反復千言，為中國相承之正教，勉捍衛保護之力，蓋即孟子距楊墨、韓子闢佛之意，而同縣過人遠字逸愚，諸生，咸豐元年辛亥科、壬子九試秋闈不第為之序，謂治生逢劫運，以早刀兵之慘於目，不憚向世家富室告哀，其自蘇常以歷浙西，奔走轉輸，勞於股屈無胈，脛禿無毛，而敬法鍾離、葉陽子之助養其民，嘻！可謂難矣。然觀夫靖盜沙洲，消變未萌，其相機數事，正非老猾悅人但嘆咻已也。其文皆直抒胸臆，糅雜俗諺，以苦口藥其惡心，務使婦人孺子，當下即解，不規規於古人之法，而得其法外意云。蓋治之懃懃焉，欲欲為一，以黜邪崇正，化民成俗為歸，於集

別集類卷五

三九

中自可考鑒。

燹餘遺稿四卷 清宣統辛亥聚珍本

清竇承焯撰。承焯字俊三，道光十五年乙未恩貢，就職隸直隸州州判，以團防功加運同銜。居恒言動俱肅，接物溫和，凡邑中興學校、辦善舉、賑災歉、修橋梁，皆引為己任。黌宮破損，倡議捐修，邑人士僉謀展設東林書院課額，增膏火，集賓興公車决科等費，承焯皆力贊之。而又

別集類卷五　三十

董辦同仁恒善、育嬰、普濟諸堂，為時久，地方多稱誦之焉。縣志以義有傳。是書為承焯所遺稿，其孫鎮蒐輯刊行。同縣陶世鳳序之曰：憶幼時聞竇氏俊三先生籌畧閎深，文學豪邁，咸豐間在籍辦團防以衛地方，三見以身殉，大名不朽，固非必藉文字而傳也。先生有詩古文稿四卷，盡燬於兵燹。先生之孫鎮竭數十年心力，陸續訪鈔得若干卷，名曰燹餘遺稿，急欲刊以世。鳳固素慕其人，欲讀其文而未得者，茲郵寄原序，又何敢辭。嗟嗟！斯文當此時而得讀之，俯仰蒼茫，不勝治亂興亡之感云。

虹橋老屋遺稿九卷 清光緒己丑原刊本

清秦緗業撰。緗業有續資治通鑑長編拾補，已著錄。是書為其平生著述所為稿，分類編次，清續文獻通考著錄之。稿中如海防保甲

別集類卷五　三十一

諸議，及策應越南並上李傅相書等篇，皆規畫時勢，有所條陳，足裨當世，而不能見用，論者惜之。其他微言大義，攸關風教匡多，殆非僅以古文名於世者。詩落落瀟灑，暮湘鄉楊昌濬謂得湖山清淑之氣，故矢口即成天籟云。

庸盦全集十種四十七卷 清光緒丁亥原刊本

清薛福成撰。福成有浙東籌防錄，已著錄。是書文編四種，凡十四卷，多經世要務，當代

掌故得失之林，非僅以文辭名者。蓋當道咸之交，士大夫不務實學極矣，獨曾國藩講求有用之學，闡發修己治人平天下之道，以躬行為先。福成相從既有年，幕府又皆一時英儁，朝夕切劘，論思久乃自具本末，尊道義，黎庶昌謂福成佐幕，聞見出於人人，紀述論著，亦且獨多，不屑為無本之學，而辭華雅醇，有法度，不規規於桐城論文氣息，與子固頗瀕為近。讀是編者當自

三三

得之云。

出使奏疏二卷，係出使海外公牘之專存於疏稾。福成佐曾李幕府，所裁奏牘均為代作。迨出使海外，列京卿，有奏事之責，使職所及，輒奏陳之。服膺曾國藩宗賈誼、陸贄、蘇軾三家之體，就當日奏牘之式，運以古文峻潔之氣，而為六七百年來奏疏獨調。用效其法以治己，疏為古文之一體，甄錄為二卷。然皆有關邊疆要務，足以資治

國聞者覽考，不僅為古文一體云爾。

出使公牘十卷。於奏疏外，裒集各種有關國計民生者，編次而成。按福成出使海外，綜其所務犖犖大者，如交涉滇緬界務，添設南洋各埠領事，辦理教案，善後刪除寓越華民身稅，義國交還中華書院產業，皆於公牘中得見其事源流及交涉始末，而尤以滇緬界務最紛繁，交涉亦最久，不僅治邊務者以資覽考，並

三三

以見我東方古國使臣，折衝海外，以維護國際地位之風節云。

出使日記六卷，福成自訂。出使日記續刻十卷，其子瑩中編錄，清續文獻通考著錄之。按福成簡授出使海外大臣在光緒十五年四月，旋值伯兄福辰喪，並請假歸葬，後以英德法時疫正盛，詔准明正起程，故是書自光緒十六年正月十一日由上海啓行為始，至二十年五月二十八日抵上海為止，始末完

具,排日纂事,備書聞見,凡瀛環之形勢,西學之源流,以及各國政事風俗所趨,軍械建築,更新往往隨事所述,裨益中國。而辦理交涉,摘當牘之大凡,務所事之委折,隨筆纂錄,與公牘相發明。自謂中西通擇,本條創舉,非挈四千年之史事,觀九萬里之全勢,無以通其變而應其機。又謂奉使之餘,據所親歷筆之於書,或采新聞,或務當情,或抒胸臆之議,或備掌故之遺。綜觀稿或所纂,蓋於郭嵩燾、曾紀澤出使日記外,別創一格焉。

籌洋芻議、浙東籌防錄二種,光刊單本無,別為著錄,不贅焉。

實學堂存稿二卷 附詩文稿一卷 民國九年鉛印本

清陶麟昇撰。麟昇字蓉初,號雲組,咸豐十年庚申恩貢。同縣寶鎮所為麟昇傳稱同治五年補廩,同治十年得恩貢。鎮為麟昇弟子,所傳必確,而縣志選舉表所載則不同,茲從縣志為準。選授豐縣教諭,後兼署碭

別集類卷五

卅四

山教諭。豐縣鳳鳴書院額廣久,麟昇以所得廉俸贊金修葺之,因尤隆重於祀孔典禮。嘗謂豐於古為宋地,孟子曾居此,實理學之祖,殷殷以為教。豐人士於是始知學。平生好治濂洛關閩學,布衣疏食,淡泊自甘。應試南闈,八薦未售,而殊不介意。嘗謂為學須尋孔顏樂處,此樂非靜無以得之,擬效半日靜坐半日讀書為治學之功。光緒二十一年乙未由豐告歸,主講東林書院。時士大夫倡興學,咸主東林改設學堂,而麟昇既主講其間,遂力促其成。民國十一年東林書院改設學堂二十周,乃於依庸堂之西特建屋三楹,邑人表可樓顏曰陶齋,為之記。彌留時,顧其子世鳳曰:不許作哀啟,不必畫神像,自問不欺之學尚可信,則其學其識可概見焉。是編為所存之稿,曰學詩日記,曰讀書隨筆,都二卷,末附古今體詩四首,文七首。其從孫守恒編摩繕錄,奉為至寶,憲有散佚,遂刊行之,以廣傳布。太倉唐文治為之序,謂世之人欲研求性

別集類卷五

卅五

修齊治平之學，默察世道人心之本原，以期明體達用，蓋欲斯人共誼興歸云。

丹魁書屋賸稿一卷 清光緒戊申聚珍本

清錢福煒撰。福煒字葵田，同治六年丁卯舉人，官長洲教諭。早慧工文，蜚聲庠序。為人廉靜有為，知表節義，解爭訟，埋胔骼，修橋路，葺宗祠，修宗譜，廉以不受，以寬心持以實力，為鄉黨所重。是書文九首，賦二首，古今體詩九十八首，詞七首。其子維章（字西林，諸生，光緒二十五年己亥科）、基烈（字楠庭）刊印之。

別集類卷五　三六

四槐寄廬類稿七卷 縣圖書館繕寫本

清孫鼎烈撰。鼎烈有《永寧山居從紀程》已著錄。是書其子藩圻（字屏東，光緒二十八年壬寅補行庚子辛丑恩正併科舉人，官內閣中書）用姚鼐、李兆洛選文之例，編次其遺文，曰論說、文序、跋類、書啓類、家廟志、誦芬錄、房從略傳、雜著述，都七卷。序目謂其父生經亂離，久勞在外，公卿大夫夙知其文，而嚴謹自守，未嘗以衒於華貴之門，心之所哀，意之所趨，發而為聲，述於茲編。江陰繆荃孫序之，又稱其文辭簡質，無所摹倣，若未嘗有意為文者。其釋經攷禮，伸古通今，不涉拘迂；記事立論，窮源盡委，不立間架，信其筆之所至而理無不足，事無不具，是古人之文，非今人之文云。

別集類卷五　三七

嚴廉訪遺稿十卷 民國十二年聚珍倣宋本

清嚴金清撰。金清有《淵淵艸堂奏對年譜合編》已著錄。是書為其孫子懋功編次所錄公牘，皆陳臬閩中，備兵榆塞之作；書牘亦以秦中辦營務、署臬司、任鹽法榆林道時所作為多；今體詩多紀地紀事，而又有感時之作。年譜一卷，與奏對合編，已先刊行，別見著錄。其宗人毓芬序之，謂廉使自束髮從戎，至於老耄，崎嶇蹭蹬，與兵事相終始，自浙閩關隴，以及遼瀋青海弋壁萬里之外，莫不有屯戍遺跡，禽渠犂穴，勳業烱然。凡見於官書及私家記載者，僂指可數也。而其德澤在人，治行報最，又古循良之選，故名將可傳，循吏可傳，而廉使之有聲於時，或更歷數十百年，而世人猶知有廉使其人者，固在此而不在彼。知廑廑於文字間求之，使後之人讀其遺稿，或疑廉使徒以空文傳世，是買櫝而還其珠云。

別集類卷五　二十八

後庵遺集二十四卷　民國十年鉛印本

清許珏撰。珏有論語要畧，已著録。是書為其生平著述都二十四卷。珏既究悉民生之禍在鴉片，力主禁煙，方飭民禍，故自請闕上書，封章入告，以至削牘投贈之言，大率必論議及此，斯集中涉禁煙者十之五六之由。奏議二卷，其關於外交者，如倡言聯俄美以防日本，請美國調停日俄之戰，俾各移師離東省境地，以全中立國主權，而先遺奏稿

妻，俱卓有所見，發當世所未道。出使公牘一卷，多譯述義國要政章則，考畧以資鏡鑑。佐軺牘存二卷，起光緒癸巳十月，迄乙未八月，係參贊楊儒駐美時稿本，儒知人善任，凡所行文，一以聽珏，當世得失可以考鑑。餘為禁煙牘存六卷，文四卷，詩二卷，書札二卷，家書節鈔一卷，同縣秦敦世序之，稱其壞慨指陳，動關國本，正人心而息邪説，尤能言人所不敢言而望重天下。其從子同華又謂公

別集類卷五　二十九

生平雅不欲以文人自命，嘗謂愛惜精神，當為致君澤民之用，故所為詩文類和平樂易，不規規於宗派格律。二者所論，可謂得其概要矣。所録書札，按年編次，與集中所載公牘、佐軺牘存相發明，可以考當代掌故，並可考其正蒙大節。又家書節鈔，教子弟以希聖希賢之旨，殆尤無愧於古君子云。

後庵先生集十卷　民國十五年許氏微宋鉛印精校本

清許珏撰。珏有論語要畧已著錄。是書爲其子同范（字文伯，光緒二十年甲午副貢，出使俄國奏派隨員）同藺（字仲咸，諸生，光緒十九年癸巳科㕘候補中書科中書）同萊（字叔娛，國子生）同華（字季昌，中書科中書）既編其遺集，以世憲卷帙繁，未能廣布，乃倩其門人陶世鳳重加校訂，編次爲十卷。世鳳跋之，謂余年弱冠受業於後庵先生，既而先生應辟歷海內外，游擢使職，世鳳官部曹，先生先後入都，工書言外交禁煙諸要政，世鳳輒過從朝夕，親炙知受業門下特。

別集類卷五　四

一日，觀荷十刹海邊，先生曰：吾平生有兩大願，一禁煙，一禁礮。世鳳曰：先生禁煙之旨，聞之稔矣，敢問禁礮之說。先生曰：造礮始於中國元世祖征印度，遺礮於其地，西人因而習之，今日礮存羅馬博物院。槍礮之興，與鴉片其戕賊民命，爲禍家國一也。是時先生方草禁煙芻議，世鳳進曰：先生盍草議禁礮乎？先生笑曰：吾俟鴉片禁絕，乃議禁礮。嗟乎！造物好生，而不能使地無毒卉，先生手無斧柯，乃欲大聲疾呼，以彌天地之憾，此其志量何如。而唐文治序之，則謂先生邃於高顧之學，博通特務，於經世治國之畧，元元本本，殫見洽聞，卓然爲明體達用之君子。二者所論如此，則其學其識，斯可知矣。

慎齋詩草二卷附錄三種（清同治戊辰刊本）

清邑理撰。理字曉堂，同治四年乙丑歲貢，世居邑東北之東湖塘鎮，家居授徒，勤於訓迪數十

別集類卷五　四

年如一日。是編首爲湖塘小草，皆近體詩，次爲焚餘草，古今體詩俱錄之。焚餘草者，以所作詩稿志焚去，後檢得同縣侯楨所閱本尚未焚，故名。附錄病起瑣言，所紀頌鳳伺姚熙績論文語，而加以闡發，及論古近體詩，足資學者治詩古文辭之鏡鑑。書塾課談十一條，皆諄諄啓迪語，多心得云。

~~井知齋遺稿三卷（民國二十年鉛印本）~~

寶曉湘先生集七卷附曇花吟一卷　清宣統辛亥鉛印本

清竇士鏞撰。士鏞字曉湘，號藝凡，同治十二年癸酉舉人。早歲工制舉文，而天姿英亮，汲古工深，一時耆宿以才士目之。既三上春官不第，乃北走燕郊，南游甌越，公卿士夫爭禮之。至老猶設絳帳於家，弟子著籍者數百輩，彬彬稱大師焉。而士鏞故富藏書，終日不釋卷，於學無所不窺，大而朝章國故、兵制河渠、鹽鐵茶馬，小而壬遁風水醫卜

別集類卷五　四十二

星命之學，莫不通曉。但中年三賦悼亡，感懷悽楚。晚歲惸獨孤身，棲遲於荒烟老屋中，蒼涼寂寞，頗出窮儒，世論者皆稱為鴻才碩學，文獻所悼焉。是書為讀東華錄一卷、讓遠軒文駢集二卷、綺雲樓詩艸二卷、附錄一卷、歷朝文學史一卷，而以其室杜氏曇花吟一卷殿焉。其門人華衮、曾銓、丁寶書等為之編次，曰寶曉湘先生集。茲列之如左：

讀東華錄一卷，就王先謙增補之東華錄，論列各朝政治之得失、盛衰，並其勳業之偉大、人文之彪炳，而書其概要，曰嚴信則治，寬弛則替。斯二語足辨後世覽攻清史者之助。又以先謙所輯者極賅備，無所增益，而德宗一朝則付闕如，用就國事之較鉅者，備載其實，以補王書之闕。世之人但知有朱壽朋之增補，而不知有士鏞之加輯，覽攻學人其徵乎斯。

別集類卷五　四十三

讓遠軒文集二卷，皆駢散文，同縣顧信成為之序，語多推重。其門人華衮又稱先生於舉業之外，沉酣古籍，詞章古文研鍊尤深，所著駢文古文一二百篇，以從事四出，不自收藏，頗多散佚，所存祇數十篇，訂為二卷。先生自題曰讓遠軒文集。各篇能剷衣，墟垂不朽。玉文章淵體要，上溯淵源，精窺秘奧，深合乎古之作者所謂氣息淵懿、風骨高騫焉。有其勝，知文君子，必有以韙之云。

綺雲樓詩艸，分上下二卷，皆古今體詩。上卷起咸豐

庚申，迄同治甲子，多少作，名中露，全安於烽火之中，時
多亂離之慨。下卷祇記自同治甲戌起，按是年同縣
楊揮鄉闈卷磨勘被議，士鏞正赴禮闈，途次得信，
賦詩飛慰，其詩編錄卷首，堪資覽攷。以下則無年
月可攷，而晚年題贈酬答諸作為多。所錄恭題徐蘭畦
太岳丈梅花雪月圖八絕五古一首，寄折有跋，蘭畦名徵，
因言事蒙職，志書尚未備載，而士鏞附識梗概，足備
史氏攷徵。至其中年詩篇，則付剞劂，知又錄楹聯詩餘，
亦多佳構也。卷末載門人華宸題七律十有二首，吞聲
飲泣語，語涕零，具見立雪受恩之感。宸又序於
卷首，稱先生跌宕騷苑，岳教及門，醞釀數十年，
獨有心得，故少作喜西崑豔體，以工麗之詞，寫纏綿之
致。中年論交湖海，又擬香高、青邱、吳梅邨諸體，清詞
麗句，獨步一時。晚歲慕漁洋山人風流蘊藉，屏去
雕飾，專以風致聲韻為工。自少壯以迄晚歲，體凡三
變，又能各極其妙，是則是編也，匪特為先生不朽之盛業，

別集類卷五　　四十四

而名賢撰述，亦足增志乘之光云。
歷朝文學史一卷 分五篇論列。第一志文字原始，第二志經，第
三叙史，第四叙子，第五叙集。每篇所論，皆具有本末，並以
應治國籍，鑑列陳之，俾所學之士可得其綱領，而資覽
攷。其自序卷首謂天下一切莫備於文學，而學必由文字始，故
以文字為發端，立綱紀，厚風俗，使薄海內外之人相協而不相
離，可强而不可弱者，莫備於經。上下古今成敗得失之道，一覽
瞭然，得所依據，莫善於史。凡人情事理，以至農工商賈，雖世
變日新，有百變而不能出其範圍者，莫詳於子。從古碩德通才，
奇謀偉略，以至文人學士，亦各有著作，以抒所見，志載於集。茲
擇其恒見而切要者錄之，間附末議，雖所見寡陋，然此稿請
會而通之，有益於學大矣。已備云。時當遜清之季，科舉廢，新學
興，學者輒以故務為不足讀，獨士鏞特發此作，可謂暮鼓晨鐘，
足資警醒耳。
附錄羹花吟一卷，為其室杜啟撰，見閨秀著類錄，不贅焉。

二知齋遺稿三卷 民國三十五年鉛印本

別集類卷五　　四十五

清孫贊堯撰。贊堯字有卿，光緒元年乙亥舉人，授沭陽教諭。性和緩，遇事喜持其平，而秉鐸沭陽踰十年，凡所施設，必救其弊，補其闕，咸足以激勸彼邦學子之修其文。以嘗引前賢所云「修其文者學為舉業，修其行者學為聖賢」二語以勖諸生。是書所輯，遺言播意，殆可見其為人之梗概。按錫圖書館所藏原為鐫寫本，邑民國三十五年，其子家俊（字曉香，有學行而溫厚，尤為儕輩所推服）校梓行於世，同縣錢基博為之序。

別集類卷五

四十六

硯雲齋遺稿 庶彩刻の十五頁

訥盦叢稿後

（民國）硯雲齋遺稿三卷 民國二十五年鉛宋精校本

民國嚴毓芬撰。毓芬（有）錫縣立圖書館去目已著錄。是書散文五十八篇，駢文十三篇，詩一百十七首，駢語一百二十九聯，編次為三卷。邑（同縣）鄭以模（字範欽，宣統元年己酉恩貢）序其詩，稱毓芬溫柔敦厚，深於詩，而不以詩名，樂道安貧，不慕榮利，有白樂天、陶靖節遺風，亦文苑亦逸民，具徵子陵先生之流

澤孔長，而足以遠紹前徽。楊壽枏序其駢文，謂毓芬力謝褱華，自成馨逸，其氣格如白雲孤飛，奇花獨笑，其詞采如新采欲滴，軟紅可掬，在詩家為雅音，在藝苑為逸品。而錢基博序其文，又謂毓芬之為駢文，不矜瑰瑋，而拓體淵雅，往往遒變抑揚抗墜，動與古會。同縣楊味雲先生嘗序而亟稱之，謂於綺藻豐縟之中，存簡質清剛之制者也。吾獨著其散文，選言有序，

別集類卷五

四十七

不刻意為奇字奥句，而清矯自怡，亦時有感激頓挫之辭，以陶寫胸中塊壘，遠趣橫生，深入廬陵之室，斯足以極一時之能焉。吾邑在清乾嘉之會，可謂儒雅繼踵，楊蓉裳宗尚六朝，斯若深窺而慮周秦，以覘指歸八家，乃辭清而指顯。既其身文，且亦國華，而各擅所能，莫與相尚，齊足並馳，咸以相騁，未有散體與麗辭兼美，綺文備清截，駢儷佩實銜華，如我毓芬者。所論亦至矣哉。

潜皖偶錄十一卷 清宣統己酉鉛印本

民國錢麟書撰。麟書字子瑞，又字安才，清光緒十五年己丑恩科舉人，有志經世，究討治亂得失之道，嘗署理績溪知縣，辦理安徽税務，有廉名。是書在安徽税務任所刊行。書中卷十一所錄籌議各表，如整頓房捐、鋪捐、丁漕加捐、蕪湖米釐加捐、鹽斤加價、牙捐、酒捐之類，皆款章除流弊，以圖更新而裕歲收，是亦可以概見麟書之經濟。至

別集類卷五　四十八

迨錄雜説經史，以及酬應諸篇作，蓋足以徵麟書之學，匪尋常科名中人所可比擬也。

訥盦叢稿十二卷 民國元年聚珍本

民國顧鳴鳳撰。鳴鳳有勤補拙齋漫錄，已著錄。是書爲其手定稿，曰文存四卷，凡傳銘贊序策論課藝之類隸焉；曰人物志一卷，凡春西之名臣將相鉅儒碩學之類隸焉；曰詩存一卷，凡紀事、感時、贈答、誄贊之類隸焉；曰著作譚一卷，爲顧氏著述目錄，上自三國，下迄遜清，凡所著經史子集之類隸焉；曰類牘一卷，凡任各縣典史及南潯司時所有公移申詳文告及往來牋啓隸焉；曰漫錄一卷，見別史部著錄，自出生至四十歲按年紀事，實爲譜錄耳；曰隨筆二卷，凡山川廟跡、文獻軼聞，綴拾成篇者屬之；曰聯語一卷，凡長官師友以及戚鄰交誼所致輓聯皆屬之。都十二卷，總名之曰訥盦叢稿。烏程潘琳書爲之序，稱其治人律己，學綜

別集類卷五　四十九

歐亞，政事文章之美，洵能超軼凡近，卓然成家。同縣華袞（字子才，諸生，光緒六年庚辰舉人）又稱名篇鉅製，著作等身。二者所論殆皆非虛譽也。

慈鄦軒叢稿三卷 民國二十三年鉛印精校本

慈鄦軒叢稿底 移到後頁

三借廬賸稿後

民國許棫撰。棫字少宣，清諸生（光緒十三年丁亥科案），早歲工制藝文，蜚聲黌序，兼精疇人家言，與同縣顧棣臣（字君良，光緒二十三年丁酉副貢，選學部員外郎）、孫思贊、張文漲數輩交游，有所論列，輒爲推服。文章以課藝切磋勖勵

獎勉，定得失焉。科舉既廢，邑中興學，得風氣之先，棫主任竢實、東林兩校講席，士林争仰之。入民國，為邑令尹掾屬，掌學務，有年，為政重實際，尚安定，以保持固有之善為主，輿論翕然。是書卷一駢散文，卷二近體詩，卷三楹帖。同縣沈壽桐（字西苑，諸生，光緒）為之序，曰：先生初不以文章自命，今讀其懸瓠軒詩文題跋諸醒，機神洋溢，不求工而自工。駢語尤多精絶，每能信手拈來，恰到好處，翻平淡為警策，化陳腐為新奇，別開生面，妙造自然，此非性靈之為，而誰為手？其宗人國鳳稱棫為文峻潔有法，詩則清麗芊綿，絶似元人，學盧駢語如勝場獨擅，故錄存為多云。

別集類卷五　[illegible]五十

王借盧賸稿五卷　民國三年鉛印精校本

民國鄒瑛撰。瑛字翰飛，性好飲，故自號酒匄。世居邑東南泰伯鄉之后石鎮，諸生（清光緒元年乙亥科案）。早歲負才名，光緒己丑秋闈，錢唐諸可寶司分校，得卷激賞，拔薦之，而主試者以次藝有天方國紀字樣，斥不與，可寶力爭之，不許。迨拆黏，則為瑛，固名下士也，為之惋惜者數日，而瑛先後十試秋闈，竟未售。嘗游齊燕湘楚，凡公卿豪貴以及五方游士，無不欵為一言為重。後客上海，為報館記室，所著詩文偶一披露，士林輒爭相吟誦，講論者稱其學貫中西，才輕李杜焉。時以瑛雖以文章蓋有聲，然家貧，飲酒如故，抑鬱牢騷，尤鮮所合，晚年匿歸田里，以疾卒於家。是書詩二卷，駢文一卷，詞一卷，尺牘一卷，名三借盧賸稿，卷首所錄諸家題辭，語多推重。同縣秦緗業謂吾鄉自芙蓉山人而後，駢儷名手，然無替人，得君於可繼軌；吳縣汪芑謂才如蘇海，筆豔江花，非茂先之數珠，即太沖之横錦，文壇詩壇詞壇可以獨樹一幟，可寶又有識語，謂得生謝狀詞，出深沈博，吐屬雅隽，愈信為讀書而不拘泥俗者一昕贊

別集類卷五　[illegible]五十一

文末詞瀏覽之餘，重情其落落寡合，遇胡書而又胡靈邵賢尚勉旃，孫茲靈明，益自砥礪。三者所論，亦可以概見。跋之文行矣。按是書於光緒乙未，跋校文於湖南學使署中，學政元和江標建霞推服，乃點定其詩詞駢文七卷，擬為梓行。無何標任滿返里，家中不戒於火，其稿全燬。嗣由明齋搜羅得此，故名燼稿云。

叢五十二

【生存】

別集類卷五

雲在山房類稿十五種　卷 民國十七年聚珍盛色精校本

今人楊壽柟撰。壽柟原名壽棫，字味雲，清光緒辛卯順天舉人，授內閣中書，究心經世之業，又精計學。從世父宗濂權鹽長蘆，旋官農商部章京、度支部參議，兼任清理財政處總辦，以勤敏受知長官。簡隨使節參贊，遍歷歐美和邦南洋群島，洞悉中外強弱盛衰之道，編輯政書凡十種，咨送憲政編查館以備采用。趙彥偶錄云家藏稿

於庚申冬京寓失慎已燬，僅存樸要五首入文集

入民國，敘歷京外，官山東財政廳長，考績第一，以是最知名。嗣任財政部次長，代理部務，聲績雖炳，而厄於時勢，未竟厥施，君子惜焉。是書總目首為思沖齋文鈔，次為思沖齋文補鈔，次為思沖齋文別鈔，次為思沖齋駢體文體，次為思沖齋駢體文補鈔，次為思沖齋詩鈔，次為思沖齋詩補鈔，次為鉢社偶存，次為鴦摩館詞鈔，次為鴦摩館詞補鈔，次為藏盦率艸，次

別集類卷五

叢五十三

為雲薖詩話，次為雲薖漫錄，次為覺花寮雜記，次為貫華叢錄，都　卷。而思沖齋文別鈔所言犖犖大者，如籲立憲以宣民氣，籌預算以劃國用，裁冗濫以覈名實，俱深切著明，有裨當世。同縣錢基博序之，謂博通今古，條析事理，期可見諸施行，有鄉先輩薛叔耘氏之風。常熟孫雄序之，謂楊君於學無所不窺，而雅不欲以文藝自見，然倚馬萬言，著述宏富，儕輩咸斂手推服之。又謂稿中雲薖漫錄體似

張文瑞聽訓齋語、覺花寮雜記，又與薛叔耘庸庵筆記相似，所言均有關於世道人心，非以參博物、廣異聞云。

附錄

明

孫宗伯尺牘一卷 清光緒壬寅陽湖陸彥和家鈔本印行

明孫繼皋撰。繼皋有孫宗伯集，已著錄。是書爲集中第五卷。其九世孫達均授陽湖陸彥和家鈔

別集類卷五附錄　　番五十四

本用聚珍板印行於世。按繼皋詩文集自咸豐兵燹（字梅庵，同治八年己巳補集工竣）散佚殆盡，失遂鮮傳本。其裔孫其業仕吳門，書肆購得殘帙，闕第四、五、六三卷，而卷首目錄完備，遂而行之。以爲重既後得斯本，又印行之。達均識語謂尺牘文凡一百二首，與原目卷五尺牘編次前後志合。前九十七首的是第五卷之文，全卷僅闕三首，後五首則原目列入第六卷者，雖與原目尺牘文三百首尚不及半，而第五卷之尺牘所闕者不過三首云。

清

浦二田尺牘二卷 上海文瑞樓石印本

清浦起龍撰。起龍有乾隆無錫縣志，已著錄。是書爲不是集中所載書諭。其裔孫鑑庭輯錄，刊以廣流傳。江寧吳達鈞爲之序，稱二田先生以雍正間以著儒講學吳門，成就極衆。其風流文采秀絕寰區，觀於往來文札，皆諄諄以著書立說相勸勉，而絕無干祿倖進之思，毛詩所謂考槃碩人，獨寐寤言、獨寐寤歌者，先生之行與先生之文殆均無愧矣云。

別集類卷五　　番五十五

芙蓉山館尺牘十七卷 縣圖書館繕寫本

清楊芳燦撰。芳燦有伏羌紀事詩，已著錄。是書爲同縣劉繼曾編輯，釐爲十六卷，又編年目錄一卷，以列卷首。其例言謂先生詩文手自訂刻，以行世已久，惟尺牘僅刻於文集中，刊列二十五首，餘藏於家，或爲人傳鈔，向無刻本，兵燹以後，拋散殆盡。繼先生從外孫余成之一教逌苦心搜羅十餘年，得

先生手書艸稿五百二十一首，又得先生外孫錫嘏夢
湘明府鈔本二册，四百十九首，内亦與前艸稿同者
四十五首，文集同者二首，計三百七十二首。又從郡中湯穀
原鉞處假得鈔本一册，校與前鈔本同，其不同者止
四首。最後於夢湘明府裔孫頌伯裕釗處得鈔本
二册，計九十七首，又墨跡十二首，連已列文集之二十五首，通
計七百三十一首。惟諸稿不分年時，前後錯列，今審文
義，按照年譜，編次成書，爲十六卷，因作編年目錄
別集類卷五　畫五十六

一卷，附於簡端，庶閱者沿流溯源，可考見先生一生
涉歷交際遇合之方，希微珠委地，從頭穿綴，不無
先後微差，要於大致不相懸耳。此則編者區區之心也
方文獻之志於斯編，殆可見其梗概矣。

芸香閣尺一書二卷 山東刊版 巾箱本

清朱蔭培撰。蔭培有潛庵文存，已著錄。是編
爲尺書，皆客嘉濟甯時所作。蔭培於箋札原不
爲稿，幕友山陰平心安默存之，得什之一，兼蔭培

應試南旋，私付剞劂，得以行世。卷一所錄與侯子勤楨
謂前此所勉者爲著書立説，而言非博取功名之計，玉堂
金馬，名實名山，分兩途，有後先，特楨初登賢書，究心舉
子業，而蔭培謂學問經術不在此中討取，以力追古勉
之，閩之諸言，竊見切磋之誠。其卷二又錄與子勤書
謂世之立言者，非有補於古，即有濟於今，釋經以見
經世之心，非爲經生家言，特楨方以所注禹貢相質
者作壽身，果不負蔭培所勉者，各卷所列標題
別集類卷五　畫五十七

僅有姓氏，而名籍仕履皆未備注，致無可稽，致覽者
止可於翰墨間展玩之耳。

剪燭錄二卷 四川刊本

清龔禮撰。禮字少蓮，出處事蹟無考。是書
所錄皆與當代官吏書翰。按禮究心經世學，
論中所述多關治亂得失之道，所與諸家皆道
光間名人，而禮服官四川亦且二十年，當世亦推爲
卓異之吏耳。惟邑中龔氏多出城中斜橋擾

其家乘所載不見禮名，附記之以待後之人考證。

海棠秋館尺牘 無卷數 原稿本

清裴廷楨撰。廷楨字瘦生，原名贊治，國子生。光緒間人。署桐安主簿，齟齬去。喜吟咏，落拓不羈，偶繪蘭竹亦工。晚年家益貧，課徒自給，壽愷鬱卒。是書爲原稿本，蓋猶未編次也。

别集類卷五　　書五十八

坐存

雲崗壽札不分卷 民國三十二年鉛印校精本

今人楊壽枬撰。壽枬有雲在山房類稿，已著錄。是編爲與人書札，以時代先後編次之。按壽枬理財政策，重制節謹度，綜核名實，反對濫發債票、鈔票，而民六以後，自傷政見與時枘鑿，絕口不談財政。迨民十一冬，内閣改組，財長内定，而壽枬謁告南歸。民十二夏，財長缺席，當局勸駕，而壽枬堅卧不出。事載趙庭陽錄書札所錄，如與李伯芝書，覆議員蘇君書，頗可窺見民國財政變遷之梗概，蓋當世掌故得失之林也。又按壽枬既於清季登科，筮仕入民國，兩任財政部次長，而至民六後辭。又任度支部侍郎，人呼之曰後辟派。然壽枬自謂耿耿此心，不能無負國家君之感。事載趙庭陽錄如與王芙伯書，上黎總統書，亦可見其志盡見其氣，至覆許靜山史書，痛述清室覆亡，評論袁氏權詐，可徵三十年來袁亂頻仍，人心不古，殆當夕有以種其因也。

别集類卷五　　書五十九

無錫藝文志長編

共十三册之十二

集部六册之五

總集類卷一

總集類卷二

詩文評類

總集類卷一

元

荆南倡和詩集一卷 縣圖書館據清四庫著錄精寫本

元周砥、馬治同撰。砥字履道，吳人，寓居無錫，與義興馬治善，同客荆溪。荆溪饒崖谷泉石，二人窮幽極邃，鑱金擊石，氣志不少挫。義興富人慕之者，漸為具招砥，砥心惡之，貽書别治，道玄，歸吳興，高啓、楊基游，書畫益工。又

玄，客會稽，卒於兵（清四庫提要云從張士誠，死於兵），縣志流寓有傳。馬治，字孝常，善詩，能書，舉茂才，亦善高啓。入明，知内邱縣，遷建昌同知。嘗客無錫，子桓仲遂定居，縣志流寓附砥傳，明史列傳文苑。是書為至正間砥避亂客治家，治館砥於荆溪之南，隨事倡和，積詩一卷，遂以名編。~~清四庫全書著錄此~~二人各錄一帙，遂冒鄭元祐為之序（文亦各自有序）。~~清四庫全書著錄此~~跋，後治以此集付啓，啓復以與吕敏（字志學，能詩，世以吕山人稱之，縣志文苑有傳），有啓後序。敏復併以歸諸馬氏。成化間鄉人李氏為之付梓。清四庫提要稱（著錄之其）砥以吟咏擅長，其撰是集正元末喪亂之際，感時傷事，尤情致纏綿。治詩稍遜於砥，而隽句絡繹，工力亦差能相敵云。此本絶少流傳，縣圖書館據清四庫著錄者鈔錄一帙，俾邑之人窺見其梗概焉。按砥終於元末，自應列於元；治為明人，而四庫提要謂其詩在元所作，尚可謂之元詩，故以編為元。但縣志以砥

列明，似可改正之。

明

三華集十八卷 上海商務書館景印四庫全書珍本

明錢子正及弟子義、從子仲益合刻詩。子正綠苔軒集六卷，子義種菊菴集四卷，仲益錦樹集八卷。清四庫全書著錄之，而子正綠苔軒集別見著錄。子義以字行。仲益名允昇，以字行，洪武中舉明經，為本縣訓導，事蹟具縣志文苑傳，而子正、子義於仲益傳中並附志，以詩名。三華集者，三人皆錢氏英

華。初各自為集，犢子公善、公治於正統中，合刻之，故名。而錦樹集。按顧氏梁溪詩鈔錢仲益小傳，謂錦樹山人集余得諸嚴中允紱孫手書本，什襲珍之，可補志傳之闕云。前有正統二年魏驥（蕭山人，官太常寺少卿）序，謂仲益當元季，以進士擅名於時，及作縣慈谿，以學術政事，至今有遺愛存焉。稱頌之如此。而縣志文苑傳列仲益於明，所著仕履不及元代，自康熙志以及乾隆、嘉慶志，所載俱同。並存之，以待後之考證。四庫全書提要稱是本為罕覯之笈，今得影印行世，地方文獻賴以

總集類卷一　三

未湮，斯亦幸矣。

錫山遺響十卷　縣圖書館據武進董氏誦芬室所藏寫本精鈔本

明莫息纂輯。息字善誠，號冰泉，又號雲樓子。宏治十二年己未進士，官南京工部主事。初廷對在二甲，忽忽不得意，既除工部。息儀度明秀，負才不羈，士林仰望之。縣志藝術附父懋傳。是書采錄漢唐至明初錫邑獻之詩篇，編次為十卷，在宏治間梓行，而兩千年一邑之文匯，故實概備於是。天一閣書目載

有其書，武進董氏誦芬室寫本，即據天一閣散出之宏治刊本繕錄者。卷端載息自序，謂邑儒士瞿公厚（公厚名厚，父宏，永樂中舉明經，能詩。厚亦世其業。縣志文苑附父宏傳）、潘繼芳（繼芳亦作季芳，名緒，號玉林。縣志隱逸附秦旭傳）相繼衷集，余僭加裁定，凡十卷，目為錫山遺響。按縣志藝文載錫山遺響，瞿厚著；續錫山遺響，莫息著；高氏錫金歷朝書目考所載亦同。然讀息之自序，則錫山遺響之目，尚為息所論定，可徵並無正續二書也。年遠代

總集類卷一　四

湮，是編流傳漸稀，邑之故家竟無藏本，幸有董氏寫本，得據以繕錄，則邑之文獻者，庶幾有所徵焉。

梅花百詠一卷　明萬曆間寫刻本

明王達撰。達有王天游集，已著錄。是書衷輯當年師友倡和之作。按王天游集所刊山陽王學原序，稱天游以壽棠、梅卷百詠、古今孝子讚，俱已梓行，則是編當時已有單本行世。今王氏家譜後附刊之，得益廣流傳。其自序云：中峯禪師以扁舟孤笠往來湖海

間，友白鷗而票雲水，人皆慕之。翰林馮海粟謫江，以梅花百詠示師，師談笑間不踰日而盡答，世未之見也。洪武戊辰四月望日，余與會公恕、俞公海宿於東林之精舍，主僧賓公出示所謂百詠者，披覽之餘，余甚異焉，於是知兩成集。夫師以文章德業振天下，余何敢繼踵。要之，風月無主者也，人皆可以較之；梅花無情者也，人皆可以詠之。詎獨許於師而不許於我耶？但不見馮詩為恨耳。此則會、俞二公力學嗜古者也，今日之會又安

總集類卷一　五

知國異日不為佳話乎。觀斯序，則所謂梅花百詠與者，其淵源概可知矣。

百花鼓吹五卷　梅花鼓吹二卷　明萬曆戊中原刊本

明王化醇纂輯。化醇字和甫，號應華，又自稱九松居士，諸生（敎師氏錫山時）。案：錄萬曆三十年前無考，惟學署有萬曆十六年戊子碑載化醇名，撰其族裔宦全所考，化醇年十六為學官弟子，時嘉靖四十年辛酉也。事親孝，父遘疾不解帶者數旬，鬚髮盡白。縣志孝友附父傳。是書曰百花鼓吹者，雜采唐人詠花之詩；曰梅花鼓吹，則但采宋元及明人之詩，以唐人詠梅之作已載入百花鼓吹故也。~~梅花鼓吹故也~~。惟化醇斯作，自謂讀其先世遺所為梅花百詠絕詩，乃忻然不忍釋手，因編撰諸名家唱和之什，都七百有奇，彙為一帙，並以唐人詠百花者合之，故名其書曰百花鼓吹、梅花鼓吹。同縣嚴一鵬為之序。清四庫全書存之存目。

二倪詩集一卷　明隆慶間盛明百家詩本　原刊本

明倪峻、倪敬撰。峻字維嶽，號靜齋道人。洪武二十三年庚午舉人，官兵科都給事中。時文帝好佛，峻極諫忤旨，

總集類卷一　六

遣使丘城浮海，垂二十年。孫名敬，字汝敬，號月樓，正統十三年戊辰進士，官河南道御史，抗疏言事，被謫，尋起用，以都督府從安遠侯柳溥西征，師還卒。明史有傳。兩人文章節概後先濟名，縣志俱列傳忠節。是集為同縣俞憲纂輯，盛明百家詩所著錄。憲識語稱峻、敬祖孫，故有集（峻有靜齋詩集，敬有月樓詩集），俞文莊公序其首。詩雖無奇，頗軼常調，彙而刻之，俾傳廣遠云。

二俞詩集二卷 明隆慶間戴明石家詩原刊本

明俞泰、俞暉撰。泰字國昌，號正齋，弘治十五年壬戌進士，歷官山東左司參知，致政罷還，闢園市南，隱居芳洲書屋二十年卒。事蹟具縣志文苑傳。弟暉字國光，號九思，又號小泉居士。生有異質，十歲能對客賦詩，不喜舉子業，而於詞賦字學，旁及篆刻諸家，治之勤且劬。弱冠遘疾，淹緜歲月卒，年甫二十有七。既卒之三十年，詔旌儒士。憲其

總集類卷一　七

子也。憲纂戴明石家詩，遂以其先人之詩著錄之焉。憲識泰詩，稱先從父正齋先生平生喜詩篇，遺有芳洲漫興二卷，藏於家，今刻五十餘首，批山人曰：詩中多佳句，彬思前輩風流，自可見矣。因又識暉詩，則曰先君子九思先生平生詩篇，隨意口占，未嘗命稿，既搜輯散逸，梓詩一卷，以識不忘云。

二浦詩集一卷 明隆慶庚午戴明石家詩原刊本

明浦瑾、浦應麒撰。瑾字文玉，號檜山石，正德十年辛巳進士，官麗水知縣。一日，鄰家火熾甚，將及廬，父柩在殯，瑾呼天叩頭，血流被地，鄰屋皆燬而瑾室獨存，其僚友郎寶亟稱之。縣志列傳孝友。子應麒，字邑徵，瓊號後岩，嘉靖十年壬辰進士，授翰林院編修，右春坊贊善，與同縣俞憲結社，為碧山吟社友。縣志列傳宦蹟。是集為憲纂輯戴明石家詩所著錄。憲識語稱二公詩

總集類卷一　八

久覓不得，今得而彙刻之，可以備吾錫一代之典故云。

殘本戴明石家詩前後編 明隆慶間原刊本

明俞憲纂輯。憲字汝成，自號是堂山人。嘉靖十七年戊戌進士，除刑部主事，歷官至湖廣按察使，乞歸。聲績昭炳，事具縣志文苑傳。憲性好讀書，工詩。是書共甄綜有明一代之詩，錄而刻之，曰戴明石家詩前編，既又續刻後編。縣圖書館藏

前後編殘本，雖闕佚漫漶，章邑獻遺，賴尚多存者。所采以廣博爲貴，不務刻削，銳及存殁，雖子弟之作，亦所收錄，蓋恐浩漫散佚，後無稽攷，乃采編彙存，以備一代故實。每人各綴小傳，務見出處事蹟，自謂間敘情款，實亦無關意義。綜覽其全，可以觀一代文明之盛矣。武進薛應旂爲之序，極推重。清四庫全書爲之存目，其提要甫論得失，茲不復贅。

總集類卷一　九

俞二子集一卷 續俞伯子集一卷 續俞仲子集一卷 明隆慶間刻明百家詩原刊本

明俞淵、俞沂撰。淵字希顏，憲長子；沂字希曾，憲仲子。憲纂刻明百家詩，遂輯錄二子所爲詩而識於端，曰：余素爲科目所苦，雅不欲二子急功名、趨利祿，凡余遊歷仕途二十年，未嘗以二子隨，間有便歸，亦未嘗一程其課業。嘉靖三十八年己未，既已弛擔，蹤伏園居，二子日侍左右，乃因得見其所作詩各若干篇，蓋有志而未就者。頃方搜輯我明諸集，因評摘木，請核其進，俟他日果有可傳，當削此以就彼云。又曰：長子淵素業儒，雖屢躓場屋，而課程之暇，輒事吟咏，予喜其不覊也，嘗爲刻詩篇以誘其進。越數年，則專意課程，無事篇詠矣。豈其急於進取而忘性情之學若是耶？因錄其吟稿，刻置後編，名曰續俞伯子集。而以沂詩亦刻置後編，曰續俞仲子集。綜觀其書，雖殘片斷簡，識語漫漶，然二子皆負不覊才，可概見焉。

總集類卷一　十

類選充詩秀句十二卷 臨邑人丁福保捐 嘉慶原刊本

明顧起綸撰。起綸字元言，號九華，別字更生，爲茂父可賢後，國子生，嘉靖間人。總角時，同縣邵寶有國器之目。性好讀書，工詩古文辭，王漁洋所稱詩好官卑顧九華者也。事蹟具縣志文苑傳。是書采輯六代三唐詩句之最秀者，自天文至雜詠，分類詮次，都十二卷。自謂閉戶之暇，就枕把帙，披閱伏玩，漫為隨筆，特鈔句秀而可誦者僅若干首，何寥寥云。按是編縣志藝文門未與著錄，殆係刊本絕少流傳，與邑人丁福保得斯本，識語稱為海內孤本耳。

清

辦香集十六卷　清乾隆癸未原刊本　十一

清許英榮輯。英字海如，雍正間人。能詩，尤篤好館閣體之書，選錄鄉會歲科試及塾課擬作之五律詩，分治道、天文、時令、地理、山川、朝省、農桑、禮儀、音樂、經籍、性情、文學、武功、仕進、人品、書畫、宮室、衣服、器物、珍寶、動物、植物、食物，凡二十有三門，而以雜詩終。都十六卷，得詩幾八百首。當時五言近體之菁華，殆薈萃一編，為制舉業者之鏡鑑，故名辦香集，然究心聲律者得之，亦自可得其途徑。英輯錄之，未梓行，其子璥續成先志，以刊行於世。同縣吳培源（進士，官遂安知縣）乾隆二年丁巳為之序，謂揚子不云乎，

總集類卷一

能觀千劍者即曉劍，能讀千賦者即曉賦。然則欲學為詩，其可以涉見寡聞也哉？是集薈萃諸家名選，披沙揀金，發孤存蔽，閱之者奉為瓣香，以應作人之化，則其有功於世豈淺鮮云。

積書巖宋詩選二十五卷　孫氏玉鑑堂藏本　十二

清顧貞觀選輯。貞觀有梁溪淵源錄已著錄。是書為孫氏玉鑑堂所藏，不知何時刊本，未見。其主人祖熙題記謂所選寬於正變，嚴於雅俗，網羅該洽，為宋

總集類卷一

詩之淵藪。工選三百篇溫柔敦厚之旨，尤取能為世之津梁者。集中有硃筆圈點，眉目朗晰，不知係何人手筆。按是書為四庫全書所存目，而縣志藝文則未載。

今詞初集二卷　邑人丁福保捐贈　清光緒丁酉同縣雲根山房重刊本

清顧貞觀選輯。貞觀有梁溪淵源錄已著錄。是書與長白成德同選，采集當時名流篇什，獨樹一幟。按貞觀與秀水朱彝尊、宜興陳維崧有詞家三絕之稱，既與成德持論

相同，遂合選是書，名曰今詞初集，縣志未與著錄，蓋其康熙刊本殊鮮流傳，與同縣張塋於秦氏徵雲山堂得精藏本，乃重刊之，以廣其布。卷首有魯超原序，遂安毛際可識語。

宋詩類選二十四卷　清康熙間原刊本

清王史鑑選輯。史鑑有臆摘，以志已著錄。是書倣梁昭明文選為體，唐藝文類聚、初學記諸書所采詩亦皆以類區別，選宋詩之五七言律及絕句之佳者，以類為

總集類卷一　　十三

次，為二十四卷。所選用之書，除名家專集外，凡諸家選本都十有七種，而所引史注之書，都多有二十四種。凡名家源流及其詩評，無不博稽詳采，備載其實，以資讀者參攷。自謂才非吳鄭，性喜著述，家多宋人文集及諸家選本，自束髮以來，手所鈔撰，又益以義門何先生所藏，旁搜精擇，輯成是書，為力頗勤，用心亦苦，同人謂寄載評論，實從來未有，亟先問世，因付剞劂，公諸海內。則史鑑之勤輯成此書，其擇取之苦，可概見焉。

唐詩彈冊集十三卷續集三卷　清康熙甲申原刊本

清杜詔選輯。詔有讀史論略，已著錄。是書詔與秀水杜庭珠（字詒穀，尚書臻之子）同編。唐詩選，惟明高棅品彙稱大觀，然詳初盛而略中晚，中晚則詳貞元以前而略元和以後。詔乃選輯元和及唐末諸家之作，次為十三卷，以補高氏所遺，名曰彈冊，蓋以斯編自元和迄唐末，共七十年，僅得三十有七家，猶未足以盡風氣之變，復繼得七十有六家，次為三卷，名曰彈冊續集，綜計正續所錄

總集類卷一　　十四

詩一千八百六十餘首，諸家兼小傳，考證訓釋，具見明確。其例言謂品彙以理成，金蕃為宗，是選以才調風情為主，鴻濛既鑿，風氣斯開，作者既私讀事增華，讀者寧能膠柱鼓瑟，惟於其才情之所至而馴造乎神韻之自然，則此編者未必非初盛之階梯，四品彙之鼓吹也。其選輯之用心如此。四庫全書為之存目。

全詩選四卷　原寫刊本

清顧奎光選輯。奎光有春秋隨筆，已著錄。是編既選元詩，復取中州集，持擇之，合遺山集及房祺河汾遺老詩，輯為四卷。前列作者事蹟，詳其爵里，載之卷首，以備考證。為人一百二十有三，為詩五百四十有八首。以宇文虛中冠於首，而以元好問為終。自謂宇文虛中宋黃門侍郎，以奉使見留，仕金為翰林學士承旨；元好問世稱遺山先生，興定三年進士，官翰林知制誥，金亡不仕元，詩雖開自遺山，然未嘗仕元，故以殿焉。宋明詩皆有選刻，獨金元無之，其間罕有統序，學者為憾，故纂輯此選，所以繼往開來，備學者覽考，而究其得失云。

元詩選七卷 清乾隆辛未寫刊本

清顧奎光選輯。奎光有春秋隨筆，已著錄。是編體例與金詩選同，（係有出）蓋據顧氏秀野艸堂所輯元詩三集選錄之，約取務精，得一百九十六家，詩五百四十八首，釐為七卷。蓋秀野欲自元好問中州集以備史料，而奎光意主於詩。其自序謂元詩吾家俠君先生所甄錄三百餘家，搜羅最博，然意在廣收，未遑持擇。余自香陽旋里，援經陶氏，閒取閱之，旁涉諸家完本，遂所會意，輒為點抹，昆譜、昆穀二子（二者皆陶氏子，昆譜名淪，昆穀名玉禾）為之編次，謂宋明詩皆有選刻，金元獨少，因奓附評語，付之剞劂，以公同好。蓋作詩者瀏覽古今，觀其高下升降之要，因興氣格風會之變態，而歸本性情，以定其趨。茲博觀約取，取其與唐人合者，以救宋季之弊，並可步有披檢之勞，然則學者欲觀

自宋迄明之詩，於金元兩朝，蓋不可遺棄。此奎光所以有金元詩選之刻，於是不特可得宋金元明時詩之會通，復可因其詩而觀世變焉。按金元詩選縣志藝文門俱未載。

梁溪詩鈔五十八卷 清宣統三年云香刊本

清顧光旭選輯。光旭有響泉年譜，已著錄。是書上自東漢，下迄清乾隆之季，凡邑之才博學老生、羣彥，其一謳一吟之有關風教者，窮搜博采，甄詩萬有餘首，纂輯之，都五十八卷。其間為時二千餘年，為人千

一百家，其時代先後，爵里姓氏，出處梗概，皆具列之，足備
史氏考徵焉。而先旭自謂與從兄明經主光嘉訪者久，
既宦蜀，書來謂購書不易，其城南黃君正衡亦有是舉。
歲丙申，先旭歸自蜀，明經寫稿初竟，越日，黃君以大帙至，
曰亦之為此，奔走山碑水涯，或得之野廟村寺、壞壁敗簏，
不記寒暑。於是乃合兩家所輯，加以增删，勘之史記、地圖、
志、總集、專集，取例於元遺山中州集、朱竹垞明詩綜、董
國朝別裁之義，大要以詩傳人，而亦以人傳詩，忠孝節廉，其

總集類卷一　五

女子、布衣寒餓，一言之善，輒録之，而弁以錢載禮部左侍郎、思子康、品休孜、先旭、程蘭同生序之。又謂君子用心與力之勤，非必詩傳，而人
傳人傳而詩益傳，蓋欲後之讀者之有以感發焉耳。然
則我無錫故為東南弦誦之區，啟徵茲邦，漢唐以來之
文獻，則是編其可闕哉。

荆圍唱和集十六卷　邑人許修直捐贈清嘉慶己未甘肅原刊本

清楊芳燦纂輯。芳燦有伏羌紀事詩，已著録。是
書初為芳燦撰兄弟唱和之作，後有芳燦朋從峯
與焉。而芳燦為之序，曰：乾隆五十一年丙午冬，余以伏羌
令上計入都，荔裳時官中書舍人，臣臘回甘，荔裳乞假
偕出，春明途次，間有唱和之作。嗣余奉檄之任，荔裳
亦至官舍，雖相聚不久，而聚輒有詩。靈武射堂前
有隙地，植紫荊數本，枝葉繁茂，荔裳為題楹
額曰荊圍。公餘諷觀，頗饒真趣。戊申之冬，荔裳
以補官北上，至辛亥臘月，從嘉勇公出師廓爾喀，道
經西寧，旅後一晤，荔裳從此驅馳軍旅，迄未少休，而

總集類卷一　六

余一官靈武，十年不調，幸邊城事簡，不廢吟詠。
既得武威郭進士楷主書院講席，後有侯生士驤、
周生為漢、陸生芝田先後從游，分題選韻，月凡
三集，所得詩詞輒録藏弆之，時兒子彤亦能
把筆矣。迨己未夏五，荔裳來任甘藩，余援例改官
部郎，尚未謁選，夜闌剪燭，每譚往事，怱怱如
夢。時其友黃君蓉領亦同在官署，以二十年之別，
歡然道故，相與賡唱，復得詩詞如干首，結習所存，

不忍弃置，爰綜前後所作，付之剞劂。吾詩十卷，詞六卷，仍題曰荊圃唱和集，識其始也。既見讀斯序，則可考見是編之要旨，並其公餘歌嘯之興趣矣。

按縣圖書館藏本，爲邑人許修直捐贈。其題識云：無錫楊蓉裳先生昆季荊圃唱和集，嘉慶間刻於甘肅，外間流傳絕少，板早毀滅。余彧之先生搜羅楊氏文墨數十年，竟未覓得。十年前在燕京肆無意中購到，恐再散失，急贈圖書館以備徵文考獻者之助。茲并著之，俾邑之人知是編之流傳地方，殆匪偶然。

丁氏喬梓集二卷 鄒萼源手寫本

清丁芳洲與子彥和合鈔詩。芳洲康讓堂詩稿一卷，彥和怡石齋詩稿一卷。總目曰丁氏喬梓集。芳洲字仲漁，又字步青，乾隆四十八年癸卯舉人，知番禺縣，以廉敏著。說者稱有古循吏風。瀛洲官蒿載知縣，弟潤洲官循化同知，並有聲於時。丁氏數世，克敦友愛。瀛洲古蒿載，虧公帑數千金，芳洲與潤洲釀金償之。縣志宦跡附父尹志傳。彥和字暢之，國子生，擅駢體文，爲林則徐所激賞，居其幕最久。咸豐庚申，全家皆殉。縣志文苑有傳。是書爲同縣鄒萼源字蓉槎，諸生，嘉慶十六年辛未歲貢，博學工文。縣志文苑有傳。手錄本，編次爲二卷。屢讀之不釋，識語稱芳洲詩清麗峭拔，吾邑自吳蒲仙後無能及者。彥和本其家學，如卷始開，如月初照，有情之什，往復千折，極纏綿之致云。

辟疆園遺集十卷 清光緒壬辰聚珍重印本

清顧敏恆及弟敫愉、敫恂、飈宸合刻詩。敏恆笠舫詩稿六卷，敫愉靄雲艸一卷，敫恂筠谿詩艸二卷，飈宸幽蘭艸一卷，同縣楊掄及吳燦於乾隆六十年乙卯初刻於蜀中，總目曰辟疆園遺集。敏恆字立方，一字笠舫，乾隆五十二年丁未進士，自知不習吏事，願就教職，逾年得蘇州府教授，又

奎光，官桑植知縣，卒于任所。敏恒奉喪歸，宦橐蕭然，
家計日落，而嗜學不倦，布衣疏食，處之晏如。事具
縣志文苑傳。敬愉字學和，國子生，少工文，詩雄厚，稍長
治制舉學，一藝出，老宿皆斂手。同縣楊芳燦宰伏羌，
延主朱圉書院講席，隴陽人士皆服其年少學醇。擬
應試京兆，不果，遘疾卒，年二十有六。敬恂字天
聽，乾隆五十四年己酉拔貢，弱冠工詞章，記問淹博，與
季弟騰憲同補博士弟子員，聲華籍甚。江蘇學

總集類卷一　三二

政彭元瑞有張氏兄弟皆異才之歎。翌年考入都，一時
名流傾耳盛名，爭相識面，未及與試卒。騰憲字傳
燮，諸生。乾隆四十六年辛丑歲案　乾隆癸卯秋闈已擬魁，因三場違式
斥，主試者深惜之，而騰憲無復失意，學益攻苦，尤
邃經義，研習不休，致疾，卒年二十有二。自敬愉兄
弟三人並附縣志敏恒傳。是書經咸豐兵燹，邑
中遂無傳本，光緒甲申，同縣俞一鰲得諸福州，
亟謀重刊，而邑之學者稍稍獲覽玫焉。

錫山秦氏詩鈔十卷　清道光己亥原刊本

清秦彬纂輯。彬字俊初，國子生，乾隆間人。為人
渾厚篤實，潛心采輯先世遺詩十餘年，彙鈔成
帙，卒年五十有五。是書輯錄秦氏自宋至清初人
之詩，都二百五十餘家，以人存詩，或以詩存人。彬欲刻
之未果，其族昆莉殿、楹殿、棟殿、模更就原稿增補，
並以彬遺詩輯入，而付諸梓。同縣顧皋為之序，
卷首載彬弁言，謂吾家詩學發源宋淮海公，清

總集類卷一　三三

麗高古，直入鮑謝。明成化初，貞靖公創碧山吟社，
數百年來，家自為詩。如五峯、滁坡、樗林、鳳山諸稿，
久著前代。入我朝，蒼峴、泉南、味經窩諸集，大都
孝人孝子瑞人正士之作，不僅以詩傳，而寒之痒之
士不能梓，有梓者，輒又消磨於蠹鹽履舊烟煤
蠹蝕於三間，重可惜也。因敬彙集吾宗遺詩，萬一
家書故乙酉夏得族祖元爽先生鎡所輯家
集，纂周卷，邑前輩頤晴沙觀察、梁溪詩鈔

錫山秦氏詩鈔十卷 清道光己亥原刊本

清秦鉞纂輯。鉞字凌初，國子生，乾隆、嘉慶間人。為人渾厚篤實，留心采輯先世遺詩十餘年，彙鈔成帙。鉞卒年三十有五。是書輯錄秦氏自宋至清初人[illegible]一百五十八人[illegible]

頌羔 字晴岩，嘉慶六年辛酉進士第一人，授修撰，累掌文衡，官至户部左侍郎，居官以清介著，引疾歸，閉户肅然，著述罕見。其兩縣志文苑有傳

卷首輯者自言：謂吾家詩學，肇始宋淮海公，清麗高古，直入鮑謝。明成化初，貞靖公創碧山吟社，數百年來，家自為詩。如五峯、滌煩、樗林、鳳山諸稿，久著前代。入我朝，蒼峴、泉南、味經窩諸集，大都名人孝子端人正士之作，不僅以詩傳，而寒疼癢之士不能擇以著鄉，又消磨於衰蘆虛蔑舊烟煤蠹於三間重下擋也。因欲彙集吾宗遺詩，備一家之學。故乙酉夏，得族祖元爽先生鑑所輯家集，纂周卷，已前輩頌晴、沙觀察梁溪詩鈔所選秦氏詩合而錄之，已得十之三四，不揣愚陋，加意搜羅，自始遷祖瑞五公以及近今，凡族之作，無論貴賤，凡有吟詠，輒按時代以次編錄，更采史傳、省郡縣志、秦氏金石錄、寺書、譜牒以傳出處梗概，分為若干卷，恢浩繁付梓非易，因選輯若干卷，冠以始祖淮海公一卷，題曰錫山秦氏詩鈔。循繹披校，慨然於六七百年間風雅祖述前徽，後先一揆，相續我祖宗之音容矣。覩亦淺慨然如聞，優然如見，願吾族之讀是集者，仰先世德澤之深，涵泳悠長，而各勉為立，無負前人忠孝之旨，詩教之端，亦兩然，則是編也，一家之學，故亦一邑文獻之所關也。

膠山安氏詩集無卷數 清乾隆癸丑安氏原刊本

清安吉纂輯。吉有六書韻徵，已著錄。是書彙錄明安國、安如山、安希范、安紹芳、安廣居、安廣譽、安廣生、安廷謨，清安駿命、安璿，並附長洲安夏

文期壽六世凡十二人之作，目曰膠山安氏詩。按國學民泰，號桂坡，贈員外郎。如山，字子靜，號膠峯，嘉靖八年己丑進士，縣志宦迹有傳，希范有華録已著録。紹芳，字懋卿，國子生，縣志文苑有傳。廣居有安大令文集已著録。廣譽，字光節，號匡菴，希范子，縣志文苑有傳。廣生，字無傚，號蘭庵，希范季子，縣志文苑附廣譽傳。廷謨，字匹言，號太玉，希范從父。駿命，字聰之，號瀟湘，廷謨子。璿，有疊畫樓

集已著録。友，字大臣，諸生，縣志文苑附廣譽傳。期，字示生，希范曾孫，贊甫直。卷首列國以下世系，圖自藉可攷見其源流，自記之，謂世德清芬之保，地所録雖一姓之作，而文章氣節實有關地方文獻云。

華氏金粟嶺詩存一卷 清光緒己卯聚珍本

清華斌纂輯。斌，乾隆間人，事蹟無考。是書為其先世元華幼武、明華悰韡、華察、華仲亨、華叔陽、華師召、華輯、清華封、華作霖、華附明閨秀華桂樹之詩，編次為一卷，總目曰華氏金粟嶺詩存。按幼武有華氏黃楊集已著録。悰韡有慮得集已著録。察有華學士集已著録。仲亨，字起光，號芝臺，國子生，官中書舍人，察仲子。叔陽，字起龍，號玄谷，隆慶二年戊辰進士，官授禮部主事。師召，字公保，號心谷，諸生，案名無考，後入太學，授詹事府主簿，察孫。輯，字稚明，諸生，案名無考。

封，字錦仙，諸生，順治十四年丁酉歲案。作霖，字湍然，諸生，案名無考。桂樹，字丹儀，商邇孫，原志察孫女。斌輯其先世遺詩，以永先澤，未及梓行。厥後其族裔瀛洲，字淩鈞；琦，字玉亭，撥斌稿本，重加詮次，因汰其專刻之後，補其初編之闕，仍以察別墅之名目其書曰金粟，同縣楊殿奎為之序。

二柳村莊吟社詩選一卷 縣圖書館據閘延錢氏藏原刻本鈔寫本

清華文彬、華文模選輯。文彬，字伯雅，號秋

坪，亦作秋賞，又作秋尖，類國子生，弟文模，有二柳村
莊，梅巷百絶，已著錄，兄弟所居在鵝鷺湖之二柳村
莊，僻靜無塵市囂，因倣唐宋人遺趣集明畢
結詩社，即以其村爲名，論者稱其蕭然有物外意
焉，是書爲文彬、文模選錄詩社之作，並江張立本
爲之序。

慧川園集三卷　附湖上紀游詩一卷　清同光間原刊本

字培卷，貢生，任金匱訓導，以廉介著，錫金志有傳（譚洪）

總集類卷一

清唐棟、唐文瀾、唐汝翼父子祖孫三世彙刻詩。棟
字任齋，汝翼祖，文瀾字湛奔，汝翼父，兩世俱耕讀
有隱德，汝翼有天下郡縣水利志，已著錄，是書
輯錄其爲汝翼輯錄，其祖棟樹滋堂遺艸一卷，
父文瀾丙辰編一卷，而以己所著閏月閑艸一卷爲
附，其所居曰慧川園，遂以名編，時偕烏程淩鳴喈，
同縣劉嗣綰，安詩坐泛游蠡湖，得湖上紀游
詩一卷，後以冠於卷首，鳴喈爲之序。

膠山安氏詩補編二卷　清嘉慶丁丑原刊本

清安念祖纂輯，念祖有古韻溯源，已著錄，是
書因吉所輯膠山安氏詩集，而復采各人所著之未
收詩章，圖及增輯其所未著錄私家，都十一人，並以
吉所著爲殿焉，又照選家體例，各人俱著小傳，以
資稽考，是又能補吉所未備者，自謂彙十世詩於
一編，徵吾家世德淵源，紹韻錦長也，按是編自
明安宇至吉凡十世，所著錄者都二十六人。

錫山孫氏詩存四卷　清道光壬寅原刊本

總集類卷一

清孫棟、孫道碩、孫重勛、孫文潮合刻詩，棟著滄
艸一卷，道碩素抒齋稿一卷，重勛溪西吟艸一
卷，文潮金粟齋艸一卷，同縣安念祖詮次梓行。
按棟字伊重，康熙四十七年戊子副貢，性好施不求
人知，禔躬方嚴，裁物以禮，道碩以字行，貢士，重勛字
懋，文潮字樓巖，棟孫道碩猶子重勛甚也，追
懷先澤，彙錄一家，前哲所著，刊以於世，以廣傳布，
念祖以父吉爲孫氏所出，乃爲校讎，並以文潮詩殿

之名曰錫山孫氏詩存。

宋元明詩約鈔二卷 清同治乙丑重印本

清華黼臣選輯。黼臣字仲庚，號絅齋，諸生。道光二十七年丁未歲貢。幼失恃，而姿敏穎悟。大母周氏能詩，著有佩芷孫吟稿（□縣圖書館無藏本，刊行否無考）。黼臣遂為周氏所鍾愛，八歲即授詩，自是耽吟詠。為人沉靜寡言，而慎於交游，說者稱其有粹然儒者氣。咸豐庚申遇亂，妻顧氏並幼女皆以身殉。是書選刻宋元明詩三百首，分上下二卷。蘇常兵燹，已翻

總集類卷一　云

刻燬多，一時風行，士林多愛讀，蓋取其簡約也。陽湖學官朱梓與黼臣素昧生平，而嘉此書，既抵任，值郡試，徧訪黼臣，欲一見，而志遇難，狀嗟悼久之，爰述其巔末，附刊卷端（重印本）。

勤斯堂詩彙編九卷 清光緒丙中原刊本

清顧應春、顧翊、顧嵘、顧淳、顧寬、顧寅、清顧銘、顧禎、顧植彙刻。詩：應春南岡詩鈔一卷，翊金粟庵殘詩艸一卷，嵘竹素園詩鈔一卷，淳屢聞吟一卷，附竹素齋詞二闋；寬蓮觀樓遺艸一卷；寅清雲根樓詩稿一卷；銘成味菜軒遺詩一卷；禎聽泉山房詩鈔一卷；植盃香齋詩鈔一卷，附詞鈔二十八闋。彙編之為九卷。按：應春字晴岡，號南岡，諸生，乾隆四十四年己亥科歲。博習經訓，不為名利所絃。父延試，樸樸樂善，而應春善繼之。縣志著顧附父傳。翊有金粟庵詩，已著錄。嵘原名翔，字蓮陵，諸生，嘉慶十三年戊辰歲貢。工制舉文，而歷試南北闈未遇，游

總集類卷一　三九

大梁，當路爭迎致之。咸豐庚申，烽火熾，嵘赴池以殉。淳字震孟，號枕漁，諸生，道光二十年庚子歲貢。為文不競時，既饒學富，而十試秋闈未遇。性孝友，晨昏定省，風雨寒暑無所間，撫待諸弟，意尤雍睦。咸豐庚申，被難，受創卒。寬蓮觀樓詩艸有單本，已著錄。寅清字秋卿，號香巖，諸生，嘉慶二十年乙亥科舉。治經史，以敦行為實，為本，三薦秋闈不售。家故貧，授徒自給，壯歲游越中，既而又歷大河南北，文譽流衍，而接人

以識律己，以嚴謹，未嘗高自標樹，人多以嚴以義方稱道焉。咸豐兵燹，著述遺劫殆盡，其從孫玉衡搜得斯稿，蓋少壯之作。紹成字仲蘇，光緒六年庚辰進士，授堂邑知縣，先是遷縣尹，袁山左，值河患，紹成奉使，救溢振之，論功晉階州牧，指權堂邑篆。以儒術敦民俗，居半載，訟牒清簡，有古循吏風。是詩爲亂時羈旅，宦次酬應之作，殆非所以爲紹成重也。楨字子梓，號貞木，國子生，祖鈺，父宗沅，曾介主有

總集類卷一

三十

清揆爾楨弱冠游京師，承祖暨父執所請，挾以出游齊豫，西度隴，所至有聲。道光丁酉入選，而黜，既而除韓莊閘官，任九年，抒以其德，遇歲饑，施粟以食餓者，後予之錢，俾瘞暴骨。用咸豐間以平龕亂，晉知縣，歷高城、郯城、恩縣，而郯城、恩縣皆當戎馬攻蹂，而根據守禦，轄流移，資用孔繁，而以儉約自飭，民咸感其德。已而除掖縣令，未及之官，以勞瘁隕命，喪歸，經韓莊，耆老集河干，哭奠注下。卷中所錄詩，多少壯未仕時作，其他不可得矣。楨

字建叔，號貞木，國子生。未成童，興邑中知名士歌詩酬唱，頡頏欣翔兄弟，亟賞之。爲文下筆千言不尚雕，有司繩尺困童子試有年，旋入都，雖業成均，出而幕游燕齊間，有聲於時。嗣以與史公袁山左爲當道所器重，乃十後除城武尉，貧而樂善，秩微而尚靜潔，門庭蕭然。撫鉛槧如經生，嗣晉階縣丞，任十五年，卒於官。所著孟晉齋詩，篇帙甚富，迭經離亂，惟此僅存。考其年，自道光癸未迄辛丑，爲十二齡至三十之作，迨光緒丙子，

總集類卷一

三一

其宗人森書貞考已族家學，遞嬗累葉，有文不函，乃搜獲遺著，都九種，彙爲編次，刊以流傳，以勵瑩名編日皆洞陽公一脈相傳之裔，溯所自出，數典而不敢忘云。

錫山龔氏遺詩二卷 民國十年聚珍本

清龔愷、龔銘彙刻。愷南樓詩草一卷，附瑣錄十則，銘蜀雲閣詩草一卷，總目曰錫山龔氏遺詩。愷字心逸，讀學不遇，家貧訓蒙以給，志潔以介，

鄉里推重之。銓字葆賢，號聘之，諸生（同治五年丙寅科案），煋曾孫。好學有巧思，工疇人術，嘗與同縣楊昌祁測繪錫金輿地全圖，分藏之。厥後秦緗業、蔡□纂修縣志，所載輿圖，實即據此。是書為銓子轂成編次刊行，同縣侯學愈、鄧梓陶世鳳並為之序。

清詞綜補四十卷（西溪余氏捐贈舊藏光緒癸未福州原刊本）

清丁紹儀撰（纂輯）。紹儀有東瀛識略，已著錄。是書補青浦王昶清詞綜所未收之零章單闋，並未及采錄者，故曰清詞綜補。按昶所輯錄之清詞綜，都四十八卷，後其從孫紹成（字擇如，貢生）又輯其未收錄之以集並明崖之所未與者二三十家，都八卷，至嘉慶初元止。自是至光緒之初，其間八十餘年，未有續輯。紹儀乃窮搜博采，共得一千三百餘家，彙纂之，都四十卷，以踵王氏之後。自稱或以人存，或以詞存，或以所詠之事存，或以調僻而存，苟無疵纇，即應甄錄，以待後人商擇。惟於當代詞人作段其由諸志未可縣悉，遂一併編列。則紹儀搜羅

總集類卷一

之勤，用心之篤，可概見焉。又考是書刻於福州，邑中絕少流傳云。

清詞綜補續編十七卷（錫縣圖書館據西溪余氏舊藏原稿謄寫本）

清丁紹儀撰（纂輯）。紹儀有東瀛識略，已著錄。是書繼續清詞綜補之作，皆續編，為未刻稿，卷首錄紹儀致其表甥董季友諭云：愚僅為右目一綜之光，日內漸漸臆蔽，愚成此稿，前輯詞綜補已刻四十卷，尚有二卷因病未校續編十七卷，均未及寫正付刊。自同治以來，遠方外閨秀，尚有二十三卷，未經編就，總計有六十卷之多，諸經兵火之餘，今又厄愚以病，不容卒業，豈一千八九百詞人姓名造物必欲令其泯沒無傳？思振若斯，呼可畏哉。倘成之（按余一鼇字成之）肯來，愚當將叢殘各稿一併付交，俾伊回錫，與江浙詞人彙輯成書，愚在九原，亦復無憾矣。成之要以目矇不克另函，特將諭意轉達。然則斯編為紹儀已垂殁暫之作，又

總集類卷一

未梓行，故余一鑑識語所謂海内祇有此本，如何不珍，知何不惜者。惟所述自同治以來迄方外閨秀尚有二十三卷，則其稿殆散佚矣夫。

一家詩詞鈔 無卷數 清光緒庚子傚宋寫刻本

清滕元鑑及子學濂、槿𣊬彙刻詩詞鈔。元鑑傳鐙賸稿爲古今體詩十有六首，學濂棠雲館殘稿十绝，槿𣊬虚白舫詩删存、虚白舫詩焚餘，皆古今體詩，而以文鈔爲附。渠緣成帙，因名曰一家詩詞鈔。元鑑字仲彝，從同縣張步瀛游。步瀛工詩，而於元鑑亦稱其不學，謂之曰，昔趙仲尚贈曾茶山詩云，咄咄逼人門弟子，劍南已是一傳鐙，吾今且傳鐙於子矣。所稱述之如此。學濂字志周，諸生。同治四年乙丑補以咸豐十年庚申殉粤。元鑑子。槿𣊬原名彤黼，字木仁，自號契潛，元鑑次子。好吟詠，嘗一室四面皆明窗，植碧梧翠竹，風雨驟至，則蕭蕭皆鳴，髣髴置身萬木深山中，自具佳趣，顔曰虚白，自在之舫。故人又以虚白先生稱之。年且五十，弃家遠游，所攜有一石一琴，宋搨蘭亭、宋刻陶集、大小荷葉硯爲客中五友。是輯爲槿𣊬自壬午光緒八年至庚子光緒二十六年十九年間删存之詩，又壬午至辛丑爲焚餘之詩三十六首，而以詞一闋並文鈔殿焉。似虚白舫爲名，乃以其父兄遺編冠諸卷首，刊行於世，總名一家詩詞鈔。吴昌碩題其端，稱傳鐙、棠雲二稿，雖吉光片羽，亦徵家學淵源，自成一家，而吴門馮應榴又題槿𣊬詩，謂會心别有深微，處不在尋常楮墨間，蓋係非諛詞也。

總集類卷一 三四

清朝論詩絶句一卷 古今文藝叢書本

清蔣士超選輯。士超字萬里，南社社友，光宣時人。其先世拙存堂集，桑田滄海，绝少流傳。士超搜得遺編，重刊行世。是編搜采清人論詩之作，以絶句爲歸，足備藝林覽攷。

古詩選四卷 上海廣益書局石印本

清王國棟選輯。國棟字樹三，出家事蹟無考。是書自箕逮虞歌，以迄魏晋六朝，凡書策所經見者，彙而録之，次爲四卷，名古詩選。同縣

總集類卷一 三五

錢璊為之序。

二嚴先生詩二卷 民國十二年聚珍本

清嚴文波、嚴文沅合刻詩。文波，郡庠生，有娱齋詩草一卷；文沅，有拙宜書屋詩存一卷，目曰二嚴先生詩。文波字星潜，光宣間人，性好詩，狀貌言動樸野真摯，所居邸店環匝，煙雲杳靄，無闤闠喧闐之擾，意態閒適，胸次高曠。文沅字芷馨，文波同祖弟，性好菊，芟蘖鋤根，蹀躞菊圃

總集類卷一　三六

間往來游覽，意自得。是書為兩人合刻詩，同縣汪仁壽（鉅年，字小竹，樸）書其端，其宗人毓芬為之序，稱文波詩凡性情之所寄，景物之所觸，發之於詠，殆如泉之觱沸，工湧而不能自已，稱文沅詩嶔奇兀傲，澤古頗深云。

隱鴻雜著四卷 清光緒二十四年聚珍本

清陶思勖、顧沐潤夫婦彙刻之詩文錄。思勖字淑志，性好讀書，不欲工於詩。其夫沐潤，字振秋，光緒二十三年丁酉拔貢，究心經世有用學，而於詩古文辭，不甚措意。思勖既卒之五年，而沐潤亦卒，陶延材彙錄其遺著，次為四卷，並序而刊行之。延材，思勖弟也。

續梁溪詩鈔二十四卷 民國九年鉛印本

民國侯學愈纂輯。（是書自清乾嘉之際至民國之初，凡邑獻詩章，彙錄成帙，目曰續梁溪詩鈔。）學愈有尊賢祠考略，已著錄。按顧光旭梁溪詩鈔刊於清乾隆之季，其後則無賡續，學愈搜集邑獻遺著，依據顧書體例，纂為

總集類卷一　三七

編次，自備生面，未遑兼顧偃蹇，百無一成，家鮮藏書，助鮮同志，黽殫力探討，閱時六載，所得作者五百四十八家，為詩四千三百餘首，卷分二十有四，其間光復逢一百四十餘年，雖自抱滄海遺珠之感，而其羅致之功，可概見焉。惟作者先後間有倒置，小傳引證亦有未確，要亦不足為斯編病耳。同縣鄒樞序之，謂萃一邑之精英，存六朝之文獻，佩實銜華，啓來哲，庶足以擴將墜之斯文，興述作之盛舉，有

造於後學者甚大。然則学愈自謂以詩存人，或以人存詩之意，讀是編者，固自得之，而地方文獻，於是亦可繼續書而備覽攷焉。

翦淞留影集無卷數 民國七年倣宋鉛印本

民國吴芝瑛纂輯。芝瑛，廉泉室。桐城吴寶三女。寶三與兄汝綸並以古文辭有聲於時，而芝瑛濡染家學，故於文並擅，書名聞中外。然不苟作，人有得其寸縑者，詫以為寶。性義俠，終與秋瑾以革命受誅

總集類卷一　三六

芝瑛慷慨，兩義偕宗，葬諸西湖，雖當道所忌，不敢也。既而後建風雨亭於秋墓（秋瑾臨刑時有秋風秋雨愁殺人詩句），並於所居湖濱之蘭湖精舍中，築悲秋閣以志永感。是書集全國四十有九人唱和之作（雜集），名翦淞留影集。翦淞者，所居閣名。泉、芝瑛既偕隱於小萬柳堂，後樓其東曰帆影堂之上曰西樓，兩樓鉤連，曩為翦淞閣。芝瑛謂閣不過丈餘，方夕陽於蒿，紅霞彌空，倒印入水，似水中別有一天，自是時登臨，輒多唱和，裒

錄之，得詩三百十五首（有謂）。追思曩游，倏焉陳迹，檢校為墨，盡然愴懷，祭酒之墓木已拱，詩人之夕陽猶是，而乘時之彥，遯世之髦，以遠遊之佳人，翩翩公子，靡不各露面目，具吐胸懷，蓋其集中所錄如邵松年已作古，徐世昌、傅增湘得時則駕，鄭孝胥、嚴復、沈曾植、陳三立、馮煦輩皆隱遯於野，袁克文、克權兄弟名世翩翩，好亦自具風格，所謂各吐其胸懷云。

總集類卷一　三七

桐江釣臺集十二卷續集二卷 民國十年鉛印本

民國嚴懋功輯纂。懋功有清代徵獻類編已著錄。是書輯錄歌頌漢嚴光隱居於桐江釣臺之詩文，編次成帙。按光字子陵，史稱少有高名，與光武同游學。及光武即位，光乃變名姓，隱身不見，耕於富春山，年八十終於家。凡史志所載，歌詠所傳，輒稱峻節孤標，實開東京二百年砥德礪行之風，有功名教，殆匪淺鮮。懋功瀏覽載籍，追懷祖德，凡有歌詠光釣

臺遺跡，暨傳贊論記，輙爲繕錄，先後得詩文自劉宋至近代，幾千數百篇，作者姓名，乃至八百五十有奇。自書冊叙例以弁其首，謂非敢借先生以諷世，亦藉抒平生景仰祖德之忱，俾後之讀是編者之知所勸耳。其纂輯之意如此。

總集類卷一

畢

總集類卷二

明

唐宋六家文畧十二卷 邑人許同莘捐贈 家藏明嘉靖原刊本

明蔡瀛選輯。瀛字少山，嘉靖二十二年癸卯舉人。游武進唐順之門，於文得師法，同門者皆推服之。是書取昌黎、河東、廬陵、眉山父子、金陵、南豐凡六家所采記序碑誌書疏論策之文凡若干篇，目曰六家文畧，各家采以之題目，順

總集類卷二　一

之纂次之。瀛乃依次輯其文，其子麟甫既與其勞，並刊行於世。瀛自謂閱時十有三年而後成編，歷兩世而後成書，足見其勤篤可想見焉。順之子鶴徵序其淵源，刊於卷首。

文府滑稽十二卷 明萬曆己酉原刊本

明鄒迪光選輯。迪光有愚公谷乘，已著錄。是書選錄周秦以迄唐宋人之詼諧寓言之文，故名文府滑稽。分文部、說部二類，都十二卷。自謂

置之帳內，用以破夢解醒，蠲煩釋悶已耳。清《四庫全書》總集類爲之存目。

辟疆園宋文選三十卷 清康熙間原刊本

明顧宸選輯。宸有《辟疆園杜詩註》，已著錄。是書所輯錄之宋文，皆《東萊文鑑》所未及。觀陽李贊元爲之梓行，而後爲之序，稱是選可謂獨當其難，遠不具論，即就宋言宋，以宋人選唐文者，莫博於《英華》；以宋人選宋文者，莫

總集類卷二 二

核於《文鑑》。顧子是選，非大雅不收，非正宗不取，而又盡刪詞賦排偶與應酬場屋之體，即歐、曾、蘇、王六大家，亦以專行置之，領袖標舉，拔幽采隱，俾出人耳目之表，使觀者不知爲有宋三百年之文，而以爲從來未見之奇書也。蓋博如《英華》而簡嚴過之，核如《文鑑》而奇逸過之，以視二編，不知者謂鼎足三分，知者謂後來居上，其爲推崇如此。

清

錫山文集二十卷 清道光壬寅鷟湖華氏重輯本

清王史直、蔡樺輯。史直又名直，字子擎，康熙時人，好學能文，究心掌故事蹟，具縣志文苑傳。是書爲輯錄邑獻自漢以迄明末之著述，皆有關徵文考獻之資。按史直以無錫志書自元末迄清康熙時，雖五經修輯，而人物尚有闕遺，至儒林著作亦有漏略，幽光潛德，必多湮沒不彰，故於志書外別自爲書，

總集類卷三 三

名曰《錫山文獻》，分爲二集，獻以載已往之人物，文以錄邑人之詩文，自謂在新志、舊志之前，凡所遺漏者廣搜而增入之，在新舊志之後，當爲續修者亦訪求而增補之，乃編纂未竟而卒。其弟鑑續成之。迨道光時，鷟湖華氏於縣橋王氏得其家藏舊本，則獻集若干卷，朽蠹略盡，文集亦多殘闕，華湛恩乃重爲編次，自漢迄明，分邑賢、宰官、流寓，都百有七家，所錄皆詩文，其已載於縣志者

不重刊，滋恩謂此集之作，本爲縣志闕漏計也。又考縣橋以志載錫續輯例言，謂亡兄子黎有錫山文集，自東漢以來迄於本朝，凡邑人詩文或載於專集，或見於選本，皆敘分類搜採，都爲一集，予繼續遺編，以成亡兄未竟之緒，則原本所采爲志及清康熙時之作，且詩亦並收，今此本無詩，所采亦僅至明末。蓋滋恩重輯者止此，武進李兆洛爲之序，至史直鑑兄弟所輯錄者，不克窺其本末若敬集，則更無蠹殘之餘可見矣。

總集類卷二　四

古文眉詮七十九卷　清乾隆甲子三吳書院原刊本

清浦起龍撰。起龍有無錫縣志已著錄。是書輯錄自春秋兩漢蕭梁以迄唐宋，而至於元代之作者之文，都八百有六篇，論次以詮於眉端，題曰古文眉詮。自書緣起，稱戊申爲綴葺之始，甲寅爲彙鈔之始，己未爲定稿之始，辛酉爲開雕之始，又三閱歲而刻成，計從事於此十有七年，因撮所得一二，詮於簡之顛，猶眉之著於面云。按所書戊申者雍正六年，辛酉者乾隆六年，又三年而刻成，則閱時十七年，而是編方告成功，是可見其致力之勤焉。故其定稿開雕時，引敬於蘇，此所以有三吳書院刊本耳。

古文一隅三卷　涵雲麗氏寫刊本

清朱宗洛選輯。宗洛字紹川，號巽齋，乾隆二十五年庚辰進士，授天鎮知縣，甫下車，緝獲廣昌縣

總集類卷二　五

越獄積匪於同西南山谷中，窮治窩盜，境内肅然，聽訟不逾三日，志論報可息者，令自和解，性耿介坦白，研精易學，卒於官，所著易經觀玩篇，四庫全書存目，今鮮傳本，縣志宦跡有傳。是書自春秋秦漢魏晉以及唐宋選錄文四十有六首，編次爲三卷，詳加評騭，名之曰一隅。道光間常熟麗氏梓以行之，宗洛故嘗館於麗氏耳。大瑩序之，稱宋呂東萊古文關鍵，謝疊山文章軌範，明歸震川文章指南，

僅舉作古文之法，此則兼示作時文之法，學者誠舉一反三，可悟古文時文殊塗同歸之旨云。

七家文鈔七卷　孫氏玉鑑堂藏本

清薛玉堂選輯。玉堂字又洲，號畫水，乾隆六十年乙卯恩科進士，善書，能文，與武進李兆洛、張惠言、陽湖惲敬、陸繼輅數輩友善。歷官慶陽知府，以疾歸，載書數千卷，閉關却掃，足迹不入城市，事具縣志文苑傳。是

總集類卷三　六

書選輯方苞、劉大櫆、姚鼐、朱仕琇、彭績、惲敬、張惠言七家之文為一集，目曰七家文鈔。繼輅為之序，稱自望溪方氏別裁諸偽體，一傳為劉海峯，再傳為姚惜抱，桐城一大縣耳，而有三君子操壇坫，其間可謂盛矣。朱梅崖所處僻遠，彭秋士年少，心孤口衆，能自守，有志之士所為慨息也。子居舉文齒猶未老，乃皆不幸遽逝，遺書雖盛行於世，學者猶未能傾心宗仰，每與畫水言之，相顧浩歎。畫水因出其向所點定二子之文，又吴德旋仲倫所選梅崖、秋士文各十餘篇，益以桐城三集，以命繼輅，俾擇其尤雅者，都為一編，聊以便所家子弟誦習，非文之正於七家與七家之文之盡於是編也。此則是書源流及其所輯之旨，可概見焉。此本為孫氏玉鑑堂所藏，何年刊行，未見。縣志藝文未著錄。

總集類卷三　七

梁溪文鈔四十卷　民國三年聚珍本

清周有壬纂輯。有壬有鈞金考，乘已著錄。是書輯五十餘年，搜采漢晉以來鄉先賢遺文九百餘首，仿嚴陵集、中州集、成都文類、吳郡文粹諸書體例，輯成梁溪文鈔，殆皆有關掌故之作，足稗後世考鑑，並以垂地方文獻於久遠也。原稿為七十八卷，又附錄二卷，為生存著述。有壬瘁五十餘年心力而後成編，洪楊軍興，未及鐫板，而有

之亦殁。洎乎清季，同縣侯学愈乃得斯稿於其族裔秉鈞家（字菊潭，諸生，光緒三年丁丑歲案。父俊曾，既貢，哀毀卒，光緒壬辰詔旌孝子，附祀学宮孝弟祠）家，遂為重錄，體例一遵成規。凡原稿有目無文、有人無文者，為之廣搜博訪，賡續補正；無可蒐考者，則存目注佚，釐為四十卷。民國三年刊行於世。

八

民國

錫山秦氏文鈔十二卷 民國十九年至堂鉛印本

民國秦毓鈞纂輯。毓鈞有無錫縣立圖書館善本書目，已著錄。是書纂輯自宋，歷元、明、清四代，都百有二十餘人之遺著。循其族祖彬所輯詩鈔體例，人各系以傳，廣徵博引，藉見此家梗概。一家文獻所繫，亦一邑徵文考獻之資。江陰夏孫桐序之，謂子與氏論殷之盛衰，曰故家遺俗猶有存者。又曰所謂故國者，非有喬木之謂也，有世臣之謂也。故家大族之有繫於世道人心也，世運循環，文質遞嬗，盈虛消息，不期而然，要自有不可變者以維持其間。古所謂士食舊德。今所謂保存國粹，家之粹，即國之粹也。秦氏人才之盛，世澤之長，既表徵於家國。平甫之輯是編，守先待後，正以勉一家之繼美，遂以存斯文之墜緒，其所關豈大。同縣裴可桴復為之序，謂秦氏於無錫，世為士大夫，以文鳴者尤夥。平甫輯其一族之文，自北宋迄清季，曰錫山秦氏文鈔，示余，囑為序。余乃慨然懸想未來之世，他書倘為之佚，而此幸存，則又不僅為秦氏之珠玉也已。然則毓鈞之纂輯是編，為保存一家之粹乎，殆亦不僅為一姓之珠玉也。

總集類卷二

九

梁溪文續鈔 民國三年聚珍本

民國侯學愈纂輯。學愈有尊賢祠考略，已著錄。是書采輯咸同以來邑先哲遺著之有關風教掌故之作。~~侯学愈乾~~按周有壬所纂梁溪文鈔燬禍，~~若如補刊鐫板作毀~~，迄清之嘉道為止。学愈繼後搜采，仿周鈔體例，編訂續鈔。惟周鈔間錄駢儷，以其人以此專家，無散文別見。茲鈔不錄駢儷，以一體刻。今稿由同縣許廷杜學謙（字子楊，清光緒二年丙子舉人，品孤標，負邑望，官上海教諭，陞知縣，有聲於時）鑒定之。學愈自序，謂余既重訂梁溪文鈔，梓以行世，竊以咸同以來，人才輩出，不可無所褒輯，以竟其緒，乃徵集遺文，公其去取，凡甄錄五十四家詩文一百二十餘首，名之曰梁溪文鈔續鈔，以附於原編之次，而後吾家邑自漢迄今，宏篇鉅製，包羅大備，其有關於學術人心者，蓋淺鮮云。考獻之士，其徵乎斯。

詩文評類

明

國雅品一卷（歷代詩話續編本）

明顧起綸纂輯。起綸有類選元詩秀句已著錄。按起綸所著有國雅二十卷、續國雅四十卷，清四庫全書為之存目。是書就所著國雅中，上自洪武，下迄嘉隆，復選若干名家，分士品、閨品、仙品、釋品、雜品五目，名曰國雅品。明刊本絕鮮流播，邑人丁福保輯歷代詩話續編，乃采入之，以廣流傳。卷首刊有起綸弁言，卷尾有同縣姚咨跋語。

詩文評類　一

清

詩學指南八卷（孫氏玉鑑堂藏本）

清顧龍振纂輯。龍是書為孫氏玉鑑堂所藏，未見為何本。其主人祖烈題記謂斯編以古來作詩之說彙粹一編，為學詩者準繩。龍振邑志不載。考浦起龍之序，謂顧君春窓，版以其手最叢話，曰詩學指南者。閱序於倫叟，春窓為涇陽之裔，其家景以梁谿中以

諸名人皆詩老也，灟洪緒論，以出是編云云。攷錫金游
庠錄，載龍振於雍正十一年癸丑歲案游於庠，於
其姓名下注更名掄元，庚午舉人。按庚午為乾隆十五
年，縣志選舉門是科舉人其名未載，而副貢則有
掄元之名，可徵龍振更名掄元，乾隆庚午副貢。游
庠錄所注庚午舉人者誤。又攷縣志選舉門副貢所
載掄元為錫籍，游庠錄所載龍振為金籍，殆縣
志所載者誤，斯可補正。祖烈所題記者。而起龍序中

詩文評類　二

所稱景行者，景文之字；梁谿者，其弟貞觀之號；
中以者，仁恒之字；仁恒，景文子也。三人學行，具著縣
志文苑傳，而藝文門是編未載。

聽秋聲館詞話二十卷　清同治己巳福州刻本

清丁紹儀撰。紹儀有東瀛識略、清詞綜補，已著錄。是書
裒錄聞見所及詞人之作，而評論其得失。其館
甥胡鑑字衡齋跋於尾，謂茲編實足範圍後學，
補詞綜之闕，博覽詳稽，正詞律之譌，網羅
散佚，考異闡於唐宋元明，采擷精菁英，蒐抉
事於東西南朔，詩人之辭麗以則，始有指歸，春
秋之義婉而明，可通比興，哀絲豪竹，中年自寫
其胸懷，豔語清詞，大旨必原於風雅，倘謂閒
情撥觸，豈其然乎，須知託興遙深，是之取爾。
攷覽斯跋語，則可以得茲編之旨矣。

詩文評類　三

無錫藝文志長編

共十三冊之十三

集部六冊之六

詞曲類卷一

清

秋水詞二卷 縣圖書館鈔寫本

清嚴繩孫撰。繩孫有無錫縣志已著錄。是編輯錄繩孫所為詞二卷，縣圖書館據後刻單本鈔錄者。藏其初刻本已鮮流傳，惟據何家藏本鈔出，亦未有注。民國初元曾有湘中某氏不遠千里而來手錄一編，而吾邑人侯鴻鑑經畬

詞曲類卷一　一

縣圖書館曾據以同縣丁福保盧藏秋水詩鈔本八卷與是編合刊之，曰秋水集，亦既廣布於遠近矣。先是盧陵聶先字晉人輯錄名家詞鈔，亦為所采收（縣圖書館亦有藏此本者）。謂語穠詞本以豔情麗質為宗，而出語天然，不經雕琢，作手才如秋水可謂穠纖合度，濃墨淋漓之極，當代大家云。

微雲詞一卷 盧陵聶氏名家詞鈔本

清秦松齡撰。松齡有毛詩日箋已著錄。是編為盧陵聶先輯錄名家詞鈔所采收。頗有所錄孝（字茂倫）寄贈詩云：南國無雙士，東山第一流。又稱松齡風高林下，所制衣詩詞，膾炙騷壇，真可與蘇黃並駕云。其為推重也如此。

滄江草一卷 詞鈔采收未梓 盧陵聶氏名家

清華長茂撰。長茂字商原，明諸生（崇禎十六年癸未歲恩），工詩詞，與秦沅（字湘侯，興寧都魏禧交，為時名士，縣志附長茂傳）、顧祖禹善。祖禹纂方輿紀要，長茂、沅輒為參校，而長茂尤工行草書。

詞曲類卷一　二

興同縣孫竑、禾高世泰、嚴繩孫齊名，邑人所稱孫高嚴華者也。事具縣志文苑傳。是編世鮮傳本，後盧陵聶先輯錄名家詞鈔，曾為采收，而未付梓（其凡例謂人各一集，便於單本獨行，不妨隨到隨梓，隨時隨地皆可印刷問世，而茲輯竟未刊行），故目錄雖列之，而竟無其文。迨江陰繆氏纂輯常州詞錄，以清詞綜補、昭代詞選、聽秋聲館詞話所采收者彙錄之，俾後之人猶得窺見長茂所著之一斑耳。按縣志藝文門僅載長茂所著，有滄

江南一詩，今亦無傳本。

澹雪詞一卷兩卷詞一卷 陳氏孤雲軒鐫寫本

清顧岱撰。岱字商嵒，號典山，又號止庵。順治十五年戊戌進士。平居博極羣書，而於古文碑銘奏議詩歌諸體罔不究心。累官至贛州同知，位明三藩抗節，邊陽、閩粵楚兵火相接，岱隨機應變，倉卒左右之，雖皆撫授鎮，皆得弄殺，而岱志力極救，多所全活。遷知袁州府事，丁艱歸。起

詞曲類卷一　三

補杭州府，罷歸。蓋其才氣卓越，智算有超人者。縣志宦望為之傳。是書詞二卷，陳乃乾事績出處無考繕錄，王蘊章校勘，以贈縣圖書館寄藏者。而乃乾識稱兩卷詞從抱經樓藏舊鈔本錄出。縣圖書館所藏盧陵聶氏名家詞鈔，茲編澹雪詞亦為采收，識語稱才氣縱橫，詞章絢爛，兼以細心老手出之，其精到處，使人驚心動魄，永嘆沉吟而不能置，真是能於抒詞云。按縣志藝

文門是編未載。

彈指詞三卷 清光緒戊子重刊本

彈指詞 移到 五頁 陶都詞前

清顧貞觀撰。貞觀有涇皋淵源錄，已著錄。是書輯錄所為詞都三卷，初為其門人同縣杜詔梓行，後屢有刊本，板皆燬。迨光緒初，其族裔酉山重刊之，以廣流傳，此本卷首有詔原序，並乾隆間刊行時之諸洛序，而茲光緒重刊，則同縣秦賡彤為之序。按貞觀與納蘭成德並以善

詞曲類卷一　四

填詞名世，納蘭所著四庫全書采錄之，而是編為儒林所推重，則未采收，不解何故也。

畫餘譜一卷 盧陵聶氏名家詞鈔本

清華胥撰。胥原名庭徵，字叔用，號羲逸，亦作希逸。善畫人物，與惲壽平、蔡卉、王翬山水並稱秀麗。羲逸，縣志藝術為之傳。是編單本絕鮮流傳，而盧陵聶氏所輯名家詞鈔，乃為采收。寧都魏禧謂畫餘者，華子羲逸之詩餘也。

義逸工畫，若曰吾以畫之餘力為之。予嘗見其所繪人物，閒麗挖雅，宜其於詩餘，學而擅也。禧所稱如此，則可徵當時士大夫之推重矣。按縣志藝文門是編未載。

影樹樓詞一卷 盧陵聶氏名家詞鈔本 影樹樓詞移列四頁瑮揩詞前

清陳大成撰。大成字集生，順康間人。性孝友，家貧，雅好客。尤與同縣嚴繩孫友善。繩孫工詩詞，而大成所作，亦豪宕感激，士林嶽為妙絕

古今縣志文苑有傳。是編所錄詞一卷，盧陵聶氏所輯名家詞鈔，乃為采以殿。有孝稱其詞意致深遠，如皎月入懷，明珠在握云。按縣志藝文門載有陳集生詩集，今無傳本。是編則未載。

陶邨詞一卷 盧陵聶氏名家詞鈔本

清王允持撰。允持字尚聞，在康熙二十四年乙丑進士。博極羣籍，出其餘技，選調譜聲，絕無雕琢之習。選知縣，以母老歸，篤於孝行，事具縣志孝友傳。是編為盧陵聶氏輯錄名家詞鈔所采，宜興陳維崧謂其有清真之秀，而麗逸白石之典雅，用梅溪之琢鍊，蓮君持之工緻云。按縣志藝文門是編未載。

詞家玉律十六卷 著者手書墨蹟本

清王一元撰。一元字畹仙，又字逸其，自號江左詞人。康熙十一年癸未進士，授靈壽知縣，擢靜寧州知州。客京師，以

七十八令有聲，縣志文苑為之傳。是編即客居京師時所作，前列自序，謂以詞名二達兩宮，蓋所以書其崇遇。所輯計小令五卷，中調四卷，長調七卷，都十六卷。論者謂其釐正詞律，精密審周詳，後有樸論一目，皆字數異本及更正者，蓋猶為未定之稿耳。雖據嶺纂編，志用楷書，首尾不苟，三百年來遺墨完好，可謂希世秘笈矣。

芙蓉舫歲寒詠物詞一卷 校卷本 詠本

清王一元撰。一元有詞家玉律，已著錄。是編為其西沛都門客窓歲寒之作，新安蔚之（汪瀲字紫）序而刊行。同縣孫爾準繼之，厥後其裔孫芝林搜得之，附刊家譜中，藉再流傳。

蕉雨堂課餘偶吟一卷 校花石 祿本

清王一元撰。一元有詞家玉律，已著錄。是編詞七闋，七言近體詩四首。海陵陳企登跋之，稱擅大江東去之家雄，又得楊柳曉風之餘婉，詞家選壁，君已兼之。而同縣季麒光跋其詩，則曰：此晚仙客居海陵近作也，郵寄詩文

詞曲類卷一　七

目不暇給，即此揣麗蒼涼，何異柳州中山諸作，予年友中州李霞嵐每歎晚仙為奇才，期以遠到，三復斯語，信非之因嗇盡者。然則一元詩詞，此雖一斑，識者謂可以知其所以有聲於時焉。其何事客居海陵，及其客居年分，俱無考。按一元既無以詞知名，且獲榮邑同縣孫爾準，刊行其著述，然縣志藝文門竟無記載，可見搜采之匪易也。

韡仙詞稿五卷 清光緒壬午聚珍本

清吳寶書撰。寶書字松崖，一字韡仙，國子生，嘉慶時人。工詩，兼擅長短句。縣志文苑有傳。是編為其所存詞稿。其子汝渤（字刊芋，諸生，道光二年壬午科舉金山縣，重修光緒志，汝渤為以芋）得之聚麗中，錢塘袁枚題跋，同縣秦大光敘言，諸圖冠卷首。完好無損，殘乃為附梓，以廣流傳。按汝渤識語，稱其父著述甚富，僅存桐華樓詩詞稿四十卷、五夢樓詩，穆堂趙味辛諸老輩皆有敘言。咸豐三庚申，片紙無存云云。而厥後偶得斯編稿本，洵為幸事。校跋語

詞曲類卷一　八

謂詞家以周柳為正宗，以蘇辛為變調，猶之作駢體文者重徐庾，許不重歐蘇也。作者具韋霞晃雪之思，寵柳嬌重之態，昔人稱張叔夏風調纏綿，宮商協應，幾與白石老仙相鼓吹矣。吾於韡仙詞稿亦云。其為推重如此。本十五頁春艸軒詩存 移刊 聽雨小樓詞稿有

聽雨小樓詞稿二卷 清光緒辛卯邑城余氏西漢艸堂聚珍本

清楊英燦撰。英燦有綠雲吟館詩稿，已著錄。是書為其所著詞稿全本，卷首有自識語，其外孫余一鼇跋之，

倩同縣丁紹儀選定，乃跋之曰：外祖蘿裳公聽雨小樓
詞稿，一鼇龕幼時見有鈔本，悉親諭云：尚有頤素室蘭
屋雨表丈選定擬刻之本，則未經見。咸豐庚申，外氏
藏書並手錄稿本，悉付兵燹，一鼇龕流離三年，子身歸
來，片紙無復存矣。同治甲戌，謹堂舅氏歿於保陽，旅
櫬南歸，詢知外祖詞稿尚存，亟索觀之，則全本也。公手
書自識語，冠於其端，每思授梓，病多意慵，因循
未果。茲以聚珍付印，首本以資流傳，一鼇龕者，年抱願

九

詞曲類卷一

歎。時方梓公春草軒、蘊山公雙梧桐館、蓉裳公蒼
山館、荔裳公桐華吟館和詩詞，並此外祖詞稿，裒
刻為楊氏花萼集，頻年多病，蒲柳先零，今者犬馬
之齒已五十有五，斯志不克伸矣。所望楊藝強、余之姪子弟，
後起有人，他日成余未竟之緒，俾先人心血不致湮沒，稿
本具在，千萬努力，勿令予空言徒託，於之姪子弟有深
望焉。按所稱強姪者，強鉛、萬英燦孫壻，藝姪者，藝元度、元
亮，英燦外曾孫，是編付印，共與校讎者也。

倩同縣丁紹儀選定，乃跋之曰：外祖蘿裳公聽雨小樓
詞稿，一鼇龕幼時見有鈔本，悉親諭云：尚有頤素室蘭
屋雨表丈選定擬刻之本，則未經見。咸豐庚申，外氏
藏書並手錄稿本，悉付兵燹，一鼇龕流離三年，子身歸
來，片紙無復存矣。同治甲戌，謹堂舅氏歿於保陽，旅
櫬南歸，詢知外祖詞稿尚存，亟索觀之，則全本也。公手
書自識語，冠於其端，每思授梓，病多意慵，因循
未果。茲以聚珍付印，首本以資流傳，一鼇龕者，年抱願

九

詞曲類卷一

歎。時方梓公春草軒、蘊山公雙梧桐館、蓉裳公蒼
山館、荔裳公桐華吟館和詩詞，並此外祖詞稿，裒
刻為楊氏花萼集，頻年多病，蒲柳先零，今者犬馬
之齒已五十有五，斯志不克伸矣。所望楊藝強、余之姪子弟，
後起有人，他日成余未竟之緒，俾先人心血不致湮沒，稿
本具在，千萬努力，勿令予空言徒託，於之姪子弟有深

拜石山房詞、綠秋草堂詞鈔刻

聽雨小樓詞跋

荷，強鉛、萬英燦孫壻，藝姪者，藝元度、元
之編付印，共與校讎者也。

真松閣詞稿六卷　邑人許同藺舊藏道光間初刊本

真松閣詞稿　稿刊　僅二頁

壽卿軒詩存　邑雲雅會刪　閱之住（?）

清楊夔生撰。夔生有鶴園掌錄（?），
書，輯其所為詞稿六卷，以真松閣為名。石門方
廷瑚書於後曰：吾溪多詞人，國朝以來，嚴秋水、宮允
碩、梁汾舍人所著詞稿，膾炙人口。劉芙初太史晚出，受業
楊蓉裳先生之門，詩與侍衣名噪藝苑。伯夔為先生
家嗣，早歲穎敏嗜學，青緗助好，殆或過之。生
平著述於詩文外，尤工倚聲，守其家法，更

詞曲類卷一　　十

陶冶於唐宋諸名家，而擷其精華，總以妍
華。江南北蔚然稱大宗矣。余性拙，而嫻於學
一無所成，伯夔歷次秋闈不售，以府經歷，簡
發來直，需次會城，每有吟詠，崇（?）暨知之。余以
家事塵（?）冗，執負約不果作，伯夔不余責也。
暇日以真松閣詞集見示，余於詞學，茫乎若
迷，或不能句讀，讀未終闋，嗒焉若喪，不能

真松閣詞稿六卷　邑人許同藺舊藏道光間初刊本

真松閣詞稿　稿刊　僅二頁

壽卿軒詩存　邑雲雅會刪　閱之住（?）

真松閣詞

邑雲雅會詞　庶刊（?）

秋州堂詞存（?）

撰。夔生有鶴園掌錄（?），
為詞稿六卷，以真松閣為名。石門方
廷瑚書於後曰：吾溪多詞人，國朝以來，嚴秋水、宮允
碩、梁汾舍人所著詞稿，膾炙人口。劉芙初太史晚出，受業
楊蓉裳先生之門，詩與侍衣名噪藝苑。伯夔為先生
家嗣，早歲穎敏嗜學，青緗助好，殆或過之。生
平著述於詩文外，尤工倚聲，守其家法，更

詞曲類卷一　　十

陶冶於唐宋諸名家，而擷其精華，總以妍
華。江南北蔚然稱大宗矣。余性拙，而嫻於學
一無所成，伯夔歷次秋闈不售，以府經歷，簡
發來直，需次會城，每有吟詠，崇（?）暨知之。余以
家事塵（?）冗，執負約不果作，伯夔不余責也。
暇日以真松閣詞集見示，余於詞學，茫乎若
迷，或不能句讀，讀未終闋，嗒焉若喪，不能

出一言以相往復伯夔亦不余責也伯夔由
鰲邑丞擢固安令鳴琴退食之餘編有
作如干卷付梓屬弁一言余嘗謂北宋
詞人不襲南唐之貌而或失之過剛南
宋則力矯北宋剛勁陰柔之弊而常流
於纖膩過猶不及君子疑之赤松閣詞
一冊譬之於文殆合江鮑庾徐爲一鑪

詞曲類卷一 十一

之治古鬯以樹骨排挪以寫情醲郁
以鑄詞柳揚感慨以寄意撦摹雅而成
壽家傳世而以遠天吳疑哉其言之不
文與未紳傳作者真意所在伯夔爲
知首之不余責也夫道光甲午季春云云
按此文雖原書後乃冠諸卷首有硃筆圈
點刪改亦不知出自何手廢後邑城西溪余氏□有
心禪室重刊本卷首亦載此文云

春艸軒詩鈔四卷 無錫圖書館鈔寫本
清楊掄撰掄有春艸軒詩
餘日小蓬萊山館詞二卷紅豆村人詞二卷都四卷
有同縣孫爾準敘並及其從弟揩芳燦等十
一人題詞冠於簡端縣圖書館據邑城西溪余氏
所藏未刻稿鈔錄之

過雲精舍詞二卷 清嘉慶己卯倉山房七家詞本
清楊夔生撰夔生有匏園掌錄已著錄是編爲錢塘

詞曲類卷一 十二

袁通所選七家詞之一按夔生父芳燦爲袁枚高
弟弟子而夔生既擅詩詞兩家遂以翰墨結契其
淵源具見匏園掌錄所載袁祖志序中此以夔
生斯作列入小倉山房七家詞選者殆非偶然

拜石山房詞鈔四卷 清光緒丙子邑城西溪余氏心禪室重刊本
清顧翰撰翰有拜石山房集已著錄是書輯錄
所爲詞四卷原爲道光間刊本咸豐兵燹兩後邑
中故家罕有藏者同縣余一鼇重刊之三元蔡宗茂

原序，稱竹垞、迦陵而後，允有嗣音，是可見當日推重之至矣。

拜石山房詞、綠秋艸堂詞應列聽雨小樓詞後

綠秋草堂詞一卷 清嘉慶己卯小倉山房七家詞原刊本

清顧翰撰。翰有拜石山房集，已著錄。是書為錢塘袁通所選七家詞之一。七家者，陽湖劉嗣綰芙初、錢塘袁通蘭邨、無錫顧翰簡塘、上元汪度白也、江都汪全德小竹、金匱楊夔生伯夔、六合汪世泰紫珊也。蓋通集朋儕之製，附以己作，名曰

詞曲類卷一　四十三

七家詞，世泰刊行之。海寧楊文蓀為之序。而通復以輯入小倉山房全集焉。

卷閒小草無卷數 縣圖書館繕寫本

清嵇蓉撰。蓉字杏塘，道光二十三年癸卯舉人，授元和教諭，同縣余一鰲父子受業師。咸豐庚申避居鄉間，卒。是編為詞稿，向無刻本。一鰲偶於友人處得見繕鈔本，因錄副以存。縣圖書館即據邑城西溪余氏所藏鈔本繕錄之。

覺夢詞、亦云詞先後倒列　與後半頁

覺夢詞一卷 縣圖書館繕寫本

清余一鰲撰。一鰲有心禪室詩稿，已著錄。是編為所存詞稿之一種。自序之曰：僕也頻年嬰疾，端憂起歎，感抱西河，似亡若失，摧閟之悲，終難排遣。壬午九秋，小寓吴門，主人新有大故，旅夕所聞，無非哀音楚語。每值風雨撼窗，新寒欺枕，耿耿中宵，蒞蒞而感，擁衾翦燭，輒占小詞，旬日間凡得菩薩蠻若干首，因名之曰覺夢詞。譬之

詞曲類卷一　四十四

寒雁唳霜，荒雞叫月，不知其然而然。椰泉居士所云自鳴天籟，不擇好音，有由然矣。嗟乎，春歸花落，緬往事以言情；雲散風流，憶墜歡而索句。苟未免有情，亦復誰能遣此。曼吟旅閣，不堪破我愁顏，郢拍巴歌，冀博君前笑口云爾。

亦云詞、覺夢詞與前半頁先後倒列

亦云詞一卷 縣圖書館繕寫本

清余一鰲撰。一鰲有心禪室詩稿，已著錄。是編為所存詞稿之又一種。自序云：光緒己卯，營蝸

廬於無錫城中西溪，庚辰哀受子威之無聊，遂以塡詞自遣，顧心疾日甚，不任思索，時幻偶書，藉消永日而已。自辛巳迄壬辰，積凡若干，近見憶雲詞甲稿序云：夫詞者，意内而言外也，意生言，言成聲，聲分調，亦猶春鶴秋蟲，氣至則鳴，不自知其然也。其言先得我心矣。其丙稿序云：不爲無益之事，何以遣有涯之生，亦若爲余先道者，嗟乎，余實夢人也，以夢外人與夢中人同此塵世，嚼蠟咀夢，亦無

詞曲類卷一　　圖十五

味也，身非木石，心似之矣。桃源何在，安得置身，名詞亦云者，意取不足云而云，非謂人云亦云也。其所以名之之編者之意如此。

藝雲詞四卷 清同治丙寅原刊本

清俞敦培撰。敦培有酒令叢鈔，已著錄。是書輯錄詞四卷，儀徵汪寶樹安平、黄燊爲之序。王文瑋稱以清雋之筆，寫幽渺之思，白石玉田，允稱絶唱。作者其得雨先生之薪傳云。

詞曲類卷二

［清］

小忽雷傳奇二卷 清宣統庚戌暖紅室精刊本

清顧彩撰。彩字天石，康熙間人，有異才，尤工詞曲，博古閒情，藝林所重，縣志文苑附父宸傳。是書卷上二十齣，卷下四十齣，岸堂主人題端，稱顧子天石傳奇五種，皆未登場，惟離騷譜一劇，按之南雅小部，曲終人散，已歷經年矣。今小忽雷傳奇，清詞麗句，大似

詞曲類卷二　　一

槃花而秋宮一折，直奪關馬之席，而無迭范范，斯爲絶唱云。

桃花扇傳奇四卷 清光緒乙未蘭雪堂重刊本

清顧彩撰。彩有小忽雷傳奇，已著錄。是書傳明末宏光朝事，以三百年基業，隳於何人，敗於何年，歇於何地，盡情寫出，感慨涕零，亦可懲創人心也。[illegible]名桃花扇四十齣，於聲無所俗，殊有裨補，所謂今之樂猶古之樂與。

吟風閣傳奇四集 石印通行本

清楊潮觀撰。潮觀有存鑑已著錄，是書搜采朝野聞閣，國富民貧之情事，製爲傳奇三十二齣，以警惕當世。爲潮觀公餘所作者。按潮觀知邛州時，於官廨廳事之西築吟風閣數椽。夫民之壽者，令各種花木一株，取古今可觀感戲事也，遂製爲樂府數十劇，付梨園謌舞以落其成。錢唐袁枚曾演之金陵隨園，一座傾倒，海昌

陳氏稱將重之，積弊至之，遂破心摹神。追寄託遙深，別具手眼，不落窠臼，似非尋常隨腔按譜，填曲摘句可比也云。

庶幾堂今樂二十八種 清同治癸酉蘇州刊本

清余治撰。治有學堂講語已著錄，是書搜采近事，被之新聲，用因勢利導之方，寓勸懲之旨，取孟子王之好樂甚則齊其庶幾之意，名曰庶幾堂今樂。德清俞樾爲之序，而治復自序之曰：古樂衰而後梨園教習之典興，原以傳忠孝節義之奇，使人觀感激發於不自覺，善以勸，惡以懲，殆與詩之美刺、春秋之筆削無以異，故君子有取焉。賢士大夫主持風教，當因宜默挽其權，時與釐定，以爲警聵覺聾之助，初非徒娛心適志已也。無如沿習既久，本旨漸失，賢士大夫既不暇留心及此，一任優伶子弟顛倒錯雜於其間，所演者，遂多不甚切於懲勸，近世輕狂佻達

之徒又作爲誨淫誨盜諸劇，以悅時流之耳目，而少年轟效風流，其他一切導欲增悲，不可爲訓者，且紛然雜出，使觀之者蕩然失魄，以假爲真，而古人立教之意，遂蕩焉無存。風教亦因以大壞。余不揣淺陋，擬善惡果報新戲數十種，一以王法天理爲主，而通之以俗情，意取勸懲，無當聲律，事期徵信，不涉荒唐，以之化導鄉愚，頗覺親切有味，自知下里巴人，不足當周郎一顧，而彰善

瘅惡，歷歷分明，觸目驚心，此為最捷。庶幾哉一唱百和，大聲疾呼，其於治也，殆庶幾乎。對其所為今樂之旨，庶亦藉以警覺聾聵矣夫。

詞曲類卷二　四

叢書類

清

有福讀書堂叢刻四種 清光緒辛丑儀徵吳氏刊本

清許珏選輯。珏有論語要畧已著錄。是書就儀徵吳氏有福讀書堂叢刻中尤精要者選錄之，曰治家格言繹義二卷，六事箴言一卷，公門懲勸錄二卷，官紳約一卷，都四種。按光緒庚子，兩宮西巡，珏自吳中奔赴上書言事，奉旨赴粵，辦理要政。時儀徵吳福茨陳臬是邦，乃得讀其叢刻凡十六種，以其卷帙浩繁，復精選四種，以為僚佐與有坦需次者之鑑，自謂此編，意在厚風俗而培人才。中國受侮，實始自粵。今吳君以此編示之準的，使之自愛者，循是而行，十年之後，粵中之治或亦有以收其效者。至國家控御外人，俾就範圍，亦必自粵始云。

民國

念劬廬叢刻八種 民國二十年鉛印巾箱本

民國徐彥寬纂輯。彥寬原名泰來，一名士奎，後更其名，字薇生，自號夷吾，後又易曰蔥隱。為人恂恂，固少長執禮，恭精心劬學，而於校讎，終於經世平生志治子史雜部書，深究前代治亂往復之道，每謂司馬、班、范三史皆出獨裁，勝於衆修，欲艸創清史，別為一家，發凡起例，得如干事，不自暇逸，而神氣以耗，享壽不永，致未成書。闡者惜焉。是書所鈔輯者皆名賢秘帙佳著，曰清梁巘評書帖一卷，清朱洪章從戎紀畧一卷，清孫毓汶遲庵集杜詩一卷，清譚獻復堂書子定本一卷，復堂詩續一卷，復堂日記補錄一卷，復堂日記續錄一卷，復堂諭子書一卷。自謂刊布流傳，以盡後學宣闡之責。其摯友同縣錢基博為之序並集資刊行之。

二

叢書類

生存著述

雲在山房叢書二十一種 民國十七年鉛印精校本

今人楊壽枏纂輯。壽枏有雲在山房類稿已著錄。是編蒐集師友著述及自著小品文字，彙輯成編。其師友所著者曰黃體芳醉鄉瑣志、汪曾武外家紀聞、徐沅醉雜記、硯恩瀚竹素園叢談、侯毅洪憲舊聞、李步青春秋后妃本事詩、丁傳靖明事雜詠、柳朋國扶桑八百吟、丁傳靖稱慧遯修庵小記、冒廣生雲朗小史、章華論文瑣言、李放八旗畫錄、吳昌綬吳郡通典、沈宗畸便佳簃雜鈔、楊壽枏樞壺公書目錄、傅增湘藏園所見宋本題記、陸增煒紀鴛湖夢影記、呂鳳女士和漱玉詞，都六種。其自著者曰雲薖漫錄、覺華叢錄、滄粟齋雜記，都三種。所輯采多珍聞軼事，勝跡雅游，旁及詮論詩文，考訂書畫，有關風教，並資鑑別之作。又有嗟悼師友凋落，采掇遺著，以寄逝者之痛之篇。

三

叢書類

錫山先哲叢刊十一種 民國十一年仿宋聚珍本

今人侯鴻鑑纂輯。鴻鑑有病驥旅行記已著錄，是書選刻鄉獻遺著，以廣流傳，共十有一種。按鴻鑑方縣圖書館創建而後，以為文獻不足，自古悼歎，乃廣為蒐羅珍藏館中，期後來有考正。是後輯錄鄉獻垂湮之編，或未刻之稿，梓以於世，目曰錫山先哲叢刊。但限於經費，未能一時付梓，計先後出四輯。其第一輯曰不著撰人姓名無錫縣志四卷。按是編邑人稱為元王仁輔著。明鄒迪光愚公谷乘無卷數，清嚴繩孫秋水文集二卷、補遺一卷，清劉繼增重輯竹爐圖詠四卷、補集一卷，都四種。其第二輯曰明浦源浦舍人詩集四卷，明王紱王舍人詩集五卷，明馬世奇澹寧居詩集二卷，都三種。其第三輯曰明高攀龍重訂鄒文莊公年譜一卷，清王會汾樂草堂稿八卷，都二種。其第四輯曰清許珏高子遺書節鈔十二卷，清錢泳錫山補志稿無卷數，都二種。所采皆鄉獻名著，未雕有傳本，或有近來刊印甚缺

叢書類　四

不然，將湮沒無傳矣。厥後抗戰軍興，邑城告陷，鴻鑑僻地居海上，而其事亦難繼承，是可慨也。至其集資襄助，并任校讎諸勞者，具載是編各輯中，不贅焉。

叢書類　五

無錫藝文志長編目錄

閨秀卷一

清

綠梅影樓詩詞存二卷 清顧翎撰

曉霞閣詩鈔一卷 清楊鳳祥撰

選雲樓詩鈔一卷 清楊琬撰

澣餘集詩詞鈔二卷 清周佩蓀撰

吟香室詩草二卷續刻一卷附刻一卷 清楊蘊輝撰

怡安室詩稿一卷 清華韞瑚撰

望月軒詩詞稿二卷 清鄒沈英撰

紉餘小草一卷 清鄒佩蘭撰

紫藤蘿吟館遺集一卷 清章婉儀撰

夢梅仙館吟草一卷 清楊藻撰

緑萼軒吟草一卷 清楊志溫撰

曇花館一卷 清杜敬撰

清足居集一卷 清鄒瑜撰

澹慮軒詩鈔一卷 清諸顧氏撰

民國

黛吟樓遺稿三卷 民國溫倩華撰

民國

病梅盦詩鈔三卷 民國曹敏撰

閨秀卷二

清

含煙閣詞一卷 清吳緒霞撰

栖香閣詞二卷 清顧文婉撰

絳雪詞一卷 清薛瓊撰

琴清閣詞一卷 清楊芸撰

茝香詞鈔一卷 清顧翎撰

澹香樓詞一卷 清葛秀英撰

澹音閣詞一卷 清趙友蘭撰

蕉窗詞一卷 清鄒瑜撰

霞珍詞一卷 清繆珠蓀撰

無錫藝文志長編目錄

方外

清

洞泉詩鈔一卷 清崇漣撰

幻庵和尚詩集無卷數 清幻庵撰

聽香仙館詩詞鈔二卷 清許巨楫撰

汗漫紀遊草一卷還山小草一卷嶔景西吟館贅一卷還山卧月軒詞集一卷 清許巨楫撰

無錫藝文志長編

閨秀卷一

清

綠梅影樓詩詞存二卷 清光緒戊子刊本

清顧翎撰。翎字羽素，敏恒女，翰妹，同縣[illegible]楊敏勳室。敏恒既以風雅倡，其子貞翰節慈生翎，並擅才藻。翎幼嫺庭訓，亦習為詩，兼工長短句，族黨傳誦，比謝庭風絮。性愛梅，顏所居曰綠梅影樓，作填詞圖，徵題

一時名人才媛，應者甚夥。所著詩詞，翰選輯為序，未及梓行，咸豐庚申兵燹，遂付灰燼。是書為所錄別本，曾孫志濂校錄為上下二卷，刊行之，以垂久遠。金壇馮煦為之序。

曉霞閣詩鈔一卷 西溪余氏捐贈舊鈔本

清楊鳳祥撰。鳳祥，楊英燦の女，嘉善王淦字漣舫室。是書為邑城西溪余氏鈔錄所藏，眉端有劉繼增硃色注語，卷首又有顧翰手記語，其兄廷錫序之，稱吐辭韶秀，俊逸之氣，纏綿幽遠，卓然為閨秀傳作云。

選雲樓詩鈔一卷 縣圖書館據西溪余氏藏原稿鈔寫本

清楊琬撰。琬字佩貞，楊夔生長女，同縣秦恩霈字子叔室。是書為古今體詩都一卷，晉江龔顯曾、陳蔡仁並為之序。縣圖書館據邑城西溪余氏所藏原稿本鈔錄，卷端余一鼇識語，謂此本須重繕付梓，或以活字板排印數百本，暫為傳世

否則單本日久，恐致遺湮，則無刻本可知矣。

怡安室詩稿一卷 舊鈔本

清華韞珣撰。韞珣字韻香，華侯長女，秦堯曦室。字鏡卿，道光十七年丁酉拔貢，累官河南開歸陳許兵備道，署鹽運使。是書詩一卷，為舊鈔本。同縣張步瀛為之序，殆無刻本也。

吟香室詩艸一卷續刻一卷附刻一卷 光緒丁酉閩縣董氏家刻本

清楊蘊輝撰。蘊輝字靜貞，楊英燦孫女，謹堂長女，閩縣董敬箴室。沈敏婉淑，能以詩學世其家，早歲僅

研悦畫理，凡紉箴庶飪諸内職罔不精美。既歸董氏，事王姑君舅君姑愉愉，承色笑，撫子女慈威兼至，戚鄰皆稱道之焉。是書為其平生所著述，其子元度、元亮校刊行世，長沙張百熙為之序，稱集中甲申感事諸篇諷之懔懔有生氣，豈締章繪句之徒所能冀其萬一，而蘊輝自謂我詩無法度，不欲人傳，觀為以貽子孫云。卷中附刻多諸家壽文，而蘊輝行誼亦於是大彰矣。

閨秀卷一　三

澣餘集詩詞鈔二卷　清咸豐辛酉寫刻巾箱本

清周佩蓀撰。佩蓀周承甲女，華優長室。幼聰穎，喜吟詠。咸豐庚申洪楊軍據邑城，佩蓀赴水死，年已七十有五矣。時若女若孫婦若外孫女華相從以死者又六人，同縣秦瀛賡彤為文以傳之。是書詩詞各一卷，曰澣餘集。其孫華文臣、寬臣梓行於世，同縣蔣大鏞為之序。

望月軒詩詞稿二卷　縣圖書館寫本

清鄧沈英撰。英字湘芝，鄧元鈺（字式如，廣東鹽庫大使）室，長洲沈基庶女。幼慧，工吟。是書詩二百六十餘首，詞二闋，試帖四十餘首，其甥同縣杜學謙序而梓行於世。厥後流傳者少，縣圖書館據邑城侯氏藏本繕錄之。

紉餘小草一卷　清光緒乙亥鵝湖華氏刊本

清鄒佩蘭撰。佩蘭華蘅芳室。是書詩一卷，末附詞八闋。蘅芳梓行之，其翁翼綸序之，稱其幽怨之情溢於紙墨，有不忍卒讀云。

閨秀卷一　四

紫藤蘿館吟遺稿集一卷　清光緒間華氏家刻本

清章婉儀撰。婉儀字耐卿，章簇恬女，華文匯（字海初，同治十二年癸酉科舉人，官瑞金、吉水等知縣）室。性端謹，治家有法，能詩。是書為文匯輯其遺稿詩古今體詩百三十六首，彙為一卷，顏曰紫藤蘿吟館遺集。紫藤蘿者，文匯幼時植其家延綠閣之池畔，春時繁縟如蓋，婉儀既于歸，愛之，而以顏其室，因以名其書焉。簡首載諸家序文及題辭，簡末載文匯悼亡詩百首，並諸家祭文及挽聯。文匯序之，稱殘編斷簡之謫於心、哦於口、書於手，確乎其性情之所流、精神之所寓焉者云。

綠萼軒吟草一卷 民國五年聚珍本

清楊志溫撰。志溫字幼梅，楊志濂妹，適南清河陳氏。是書為詩一卷，末附詞四闋，志濂為之編次印行。

曇花盦一卷 清同治辛卯鉛印本

清杜敬撰。敬字景姜，號佩蘭，性愛菊，故又自號菊如，同縣竇士鏞室。杜氏為邑中名族，非詩書不事，敬天資高邁，能詩，而又旁通百家，殆

淵源家學者。深卒年僅二十有六，是書古今體詩七十有三首，詞九闋。其甥鄧恩錫選定，命女瑜編錄，其壻士鏞梓行於世，而恩錫、瑜父女又同為之序，厥後復附刊於士鏞集焉。

清足居集一卷 清光緒乙未錢塘諸氏家刊本

清鄧瑜撰。瑜字慧珏，鄧恩錫女，濂甥，錢塘諸可寶繼室。是書為古今體詩，起丙辰（疑有誤）迄乙未（光緒二十一年），編次成帙，可寶梓行之。恩錫題辭，謂其詩「一任天籟，不事斂和」，譚獻為之序。

澹慮軒詩鈔一卷 無錫圖書館鈔寫本

清諸顧氏撰。氏缺名，邑城虹橋顧徵飛女，東北鄉楊亭諸漪亭室，郎涵初再傳弟子。漪亭喜任俠，馳馬縱酒，不事家人生產，家故饒於資，有田數十頃，財產出入悉由氏經理。寬除詩中，暇輒喜吟詠，後與脫輻，仰藥死。是編所錄古今體詩，次為一卷，（三也）未載著作年月，首尾亦無序跋，惟簡端載有縣圖書館館長秦毓鈞識語，謂氏有絕命詩，哀而不怨，一時傳誦，詩載侯

氏續梁溪詩鈔云。

民國

黛吟樓遺稿三卷 民國十年仿鉛印精校本

民國溫倩華撰。倩華字佩萼，同縣過錫卺室。自少穎慧，長習經史，博通有識，祖崇鈺、父侶生皆鍾愛之。倩華嗜詩詞，受業於錢塘陳蝶仙、同縣鄧梅嚴

虔

婉芬之門，餘列高第。蝶仙之女翠娜，亦酷嗜詩，倩華遂與訂金蘭交，以問學相砥礪，詩筒往返，月必數至。於是詩境亦益高，尙習倚聲。蝶仙亦頗稱許之。旁及繪事，又爲其師胡汀鷺所激賞，一時有聲鄉國。然曇花一現，遽以病歿，年僅二十有六，惜哉！是書爲其夫壻過錫邑收拾遺稿，編次之成三卷，而以倩華讀書之黛吟樓名焉。同縣曹銓書其簡端，並刊載陳蝶仙所爲小傳及其子陳蘧所製之黛吟樓圖，又列諸家序文，足稱後世徵考。卷末附錄哀

閨秀卷一　七

輓集，具徵儒林閨秀之同聲悲悼。其師嚴婉芬所謂必踢秀草依舊斜陽不墮樓外帚詩況者也。鄧楙序之歎爲進士之不擲，大家之再生，而陳蝶仙尤稱道總高才，並世罕覯，則其才其德可概見焉。

許廿年來筆績，不事敢飾，尤知謹獻，爲之素。

民國

病梅盦詩三卷　民國二十年敏鈔本

民國曹敏撰。敏字慎余，自少好韻語，從其兄允文同文讀，閒誦唐人詩，乃效之，輒琅琅有音節。稍長，求學於京師譯學館，既而以第一人畢業於北洋女子師範學校、京師女子師範，聞其名，禮聘之爲教習。時同縣胡爾霖爲教務

閨秀卷一　六

長，任事既執，掌於諸教習無所假借，於敏獨推許之。所交多當世賢豪名門淑媛，往還游勝，輒託諸篇什。民國肇建，敏應長春女學之聘，而爾霖調長北京女子師範，再聘敏任訓育。時校名雖易，而實際悉仍其舊。爾霖銳意有爲，百圖更始，性耿介，嫉惡如仇，於政府指摘，苟遇失當，必斤斤抗辯，不少屈，卒以不容於當世，悄然負笈去，而敏既以學行著，繼其職，無所更易，後教育

部派赴日本考察女子家事教育，歸國，後任女子高等師範女子師範大學諸講席，譽著當世。門生徧四表，卒以勞瘁致疾，既辭去，遂參禪學，以病作，養痾西湖，疾少痊，後隨其夫婿同縣賴繼光居青島，時繼光供職青島市政局，而敏亦勉任財局職，濱海調養，初甚自得，而以病在臟腑，體過弱，不能用手術，久病不堪其苦，竟自縊死，聞者痛惜焉。是編自壬子（民國元年）

閨秀卷一　七

至庚午，都古今體詩二百六十七首，分三卷，又以書翰三十三為殿。敏當年探梅孤山，見疏影橫斜，半為寒雨剝蝕，遂自號病梅，因名所作曰病梅盦詩。既卒，其季弟大文編錄諸稿，偕妹秀珍用聚珍板印行，以廣流傳。按卷中所載第一二卷，先與兄允文弟成章詩，曾合刻之四卷萼集，茲增輯未刊稿為第三卷，連前卷萼集中所錄者印單本行世。卷首載諸家題記及繼光所為事狀，足裨後世以知人論世之資。淳安邵瑞彭題詩第二絕云：樹木樹人原一例，定盦心事費論思。長安桃李春無數，共拜梅花作本師。信記實也。江夏傅嶽棻跋之，稱詩筆清深，志和音雅，風格於中唐為近云。

閨秀卷一　八

無錫藝文志長編

閨秀卷二

清

含煙閣詞一卷 縣圖書館據玉煙堂稿寫本繕錄

清吳堉霞撰。堉霞字綺齋，號蓉湖女士，堉廷萘女。清順治丁亥進士同縣吳元音室。博通經史，又游情繪事，凡竹石鳥不用落墨，而無粉本，隨意點染，俱臻神妙。喜吟詠，又工長短句，一時求詩索畫者戶

閨秀卷二 一

外屨為滿。是編所錄者為詞，有舊鈔本。遂安毛某（字鶴舫）稱其詩清麗韶秀，高出晚唐，有煙霞想，無脂粉氣，而退菴老人（姓氏無考）又謂其詞雋秀，比詩勝十倍云。

栖香閣詞二卷 清宣統庚戌聚珍本

清顧文婉撰。文婉字碧汾，顧貞觀女，同縣考授州佐侯晉室。晉，給諫先春曾孫也。少承家學，卓研聲律。貞觀效杜甫同谷七歌，有云：有弟有妹號能文，長者曾貽，次左芬，長即指文婉。文婉故歿宮文史，昆季自相師友，一門風雅，知名於時。宜興陳其年為婦人集，稱無錫顧文婉自號避秦人，詩詞極夥，恒與王仲瑛女士相唱和，藝林推重之如此。是編初無刻本。山陽李芝齡督學江西，得文婉詞，擊賞之，鄧覓全稿，開雕於南昌節署，以永其傳。板既歸，經兵燹，燬焉。逮清季，族裔学愈搜得此本，重付剞劂，以廣流傳。卷端有山陽李文媛原序，文媛芝

閨秀卷二 二

齡女弟也。書其梓行淵源，藉見斯編垂世殆非偶然事耳。

絳雪詞一卷 清光緒戊戌小檀欒室閨秀詞彙刻本

清薛瓊撰。瓊字素儀，李山松繼室。縣志雜識門記其行。山松，縣志隱逸有傳。子天根，有爝火錄已著錄。是書為徐乃昌（南陵）小檀欒室閨秀詞彙（所纂錄之）刻本。按瓊所著又有綠窗小草。山松有𦳝軒詩草（縣志著述中載之）、夕陽邨詩鈔。天根有雲墟小稿，長

洲沈德潛序而合刻之。縣圖書館亦無此藏本。

琴清閣詞一卷 縣圖書館據邑城西溪余氏藏原鈔繕寫本

清楊芸撰。芸字蕊淵，楊芳燦女，秦承霈景州知州室。幼受四聲，時士林稱其慧。詩、琴、絲竹、修簫諸詞，風美流芳，在虞玉冠卿之間。是書嘉慶時有刻本，板既燬，遂鮮流傳。道光、緒間，南陵徐乃昌纂輯閨秀詞，乃彙刻之，得復行於世。

茝香詞鈔一卷 縣圖書館據邑城西溪余氏藏原鈔繕寫本 三

閨秀卷二

清顧翎撰。翎有綠梅影樓詩詞，已著錄。是書嘉慶時有刻本，板既燬，遂鮮流傳。道光、緒間，南陵徐乃昌纂錄閨秀詞，乃彙刻之，以廣流布。

澹香樓詞一卷 清光緒戊戌小檀欒室閨秀詞彙刻本

清過秀英撰。秀英字玉貞，秦鏊側室，吳縣人。其母夢吞梅而生秀英，性又愛梅，故以澹香名其樓，卒年十九。是書為南陵徐乃昌所纂小檀欒室閨秀詞彙刻本，有無單本行世，無可稽考。

澹音閣詞一卷 清光緒戊戌小檀欒室閨秀詞彙刻本

清趙友蘭撰。友蘭字佩雲，一字香卿，同縣王某室。工詞，與華蕙廉詞并稱。是書為南陵徐乃昌彙刻閨秀詞所采輯，有無單本，無考。

蕉窗詞一卷 清光緒乙未錢塘諸氏原刊本

清鄧瑜撰。瑜有清芬居集，已著錄。是書為諸氏家刻本，南陵徐乃昌所纂小檀欒室閨秀詞，又為采輯焉。

閨秀卷二 四

霞珍詞一卷 清光緒戊戌小檀欒室閨秀詞彙刻本

清繆珠蓀撰。珠蓀字霞珍，一字稚青，鄧乃溥室，江陰繆玉瀠女，編修荃蓀從妹。淵源家學，詩詞為時所稱。是書為南陵徐乃昌彙刻閨秀詞所采輯，有無單本，無考。

無錫藝文志長編

方外

清

洞泉詩鈔一卷 民國十二年榮氏鋤武樓校刊本

清榮漣撰。漣字三華，一字洞泉，少孤多疾，母命入明陽觀為道士。為人淳古簡直，善畫，亦能詩，徧遊名山水，所至以詩筒畫筍自隨，落墨人輒珍之。事母孝，得珍玩良藥，悉藏以奉母。母殁，廬墓三年不復出。邑士大夫共往迎漣，築室錫山之巔以居之。同縣杜詔與漣及釋妙復結世外交，別號九峯三逸，而漣尤以孝義見重。縣志釋道有傳，國朝耆獻類徵、國朝書畫俱著錄之。是書為古今體詩，同縣凌學紋（原名霄，字伯昇，諸生。清光緒七年辛巳科案）舊藏其舅氏某手鈔本，益以梁溪詩鈔所選並雲川閣集所載倡和之作，彙錄成卷。邇榮德生、榮宗敬（?）……

方外 一

幻庵和尚詩集無卷數 舊寫本 行楷書

清釋幻庵撰。幻庵，邑之富安鄉陽山人，少應童試，授徒鄉里，既為僧，居太湖夫椒山。能詩，多唱和，往來蘇杭邗江間，時歸省母，往往即事成詩。是編所錄皆古今體詩，用行楷書繕錄，無分卷數。卷中所載似以年代編次，然僅於卷首第一行書名下記乙未年奇旱異常，以下略見戊午、癸亥諸年，自癸亥以後則未見記載。卷中有新歲省母即事六首，內第五首自注母年七十，例蒙皇恩給以黃絹云云。並有哭母詩八首，具見哀思，而俱未詳記年代也。蘭端秦毓鈞識語，謂萬壽節看燈詩注聖誕在八月十三日七字，是日為清高宗誕日，其為乾隆時人無疑云。首尾無序跋，侯氏續梁溪詩鈔采收其詩。

方外 二

聽香仙館詩詞鈔二卷 清光緒癸巳刊本

清許巨楫撰。巨楫字少期，幼遭屯蹇，入泰伯廟爲東院師弟子，潛心誦習，學成，就職龍虎山上清宮提舉。應選入都，供奉內廷，嘗祈雪稱職，擢道錄司事，以五品階拜誥命，有賦性循良、持躬恪謹之褒，贈父母如其官。巨楫乃乞身歸里，主持廟院，修廢舉墜，鄉之人咸稱頌之。能詩，尤喜作長短句，陶然自得，遠近士大夫多樂與往還。是編爲其手錄古今體詩並詞稿本，蓋存原稿僅十之一，經同縣劉繼增訂定，而序之。凡詩詞各一卷，顏曰聽香仙館詩詞鈔，卷首載

方外　三

諸家序文及題辭。同縣華秉鈞（字魯臺，光緒十五年己丑恩科舉人）稱少期夙與余相契，沈潛穎敏，住持梅里之泰伯廟，祈禱救勸，其得真傳，遠近恒敬禮之。壬午歲，安硯少期處爲居停焉。少期喜爲詩，清俊拔俗，蓋有得於山林者多。又自言昔遊京師，爲上清宮提舉，頗非性之所樂也。浮海南歸，而其爲詩，挾幽并豪邁之氣，愈駿厲不可當。秀水許顯龢又稱其詩秀韻天成，而逸氣豪情溢於楮墨，如奏鈞天之樂，一埽人間凡響，迥非服煙火食者所能夢想，又豈尋常方外篆刻雲霞、雕鏤風月所可擬云。

汗漫紀遊草一卷　還山小草一卷　嵫景盦吟館贅草一卷　還山卧月軒一卷（詞集）　清光緒乙巳刊本

清許巨楫撰。巨楫有聽香仙館詩詞鈔，已著錄。是書爲聽香仙館詩詞鈔所刪餘之稿，分汗漫紀遊草、還山小草、嵫景盦吟館贅草、還山卧月軒詞集四卷。自序之曰：自壬辰選刻聽香仙館詩詞鈔，而外尚有刪

方外　四

餘，復選錄之，各按其時以名編。始於壬申秋應選入都，至丁卯以前，曰汗漫遊紀遊艸。差滿回籍，自戊寅至丁酉以前，曰還山小艸，而犬馬齒已踰六秩矣。厥後所得又積一編，撫衰病之侵尋，感才思之枯澀，區區雞肋，不忍盡棄，擇其可存者畧加芟薙。憶東坡和陶詩有「我年六十一，顏景薄嵫山」句，因顏之曰嵫景盦吟館贅草。至於倚聲之學，爲詩之餘，夙嗜金奩珠玉之詞，歷覩蘭畹、花間之曲，雖心遊目想，移

晷忘倦，無如盲人索途，茫無津逮。一時遊戲，稱心為之，積日累月，遂盈卷帙。併前刪剩叢錄一編，曰還山臥月軒詞稿，將以質諸方聞大加刪削，而及門諸子亟請付梓。畧述緣起如是云。

方外 五

本書寫作於上世紀四十年代外祖任無錫圖書館館長之際，分經史子集四部，每部又分若干類，經部七類，史部九類，子部十類，集部六類，共三十二類，又附閨秀二卷及方外一卷，全書約三十萬字。建國後，外祖因老病辭職，寓居滬上，此稿久存先母篋中，長達數十年，寧一以退休餘年，撿拾舊藏，見其零亂散頁，恐有遺失之虞，遂重新整理，請專人按頁拓裱，分册裝訂，面目煥然一新，又值無錫歷史文獻館於圖書館原址成立，徵集地方文史資料、遂與舍弟定一商定、將此稿奉贈、遂想當年、外祖於此館廣搜地方典籍、先賢著述、分類編訂、工楷繕寫、青燈伏案、孜孜矻矻、於今甲子周星、歷盡滄桑巨變、此稿又以完璧復歸原地、欣慰之餘、特綴數言於後、以誌不忘、

庚寅春日黄寧一恭跋

蘭言居遺稿 應
移列前頁
硯香文集 俊

拜石山房詞、綠秋草
堂詞 移列
聽雨小樓詞 儀

顧皋 字晴芬，嘉慶六年辛酉進士第一人，授修撰，
累掌文衡，官至户部左侍郎，居官以清介著。
引疾歸，閉户肅然，當道罕見其面。縣志文
苑有傳。

六松閣詞
過雲精舍詞
應列
綠秋艸堂詞 俊

朱旂

字文占康熙二十三年甲子順天舉人父早卒旂跬步不違母側故不常與計偕甲戌母遣之以抵京考授中書遄归母卒不勝哀亦卒縣志孝友有傳

勾吴金石志

（清）周有壬 輯

《勾吴金石志》六卷，（清）周有壬輯，稿本。

周有壬，字佩安，無錫人。國子生，棄舉業以游幕爲生業。生平酷嗜無錫一地文獻史料之考索，著述甚多，然大多未刊刻行世。故其身後遺文，多爲稿本，《勾吴金石志》即其中之一。是書以泰伯故地無錫稱勾吴，所述範圍即無錫、金匱兩縣之地。所述時間從先秦之春秋至元。書名雖號稱金石，所謂金者僅季札劍銘文一款，餘皆爲刻石碑版文字。全書目録所列碑刻十分詳贍，碑之名稱除當時原碑尚存而録之於碑外，很多皆從文獻中勾抉，凡失傳之碑皆有目無文。照作者文例，碑銘之後即抄録碑文全文。然今檢此書，抄有碑文之碑，其文字亦載於縣志等書，這就降低了它的文獻價值，因爲有同樣内容的他書在時間上早得多。最有價值的是書中所載之碑文不見於他書者。如《唐故鳳光寺後禪和上墓志》即有地方史料之價值。鳳光寺即後來之北禪寺，在無錫城中，自宋至清規模宏大，毁於太平軍之陷城，從此一蹶不振。至『文革』前尚存一綫梵音，後經衝擊，終至蕩然無存。志書所載該書内容多爲宋及宋以後之情况，但除寺建於唐外没有别的材料。故此和尚之墓銘即爲該寺之唐代史料。和上者，和尚也。唐人多如此稱呼。該書最大之價值在目録，它是古代明清之前無錫古碑刻之詳細名單，爲後人研究提供了許多綫索。因爲許多碑文都以文章的形式保存在志書中。其中一小部分原碑刻石尚存於文保單位。目録中也反映了一些碑石的原貌。如華孝子祠最早的碑爲《華孝子故址記》，而此故址在元時爲三賢祠。而《華孝子故址記》這篇碑文目録指出原來是刻在三賢祠碑之碑陰。這在考證祠宇變遷上很有價值。書前目録已失去一頁，有無序言，已不可知。

本書據清代稿本影印。

（徐志鈞）

勾吳金石志卷五

周有壬佩安輯

元

錫學重脩五先生祠記

尤棟撰

寶祐戊午四明袁擇善從尹常之無錫創先賢祠附庸於學歷十九年時丁元二𣅆廟貌不如故自虞君薦發出而教授生徒乃灑掃蕪穢一撤而新已而增博諭師長之員曾孫君桂發居之二人者皆鄉人也相與諏經訂禮爲之言曰必釋奠於其國之先師無先師則與鄰國合國有人焉何庸取諸其鄰我楊文靖龜山先生雖非吾錫之人而寓居於郡者十有八載今城東精舍乃其講學之地是即鄉之先師也鄉者先生標表是祠居中奠位曾謂土崩瓦解之勢我與受之然有不依形而立者參倚如見吾黨小子忍倍此而更師乎喻工部玉泉先生尤文簡遂初先生李肅簡小山先生蔣忠文實齋先生何莫非吾錫之人而起家於邑者相望百有餘歲今里中故宅尚有指爲藏書之所非鄉之先師與玉泉遂初實齋三先生已有秩祀而小山先生未及與享迎之致敬猶可遺乎若夫廣漢大儒非不同宗河洛景定間已録此而陞從祀然猶不敢先之繹而江西嗣門之派其師友父子視吾諸老先生之所學未能無頓漸之異伊欲借晉人將無同之説以復其位庸詎知不見幾而作乎當厭象而儀圖之盍亦知所變置嗚呼職教者之能爲是言是必有默契於心而無疑者抑慮夫斯道之無師無傳復質之鄉老蔣公應新以其規接前輩年幾八旬其尚論人品具得之於耳聞目見之眞公曰如吾五先生則有可言者惟堯舜文武周公孔子孟氏所傳之道至河南二程夫子而復傳而龜山先生蓋受學於二程夫子昔伊川自涪歸獨稱楊謝長進使其學少變于凋落之餘詎有是言哉概思龜山載道東南士之游先生之門者甚衆玉泉乃登其門而能續程夫子之道遂初不及登其門而從玉泉學亦能續程夫子之道小山實齋二公固不及登龜山之門又不及從玉泉學因龜山玉泉二先生論孟中庸大學之遺言而皆能續程夫子之道故玉泉得之而主紹興之正論遂初得之而爲乾淳之老儒小山得之而居慶元之學黨實齋得之而號端平之善類自九京之奠作而國人之無所矜式也久矣不有

君子其能國乎始吾學之祠諸賢吾見其居於位者與先生並果孰使之然哉近若潭之長沙有祠周元公先生而以胡子五峯張子南軒朱子晦菴為配者而鶴山魏公了翁因其修祠嘗為之記亦深嘉而樂道之今可法也曲禮曰羣居五人則長者必異席曷不即王泉遂初小山實齋四先生而配我龜山先生乎謹曰然論定然後肖其貌是歲垂光大荒落卜六月丁亥展舍菜之敬周服殷冠魚雅孰世枚數先生之族子裔孫有漁乎無華竊章尤氏喻氏蔣氏文獻之存轄冠者五六人奔走與祭是之禮也救滅亡而扶壞爛豈曰小補之哉其初位次未定繪事未素棟方卧疾未與虞君夔四貽書俾識其事奈何不能守墳墓政懼夫無詞以自白其先人何敢表先儒而厲後進輒謝不敏暨歸梁溪澤中値落其成固以請自揆思陋無能言之不出耻躬之不逮忝于侍側語之曰二子之所云一老之所發揮是即記也吾奚以文為汝其敬誦所聞告諸執事者雖然棟豈終無言耶夫祭不越望魯可以祭泰山楚不可以祭河惟人亦然自朱氏以來未有夫子然終漢之世其廟猶不出闕里永平二年詔郡縣行鄉飲始祀周公孔子亦未有作廟之文唐武德二年始命胄監立孔廟貞觀四年始敕州縣皆立孔廟出闕里徧祠夫子距今載六百五十年由此觀之其在諸子非其鄉國而祭之瀆也僭祭非古也不於其僭而於其古則蒐遺黜異凡今日之所是正者庶幾解逐客之嘲諫不學妄論至此不能不為先生之罪人尚有餘蘊吾牛飢姑止後學尤棟記并書

右尤棟錫學重脩五先生祠記今在崇正書院天井西壁案五先生祠今為七賢祠崇正書院即其地記稱是歲垂光大荒落蓋元世祖至元十八年也碑既為元初故物不宜置之天井致為風侵磨擬即請於學博移砌享室焉

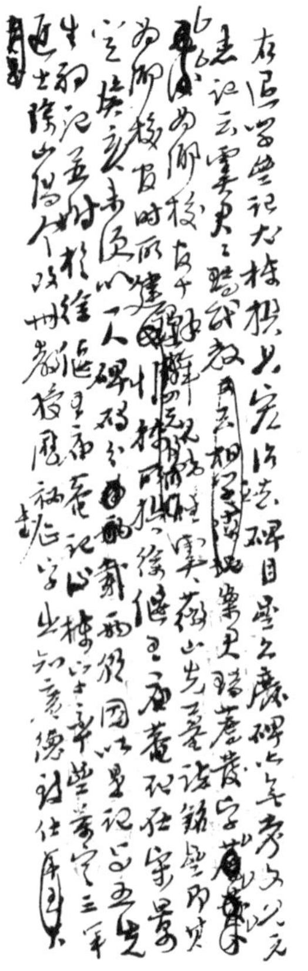

退學齋記

錫常邑也士窮不離學歲大比視闔郡所薦率强半擢奉常第亦項背相望時哉時哉其結纓衆革者不可作枚卜生之徒今餘幾處君君瑞職教喟然嘆曰昔者所進將没世而不稱乎周轍東人之楊之墨各於其口孟子辭而闢之孔道以明二三子何患於喪乎歸而求之有餘師乃相學西隙地結廬可五十席築亭伐石不隕其名使遺蹟隳廢歲時室序而子若孫來者知所景慕落之日惟余未反唐肆君瑞走書寄所以齋額來審余輒謂齋所以待先進之士政所以棠易退之風苟知進而不知退士何學擬之名退學何如君瑞曰名之必可言也請為我爲筆隱難言也聖門四科之目非後之科目比吾夫子不能無所優劣至論進退大義恥原憲德南容史魚直而君子伯玉其嚴於春秋之法凡我同盟嘗相與不負好學苟不由其道而往者則吾問之曰先生學何之進士

尤棟題蔣應新書

右尤棟退學齋記元志（年分無考）標其題曰無錫州退學齋記元刻立石記在陞州後

三賢祠碑

案三賢祠舊名陸子祠祀唐逸士陸羽宋末廢吴人王彬倡復之增祀宋司徒右長史湛挺唐相李紳名三賢並記三賢事蹟於石祠基為晉孝子華寶故居復刻孝子事蹟於碑陰後旋毁明景泰間邑人馮善題跋補立分見元志明志錫山景物畧並碑陰華孝子故址記祠即今之尊賢祠地經屢徙新碑亦不復存

碑陰

華孝子故址記

高明撰

惠山寺之東偏當泉水之上有三賢祠案志書今祠址華孝子所居宅也初祠久廢吴人王彬始復倡建既成則以三賢事刻諸石且曰初址實孝子故居孝子之事不以殁而不著復礱其碑陰以記其事章善也案齊史孝子名寶晉義熙末始八歲父豪戍長安且行謂曰我還為汝冠後長安陷父殁寶奉命至七十不婚冠或問之不忍荅輒號慟彌日建元三年詔表其門閭凡史載孝子事若此蓋自西晉以來尚元虚賤名檢教弛法斁波流風靡而孝子獨能篤至行

終始不渝其誠意惻怛可以貫金石干雲霓若與宇宙日月同其久於此見天之降衷人之秉彝不以哀世末俗而有異也孝子晉人而志謂齊孝子者蓋孝子生于晉長于宋殁于齊當其一身而天下三易姓當時居朝廷有爵位者朝事司馬氏夕事劉朝事劉夕事蕭恬不以為怪而孝子奉父一言七十年餘未嘗斯須忘以至殁身不替使當時有爵位者其奉君命恪官守亦咸若華氏子則晉不當為宋宋不當為齊而孝子宜不曰齊孝子也凡遊于茲者憩幽林酌清泉臨風覽古懷三賢之高風慕孝子之志行其素有志者宜加奮勵其未能者則澄思革心勉追遐躅是則某所以樹碑之意云爾夫人性一耳有為者亦若是吾徒宜毋自怠

案高明永嘉進士是記載新舊各邑志 三賢祠碑文無考

常州路無錫縣題名記

楊蔚撰在縣堂

縣之興也其來遠矣在漢曰無錫在晉宋間曰吳州郡後復舊名其封境之内土壤膏腴戶口浩穰舟車往來水陸衝□比他縣為劇民素□朴嚮以宋之季亡習漸澆薄或鬪起鄰隣好勝忘理或訟興同室敗度越常義利反植告訐□□□風遺□□則難變加之驛傳交馳疲于送迎邑與郡等自故治之者不易至元甲申春僕被命丞邑歲月易得倏焉再朞雖無顯赫為治之功亦無貪濁病民之事修舉廢墜恪守條章竊有志焉一日同僚胥吏與予言曰江南風土浙右可嘉浙右山川蘇常為冣吾邑界乎其間亦不為不佳也元平宋之後十有餘載莅官于此歷舉數人意皆才德兼備優於為政者謂無辭記可考良為缺典豈前之為政者或□□□抑以倥偬未遑樂因循而弗為也於是詢于故老自邑之易亂為治式克至於今日凡十七人紀其次第以刻諸石庶使□□來者鑒前政之賢否有所激勵承承繼繼傳芳名于永久不亦宜乎至元二十三年歲次丙戌仲秋既望將仕郎無錫縣□□提調學校事南陽楊蔚記

典史孫翊霍文同各案人吏立石

呂亮　祐篆

至元十二年

忽魯敦達魯花赤是年十二月初六日到任十五年二月十五日就陞武略將軍管軍民千户

湛清縣尹是年十二月二十日到任十五年十一月初四日離職續受敦武校尉建昌路府判

錢奎縣丞是年十二月二十四日到任十四年六月就陞縣尹十六年十二月廿二日受從仕郎十九年十二月廿三日得替

李輝主簿是年十二月初八日到任十七年七月十三日離任續受奉訓大夫建寧路總府治中

劉天澤縣尉是年十二月初六日到任十七年七月離職改充常州路錄事判官

至元十四年

別古思從仕郎達魯花赤是年五月　日到任十七年五月　日得替續受嘉定縣達魯花赤

侯濟民將仕郎縣丞是年四月　日到任十七年二月　日得替

至元十六年

錢奎從仕郎縣尹是年十二月廿二日就任十九年十二月二十　日得替陞受承直郎平江路總管府治中

至元十七年

吳旺進義校尉縣丞是年二月初六日到任二十年正月十二日得替陞受敦武校尉英山縣尹

張德林縣尉

至元十八年

闊闊出達魯花赤十七年五月初二日到任二十年十二月初二十日得替

至元十九年

姜好仁從仕郎縣尹是年十二月二十四日到任

王鈞將仕郎主簿是年陞月初二日到任二十一年十一月初二日得替

至元二十年

麻合馬忠顯校尉達魯花赤是年十二月初二日到任二十一年九月離職

薛思齊將仕郎縣丞是年正月十二日到任二十一年三月十二日得替

至元二十一年

楊蔚將仕郎縣丞是年三月十二日到任

孫世英將仕郎主簿是年十一月初二日到任

李茂縣尉是年閏五月初一日到任

右無錫縣題名記記至元十二年至二十一年凡官于無錫者自達魯花赤以至縣尉共十八人各註到任得替日期紀載詳明足備徵考[illegible]晉書地理志宋書州郡志晉陵郡無錫縣具無陞改為州之文[illegible]未知何據碑[illegible]處今在縣堂

重建利津橋記

虞薦發撰見宏治志碑碣門年分不載棠邑志利津橋元至元中知縣姜好仁重建下為三門上列市翼以二亭薦發撰碑當即是時利津橋即今大市橋

無錫升州記

李晦撰

粤自黄帝畫野分州堯命禹別為九舜承堯肇為十二縣之名未聞而未詳至周作雒千里百縣縣有四郡縣百里郡五十里縣之名詳而在郡上始皇易封建為郡縣以郡統縣蓋昉於此自唐改郡稱州繼此以州領縣定矣歷代沿襲州縣之名號雖一州縣之更改不同錫山境土初有人於山下得古銘云有錫兵天下爭無錫寧天下清因名無錫舊志載周武王封周章少子贊於無錫安陽山嘗為侯國秦漢為縣新莽亦嘗改為有錫吳省并晉復置陳禎明中陞吳州尋復為縣中間隷會稽隷吳不同最後隋於常熟置州取縣名為常未幾隷常州時唐武德七年也繇歷至今左姑蘇而右南徐引蠡湖而控申江錫山在州西可五里許清淑之氣蜿蜒扶輿磅礴鬱積而為惠山拔起萬仞泉居天下第二故其俗愿而文民多魁傑忠信才德地大物稠古號繁劇天開景運二十餘年霑濡聖澤生齒日益衆元貞元年夏五月詔陞為中州名仍其舊存古也明年正月之吉開藩於今五年陞改州記未

立非所以侈皇恩而崇偉觀也今知州木速嘉榮甫與長官暨同列佐官年餘政事修舉一日謀之俻館補其未備博士張元孫命予著筆余老矣猶能記憶前世州縣名義沿革一二并述今日陞改年月以為他日刪修圖志之一助云

增建億豐倉記

李晦撰大德四年立見宏治志碑碣門

知州禾速嘉公德政碑

郡文學掾章元孫述大德六年立禾速嘉公名榮

見李晦陞州記

常州路無錫州重建譙樓記

虞薦發撰

古者兵車所次必巢居於其上以觀敵譙門之設蓋昉諸此考之史傳已見於秦置郡縣時其來遠矣無錫古壯縣今為常之支郡郡非縣比也陞改初郡治嘗一撤而新之獨譙門仍舊貫因陋就簡人多議其未稱迺龍集壬寅秋七月朔海颶闖淮浙閩官署之漂毀者什九以致併其陋且簡者一覽不復存值年儉重於勞民越嗣歲癸卯州長率乃僚相為謀曰譙門一郡政令所自出而千里之觀望係焉闕而不理過矣然必策不靡於官不漁於民計乃善會州尹楊公以寬民急務入覲中朝而長貳治辨歲終事填委唯州倅杜公祀職專警捕就董焉先是隣郡傭工土木往往以田籍計畝而裒於民吏弄滋張侈大踰度卒致徵呼旁午人不堪之杜公之佐郡敏而惠乃召吏於庭以謂譙門之役斷無它技捐官吏半俸之俸可得千五百緡不給則輟公田以繼之爾其度材於賈傭夫於市毋奪人毋妨農吏奉示虔既戒既備遂以是歲仲冬之七日始事歲除而告成於是近者説遠者来行者議于道吏相告語以為郡府者吾生

聚事育之所倚賴今獨誘之于官若吏豈人情哉一日衆環堵於前或貫而鏹或觴而酒俎而肉衆未及言而公遽諭之曰若輩欲何為耶是役也吾官吏力足以辨此毋涸汝為也衆懽以入枞妻之吏舍而去以緡計者七千五百有奇吏因悉上送官為用不匱矣大學曰有諸己而后求諸人書曰民情大可見皇惠忝異千古不泯謂民風之漓不足以觀感之者厚誣吾民也向使有一毫強拂於其間則怨汝詈汝者至矣況望其麾之而不去哉昔孔門高弟有何如斯可以從政之問吾夫子誨之以尊美而屏惡因民所利而利之擇可勞而勞之美也不戒而成慢令致期惡也聖人之言嚴矣哉世率以儒者之論多迂濶于事情余觀錫山之政非聖言之一驗歟杜公徵余記興造之歲月因以為後之從政者之戒云時大德八年歲在甲辰夏五月日郡人虞薦發記

都目蔣寔　　提控案牘申居亨

修武校尉常州路無錫州判官杜昶

從仕郎常州路無錫州判官燕從周

修武校尉常州路同知無錫州事忻都

忠顯校尉常州路同知無錫州事海山

奉訓大夫常州路無錫州知州兼勸農事楊伯要兀歹

奉議大夫常州路無錫州達魯花赤兼勸農事麻合馬

董工州吏陳允升州典邵益

重修城隍廟碑
李晦撰至大二年立廟舊在縣治西明洪武初燬
於火碑亦無考

故惠泉散吏顯翁先生李府君墓誌銘

常州路無錫州判官白雄飛撰

至大四年三月二十七日己亥惠泉散吏李顯翁先生病革香巖白雄飛偕二東劉通甫往問焉先生撫己而謂曰人生天地間過客耳生死理之常也矧吾逢太平之世行年七十有四精力强健子孫滿前安享甘旨日與故舊賓客相羊閭里間從詩酒琴書之樂茲亦大幸雖瞑目無憾矣以身後碑銘托於公曰先生之才世所推服如山斗尊韓之仰何待贅辭儻遇不諱當如其斯言先生首允而竟不復語既出舉家悲號知下世矣聞者莫不盡盡越三日闔郡官僚鄉閭士大夫從太守石抹公詣門往弔嗚呼哀哉已矣乎善人吾不得而見之矣會哭而去卒哭之日乃子元昭持書篇哀絰來見泣而告曰此先君自述墓誌也其辭云顯翁名晦小字原孫姓李氏自皐陶蔓衍支派具載家譜予一脈居於常之砧石始祖熙靖立朝三十年徧歷華要因家于汴詳見東都事略南渡復復居于常終端明贈少師子元瀹以國子入學釋褐未幾中詞科贅錫州胡參政家卒朝請員外郎葬邑之開元鄉遂占籍焉乃五世祖也曾祖洋祖正誼

父焕世習儒業隱德不仕生兄弟四人予居其長肯
于外家外祖尤梅澗業宏博科舉任檢閱書史其猶
子率齋棟壬戌省歷侍其筆硯十有四年夜以繼日
孜孜于學隆冬惟紙衾破而復補不恥也凡有觀覽
一見即通若宿世然咸淳戊辰遊學京庠元名燧
引經義無慮二百卷多温福士名實未孚俱以尋
常視我既中首選始領内交宿齋三年聞見愈博庚
午歸應鄉舉更今名拔郡解赴禮闈書義郎常州解
試題執政者慮考先泄至日皮筒下大院與別院兩
易其題有鄉人竟以余所作主意破題不易一字冠
別頭明友常以李省魁目之自此文聲益振赴館珠
舍陳簿造兄弟遇之最厚束脯過於守宰禄家道稍
豐皆稽古力也元二之變傳貢舉脫去時文案臼得
以肆意簡編教子凡經子史集醫卜陰陽筭數射覆
真草篆隸下至詼諧小說釋道二教無不講貫大德
甲辰劉行省之子世常平父許魯齋高弟也守無錫
一見契合首問鄉校無書板遂出白虎通風俗通家
山圖書韓魏公家祭式俾予悉為校正繡梓貯于學
家無宿舂好延客廚無積薪喜買花臺時貴折節相
過親戚故舊時來聚首詩書辯論琴尊話情殆無虛

日忘勢利齊物我是以壽踰七十優游暇豫得終天
年自號惠泉散吏有事文類聚刊誤四　顯翁記聞
三卷板行于世有惠泉小藁七十卷李姓源流一卷
見俾兩子元昭元明求名　刪定續刊茲濯遠　故
自述我心鐫石遺命殁則樹于墓前使後人覽之庶
知為錫山之一逸民也吁至大戊申十一月十五日
誌又曰先君生于宋嘉熙戊戌七月二十七日配周
氏子男二人長曰元昭玷充慶元慈湖書院山長次
曰元明亦隸儒選女二人長適玉泉俞工部孫之緯
次適湖州德清　主簿王將仕子鏸孫男四人實容
寀皆習儒業宣尚幼孫女二人在室將以困敦之月
重光作噩之日卜葬于州偶景雲鄉弓河之原從治
命也慎終追遠之禮敢不盡心棺槨衣衾謹遵古制
唯誌石未完其文以道義為重交分深密者莫若我
公領無忘先君臨終之言而銘焉謹泣血以請余聞
而哀之不敢辭銘曰
錫山青青惠泉泠泠鍾奇孕秀生此豪英心潛聖學
選中王庭閉戶著書揮麈談經國人矜式學者儀刑
壽踰七十令德惟馨疾革蚤作遺訓叮嚀天不憖遺
遽夢奠楹孝哉二子元昭元明朝夕號泣罔極哀情

弓河之原鬱鬱佳城刻銘立石永賁幽扃

提幹孟文龍墓誌銘

太史楊維楨撰見宏治志

元元萬壽宫碑
王應龍撰趙孟頫書見宏治志寺觀碑碣兩門延祐元年立錄常州路道教事倪昭奎剏道觀於第六箭河口賜額元元萬壽宫昭奎殁觀隨廢碑亦無考

天下第二泉五字
宏治志碑碣門載天下第二泉五字元趙孟頫書邑人孫爾準以鎮江有天下第二泉石刻疑即惠山之物覓得搨本重摹刻名顧臯記之即今池旁嵌壁之石也案鎮江府志載金泉在城中大市昔時猶隱隱見金脚今不復存而其泉圖在武云爲天下第二泉久没於民居明萬歷間知縣龐時雍建坊并石訓導李天培有記再考丹徒縣志所載大畧相同余客京江常至其處兩旁皆居民石闊五尺餘高一尺嵌砌壁端蓋仍坊額式也石質甚粗僅有天下第二泉五字不署款豈龐時雍建坊立石時鈎摹惠山文敏舊蹟刻之舊蹟失而此石尚存耶抑案金泉月本有第二泉題額與惠山第二泉無與耶存疑俟考

重建通濟橋記

州人孟潼撰延祐四年達魯花赤禾羅思彌重建利津橋易名通濟又於橋下蓋小殿供奉大士潼爲之記通濟橋即今大市橋小殿即古觀音殿也

州廳壁記

達魯花赤道童撰至治元年立載宏治志碑碣門萬歷志稱刻石尚存今不知其所在

錫山賢守道童表二公德政碑

王應龍撰至治元年立見宏治志碑碣門碑與文今俱無攷道為道童表逸名邑志職官亦失載

洞虛觀重修鐘樓記

州人倪昭奎撰至治二年立載宏治志碑碣門碑久廢文亦不傳即鐘樓故址併亦無考

開利寺碑
常州路教授李敏之撰至治三年立載宏治志碑
碣門

州官題名記
教授俞真卿撰州同知劉威立石舍在縣堂
無錫號稱上縣舊矣皇元混一區宇奄有四海以其地廣大戶口繁夥元貞二年升為州朝廷為設官六達魯花赤員一人知州員一人同知員二人州判員二人由丙申距今廿有九年求其官於是州者姓氏皆湮滅而無聞將前人不欲揚其善乎將有所諱而自掩乎將官事雜還而不暇為乎將謙讓未遑以待後人乎是未可知也歲泣事未久若復泯焉而不聞則遂成闕典矣於是悉召州之故老而咨焉乃曰自謝君始至至治辛酉凡　　人因歎息曰蓋不求人知亦近於古君子然沒世而名不稱則又識者之所疾也且題名之所以作者非直使人尊而敬之乃欲俾世世子孫他日瞻過之仰而取則也若夫明者惛者廉者貪者有州人之口碑在僉曰然請刻諸石昔至治甲子正月望日承務郎常州路同知無錫州事南陽劉威立石無錫州儒學教授吳門俞真卿記

王連赤都魯彌實 武德將軍達魯花赤至治元年九月二十一日禮任
趙思益 奉議大夫知州至治二年九月三十日禮任
廉可安凱牙 宣武將軍達魯花赤泰定元年八月二十二日礼任

董世傑奉議大夫知州泰定元年十二月十八日礼任
阿思蘭奉政大夫達魯花赤泰定四年七月初九日礼任
張采奉議大夫知州泰定四年
玉古倫赤海牙奉議大夫達魯花赤至順二年七月二十五日之任
王克敬朝散大夫知州至順二年十一月初二日之任
不顏不花宣武將軍達魯花赤元統二年十二月初三日之任至元三年十二月二十四日得代
董守思朝列大夫知州元統二年十一月初一日之任就任除授漢中道廉訪司僉事
達理悅實前省理問授朝散大夫本州達魯花赤至元三年十二月二十四日之任至元六年十二月初六日得代
李臺山朝列大夫知州至元三年十月十三日之任至元六年十一月二十八日得代
高闊闊出奉政大夫知州至元六年十一月二十八日之任至正三年十一月初二日得代
哈兒沙奉直大夫達魯花赤至正三年十一月初二日之任至六年十月二十日得代
烏馬兒昭信校尉同知至治二年七月初二日禮任
劉威承務郎同知至治二年八月初一日禮任
捏古伯承德郎同知泰定二年六月初六日礼任
秦世英忠顯校尉同知泰定二年七月二十八日礼任
張也先帖木兒六月二十一日礼任郎同知天歷元年
阿里承務郎同知至順元年七月二十七日之任
桑哥苔思承務郎同知至順四年七月十二日之任至元六年六月初六日得代
也先不花承事郎同知元統二年六月初八日之任至元三年五月二十六日得代
周宗仁忠武校尉至元三年五月二十六日之任至元六年四月二十四日得代

山壽承務郎同知至元四年八月二十八日之任至正元年八月十一日得代
桂仙承務郎同知至正二年四月二十四日之任至正五年四月初七日得代
王居仁承事郎州判至治二年二月初八日禮任
張友一承事郎州判至治二年閏五月二十八日禮任
魏諒承事郎州判泰定元年二月十八日礼任
李禿堅不花承事郎州判泰定二年四月十五日禮任
和尚承事郎州判泰定三年正月二十八日礼任
郜思脫因承事郎天歷年五月十六日礼任
忽都海牙承事郎判官至順二年三月日礼任
余天錫忠翊元統初八日上任
延仲誠從仕郎州判至元三年十一月初四日之任至元六年十月二十日得代
劉善慶承事郎州判至元五年四月十五日之任至正二年四月二十四日得代
馬馴徵事郎州判至元六年十月二十日之任至正三年十一月初二日得代
魏禿魯申承事郎州判至正二年四月二十四日之任至正五年四月十一日得代
兀都蠻從仕郎州判至正五年三月十八日任至正十一年三月十七日得代
朱有德提控案牘正月年
章甫都目
趙治三年
方泰亨七月一日礼任
陳琖提控案牘泰定二年十一月二十四日礼任

梅忠 都目泰定三年二月二十五日礼任

韓奎 提控案牘天歷元年四月初任

趙茂 都目天歷二年三月二十一日礼任

王鼎 都目至元五年

徐文瑞 提控案牘至元初之任至正元年月十四

施瑛 提控案牘至正八年十日之任至正年

鄭又新 提控案牘至正之任至正十年九月二十九日

吳直 提控案牘字德剛縣人也由身至正廿三年之任至正廿六年春得代出

右州官題名碑高四尺三寸廣二尺四寸字上下凡五排第一排記文第二排達魯花赤知州至連赤都魯彌實等題名十四人第三排同知烏馬兒等題名十一人第四排州判王居仁等題名十三人第五排提控案牘都目朱有德等題名十三人碑至治甲子案元史至治三年癸亥英宗遇弑泰定帝即位十二月丁亥詔以至治四年為泰定元年是至治甲子即泰定元年時必因泰定改元尚未奉詔故仍以至治紀年耳元史地理志元貞元年陞無錫為州是碑稱二年陞州者當是行文至縣已有需時且一時州制未備州官未蒞此半年中縣名必尚未改李晦陞州記元貞元年夏五月詔陞為中州明年正月開衙可見陞州之令雖在元年稱縣為州實在二年也王仁輔志亦稱元貞二年陞為州是即本此歟碑下截有殘缺處今在縣堂

句吴金石志卷六

周有壬佩安輯

元二

無錫州達魯花赤去思碑

宏治志碑碣門載有無錫州達魯花赤去思碑柳州路教授文一覺撰泰定元年立一條達魯花赤姓氏不載似陞州以至是年凡達魯花赤之有功德於民者皆著於碑今無可考

薇山先生虞公墓誌銘

韓性撰

薇山先生虞公既葬十有八年其嗣志道使使至山陰貽性書曰先人力學厲行期見于用雖卒不施抱志而歿不肖孤承乏官使蒙恩追秩承務郎常州路同知無錫州事惟是冢木盈把矣而刻石未立懼無以追不孝願為銘詞刻諸冢上以示無止性辭不獲則諾而為銘公諱薦發字君瑞虞氏遠有世緒居丹陽者尤稱大族七世祖諱申行父其字為安定先生門人實生衢州府君諱淜以恩贈中奉大夫再世曰將仕郎柄諱娶于晉陵遂還晉陵於公為曾祖祖諱伯夔考諱杲皆耆年隱德為善士宋德祐中公避地無錫樂其土風居焉幼穎悟讀書過目成誦未弱冠試、鄉校輒高第賈師憲為淮東閫擬試甚盛、試、者率多為卷以幸得公笑曰是罔利者非耶一卷可矣已而果中前列文聲益著家公錠翁為郡守客之郡齋屢上吏部未幾而科舉革矣公益力學不倦性純孝事親葬祭盡禮與弟應酉極友愛自為師生待宗族盡婣睦之道族人有被掠于兵者有去從異教者公詢訪得之經理其田宅賴以不絶與人交和不苟同故舊有過不輕棄喜節義處約而好施人有急難周之惟恐後歲歉貴糴捐其直與人富人稍稍效之平生口不言錢、不以產業為意視貴勢不以一毫挂也無錫學廢士無所歸強起公為師招諸生坐齋中講說義理考論德業士聞風而至課試無慮數百士有田籍官俾給驛傳公言于帥若憲諏律引誼其言懇懇諸使素重公從其請得免者且百家鄉飲酒久廢贊使邑長行之再龜山先生之來南也居于常者十八年公為祠堂奠龜山于中而列鄉之先賢於左右歲時祠焉秦淮海之墓在惠山南為趙氏業公諭趙歸其地于學為之封植士論韙之為鄉校官十餘年廩祿皆辭不受而教官之所當為者舉行無遺文風之盛、它邑莫能及聲譽聞于中外當路貽書于公將致公都下而行其法于它學公謝不往因遂辭學事則又貽書曰杭學者一省之望為杭學得賢師江左之士有所式矣公又力辭即遣使賫敕授興國路教授拜命不赴自是杜門謝所還往號薇山老人以見志學者稱之為薇山先生延祐甲寅初行科舉左丞許公董試江浙擇試官必當世師表遣使致公公曰科舉興廢吾道所係令取士本朱文公貢舉私議吾游場屋時所願行者不意莫年見之且所避者利祿也今幸無是遂應命試闈經疑問忠恕或引天地忠恕以對他試官曰地豈有忠恕耶乙其　公曉之曰此非川流山峙之地不對且轉語同列若此者黜公作色曰此程子之說君非寡陋者豈偶忘之耶吾無書自隨君求程氏書容視之毋令人笑其陋也他試官始媿服公因盡閱餘卷黜而復取者數人監試佟公伯起謝曰微公幾誤事公之學精而守固於此亦可少見矣素不喜佛老氏學不道機鬼神異之事暇日惟以詩書自娛每戒其子曰爾既仕當以職業自見謹勿籍手書尺求知也由是志道累任果有立文集雜著二十卷藏於家素康強少疾童顏蒼髯如未始衰者一日忽晨起正衣冠步入正寢顧諸子曰今日三月十九日也顏色不異雙眸炯然拱手避足而逝生于宋嘉熙己亥四月二十七日卒于延祐三年三月十九壽七十八以是年五月十九葬開元鄉惠山之陽娶趙氏先公五十年卒追封恭人唐氏封晉陵縣太君太君謹重脩整處已待人皆足以為閫範後公十六年年九十而卒生宋嘉熙壬寅四月二十日卒于至順三年十一月初四其年十二月十九合葬于公之墓子男三人志道承務郎嘉興路嘉興縣尹致仕師道慶元路儒學正守道女二人孫男七人士宏早卒淵慶元路慈溪稅務提領沆浚洄澂女十四人曾孫男女十二人嘗試論之士患于無才有才矣患不知學學不足致用猶無學也足以致用而汲汲焉惟用之求不得則若有觖焉者有道之士不是為也公負頴異之才而加之學力故其成就有過人者卓然以經術行誼為東南學者所宗足以致用而用之不究從容進退皆適其宜可謂賢矣安定先生以體用之學教人公其有得於家傳者歟引其家學久而彌長追榮錫爵人所共羨而公之志不若是止也夫學見于用者微其用用之不究者尚其志志之難言也久矣公之所望於後而後人之所當黽勉者也余故反覆論著而不敢畧也遂為之銘銘曰

學成於己以用而彰譬彼導江其流洋洋行父氏虞學於安定位不稱名以鴻厥慶其傳七世是先生生束髮亹亹祖訓是承政彼修途有捷坐趨珮玉長裾獨行徐徐用之于鄉鄉人是懌行于膠庠衿佩是式論議已懸操履彌堅索其緒餘可知其全釆擷于山於焉是息以順以寧繄學之力學期于成用不期售鬱彼新阡克昌爾後

億豐倉記

諸暨知州陳遘撰

國家謹租賦之入東南諸郡尤加之意故二千石長官專任其事所以重民食也常之為郡沃壤多而稅石夥於是置倉無錫州以便海漕合是州以及義興溧陽之糧凡為石四十七萬八百五十有奇悉於此輸納焉歲率大府分官董之其責至不輕也今總管丁侯以開敏練達之才兼得為政之體歷數中外周知民間利病至順三年冬實蒞是倉先是倉吏並緣為姦往往高下其手當民租入時設計漁取或至倍輸羨餘既多則縱姦民乘間為欺詭濫掩冒莫能究也夫漕事有嚴發廩視之米色腐黑者有焉糧數折闕者有焉向常為官府之累矣侯思所以謹之爰命屬吏疏厥糧多者俾先輸且明授教條立期程信賞罰一斗槩均富貧政不擾而民信從率皆趨事惟謹務先期以濟向之漁取倍輸之患有不懲而自息焉侯之德民戴之實深非有過人之才者能如是乎昔漢兒寬為左內史收租稅時裁闊狹與民相假貸故民衆輸租屬不絕課更以最史臣稱之賢侯之治毘陵也下車未久適中寬猛之政彬彬可紀及董劇糧

事來錫山也一舉而掃數十年之弊其事有難于兒內史者今因州人士有請故書其事於石侯名奕祖世系仕籍有史筆焉

柳州路教授文一覺撰泰定元年立載宏治志碑
碣門達魯花赤姓氏無考

溪山勝槩樓記

遂昌鄭元祐撰

延陵溪山散在四封獨惠山秀出于梁溪溪當南北衝要發源於山而山之泉自唐迄今擅天下名品在第二山復突起於平壤數百里之間老佛之宮與士民室廬蜂房螘垤以附麗其深秀者槩無一弓空棄抑亦可謂臧矣哉然得其邃深者或迫塞而不紆得其宏敞者或空曠而不茂密獨華君別墅在無錫西門惠山横陳悉露其深秀凡山之霏烟洩雲雨綷晴晦朝暉夜光吐護閃映以至於山之竹樹水石春腴夏陰揫斂而勁實者不出於其別墅几席之上則在於簷廡之間矣夫梁溪之演迤而東也至兹而始浩渺溢目凫鷖鯈魚翔泳出沒菰蔣荷芰被接洲渚望之而彌長挹之而彌深槩無遺觀也已高桅疾帆吳歈越謳溪翁柁師網罟艇擢舟炊而野飲聚語而散處掠輕檻而過望尊俎而笑殆與之相忘形嚴而莫適為賓主矣人謂君別墅據山水要會而總攬兼得之至順四年春余之維揚載舊藏溪山勝槩四字扁將捐之溪菴野寺耳君見大喜曰是造物者名吾亭也於是取而揭之水軒更七年為至元仍紀元之五

年余復道梁溪則於水軒之南建樓而扁揭其上樓既高迴景益秀出登樓而覩山若增而益高水若浚而益深凡所謂勝槩者較之水軒不啻數倍也已夫延陵非無佳山水也顧以散在窮僻獨惠山不遠州郭而君之别墅適得其勝槩然更唐宋以迄於今果何如也華君能以德培其家教其子孫交友天下之賢者相與詠歌而登覽之則斯樓也豈徒一時之勝槩也哉君名鏌字子英云

忠靖王廟迎享送神辭

倪瓚撰

至順元年春吳楚洊饑天災流行連數郡道殣相望沴氣薰蒸爲瘥爲札錫之民咸被漸染小大惴惴無所請命邦之耆老相與言吾邦錫山之陽有蕆祠祠有明神焉曰忠靖王祚爵東平生能奮忠死有遺烈赫聲濯靈福我錫民自有年矣在昔宋季大疫用禱於神變沴爲祥德載歌詠民病亟矣宜從故事乃合羣謀籲衆懇卒從祠下鐃鼓鏜鞈旌纛掩靄導輀駕以臨城闉香雲漲空老稚奔走衆心推誠祈祀惟謹惟神顧歆來格來饗若沐神水若濯洽風驅禳妖氛民疾用瘳丕痺神化無遠弗暨鄰邑之民祈者踵接環句吳四封所活幾萬人焉是神有大造於吾民也禮神能禦大災捍大患者則祀之矧威烈若此是宜尸祝而社稷之舊祠燬于大末幾民吏與復其制瓚嘗以母病致禱立愈因作迎享送神辭二章刻諸山阿俾錫民歌以祀之辭曰

靈皇皇兮然宗神之來兮駕飛龍赫蒼顏兮朱髮如火紛羽衛兮岳祇業硪青霓旂兮白蔘裳降大荒兮祓不祥毆野仲兮逐遊光惠我民兮神樂康蘿帳兮

雲幄湛寒泉兮琵蘭勺撫偃蹇兮歛參差薦芳馨兮
神享之靈娛娛兮奈何樹紫檀兮山之阿匪斯今兮
福斯土沐神休兮千萬古神之去兮驂雲螭風剡剡
兮吹靈旗晲臨風兮延竚悵神遊兮難駐神遊兮翩
翩撫一氣兮周八埏朝騰駕兮西神夕弭節兮東嶽
噫神往兮莫我顧民有籲兮載福斯祜折瓊華兮遲
神歸歲復歲兮神寧我違石戔戔兮流水壽我民兮
報祀無已

右倪瓚忠靖王廟迎享送神辭碑明宏治志載東嶽行廟宣德十年東廡及張中丞祠火是碑當即其時所燬天順七年邑人吳謙跋重立今佚無存

無錫州重建忠靖景佑真君祠記

朝散大夫常州路無錫州知州兼勸農事王克敬撰并書

嘉議大夫廣西兩海道廣教總管府達魯花赤金馬兒篆額

無錫州治之西五里是為錫山山之陰東嶽行廟在焉神坐北嚮室東序西嚮立者曰忠靖景佑真君真君從祀相傳自宋政和始水旱蝗疫禱祈繪禜恒若有徵焉天歷二年歲旱明年當至順之秋大霖而民且饑死又明年大□死□□邑人周聰董清為人禱忠靖祠卜之吉從而禱者□餘萬家疫遂平民修廟祠以報八月辛酉災民相與謀曰吾徒□茲疾疫自分□得□死賴神之休□□今日令廟燬弗建是忘靈德以詒神□□□可辭衆皆唯諾攬事里人華宗道為建忠靖祠郡□□□內廡弍序縣衆以舉嶽神之宇初基焉聰等咸曰□□□□□□蓋二百五十年而祠燬燬適年而□□非忠靖□□□遠轃□宜得文辭以貴攸始而乘無□正為我□□□□□□姓張氏淮陰人世稱張舍人死而為□熙寧□□□以東多祀之者曹太后□禱而應號嘉應侯宣和賜

昭烈廟額國遷於南始進忠靖王猿冠沅州倅臣有禱衆以消走事聞益封威顯語載沅州廟碑及高氏口祖記隆興紹定之間一再加靈佑英濟最後封忠靖景佑真君實景定元年也書石廟門燬裂弗可誦從故老得其滬本云昔口王疆理天下大川喬岳亦秩祀數令五嶽咸致崇極而岱為郡國祀豈東主生育而仁庶類以故當報事耶忠靖曦相有神禛宣休嘉蔔患斯禦睎祭法無慊故不辭而書俾刻焉

至順四年歲次癸酉四月　日拯救平安會人周聰等立

案忠靖景佑真君即唐御史中丞睢陽張公舊祠在東嶽廟右廡祠前有泉曰靈泉能治疫疾凡禱於神而汲飲之者病即愈民德之爲立此碑旋燬于火明景泰間邑人錢守常礱石重立余睦跋之今衙碑亦被燬碑載至順四年四月立宏治志碑碣門稱是碑元統元年立案元史至順三年八月文宗崩寧宗立不改元十一月寧宗崩至順四年六月順帝立十月改元元統是碑立于四月其時順帝未立元統猶未改元也宏治志誤

梁溪義塾記

吳澄撰

梁谿義塾者湖廣等處儒學提舉强以德之所建以淑其里中之子弟者也塾在無錫州西南隅梁谿之東屋以間計三十而羸田以畝計一千而羸歲入以斛計五百而羸燕居有申申夭夭之儀報祀有濟濟將將之禮延請名儒以施其教招集後進以受其教務俾講習其間者皆能明經修行以稱時需此其意也侯嘗教授於南劍福州又提舉江浙湖廣其在官也政教所被亦云廣矣其居家也乃於里塾之教拳拳若是予竊謚之以古古者國有國學鄉有鄉學二千五百之州五百之黨既莫不有學而二十五家之閭猶必有塾里中有道有德之老朝夕教焉何也蓋教必自近始始於塾而升之黨升之州以達於國然後考論其材而官之培其根本者深厚而非晨種莫穫之比古之人才所以後世莫能及也今日有路府州縣儒學有舊設新創書院不爲不多視古者鄉術州黨之學豈有異乎然教官例從省部注擬何能一一得其人哉學校之教有虛名而無實效往往由此義塾之教不然選擇師儒在己識鑑而無所牽掣雖

未必有如淳古道德之師夫苟能得者爻博碩之彥
引導有其方熏漬有其漸不壞之以速成不害之以
小利亦庶幾乎古焉爾凡游處義塾之子弟勿卑汚
其志斷斷以古之人才自期此心此理必通貫體用
而無闕遺所言所行對越天地而無愧怍若夫淺末
於口耳葩華於筆墨以釣譽媒身而已寧不負義塾
所以教之意也夫强侯又捐山四百畝為義塚凡貧
而無地可葬者得葬焉侯之用心亦仁矣至治三年
當路以其事轉聞於朝立門旌表以示勸云

仁壽菴記

黃溍撰

仁壽菴者無錫鄉先生强君退休之所也君少負志
氣能自植立以文學起家歷官五品用者令馳恩父
母以及其妻因自念遭時承平天子方施錫類之仁
以廣孝治榮光所被萃於一門欿然深以滿盈為懼
年未及謝即上懸車之請朝廷欲寵嘉之以獎成廉
退之俗遂如所請而官其子時君長子可仕從事帥
閫成資而待調於銓曹乃任其仲子可大尉一縣君
既釋組綬而還兩子又皆有禄秩以為養始得肆情
邱壑不復以世故自累爰相善地營藥邱於州西七
里璨山之陽而築菴其旁締構巧塓樸不近漏華不
過侈有室可居有堂可以奉賓客有閣以登眺有亭
以燕嬉曲徑方池尤花異卉可以近清涼而娛澹泊
使來告曰菴以便吾私邱以息吾歸也幸為我志之
曩者君以仁山扁所居之堂矣今名其菴曰仁壽者
仁其體壽其效也君嘗建義塾梁溪上以淑其里之
子弟設義冢玆山之下使貧無葬地者咸葬焉此又
其仁之見諸用者也為效豈止旦夕之近哉抑予聞
是邦以惠山為巨鎮靈秀所鍾鬱而不洩土厚石堅

草木蒼潤泉發其中雅於茶事為宜陸鴻漸品之為天下第二誠宇宙間名區與壤也兹山岡連隴接而特據其勝處去人境不遠而幽靚閒美若與世隔非有隱德莫宜居之惠山有仙者徐神翁之後盧君遺跡安知其人不往來山中而與君遇乎君儻得而友之則刀圭之益為壽有非數量之計且將乘雲氣騎日月而逍遥乎六合之外尚焉用兹耶為惟仁者之必壽本于吾聖人之言可徵不誣而今之名菴者充協其義是宜有述然不敢勤取先儒之說而重陳之姑承君之命又次其大略如此君名以德字振之仕至湖廣儒學提舉春秋六十有八元統二年立石

江浙等處儒學提舉余公興學記

朝列大夫常州路無錫州知州兼勸農事李臺山撰

中議大夫河東宣慰副使致仕張采書

東南方面之寄布宣政教千里而遠而　儒學專教事焉噫亦重矣夫教居政之先學校為教之本人倫明於上風俗移於下則刑可省而政　爭悖亂之萌無自而作知治體者必以教化為本政事為末故儒司之設雖無有司政賦之繁而其所係輕重緩急視彼何如也而況郡邑學校三百餘區之廣而總於一司無禁令刑罰懲慢以威遠而欲樹風聲布條教使人知向方如面命之者是果何道而臻此耶翰林余公之莅江浙也以廉律己以正帥人守而不回上不以為倨抗而自重下不以為嚴知士子講學之久廢而行法之必自近始也則首嚴堂試於杭庠以式諸郡知教官非　而見惡之必務去也則先斥汚濫於明學以警其餘異時頻文移急科斂吏卒旁午為學稟蠹校官怠若事治文檄空數郡無絃誦聲近公皆禁絕之科舉事格有欲據試院為它治所者挾威福以震動公公正其辭色力爭不屈卒能存之

林和靖墓在孤山爲隣僧所據滅其迹矣公陳於憲司既復而中沮公辛直之益募好義者爲堂爲亭爲門爲守舍通屋若干楹可久不泯其它有　於世教有補於學校凡其職分所當爲者不遺餘力矣於是錫學諸生請記其事予止之不可則諗之曰官無崇庳以廉計治政教無遠邇以善服人夫以江浙之大學校之廣以一身端本澄源於其上而其所就有若此者是豈聲音咲貌口耳騰説所能致乎其必有未施信于人而人信之者矣凡有位者可不知所勸哉公名謙字德撝肅政廉訪使明肅侯之仲子以文學由翰苑而膺是選先是將旨使安南却金瓶之賂諸公形之詠歌其抱負設施蓋有素者居江浙七年臺省薦章凡幾上庶以嚮用矣庶幾徵儒效於它日云

至元六年六月旦日

常州路無錫州儒學教授胥謹　立石

右儒學提舉余公興學記正書今在明倫堂記稱至元六年案元史世祖至元十三年始一統中國順帝元統　年又改元至元此云至元蓋順帝至元也碑斷爲二斷處殘缺數字無可考

重建無錫州學記

承直郎松江府判官致仕孟潼撰并書

奉政大夫江浙等處儒學提舉黄溍篆題

無錫州儒學故縣學也元貞初陞縣爲州而學之名從以陞至正元年辛巳冬通議大夫常州路總管蓟邱薛公世昌莅糧事于州謁先聖學宮喟然嘆曰夫子之道照揭萬世學校爲風教本葺祀完美而學宮弗葺是豈知所本耶糧事甫畢進知州奉政大夫高潤潤出教授卓真孫而告之曰儒化之盛官以立政士以立身學校廢則教養弛教養弛則儒化不行典師是職教是可不務乎即日戒命百　皆作日躬視而賞罰之于是衆工咸勸成績加倍所以崇嚴祀新舊觀者煒煒乎可觀也多士懷德而造余請記辭不獲因謂人性至善氣稟異而才質殊聖人作立之師迪之使復性而風聲氣習漸摩薰染關係至重昔泰伯兄弟君國句吴實宅無錫之梅里遺風餘化見於先正諸老者班班然世遠俗易爲民上者苟知崇道立賢作之以詩書禮樂之教習之以孝悌忠信之事使尚友至德追配于前人其本固有在矣教道不明人情易惑于禍福彼葺祀肆爲渺漠欺罔之説傳禍

福以怵之故蚩蚩者協相之完美之惟恐後吾夫子範人情以復天理明禍福由乎天而因乎人怪神所不語非鬼無所謟何有乎欺罔宜其崇彼而忽此也今於此致美焉可謂知本多士亦知夫新學宫者将以崇教養而新爾德乎非直爲觀美也尚相與懋之

至正二年八月戊申建

右重建無錫州學記載入觀妙齋金石文考畧碑尚完好今在明倫堂

處士王仁輔壙誌

谷暘陳方撰仁輔字文友鞏昌人兩娶皆吴產多知吴中山水人物作無錫志二十八卷無子依門人倪瓚以居卒於無錫梅里瓚爲營葬於惠山谷陳方誌其壙

无锡州儒学教授题名记

無錫州儒學教授題名記

教官為後進矜式，掌凡學校之事，必才德並著，然後能稱。茍官非其人，如水之有蟲，穀之有螟，況望其能教乎？無錫陞州以來，居是官者若干人，其間號稱職者三數君子，才足以有為，德足以垂範，故去而思之至今。比數年間，學廩懸罄，官舍消落，人亡政息，未有甚於此時者。至正甲申，嘉禾朱公典教是邦，慨然歎曰：「國家承前代之制，捐田以贍學，甚大恵也。儻容鼠輩於其間，師生何以給？學校何以立邪？吾正以帥之，興弊起廢，庶幾其有濟乎！」未幾，倉有餘粟，帑有餘鏹，大小學有師而既廩稱矣；傾圮者植，腐撓者易，東西序有齋而絃誦興矣；月講季課，嚴賞罰以勵其氣；貧窶老疾，月繼粟以周其急。此皆比數年間絕無而僅有者。始公未來，鄉校稱貸子錢，負券成積，公視事之初，輒撙節經費，分釐收拾償之，一無吝色，人以為難。嗚呼！公所設施如此，大效小驗，非所謂才德並著者歟？方是時，士子如醉而醒，如餒而饜，如去塵垢以濯夫滄浪之清，觀感興起，蓋有得於絃誦課講之外者焉。故曰「子帥以正，孰敢不正」，其是之謂乎！惜乎秩滿代去，而弗獲究於成也，冀方來者有以續前人之功而已。於是諸生方以教官題名未立為缺典，又謂公之成績皆可記，闕辭請曰：「願有述。」余以固陋辭，弗獲，故併記之，庶後之君子有考焉，殆亦勸懲之一助也。

至正七年龍集丁亥，鄉貢進士尤良記，承直郎松江府判官致仕孟潼篆額并書。

范拱

章元孫

完顏

朱振孫

毛希聖

李思孝 字公達

胡濟

徐一清

余真卿

郭登龍

嚴鍾孫 字聲甫，泰定五年正月二十九日之任，至順二年正月代

王莅

黎叔冉

梅正儒

胥諶
卓真孫
朱魯卿字希聖嘉興崇德人至正四年正月初六日之任至正□年五月二十八日得代
周恕
翁廷瑞字國良信州弋陽人
岳自持字德操義興人至正十一年二月之任至正十四年二月得代
王國英字俊卿成都人至正十四年二月二十四日之任

賓耆齋職曹景仁等立石

右尤良無錫州教授題名碑通碑皆完好惟題名細註模糊一字今在明倫堂案尤良入明官太常少卿是碑撰於元時故作元碑録之

五先生祠堂記

翰林編修郭嘉撰

先生龜山文靖楊公也先生學以入道以道居於毘陵之錫山錫山之士其聞而知之者吾得三人焉曰尤文簡遂初曰李肅簡小山曰蔣文忠實齋其見而知之者吾得一人焉曰喻工部玉泉得續論孟大學中庸之傳三子者乾淳慶元端平間各有樹立具載前碑賢者至此有益於人者如此夫初先生之東南也又安知有紹興之時哉迨夫紹興之正論莫決微玉泉一言誰主是後東南之作者繼興而名儒輩出使聖經賢傳炳如日星于千萬世之下者豈伊非先生有以啓之于前乎先生學出二程二程紹聖賢中原不傳之統先生得之遂退而脩于延陵季子之墟季名能禮旹者吾夫子亦嘗稱之而先生留是居焉意者亦欲因其流俗遺風以齊魯其邦歟不然濡滯茲土曷其久也凡十有八年而後去道本原之天集大成于吾夫子夫子心天地天地之化寧分北南吾師人之道亦猶是也師之所存道斯存焉傳曰有功於民則祀之又曰禹聞善言則拜之矧先生心傳而授動靜云爲昭著于其耳目滲漉于其心胸肺腑哉歟

三百年于兹矣而其立之者舊若孫朝斯夕斯羮墻不倦遵先生之化于今若存既而成就居多俗爲易治而地志乃慧名其山水果山水邪抑亦先生之教漸濡熏蒸而使之然邪嗟夫好是懿德民之秉彝也朝廷化治天下明詔六事學校其一固司牧之所至正壬午阿里罕太傅魏國忠懿公之孫野仙承務同知是邦覩榱桷之摧腐丹青之漫漶遂協謀僚佐一撤而新之可謂知治理之本者矣堂成尊先生于中禮也四子配位鄉先生也蓋亦古之所謂沒而祀于社者義舉也

華子泉銘

泉在皇山泰伯井旁華幼武闢圃於此浚而甃之以石作亭於上并爲之銘曰鴻山之巔井有泉塈而未渫千餘年今日華子重浚焉挹取不改功斯全見梅里志

宋上
縣宰鄒公德化記
寶乳泉記
開利寺碑
通慧亭記
功德禪院銅印文
宋故秦國夫人王氏墓誌銘
陸子泉亭記
慈瑩石表
重修無錫縣學記
開利寺蕆院記
明陽觀記
張循王墓碑
橋中記
崇安寺五輪藏記
雲巖二字
資福庵觀音記
孚澤廟碑
秦觀追贈龍圖閣告
重修淮海先生墓記
黄山谷追和東坡章詩石刻

侍郎費德宏墓誌
卷四
宋三
玉泉墓碣
重修儒學記
蔣狀元母夫人墓誌
直龍圖閣沈公墓誌銘
故寶謨閣待制知平江府趙公墓誌銘
國子祭酒贈寶謨閣待制李公墓誌銘
崇安寺千佛閣記
洞虛觀藏殿記
一梅堂記
萬竹亭記
惠山趙希袞題名
平積堂記
縣學續增養士田記
北禪寺經界址碑基圖識
宋故刑部侍郎蔣公壙誌
加封忠清景祐真君敕書石刻
徐偃王廟庵記

化城庵碑記

卷五

元一

錫學重修五先生祠記

退學齋記

三賢祠碑附碑陰華孝子故址記

教官題名記

常州路無錫縣題名記

無錫陞州記

增建億豐倉記

知州禾速嘉公德政碑

重建譙樓碑

重建利津橋碑

重修泗州寺碑

重修城隍廟碑

故惠泉散吏顧翁先生李府君墓誌銘

提幹孟文龍墓誌銘

元元萬壽宮碑

重建通濟橋碑

天下第二泉五字

州廳壁記

錫山賢守道袁二公德政碑

洞虛觀重修鐘樓記

開利寺碑

州官題名碑

卷六

元二

無錫州達魯花赤去思碑

薇山先生虞公墓誌銘

億豐倉記

溪山勝槩樓記

忠靖王迎饗送神辭碑

處士王仁輔壙誌

重建忠靖王景祐真君祠碑

虞集仁壽庵記

黃溍仁壽庵記

璨山義塚記

梁溪義塾記

重建州治碑

洞虛宮三元祠山殿記

句吳金石志卷一

周有壬佩安輯

周

吳季子之子劍銘

吳　季　子　之　子

逞　之　永　用　劍

右吳季子之子劍銘十字鳥篆文據阮氏積古齋鐘鼎彝品款識摹本編入阮氏本引程易疇云胡生得孫退谷所藏吳季子之子劍銘搨本遂以遺余其篆為鳥蟲書十字二行退谷手書釋之曰吳季子之子保之永用劍又為跋尾手書之其畧云昔季子有劍為徐君所愛此則其子之劍吾見三代諸器款識多矣鮮有及此者舊在睢陽袁氏甞向余言買時一字酬以十金余棠曝書亭集有孫少宰藝室觀吳季子劍四十韻聯句詩又有延陵季子劍銘跋其略云康熙九年冬偕李良年潘耒蔡湘過退谷先生藝室出延陵季子佩劍相示

以周尺度之長三尺臘廣二寸半重九鋝上士之劒也臘有銘篆文不可辨曰季子劒者先生審定之辭云爾據此則退谷初得此劒時尚未能盡識其銘文見有季子字故以為季子劒厥後十字盡識乃知為季子之子劒也朱氏言臘有銘蓋以劒身為臘臘與身其廣略同也又案精華録有雙劒行孫退谷席上作是詩作於康熙八年在曝書亭集作劒銘跋之先一年詩中但叙季子事無一事及其子可見是時王氏亦不知為季子之子劒也乃自注雙劒則云其一魚腸其一有銘云吳季子之子劒此必因退谷既經辨識之後改其自注以存實録故池北偶談之作遠在作雙劒行之後亦得詳載十字銘文與退谷手書釋文無異而其詩仍舊未暇改盍足徵其注之為改作矣元案逞字吳侃叔所釋蓋季子之子名舊釋作造非也

漢

無錫銘

陸羽惠山寺記山東峯當周秦間大產鉛錫漢興方殫故創為無錫縣後漢有樵客於山下得銘云有錫兵天下爭無錫寧天下清有錫沴天下弊無錫乂天下濟宋王象之輿地碑目據此定為漢碑案越絶書春申君立無錫塘治無錫湖其時正當周秦之間既以無錫名塘名湖錫已不產可知是無錫之名非始於漢奚待漢時重為刻銘漢書地理志無錫縣隸會稽郡而於會稽郡下註云秦置縣統於郡無錫縣下既無漢某帝某年置之註以分別之似與郡同為秦置者余謂春申君城故吳墟以自為都邑（見史記）山為春申君城屏障故當時盛祠以牛（春申君城在縣西去歷山三里惠山舊名歷山越絶書無錫歷山春申君時盛祠以牛）又值錫殫遂為頌禱之辭以銘茲山否則即秦置郡立縣時刻銘以誇符瑞耳惜無摹本傳世難以臆斷姑列於漢尚俟博古者考定焉

晉

泰伯墓表

南徐記晉殷師守晉陵嘗爲泰伯表墓今無可考

樂毅論石刻

陳櫄負暄野録無錫徐氏家藏樂毅論碑石止存五塊可見者一百八十九字用木匣鐵索甚寶秘之徐氏之上世名續字君猷者劉公敞原父之妹婿也嘗與原父評論石刻始末跋此碑尤詳云樂毅論有二本其一元豐初吳人得其石於太湖水中石缺過半背面皆有刻面十三背亦如之後題永和四年十二月廿四日書賜官奴其上書吳僧權即梁朱異徐僧權也其一即周越書苑所載高紳學士得其石於秣陵井中是也凡二十九行石缺一角後兩行只有最下一字至海字止紳之子安世卒於吳興其家以石質於州民錢氏家當官者每令摹拓錢氏厭之紿爲失火焚毁矣熙寧中吳大饑疫趙子立者以金質得之子立名竦泉南人嘗將漕兩浙入爲都水使者無子有二女長嫁徐康直字平甫即君猷之子也子立死以石授平甫徐氏再世寶藏又云舊傳樂毅論乃右軍親書於石其後石入昭陵朱梁時温韜得之復傳民間即高氏本也又碑有朱異徐僧權押縫者乃梁朝摹刻之本字體比徐氏稍肥然極有典刑此石出

太湖時為章氏所得刊二印為朱文云中國秘藏及章淵文房印淵字伯深嘗為江山宰據此則知徐氏所藏定為右軍親書於石之刻無疑

顧港橋碑

明顧懋章建三里橋掘土得古碑上有顧港橋蓋[字]即其上祖長康所建也橋成懋章記以詩云五里青山三里塘水深病涉可無梁千年顧港橋名古土蝕残碑掩路旁見顧光旭梁溪詩鈔

是碑余徧詢顧氏後裔[文]數詣三里橋附近訪之查[杳]不知其所在六朝遺蹟棄置道旁當時竟無一好事者為之收貯可慨也夫

劉宋

歷山草堂唱和詩碑

過歷山湛長史草堂　　劉鑠

兹山蘊靈詭憑覽趣亦贍九峯相接連五渚逆縈浸
層阿疲且引絕巖暢方禁溜泉夏更深林交書長蔭
伊予久緇涅復得味恬澹顧返安期生於焉愜高枕

歷山草堂應教　　湛茂之

閉戶守元漠無復車馬跡衰廢歸邱樊歲寒見松柏
身慚雎陽老名忝梁園客習隱非市朝追賞在山澤
離離插天樹磊磊間雲石持此怡一生傷哉駒過隙

案王仁輔無錫志宋湛茂之嘗爲司徒右長史隱於無錫之惠山築草堂讀書其中與南平王劉鑠友善更以詩章唱酬留刻於石唐湛賁述祖德詩遺文煥石壁是唐時詩石尚在今無考歷山草堂今惠山寺即其故址

齊

江淹詩碑

無錫縣歷山集

愁生白露日思起秋風年竊悲杜衡暮擥涕弔空山
落葉下楚水別鶴淚吳田嵐氣陰不極日色半窺天
酒至情蕭瑟憑尊還惘然一聞清琴奏歔泣方留連
况乃客子念直置絲竹間

唐邱丹湛長史舊居誌齊竟陵王友江淹亦有繼作列於石壁詩見邑志碑今無存

唐

聽松二字

李陽冰篆王澍竹雲題跋云慧山寺石床項側有聽松二篆字傳是唐李陽冰筆潤蒼有古色斷非陽冰不能雍正六年三月余率同志往搨此書一時觀者列如堵墻蓋壘埋湮久莫有過而拂拭者故遂驚爲僅事也右有宋張回仲題名詳下二卷

寶應塼文

縣東二十五里有墩名金城相傳爲古妃子墓土人偶得壙塼文曰唐皇寶應見梅里志案寶應唐肅宗年號上二字當是傳寫顛倒以皇唐作唐皇應字下必尚有年分或磨滅或斷裂耳惟唐都陝西宮人安得塟此尚俟再考

慧山新泉記

常州刺史獨孤及撰

此寺居吳西神山之足山小多泉其高可憑而上山下有靈池異花載在方志山上有真僧隱客遺事故迹而披勝録異者淺近不書無錫令敬澄字源深以割雞之餘考古按圖葺而築之乃飾乃垮有宿竟陵陸羽多識名山大川之名與此峯白雲相為賓主乃稽厥創始之所以而志之談者然後知此山之方廣勝掩他境其泉伏涌潛泄潗濈舍下無沚無竇蓄而不注源深因地勢以順水性始雙壘袤丈之沼疏為懸流使瀑布下鍾甘溜湍激若醴灑乳噴及于禪牀周于僧房灌注于德地經營于法堂潺潺有聲聆之耳清濯其源飲其泉使貪者讓躁者靜靜者勸道道者堅固境淨故也夫物不自美因人美之泉出于山發于自然非夫人疏之鑿之之功則水之時用不廣亦猶無錫之政煩民貧源深導之則千室襦袴仁智之所及功用之所格動若響答其揆一也予飲其泉而悅之乃志美於石

右獨孤刺史慧山新泉記碑石久失文見毘陵集及新泉（舊）邑志

慧山寺記

竟陵陸羽鴻漸述

慧山古華山也顧歡吳地記云華山在吳城西北一百里釋寶唱名僧傳云沙門僧顯宋元徽中過江住京師彌陀寺後入吳憩華山精舍華山有方池池中生千葉蓮花服之羽化老子枕中記所謂吳西神山是也山東峯當周秦間大産鉛錫至漢興錫方殫故創無錫縣屬會稽後漢有樵客於山下得銘云有錫兵天下爭無錫寧天下清有錫沴天下弊無錫乂天下濟自光武至孝順之世錫果竭順帝更為無錫縣屬吳郡故東山謂之錫山此則錫山之岑嶔也南朝多以北方山川郡邑之名權創其地又以此山為歷山以擬帝舜所耕者其山有九隴俗謂之九隴山或云九龍山或云鬭龍山九龍者言山隴之形若蒼虯縹蟉合沓然鬭龍者相傳云隋大業末山上有龍鬭六十日因以名之凡聯峯沓嶂之中有柯山華陂古洞陽觀秦始皇塢柯山者吳子仲雍五世孫柯相所治也華陂者齊孝子華寶所築也古洞陽觀下有洞穴潛通包山其觀以梁天監年置隋大業年廢秦始皇塢者村墅之異名昔始皇東巡會稽望氣者以

金陵太湖之間有天子氣故掘而厭之梁大同中有青蓮花育於此山因以古華山精舍為慧山寺寺在無錫縣西五里宋司徒右長史湛茂之家此山下故南平王鑠有贈答之詩江淹劉孝標周文信並遊焉寺前有曲水亭一名憩亭一名歇馬亭以備士庶投息之所其水九曲蕩以文甃寂歷脩潫淪漪淺濯淑稅曰寺中有方池一名千葉蓮花池一名纑塘亦名浣沼歲集山姬野婦漂紗滌纑其皎皎之色彼耶溪鏡湖不類池上有大同殿以梁大同年置因名之從大同殿直上至望湖閣東北九里有北湖一名射貴湖一名芙蓉湖其湖南控長洲東洞江陰北淹晉陵周回一萬五千三百頃蒼蒼渺渺迫於軒戶閣西有黃公澗昔楚考烈王之時封春申君黃歇於吳之故墟則此也其祠宇享以醪酒樂以鼓舞禪流道侶不勝滓噪遷於山東南林壑之中夫江南山淺土薄不有流水而此山泉源滂注崖谷下溉田十餘頃此山又當太湖之西北隅縈竦四十餘里唯中峯有叢篁灌木餘盡古石嵌崟而已凡煙嵐所集發於蘿薜今石山橫亘濃翠可掬昔周柱史伯陽謂之神山豈虛言哉傷其至靈無當世之名惜其至異為訛俗所棄無當世之名以其棟宇不完也為訛俗所棄以其聞見不遠也且如吳西之虎邱丹徒之鶴林錢塘之天竺以其臺殿樓榭崇崇業業車輿薦至是有嘉名不然何以與此山為儔列耶若以鶴林望江天竺觀海虎邱平眺郡郭以為雄則曷若此山絕頂下瞰五湖彼大雷小雷洞庭諸山以掌杷可矣向若引修廊開邃宇飛簷眺檻凌煙架日則江淮之地著名之寺斯為最也此山亦猶人之秉至行質淳德無冠裳鐘鼎昌昌嘩嘩為通俗不有宜矣夫德行者源也冠裳鐘鼎流也苟無其源流將安發予敘其源亦伺其流布他日之譬五為後世之洪注云

右陸羽慧山寺記原碑久廢宋天聖八年六月尚書屯田員外郎知常州軍事李昭述重刻上黨昭述並團練推官趙誠銜名見咸淳毗陵郡志弘治志載慧山寺記竟陵陸羽鴻漸述今照錄之

邱丹湛長史舊居誌并詩

無錫縣西郊五里有惠山寺即宋司徒右長史湛茂之之別墅也舊名歷山故南平王劉鑠有過湛長史歷山草堂詩湛有酬詠其文野而典特以松石自怡逍遥沈寂終見止足之意可謂當時高賢矣至齊竟陵王友江淹亦有繼作余登兹山以觀三篇列於石壁仰覽遺韻穆若清風遠訪湛氏冑裔山下猶有一二十族得十三代孫冪執其譜書殘墨壓蠹年世雖邈塋隴尚存余披宋史畧不見其人心每惻歎悲夫斯人也而史闕書然有其一篇則爲不朽矣因復追緝六韻以次三賢之末時有釋若冰者蹤跡兹山修念之餘鑿嵌注壑灑入諸界無非金碧缽帽之資悉償工價是以道友邑僚謳歌佳賞嗚呼得非茂之之緣果而陰隲於上人不然何竭慮之至耶余聖唐山令臣也屏居臨平山墅亦有年矣嘗謳茂之篇句云衰癈歸耶樊歲暮見松柏不覺禪意超散若在廬霍之間矣異時同歸猶茂之之不忘也嗟乎湛君用刊巖石俟後之知我者得不繼之乎貞元六年歲在庚午檢校尚書員外郎兼侍御史邱丹誌并詩

身退謝名累道存嘉止足設醴降華幡雉冠守空谷偶尋野外寺仰慕賢者躅不見昔簪裾猶存舊松竹烟霞雖異世風韻如在矚余仰江海人歸轍青山曲

案宏治無錫縣志碑碣門載有邱丹湛長史舊居誌一條而先後各志藝文中俱作題湛長史舊居詩代遠跡癈拓本失傳余謂文尾旣署邱丹誌并詩云云當是以誌為正

傳黄絹

湛育詩碑

邑志遺愛傳湛育宋長史茂之十三世孫貞元十九年以江陰縣主簿攝無錫縣事刻所題祖澤詩於惠山

若冰詩石

若冰唐惠山詩僧嘗刻其所題惠山泉五言四韻於山中見元志詩石久失其題惠山泉一詩載新舊各邑志今録於左（石水吳氏子泰伯之後見吳氏家乘）

題惠山泉

石脈綻寒光松根噴曉涼注瓶雲母滑漱齒茯苓香野客偷煎茗山僧惜淨牀安禪何所問孤月在中央

李騭詩碑

太和五年四月予自江東將西歸涔陽路出錫邑因肄業於惠山寺居三載，其所諷念左氏春秋詩易馬遷班固史屈原離騷莊周韓非書記及著歌詩數百篇其詩凡言山中事者悉記之於屋壁文則不載其寺會昌末經廢毀屋室殆無存者去年蒙恩自禁職出鎮鍾陵與毘陵地不相遠而惠山居其屬邑聞其寺復置會錫邑宰去年過此留宴數日令於予為故人因寓書請再題焉嗚呼自太和癸丑至咸通已丑三紀餘矣念邑中居人與僧居在惠山興寧兩寺者今無人焉染翰增悲復何言耳咸通十年二月一日江南西道都團練觀察處置等使中散大夫檢校左散騎常侍使持節都督洪州諸洪(軍)事兼洪州刺史御史中丞上柱國賜紫金魚袋李騭題記

惠山寺肄業送懷坦上人

流水何山分浮雲空中遏我生無根株聚散亦難固
憶昨門龍春巖棲侶高步清懷去飄東幽境無滓污
日落九峯明烟生萬花暮茲歡未云隔前笑歎已故
四時雖信留百草換霜露離襟一成解悵抱將何諭
驚泉有餘哀永日誰與度緬思孤帆影再出重江路
去去忽悽悲因風覬回顧

自惠山至吳下寄酬南徐從事

不接芳辰游獨此長洲苑風韻一成阻翰墨勞空返
悠悠汀渚長杳杳蘋花晚如何西府歡尚念東吳遠
瑤音動清韻蘭思紛盈畹猶及九龍春歸吟白雲巘

讀惠山若冰師詩集因題故院五首

五天何處望心念豈皆知化塔留今日鳴泉自昔時
古苔生石淨秋草滿山悲莫道聲容遠長歌白雪詞
高懷逢異境佳句想吟頻月冷松溪夜烟濃草寺春
浮雲將世遠清聽與名新不見開巖日空為拜影人
景物搜求歇山雲縱放飛樹寒烟鶴去池靜水龍歸
暗榻塵飄滿陰簷月到稀何年燈焰盡風動影堂扉
陰陰垂露蹟苔壁幾年書種樹青松老傳衣白髮居
字工窮八體詩律繼三閭豈是多年學真空任性餘
常聞鑿洞碑此立為冰師意到山泉解功深造化疑
碧雲終一謝飛錫久無期惆悵人間世空傳樂府詞

宿惠山寺詩碑

宿惠山寺　王武陵

戊辰秋八月吳郡朱遐景自秦還吳南次無錫命余及故人竇丹列會於惠山之精舍是時山林始秋高興在目涼風白雲起於坐隅道遙於長松之下偃息於盤谷之上仰視雲嶺俯瞰寒影夕陽西歸皓月東出群動皆息視身如空元言妙論以極窮輿丹列有避世之志遐景有塵外之心予亦樂天知命怡然契合視富貴如浮雲一歌一詠以抒情性夫良辰佳會古人所惜序述不作是闕文也

山水之下景物秀茂賦詩導意以記方外之遊

秋日遊古寺秋山正蒼蒼泛舟次巖壑稽首金仙堂下有寒泉流上有珍禽翔石門吐明月竹木涵清光中夜何沈沈但聞松桂香曠然出塵境幽處澹已忘

宿惠山同王晦伯朱遐景作　竇羣

共訪青山寺曾隱南朝人問古松桂老開襟言笑新步移月亦出水映石磷磷予洗腸中酒君濯纓上塵皓彩入幽抱清氣遠蒼旻信此澹忘歸淹留氷玉鄰

宿惠山寺同王晦伯竇丹列作　朱宿

古寺隱秋山登攀度林樾悠然青蓮界此地塵境絕機閒任晝昏處澹知生滅微吹遞遙泉疏竹對殘月庭虛露華綴池靜荷香發心悟形未留迴遲履歸轍

元和二年五月三日重遊此寺獨覽舊題二十年矣當時三人皆登諫列朱遐景方詣行車王晦伯尋卒郎署余自西掖累遷外臺復此躊躇吁嗟存歿朱拾遺詩云歲月人間促烟霞此地多殷勤竹林寺更得幾回過可謂得詩人之思也因　題壁以識所懷山南東道節度副使檢校兵部郎中兼御史中丞賜紫金魚袋竇羣記

叢㝡氏扶風公貞元四年秋八月與太原王武陵吳郡朱宿同遊惠山精舍為賦往體詩一首王序而題之觀其辭頗有世外之交出塵之想凝思澹慮泛溢天格雖建安才人不足居其右後矣後二十年復繼於末則有傷時歎逝之感宿韋隣笛之悲洎會昌初中武皇帝隳浮圖法詔毀其宮而逐其徒惠山在毀中時無好事者詩亦隨塵焉今寺既復而詩尚遺落內弟審餘寓書請於叢會遂赴河陽辭召路出寺下因重記於軒廊南垣我舅氏由吏部拜執法器業磊落為時鉅人平生操尚備在國史此不能舉所載者風韻之詞豈臨之興俾後人

挹其清芬而已大中十一年五月十三日懷孟等處觀察使試大理評事兼監察御史李蘧重題

金石録載宿惠山寺詩碑王武陵竇羣朱宿正書下題咸通十二年案是詩并序先刻於貞元四年至元和二年竇羣重遊此寺續有記之會昌初武宗毁浮圖詩碑亦被毁焉至大中十一年寺已復建羣甥李蘧重為補題各序記載之甚詳金石録稱此碑為咸通十二年立咸通在大中後當是李蘧補題時碑未重立至咸通十二年始為刻石遂又加上刻石年分金石録據刻石年分載之耳據此則是碑前後凡三本一僅刻三唐人詩并序一詩後有竇羣續記一即武宗隳浮圖後李蘧補題重刻本也朱拾遺即朱宿歲月人間促烟霞此地多殷勤竹林寺更得幾回過宿重遊惠山詩

尊勝咒石幢

白鹿山人李端行書

案尊勝咒石幢載入觀妙齋金石文考畧唐乾符初建在惠山寺門右今猶存

睦州刺史滕邁墓刻歎

邑志載新塘門外半里荒莽中有二石歎刻唐尚書刑部郎睦州刺史滕公之墓案蘇軾滕達道墓誌十一代祖令琛為唐國子司業生太博巽巽生贈戶部侍郎抗抗生禮部侍郎蓋蓋生戶部尚書珣珣生大中大夫睦州刺史邁蓋達道六世祖也

惠山寺家山記

李濬撰

金陵之屬郡毗陵南無錫縣有佛寺曰惠山乃濬家山也貞元元和中先丞相太尉文肅公心事色養家寓是縣遂肄業於惠山始年十五六至丙戌擢第歸為朱方強留之文肅公竊畏常譽切於旦夕之間李庶人以反狀聞嘗召公草不順章檄公許以君臣父子忠孝誠節別白自古道理者約千餘言既勁勇庶人畏敬又逼以　辛圍以兵刃促公下筆振叱數四髮皆見怒狀庶人因令閉之於別所命許縱之是夜張子良裴行立共義公忠赤果相與易圖庶人兵敗公以忠節聞於天下新帥李公元素欲具事表於朝廷公三讓之遂退歸惠山寺僧房猶孜孜勤經史洎十年手寫書籍前後約五百軸寺山之泉獨稱奇能發諸茗顏色滋味公僻居含飲雖常責未嘗輙自優奉惟輦載惠山泉數千里不聞其費耗公文學官業功德濬謹纂叙制詔章表堂狀類例其間不敢輙以文飾表至敬也為上下卷令藏史閣我家之嘗臧二為相三為史官高祖中書令謚文憲儀鳳中為中書令如意中為鸞臺左相祖卿叔濬 高 先公丞相贈

太尉謚文肅會昌中爲左僕射門下相儀鳳在相監脩國史會昌在相監脩國史乾符四年潛自祕書省校書郎爲丞相滎陽公獨奏狀入直史館會巳亥歲春有事白相府乞假出函關數千里夏五月癸卯過家出覩舊刻石詩題別無碑版叙録懼年祀寖遠不得布聞於人謹以史筆俻叙於寺之正殿内時乾符六年夏五月十六日甲辰書

唐故鳳光寺俊禪和上墓誌

不著撰書人姓氏

和上諱常俊清河人也皇祖涯皇考李即李之第二子丱歲出家年齡七十僧夏卌奄自會昌元年五月十五日示疾殁世以其月廿六日還柩於常州無錫縣太平鄉囗村東一里官河西八十步張宗祖墓中卜其宅兆庚首而安厝之禮也有門人文則元通伯昌族兄秀姪令容等懇痛哀摧涕泣交結恐陵谷遷改桑田變移塋域無徵乃刊磚而爲誌銘曰禪宗内紐法印心囗囗弃浮生歸於寂滅

右唐故鳳光寺俊禪和上墓誌見陶宗儀古刻叢鈔案鳳光寺即今北禪寺唐武德間與鳳光橋同建故名誌稱太平鄉今無可考

句吳金石志卷二

周有壬佩安輯

宋一

邑侯錢公移建縣治記

鼎孚載無錫縣治記云縣封密邇吳境脣齒相醫兵寇薦侵宮室民廬亟爲煨燼後於縣城西南隅重建衙署事皆草剏棟宇未完咸平壬寅年邑宰錢惟周移就中位其經營之美石記具存案邑志所錄縣治碑文即自孚載一記始錢侯移建在先既有石記何以不錄當是元王仁輔剏爲邑志時碑已無存文亦不傳耳

王禹偁詩碑

禹偁有題惠山詩石刻熙寧四年八月尚書司封員外郎集賢校理知常州軍事王汾所跋汾禹偁曾孫並見咸淳郡志

無錫縣治記

聶厚載撰

無錫建邑始於前漢按陸羽慧山寺記云山東峯當周秦間大産鉛錫至漢興錫方殫故創無錫縣後漢有樵客於山下得銘云有錫兵天下爭無錫寧天下清有錫沴天下弊無錫乂天下濟故順帝更爲無錫縣又按圖經本隸會稽王莽改爲無(有)錫至吳時改爲無錫又縣驗記云其有是邑得名之始興建廢置之由陸鴻漸慧山寺記之備矣然則寺記雖備而與圖經互有得失而不究其本矣當周秦間大産鉛錫乃六國時也其後暴秦塗炭劉項戰爭之符也樵客得銘合在文景之世是時弭師偃革天下清晏故神靈薦祉其銘出矣因之創縣宜彰其美陸云後漢得銘非也復不書王莽改易之弊莽若不爲有錫則順帝何所更爲無錫耶莽既改革則前漢得銘建邑明矣前漢季世錫乃復出莽包篡逆之心蘊姦邪之計因其銘改其邑欲惑衆而祈應也及順帝時兵寇戢戢其錫復泯故更爲無錫益昭前讖銘之文非人文也天意也陸云無名人者不可攷之辭也圖經祇述王莽改更不載得銘創邑之事蓋闕文也夫名山秀嶺郡縣有之苟峯巖奇峭洞壑幽邃勝慧山者多矣若探治亂之幾替清寧之運則海内諸峀莫之與比山在西郊翠逼衙署雖隔梁清一水則數尺之深不能截千仞之勢陰陽流謂坐辛山面巽水宜其邑廣財豐復多秀民也泰伯渡江始居此地六朝而下賢才繼生披圖可詳不復悉紀自僞唐納境之後皇朝統御以來民風戴淳文教益振前後出宰者率多名士如開寶乙亥迨天聖丁卯五十載間被唐虞之化蔑櫜戈戟下悅卓魯之政罔嗟苛刻此亦大塊間福地也豈非山嶽之助乎獨厚載濫司銅墨素懵刑政字人迯愧於前脩易俗欽從於來者先是縣封密接吳境人商相錯兵寇薦侵官室民廬亟爲煨燼後於縣城西南隅重建衙署事皆草創棟宇未完咸平壬寅年邑宰錢維周移就中位其經營之美石記具存寔與代遷土木圮壞乾興壬戌歲縣令李晉卿明可禦姦威能率下悵公庭之卑陋不足壯大邑之形勢乃募豪傑萃杞梓利工善之器揆定中之日聽訟之廳雄構擊鼓之樓峻崎脩廊挾室越七十間迨棘丞王周繼政工畢縣庭壯麗自此而始俾黎庶望而畏之增令長之威德夫升是廳治斯民者得不端心秉節

誓公滅私察下民之枉直答元聖之寄任然後不辱斯廳不愧斯民矣舊制邑署修建弗給官用咸出於吏民之上會者徇私忘公家之利廉者潔己避瓜李之嫌所以縣寮公宇罕有必葺李公不畏率斂之譏竭力公家之事幹敏之譽猶沸民口可謂縉紳中英傑也惜其未立文誌後歷歲時慮後人忘作者之勤勞失建邑之本始因訟空案簡直書前烈姑欲補圖經之闕正寺記之誤永李公之懿績也

慧山泉記

聶厚載撰

水之甘苦猶人之賢愚人生稟氣清則賢濁則愚水派肉地潔則甘穢則苦石脈至潔山泉悉甘而斯泉勝諸泉者以其感錫之氣也若井投黑錫於其中久而則甘查梅橙李和鉛霜食之則美蓋錫能變味致甘也茲山當周秦間大産鉛錫豈非假其餘味乎或云苟錫能致甘則山下諸泉味當一矣而獨美者何也曰山一而源異也他泉脈淺發於山表斯泉源深發於山骨故積聚而不溢久旱而不竭承平之代錫乃深藏故源深而得其液焉不然則何以消於衆泉重於諸水或云古時錫産東峯非泉脈矣慧山本也東峯枝也木有本亡而枝有者也狎物之外尤資若荈陸先生嘗奇之美名始振夫食味別聲人之常也甘辛爽口嬰耋一致至若水之淡薄其味各別能于淡薄之中紀其優劣峻其等級非奇人不能臻乎妙亦猶金絲陸耳清濁易辨其或審輿哀察治亂非賢者罕極其奧審聲之與夔季而下世有能者別味之妙生民以來先生一人耳且夔季於樂聽於心而不聽於耳先生於水別於心而不別于口後之慕先生

名悅水之味者又不別於口別於耳也應別于耳者衆矣非獨水之難別也先生未生泉味非苦先生生後泉始有譽信乎蔡邕辨薪而爨伯樂顧駿而增價天下之山珠聯櫛比山中之泉綠芬駮委先生不登之山未嘗之泉多矣其間揖康洞而抗蘭谷者有之不偶奇識滔滔于汙潦之間瞥夫且以無情之水遇至鑒汲引尚能紀名於簡冊分甘於郡國矧有道之士偶知己振發豈不能澤潤生民道濟天下俾令名於今古哉前所謂水猶賢者言非過也感物而動與泉作序

無錫縣學記

武寧章望之撰

有儒生謁于前曰我無錫之士人也示予以學宫之圖曰吾大夫秘書丞張樞言始謀人也其中南向者文宣王之殿也大門值其前論堂横其後後又有先生之室東西兩序則諸生之舍也蓋在縣署東南三百步之間其費財所出則吾邑業儒善百人矣能倡義者裒諸儒之有為之也作之之日則丁酉秋也成之之日則明年春也諸生入學在四月之巳卯望越十四日己巳吾大夫與其僚宿於齋次庚午昧五鼓作師生陪執事釋菜于廟庭退而宴私于論堂之上揖吾曹而謂之曰凡我造學于茲將使而習聞聖人之美用于而躬非專之決科也諸生曰敢不恭禀所教令也請以事之始末諉予以文久吾大夫之風於弊邑何如予為之持觴以賀曰有本哉張子之為邑而予之鄉里之慶也其令不擾而民信其文不密而民畏鄉導耆艾之無過者而後生有勸富家群養孤獨之人而衆不憚煩則吾既知之矣政其成矣又興學校以貽入得不曰有本哉梓人之子知百木之堅脆商人之子知四方貨財之有無居人之子善鼓刀

衷人之子善治皮豈皆其天才自然耶少而目治長而手治由其積習之漸耳燕趙之好兵也未必鈞好也其見者兵也荊楚之好巫也未必鈞好也其見者巫也吳越之好漁也未必鈞好也其見者漁也今夫孔子之道包百王之教治則堯舜光顯亂則桀紂誅亡大之通天地微之入鬼神啓義精言散在經傳厥有師斅友商猶莫窮三使其開戶學之筋骸憊矣儻有得哉勤勞已甚忽焉大道死矣無傳如皆郡縣勸儒開設學館長吏且有意焉則其民感恩自興心志開而見聞博矣異時庸知是邦不由樞言戶曉詩書而尚禮義歟予故為之詩曰表表南山興雲以雨木之苞矣春陽攸聚念我處善教不有初彼緣者絲厥抽惟緒築室維何有殿有堂有序有房閉陰啟陽翔翔者極盤盤者梁工逸於成伎嫁其良我之思矣古之孔子我居我處友明来萃爰飲爰食爰講爰議承懷恭人肅慎容止孰恭明神邑令有僚盛服至止徒御弗嚣齋明有日其誠孔交何以薦之清酒少牢治示父凡順聽邑命爾子爾弟勗成正性必慎其躬俾善其行貽親以不病治示子弟優優在道律身如學以忠以孝令名匪今于後有耀貽孫以不詔中田有

稷其資離離張子有猷神享人治善人之延百世依宜爾民其承之

王道粹題名

惠山寺舊有王道粹題名石上刻轉運使王純臣道粹巡按毘陵挈家遊惠山寺廷老元老商老從嘉祐辛丑二月九日見西神叢話

楞嚴咒石幢

不題書人姓氏熙寧間立在惠山寺門左與尊勝咒石幢並峙今猶存

東坡書簡

東坡北還次毘陵時久旱得雨邑人袁思與點呈絶句云青蓋美人回鳳帶繡衣男子返雲車上天一笑渾無事絶此人間樂有餘東坡大喜為之重寫且以手簡褒之袁氏刻石藏於家見邑志

山谷詩石

黄山谷有送秦少章詩秦氏刻之於石附置淮海先生墓前贈告碑亭後為邑好事者所得開禧間邑侯應純之為之贖歸秦氏詳下永嘉戴溪重修淮海先生墓記棠秦觀字少游揚州高郵人世稱淮海先生墓在惠山少章名覿觀弟

妙覺觀記

終南山人韓（碑碣作倝）拱辰譔至道三年立載咸淳毘陵志

並宏治志碑久毀文亦無考

鍾離公序題名

惠山寺舊有鍾離公序題名石上刻司農少卿鍾

離景伯公序自東陽解印歸（崇）惠山奉謁慧照璋公

同遊絶景飲泉試茗而行元豐三年六月九日見

西神叢話

淨照禪師碑

垂慶鄉祈福菴有淨照禪師神像碑記淨照本名圓照世所稱第十七尊者管羅漢是也見梅里志棐神僧傳圓照諱宗本姓管氏無錫人有神術善顯化元豐中驛召入都命住惠林寺賜紫號淨照禪師

燕居堂記

治平四年縣尉扈仲孚建燕居堂蔣黙記之碑久無存文亦不傳

壽聖禪院碑

張彦輔撰崇寧間立見咸淳宏治兩志碑碣門壽聖禪院即今北禪寺初名鳳光（詳上唐故鳳光後禪和上墓誌）寺後廢宋寶元中復置賜名壽聖禪院後又隳壞復新是碑遂不復存

福聖禪院妙光塔記

景坡蔣璨撰見咸淳郡志福聖禪院即今南禪寺梁太清初建始名護國唐咸亨中改名靈山宋天聖間重修名福聖塔建於宋雍熙間崇寧三年賜名妙光是碑當即崇寧賜名時所立耳許月卿追賦暮遊詩序云舟泊無錫日已暮與王希聖微服遊南禪蓋訪古也參寥題名壁無恙寺記有碑碑陰結字甚偉視之蔡京也京所書是否即妙光塔碑陰今無可考

徽州守唐作求墓誌

許德之撰作求字叔孝崇寧五年進士學術該敏雅負時望累官徽州守以朝散郎致仕卒之前一年嘗訪婺州許使君德之謂曰明年永别知我莫若君頎誌吾墓及期而卒事載邑志銘文無考

金剛經石刻

圓通禪院即今垂慶鄉圓通寺有石刻金剛經見咸淳郡志

惠山寺張回仲題名

在聽松石床右陳知幾華莊雜鈔惠山寺石床聽松二字李陽氷爲篆刻石上宋米芾復題其下余業王澍竹雲題跋石床右有楷跋十數行日久磨蝕不可復識而翁方綱復初齋集則稱今驗拓本聽松二篆之右尚微辨行楷十行云松石相望於十步外不知幾何時合而相從理若有口政和甲午睢陽張回亻口口口口之可以口口可以偃仰遂口茲登臨騰處至者當自得口遂勿口俾勿壞同來者口李永久中廣陵俞光口汝南何安中得之口口口口口之寺僧奉亻口口口口口丙午以下闕此内有政和甲午云云則文尾丙午當是靖康元年也行楷筆勢似黄山谷不知何人所作也翁林見此在雍正六年戊申今已六十餘年而尚可辨其概惜不身到其地手自摩挲或更有所得耳又孫星衍寰宇訪碑録亦載有惠山寺張回仲題名行書政和四年一條政和甲午即四年亻即仲華莊雜鈔作爲米芾所題誤

洞虚觀北斗殿記

常州軍府判秦湛撰政和六年立載宏治志碑碣門碑今無存文亦不傳

李修撰墓誌銘

楊時撰

宣和三年閏五月二十有七日中大夫右文殿修撰隴西縣開國男食邑三百户李公以疾終于家歲八月二十有八日葬于常州無錫縣開原鄉湛峴之原與其夫人吳氏同穴越明年其孤以晉陵鄒柄狀來請銘余與公俱閩人又嘗同爲諸生肄業于上庠挾策考疑時相從也俯仰四十餘年一時朋游凋喪略盡與公有平生之舊而知公之詳蓋無遺矣宜其有請於余也余雖不能銘其何可辭公諱夔字斯和其先江南人唐末避亂徙家邵武故今爲邵武人曾祖諱侍仕閩以武力顯閩亡退處田野祖諱僧護考諱賡皆隱德不仕考以公貴累贈正議大夫妣黄氏資政殿大學士履之妹累贈高平郡太君繼妣饒氏累贈廣平郡太君皆改贈太碩人公幼孤鞠于外家成童猶未知書而穎悟絶人舅氏大資政黄公撫第歸一見器之使賦詩有驚人語因授以書凡耳濡目染過即成誦至日數千言自是於六經諸子百氏之書下至毛鄭箋傳期年之間無所不窺學日進文日益有名從黄公游者咸推先焉是時朝廷方以經術造士公聲聞籍甚所至學者景從羸糧重趼越百舍而至者常相躡也逮居上庠所交皆一時知名士初補監生洎選內舍皆第一龔公原得其文讀之歎曰此必山林幽棲篤學之士所爲今之學者莫能爲也其後預天府薦及試南省皆第二遂中元豐三年進士第釋褐調秀州華亭尉邑令所爲多不法公每規正之部使者欲有所按治摭言行邑公從之境上則以温言慰薦且諭令所爲公力庇之不以言部使者不悦正色復詢之丞簿丞簿與令素不協則互訐所短而令初不知公庇之也亦言公嘗以私故不過廳於是部使者以公爲長者已而考覈之三人者皆以罪去而公獨無累人以是知公之器度爲未易量也丁繼母饒氏太碩人憂服除調建州松溪縣尉兼主簿攝漴移池州軍事推官太守羅公彥輔性彊愎行事或失中公必面折之初雖不悦而後卒相知也民有乙與甲爭塘水而毆甲至死者獄具刑官欲寘之極典公當書斷建議以爲事有所因法不至死爭之得減等公猶不已太守怒甚至以語詆公公不爲屈爭之愈力於是命他官書斷其後大理讞以甲准盜論乙乃止當秋審刑書斷官以失入抵罪衆始愧服

然公猶坐嘗簽書及用薦者改官降次等授宣義郎
人多勸公直其事公卒不自明也差知無為軍廬江
縣改福州懷安縣未赴後故龍圖閣直學士陳公軒
辟知杭州錢塘縣事有兄弟爭財而訟者累年不能
決公至取案牘焚之諭以同氣至情財不足言兄弟
感泣拜於庭而去異日公復過錢塘二人猶求見公
以謝故觀文殿大學士呂公惠卿帥鄜延辟充經畧
安撫司勾當公事初公之尉松溪呂公謫居建州得
公之文奇之一見如故以是首辟公置幕下至延安
未逾月適夏人傾國入寇號百萬人心危慄公徐為
呂公陳方略一路賴以完及米脂之役工未畢諜言
賊兵十餘萬且至諸將棄城而遁公曰彼衆吾寡去
將安之是速死耳不若按兵勿動城雖未完冒以樓
櫓彼將以我為有備必不敢進兵法所以使敵人疑
者正謂此也諸將然之卒如所料凡築珍羌威羌等
十餘城未嘗不在其間其後奉進築閾至闕下因上
五議欲使諸路乘虛互出以伐其併兵之謀進取橫
山斷其右臂參用漢唐實邊轉餉之術申命州郡廣
招置之法為足食足兵之計懲二寇輔車相依之勢
以備不虞識者以為切中邊事大要累賞轉奉議郎
除江淮荆浙等路制置發運司勾當公事未赴改授
簽書平江軍節度判官廳公事嘗攝郡事適當累政
因循之後獄繫甚衆公命數吏分條其所犯不日皆
決遣之遂以無事今上即位覃恩轉承議郎勳武騎
尉賜五品服以太學博士召道除太常博士轉朝奉
郎遷知大宗正丞事因職事奏疏上四事大略以謂
緦麻親宜有蔭孫之法非袒免以下小宗有未食禄
者宜廣流澤將官之宗室雖得以科舉進尚宜許之
入學以養成其材且罷刺史以上公使以恤非袒免
無官之孤皆當時所宜行者有旨送講議司除屯田
員外郎以論鄜延進築功特遷兩官轉朝請郎勳雲
騎尉久之遷禮部員外郎天子視學公以為盛德事
獻視學頌有旨第其文高等遷朝奉大夫勳飛騎尉
時朝廷議禮考文禮官視他部為重非通知古今之
學不足以當其任公傅經稽史無留事兩以考課被
賞改司封員外郎長貳相與舉留之復還禮部轉朝
散大夫勳驍騎尉然公雅意欲就閑曠力請外補除
知蔡州朝廷惜其去留為宗正少卿訓辭有曰非清
德老儒曷任兹選士論榮之轉朝請大夫天子受公
賓覃恩特遷左朝議大夫兼學制局參詳官移太常

少卿時故相劉公正夫在政府劉公大資政黄公培也以公聯姻婭亟請避嫌上曰此真太常也因批其奏曰公議所在何嫌之有公遂就職官制行换中奉大夫未幾復慨然語所親曰吾平生為禮樂方布衣時已預修衣冠制度今備位卿寺得司天子禮文於吾足矣士當知止豈可冒進不已遂堅求退或者勉公曰奉常清切於禁從纔一間盍少留乎公笑謝之朝廷度其不可復挽則除公集賢殿修撰知鄭州兼京西南路安撫使陛辭天子勞問優渥公建言先帝命官修中書備對録以知官吏流品户口錢穀之數以知禮法文為軍兵名額之數以知刑罰赦宥工事夫役之數蓋體周官歲終受會之意而所以周知天下之務也方今内外事物之要盈虚繁簡之實欲有所稽考盍命左右司略倣前制為一書上之以資觀覽天子深然之有旨如公所請公之意蓋非苟然而已也南陽大藩為帥者多務大體不親事吏得舞文為姦公下車盡革前弊網紀大整與部使者議事有所不合公獨請于朝事卒見聽當路滋不恱公弗顧也然自是若有不釋然者遂以疾請宫祠朝廷意公憚安撫一路之勞除知潁州章再上祈懇愈力除提舉杭州洞霄宫勳騎都尉賜爵隴西縣開國男食邑三百户公東歸居於梁溪錫山之傍日以文字為娱澹如也子綱為鎮江教官就養子舍與賓客過從盡登臨之適優游自得不復以世事介意嘗有貴公素知公者被召與公相遇於途詢以所欲公從容誦少陵江漢垂綸之句以荅之貴公咨美還朝每稱於諸公間以為不可及也及綱為尚書郎丐迎養京師除公提舉醴泉觀中大夫改右文殿修撰頃之以足疾不任朝謁請復洞霄凡為宫祠者逾十年綱自左史論事得罪方遠謫公諭之曰進退出處士夫之常汝勉有受毋以吾老為念也父子之懿聞者仰之及歸公喜見顔間曰汝罪大謫輕譴未久而歸上恩厚矣何以論報時公方避寇海陵感夏遽促歸既還以微疾上章告老命未及下而公疾已革顧諸子曰汝等皆在我左右吾何憂因不復語怡然而逝享年七十有五公天資純孝繼母饒氏性嚴肅公事之盡子道得其歡心於兄弟間友愛尤篤既除饒氏喪盡以貲産推與之獨與季弟曼出居澗右廪入之餘一以付之置不問其後禋祀許及期親即以與其子緯其教子以孝弟忠信為本聞人一善於父子兄弟間譽之

不容口退而未嘗不以訓諸子也自為小官喜周人之急祿雖微不為有無計親族之貧不能家者均養之妹姪甥女無資以遣者必擇配歸之故鄉里語風義以公為稱首其交朋友盡信義與人接洞然無城府尤喜提獎後進孜孜不倦門人之躋膴仕者相望也其在朝廷每有貢舉公未嘗不為考官其所取多一時名士人服其鑒裁平生唯嗜書無他好幼學嘗苦無書既仕節衣貶食而積書之富至與巨室名家埒初黃公以名儒有重望自熙寧以來累踐大官被遇泰陵進位承轄士之出其門者衆矣公為兒童時甥舅自為知已而退然官州縣垂二十年逮今上纂極黃公以均逸於外乃始以學官召擢蓋黃公所以期公者遠而公亦安於義命不汲汲於進也晚位通顯而恬於進取又率常數考一遷至一日有歸意則慨然決去不可留其難進勇退如此公貌怡而氣和禔順而中勁少有大志而深自韜養不以所長自見至其蹇然持議無所回隱不為世變所移則有人所不能者建中靖國初丞相范忠宣公薨太常議行易名公為博士定其議曰公任臺諫當朝廷清明民物阜安之時而公正色立朝力陳安危治亂之幾至於法度之廢興典章之施設大臣之去留人材之用舍一有不當其心則抗章論列無所顧避至有不得其言而去其列侍從居宥密位台輔益行所知從容進見有責難之恭朝廷有大利害與同列辨論上前各以理勝如罷大河東注之議殺罷章款塞之賞下寬大之詔以安羣心釋朋黨之疑以全善類皆自公發之然公處心積慮務在體國持論平允不以好惜易情不以同異介意惟其是之從也故鄧綰移楊公置綰前日論巳之憾而言今日指擿綰事之非元祐紛更公置熙寧論議不同之念而言今日法度盡變之失非公誠心慷慨不為利回不為義疚孰能然哉若夫救蔡確新州之貶而忘高位厚祿之為可懷論呂大防等宜從寬宥之敘而不知疏遠嫌疑之為可避此人之所尤難而公優為之蓋公以謂大臣之於國有股肱心膂之託而迺心　王室曾無內外之間安往而不任其責耶方是時范公名在罪籍雖門生故吏往往諱言之而公之議挺挺不撓如此嗚呼斯可以觀公之心矣故余備載其辭以是銘之庶其流風猶足以立懦敦薄云公娶吳氏奉議郎桓之女初封仁和縣君先公二十一年卒累贈漢陽郡君政贈令人

子男四人曰綱起居郎兼國史編修官以論事謫監南劍州沙縣稅務得旨復本等差遣曰維承事郎前監在京諸司糧料院曰經通事郎試補太學上舍生未赴殿試曰綸通事郎女三人長贅卒次適奉議郎杭州司儀曹事張端禮次適迪功郎衢州司工曹事周琳孫男六人儀之宗之集之琳之夔之麟之女三人有文集二十卷禮記義十卷藏于家銘曰日無全牛奏刀驍然不逢其族孰知其難亡故屢更鮮不畔援柬義弗渝其節乃見公於建中士方紛如不倚不流介然中居哲人之萎讒波稽天鯁議直辭如防在川羣言不爭咸底于罪皇明燭幽公獨無慚易名之美自公發之世濟之榮公與有之我作銘詩以示萬世庶其流風聞者興起

、右李脩撰墓誌見楊文靖(公)集

令人吳氏墓誌銘

楊時撰

中大夫右文殿脩撰李公諱夔之夫人吳氏其先越州山陰人仕唐為諫議大夫董昌之亂義不屈遁居括州故令為括蒼劍州人曾祖崇譔諱贈大理評事祖穀贈承事郎父桓故仕奉議郎知湖州長興縣母鮑氏金華縣君夫人資奉（辞）謹事父能毋盡其力飲食起居未嘗斯須去側省定溫凊各適其節言德功容人鮮儷焉父母賢之謂必得名士乃可以為配是時李公以諸生與修衣裳制度名聞朝廷繼而擢高科遂以妻之惟吳氏世為望族夫人生大家而李公起家寒素夫人事之盡婦順能以清約自將無驕矜氣柔明端靜人不見其喜慍治家有常法遇妾媵有恩意閨門之內雍如也方李公筮仕之初官卑祿微喜過從周人之急如及不暇姪孫女未有家者必擇配歸之夫人躬治殽饌必致其精首飾奩具資遺之無吝容人以無（為）難而夫人安為之故鄉閭罵風義者必以李公為稱首夫人之力為多也李公從辟鄜延夫人挈諸子歸寧而金華尚無恙夫人事之益至吳氏族大間有不相能者必迎致其家聽其言視其容色

而鄙　必消矣其懿範感人蓋如此建中靖國元年李公自發書平江軍節度判官廳公事被召爲太學博士既登舟而夫人感疾遂不起實正月七日也以其年三月十八日葬於常州無錫縣開元鄉歷村湛峴山之原享年四十有四初封仁和仁壽二縣君李公之舅右丞黃公以夫人之賢奏賜冠帔既歿累贈永嘉濮陽郡君政贈令人男四人曰綱起居郎國史編修官坐言事謫監南劍州沙縣稅務有言牽復未行曰維承事郎曰經曰綸皆通仕郎女三人長嫁辛次適奉議郎杭州司儀曹事張禮端次適廸功郎衢州司功曹事周棣宣和四年余過錫山以其舅從政郎爽侯彥中之狀屬余銘且謂余曰吾母之亡先子方趨朝而諸孤皆稚弱不克銘以葬夫銘所以論譔先美而著明諸後世也無美而稱之是誣也有而弗知不明也知而弗傳不仁也三者有一焉人子之罪大矣吾令母之德善可考不誣如此而積二十有餘年幽堂無辭以紀諸孤不仁之罪宜無以自逭願得銘以補前過庶幾發揚幽光爲存歿之慰余感其言故不辭而銘之銘曰內職之修閟而弗彰有子之賢其傳乃光貽爾後人視此銘章

右令人吳氏墓誌銘見楊文靖公集有壬案宋制命婦八等執政以上封夫人尚書以上封淑人侍郎以上封碩人大中大夫以上封令人中散大夫以上封恭人朝奉大夫以上封宜人朝奉郎以上封安人通直郎以上封孺人是銘首稱中大夫右文殿修撰李公諱夔繩音之夫人吳氏是令人之贈從夫職也吳氏後以子忠定贈楚國太夫人見邑志祠墓

後記

無錫是中國吴文化的發祥地。七千多年悠久歷史與文明，造就了『梁溪明秀之區，衣冠禮樂甲於江左』的城市人文傳統和深厚的歷史文化底藴。數千年來，文脉綿延，永世流芳。邵寶在《錫山遺響》序中曾經這樣描述：『錫之爲邑，在三吴間。山水清麗豐曠，生其地者，多沉雅秀整，以文名家，代不乏人。』文化已經成爲這座城市最本色的氣質。爲傳承吴地文明，建設文化名城，進一步彰顯無錫城市内在精神特質，經過幾年的精心策劃，旨在全面整理地方文化典籍的《無錫文庫》編纂出版工作於二〇一〇年全面啓動，二〇一一年起陸續與讀者見面了。

無錫的城市文化曾經爲中華文化寶庫作出過巨大貢獻。顧愷之、倪瓚、王紱、鄒一桂、賀天健、徐悲鴻、錢松喦、吴冠中，如松秀群嶺，在中國繪畫史上擁有很高的地位；華秋蘋、楊蔭瀏、劉天華、華彦鈞（阿炳），乃韵動天籟，對中國音樂發展發揮了重要作用；李紳、蔣防、尤袤、蔣捷、陳維崧、顧貞觀、嚴繩孫、周濟、劉半農，皆胸懷錦綉，在中國文學史上可謂各領風騷；計六奇、顧祖禹、顧棟高、秦蕙田、嵇璜、錢基博、錢穆、錢鍾書、錢海岳，可稱堂奥廣庭，學造淵源，在中國學術史上卓然大家；顧憲成、高攀龍之東林，唐文治之『國專』，徐霞客之游記，徐壽、華蘅芳之『格致之學』，陳翰笙、錢俊瑞、孫治方、薛暮橋之經濟學，都堪稱中華文化史上的一座座高峰，至今閃耀着炫目的光芒。

深厚的歷史文化底蘊激發了無錫城市的文化自覺。市委、市政府滿懷對鄉土誠摯之情、對文化敬畏之感，以義不容辭的責任擔當，致力於文化强市建設，以科學的理念和方式對歷史文化遺産作全方位的觀照、深層次的發掘、系統性的保護，匯四海之智，舉全市之力，共襄文化建設盛舉。二〇〇六年十二月，無錫市成功申報國家歷史文化名城，標志着新一輪文化意識的覺醒，并迅速轉化爲文化自覺的實踐。近年來，我市全面啓動惠山、清名橋、小婁巷、榮巷、蕩口等五個歷史文化街區和十個古村落保護修復工程，『護其貌，顯其顏，鑄其魂，揚其韵』；鴻山遺址成功保護的經驗被國家文物局譽爲大遺址保護『無錫模式』，并被授予首批國家考古大遺址公園，闔閭城遺址考古發現則確立了歷史上無錫曾作爲吴王闔閭都城的地位；建成開放六十餘座博物館、名人故居和紀念館；對無錫的非物質文化遺産予以重點保護；每年春天舉辦的中國（無錫）吴文化節、中國文化遺産保護論壇成爲文化亮點，享譽海内外。這些舉措遵循規律，探索文化建設體制和機制的創新，形成了寶貴的『無錫經驗』，得到海内外學者、專家的一致肯定。

在注重保護歷史文化遺存的過程中，發掘、整理無錫歷史文獻著作，展示和弘揚無錫城市的思想精神世界，自然而然成爲大家關注的重點。二〇〇六年，市委宣傳部組織無錫文史專家、學者編撰的十七册三百萬字的《無錫文化叢書》正式出版，引起强烈反響，出版後供不應求，在二〇〇八年再版加印。《無錫文化叢書》集中反映了無錫城市文化精華，展示了無錫城市文化特質，彰顯了無錫歷史文化的厚重，同時也告訴人們，文化精神的傳遞是文化繁榮發展的重要内涵，一旦擦去歲月蒙塵，優秀的歷史文化就會轉化成爲取之不盡的精神財富。

爲了進一步彰顯城市歷史文化底藴，二〇〇七年，市委、市政府將全面系統整理無錫文化典籍擺上工作議事日程，明確提出編纂《無錫文庫》。由于無錫歷史文化底藴深厚，卷帙浩繁，内容豐富，編纂工作千頭萬緒，要想整理出一部簡明扼要而又内容翔實、主旨鮮明而又文質彬彬的文獻集成，難度遠大於預想。爲此，我們先後成立了《無錫文庫》工作委員會和編輯委員會，加强對編纂出版工作的組織領導與統籌協調，在尊重歷史、尊重規律、尊重科學、尊重專家的基礎上，積極推進文庫編纂工作。編輯委員會經過反復論證，明確原則，綱舉目張，有條不紊地開展工作。充分憑借地方文史專家的優勢，充分發揮高校人文學院、研究機構的作用，充分依靠出版機構的專業經驗，并邀請國内外著名文史專家指導、把關，形成了文庫編纂的工作合力。

在編輯過程中，我們力求使《無錫文庫》成爲經得起歷史考驗的鄉邦文獻集成。

全面規劃又保持開放結構。面對豐富的歷史文化積澱，没有規劃就不可能形成清晰的編纂思路。在前期編纂工作中，編輯委員會經過二十餘次的論證會和專題研討會，形成并確定了《無錫文庫》總書目，明確了收録範圍和内容主體，立足無錫市區，兼顧江陰、宜興，主要體現無錫本土内容，突出人文科學，適當兼顧其他門類。據此，《無錫文庫》收録圖書五百五十餘種，分爲五輯：第一輯『官修舊志』，收編無錫地方志（含江陰、宜興）；第二輯『地方史料專著』，收編反映無錫地方史料的專著與筆記；第三輯『年譜家乘』，收編無錫（含江陰、宜興）地方名人年譜和望族的家譜；第四輯『無錫文存』，收編歷史上無錫作家詩文和專著的精華；第五輯『近現代名家名著存目』，編撰無錫近現代名家名著的書目提要。爲使文庫具有更大的開放度和包容量，《無錫文庫》注重整體設計，在框架分類上既注意整合，又突出重點，考慮到文庫的涵蓋面和系統性；在書目選擇上既注重經典性，又强調代表性，兼顧到圖書本身質量和作者特點；在出版方式上既總體規劃、循序推進，又采取較爲靈活的方式，成熟一批出版一批，不編序號，爲今後增補書目預留空間。

尊重歷史又反映時代特色。《無錫文庫》注重歷史性與時代性相結合，以嶄新的學術角度和現代學科理念對城市歷史文化進行整理和弘揚。編纂工作充分體現對歷史傳統的尊重，儘可能減少評述性成分，杜絶截割、改篡、增删圖書内容，對節選本衹采取作者的自選本。與此同時，以現代學術視野來看待傳統史料，增加收録有價值的歷史資料和文獻，如對民國時期的一些稿本、期刊、會刊、紀念册也予以應有的關注，收入了部分重要的民間史料。

保持原貌又便于讀者查閲。《無錫文庫》除第五輯外，全部采用原版影印方式，力争選擇最優版本作底本，保持文獻著作的歷史面目。爲了便於閲讀、查證、使用、研究，每一輯均撰寫編輯説明，每種書撰寫提要，并編撰《文庫》書目索引。通過這樣的方式，使《無錫文庫》兼具工具書檢索的作用，增强文化典籍整理的實用功能。

如期完成又精益求精。《無錫文庫》作爲一項重大文化工程，編纂工作面廣量大，必須集中力量，一鼓作氣。我們明確，從編纂工作全面啓動開始，花三年時間完成《無錫文庫》出版工作。《無錫文庫》總書目形成後，五輯的書目編纂工作同時開展，整體推進。我們要求，《無錫文庫》編纂出版工作要强化精品意識，力求思想精深、内容精彩、選編精當、學風精良、裝幀精美。文庫編纂出版的每個環節都反復論證推敲，確保經得起歷史檢驗。

《無錫文庫》的編纂出版工作，得到了鳳凰出版傳媒集團的大力支持，鳳凰出版社在版本選擇、編輯出版方面做了細緻的工作；由於《無錫文庫》收録的資料有三分之二散落在全國各圖書館中，中國國家圖書館、上海圖書館、南京圖書館等一批國内知名圖書館爲此提供了積極的幫助；應邀擔任《無錫文庫》學術顧問的專家，都是無錫籍的文化名人和國内一流的古籍研究專家，他們有的不顧年事已高，有的不顧自身工作繁忙，爲《無錫文庫》的編纂工作付出辛勤勞動；《無錫文庫》工作委員會和編輯委員會成員以及編務人員在文庫編纂出版過程中做了大量的工作。在此，謹向他們表示崇高的敬意和由衷的謝忱！

由於《無錫文庫》收録内容涉及範圍廣、時間跨度長，部分書目已經散佚，可利用資料受到限制，加之編輯委員會水平有限，《無錫文庫》的編纂工作難免會有一些疏漏和錯誤，不當之處敬請讀者指正。

王立人

二〇一一年一月